영적 전쟁

규장

일러두기

1. 특별한 표기가 없으면 한글성경은 개역개정판을, 영어성경은 NLT를 사용하였습니다.
2. 본서에 사용한 《성경전서》 개역개정판의 저작권은 재단법인 대한성서공회 소유이며 재단법인 대한성서공회의 허락을 받고 사용했습니다.
3. 인용한 성경의 별도 첨가는 저자가 하였습니다.
4. 이 책에 나오는 기도, 말씀, 예수 그리스도의 이름, 그리고 성령 사역에 대해서 더 깊이 알기 원하면 저자의 책 《왕의 기도》, 《말씀대로 말하라》, 《하나님나라에서 예수 그리스도의 이름으로 사는 자》, 《환영합니다 성령님》(이상 규장), 《기름부으심이 넘치는 치유와 권능》(두란노)을 참고하기 바랍니다.

프롤로그

당신은 이미 승리한 킹덤빌더입니다!!

지금 이 순간에도 우주적 규모의 전쟁이 벌어지고 있습니다. 당신이 잠든 사이에도, 바쁜 일상을 살고 있을 때에도, 이 거대한 전쟁은 결코 멈추지 않습니다. 이것은 단순한 은유가 아닙니다. 성경이 말하는 영적 전쟁은 매 순간 실제로 벌어지고 있는 현실입니다. 그런데 놀랍게도 대부분의 그리스도인들이 이 전쟁에서 자신이 어떤 역할을 맡고 있는지, 자신이 전쟁에 참여하고 있다는 사실조차 제대로 인식하지 못한 채 살아갑니다. 많은 신자들이 영적 전쟁을 추상적인 개념으로 오해하거나 두려움의 대상으로만 여깁니다.

하지만 성경은 분명히 말합니다. 당신은 이 전쟁의 방관자가 아닙니다. 피해자도 아닙니다. 당신은 예수 그리스도 안에서 거듭난 존재로서 하나님 자녀의 정체성과 그리스도 의식을 가지고 삶의 모든 영역에서 하나님의 통치를 이루기 위해 영적 전쟁에 참여하여 승리하는 킹덤빌더[1]입니다. 이것이 당신의 진정한 정체성이며, 이것이 하나님께서 당신을 부르신 목적입니다.

영적 전쟁에 대한 잘못된 시각과 우리의 정체성

오늘날 많은 그리스도인들이 영적 전쟁을 잘못된 관점으로 바라보고 있습니다. 우리는 종종 자신을 마귀의 공격을 받는 불쌍한 희생자나 겨우 버티며 살아가는 생존자 정도로 여깁니다. '아, 또 마귀가 나를 괴롭히는구나', '어떻게 하면 이 공격을 피할 수 있을까?' 이렇게 괴로워하며 살아가는 경우가 많습니다. 또한 영적 전쟁을 개인적인 차원의 방어전으로만 여기며 '어떻게 하면 내가 좀 평안해질 수 있을까?' 하는 생각에 머물러버립니다. 마치 영적 전쟁이 단지 개인의 웰빙을 위한 것으로 착각하며 살아가는 것입니다.

그러나 이것은 성경이 말하는 영적 전쟁의 실체가 아닙니다. 성경이 보여주는 이야기(敍事, narrative)는 훨씬 더 장대하고 역동적이며 희망적입니다. 이 전쟁은 하나님의 나라와 사탄의 나라 사이의 우주적 대결이며, 우리는 이미 승리하신 왕의 군대로서 그 승리를 이 땅에 실현해 가는 사명을 받았습니다. 당신이 싸우고 있는 것은 개인적인 생존 전쟁이 아닙니다. 당신은 하나님의 창조목적의 회복과 확장이라는 위대한 정복 전쟁에 참여하고 있는 것입니다.

---

1 킹덤빌더는 하나님과의 생명적 관계를 통하여 자녀 됨을 체험하고, 자기 안에 있는 하나님나라를 말씀과 성령으로 이루어가며, 자신의 일터와 삶터에서 제자적인 삶을 살아가는 그리스도인을 말한다.

생명과 축복을 누리는 영적 전쟁

이 책이 다른 영적 전쟁 서적들과 구별되는 중요한 특징은 임상의학적(병들고 난 후 목적 - 치유와 회복) 접근이 아니라 예방의학적(병들기 전 목적 - 하나님의 은혜와 축복을 누리기 위함) 접근을 택한다는 것입니다. 많은 그리스도인들이 영적 전쟁을 귀신 들린 후에 악한 영을 쫓아내는 것으로만 이해합니다. 하지만 진정한 영적 전쟁은 애초에 마귀에게 틈을 주지 않고, 하나님의 영광을 드러내는 삶을 사는 것입니다. 우리는 문제가 생긴 후에 해결하는 수세적인 방어자가 아니라, 하나님나라의 축복과 은혜를 온전히 누리며 그 영역을 확장해가는 적극적인 하나님나라의 확장자입니다.

이미 끝난 전쟁, 아직 진행 중인 전투

예수 그리스도께서 십자가에서 "다 이루었다"고 선언하신 그 순간, 이 우주적 전쟁의 승부는 이미 결정되었습니다. 사탄은 결정적으로 패배했고, 하나님나라는 결정적으로 승리했습니다. 십자가는 마귀의 머리를 박살내는 압도적인 승부수였으며, 사탄의 통치를 종결시키는 결정적 전환점입니다.

그렇다면 왜 우리는 여전히 전쟁을 치르고 있을까요? 그 이유는 바로 '이미 승리한 전쟁'과 '아직 진행 중인 전투들' 사이에 존재하는 간극 때문입니다. 전쟁의 승부는 이미 결정되었지만, 패배한 적(敵)은 아직 완전히 항복하지 않았습니다. 마치 제2차 세계대전에서 연합군이 노르망디 상륙작전을 통해 결정적 승기를 잡았음에도 독일이 공식적으로 항복하기 전까지 일부 부대들이 끈질기게 저항을 멈추지 않았던 것처럼, 사탄 역시 자신의 최종 운명을 알고 있음에도 마지막까지 발악하며 저항하고 있는 것입니다.

여기서 중요한 것은 바로 당신의 역할입니다. 당신은 이미 확정된 승리를 각 전투 현장에서 실현하는 자입니다. 승리를 쟁취하러 가는 것이 아니라, 이미 쟁취한 승리를 선포하는 자입니다. 이것이 킹덤빌더의 자세입니다.

하나님나라 관점의 혁신적 접근

이 책이 기존의 영적 전쟁 서적들과 차별되는 본질적인 지점은 바로 '하나님나라 관점'에 있습니다. 이는 영적 전쟁이 우주적 전쟁이자 동시에 우리 내면에서 벌어지는 전쟁이라는 의미입니다. 왜냐하면 예수님께서 "하나님의 나라는 너희 안에 있다"(눅 17:20-21)고 말씀하셨기 때문입니다.

따라서 이 책에서는 기존의 관련 책들처럼 개인적 관점에서 우리를 괴롭히는 악한 영을 내쫓는 방법을 알려주려는 것이 아닙니다. 하나님의 창조목적을 실현하기 위한 내면의 존재적 변화, 그리고 우주적 전쟁에 동참하여 승리하는 삶이 무엇인지 보여주는 것입니다. 이것은 단순한 사고의 변화가 아닙니다. 당신의 정체성과 사명, 그리고 일상의 모든 선택과 삶을 근본부터 바꾸는 패러다임의 전환에 대한 것입니다.

그 차이는 엄청납니다. 같은 상황을 맞이해도 전혀 다른 관점으로 해석하고 대응할 수 있습니다. 예를 들어 가정이나 직장에서 어려움을 겪을 때, 개인적 관점에서는 '마귀가 나를 괴롭히는구나. 어떻게 피해야 할까?'라고 생각합니다. 하지만 하나님나라의 관점에서는 '하나님께서 우리 가정과 직장에 그분의 나라를 확장하시려고 나를 보내셨구나. 어떻게 이 상황을 통해 하나님의 영광을 드러낼까?'라고 여기게 됩니다.

이 책을 통해 경험할 변화

성령님의 조명하에 이 책의 5부 25장의 여정을 따라가다보면, 당신은 자신의 존재와 삶의 방식에 근본적인 변화를 맞이하게 됩니다. 마귀에게 틈을 주지 않을 뿐만 아니라 하나님의 영광을 드러내는 삶으로 나아가게 될 것입니다.

가장 먼저 정체성의 혁명적 변화가 일어납니다. 당신은 더 이상 자신을 개인적 피해자가 아니라 하나님의 창조목적을 실현하는 킹덤빌더로 여기게 될 것입니다. 생존자에서 정복자로, 신자에서 자녀로 거듭나게 됩니다.

그다음으로 관점의 근본적인 전환이 찾아옵니다. 문제 중심이 아닌 하나님나라 중심으로, 방어 전략이 아닌 공격 전략을 세우게 될 것이며, 개인적 차원이 아닌 우주적 차원에서 모든 일을 해석하게 될 것입니다.

또한 실제적 능력 향상이 뒤따릅니다. 마귀의 속임수를 간파하는 분별력이 생기고, 영적 전쟁의 실제적인 무기들을 다루는 능력을 갖추게 됩니다. 무엇보다도 매일의 삶에서 승리를 경험하는 구체적인 방법들을 터득하게 될 것입니다.

마지막으로 공동체적 시너지가 형성됩니다. 혼자가 아닌 함께 싸우는 킹덤 에코시스템(Kingdom Ecosystem)[2]을 세워가며, 동역자들과의 영적 연합을 통해 혼자일 때보다 배가된 능력을 경험하게 됩니다.

단계적 여정을 통한 적용과 성장

이 책은 정교하게 설계된 단계적 여정으로 당신을 인도합니다. 각 부는 이전 단계를 토대로 쌓아 올려지기 때문에, 가능하다면 순서대로 읽기를 권합니다.

1단계	영적 전쟁의 본질과 이미 결정된 승리, 우리의 정체성에 대한 이해 (1부)
2단계	패배감을 느끼는 이유와 승리를 방해하는 요인 진단 (2부)
3단계	승리하는 킹덤빌더로서의 정체성 확립과 영적 무기로 완전무장 (3-4부)
4단계	매일의 삶에서 승리를 경험하는 구체적인 방법과 실천 (5부)

각 장을 읽은 후에는 반드시 세 가지를 실천하시기 바랍니다.

첫째, 묵상하십시오. 핵심 내용을 단지 이해하는 데 그치지 말고, 개인적으로 깊이 되새기며 소화하는 시간을 가지십시오. 둘째, 적용하십시오. 배운 원리를 구체적인 상황에 적용할 수 있도록 계획을 세우십시오. 실천 없는 지식은 무의미합니다. 셋째, 나누십시오. 가능하다면 동역자들과 함께 토론하고 기도하며 서로 격려하십시오. 소그룹 안에서

2 킹덤 에코시스템은 거듭난 하나님의 자녀들이 각자의 삶의 영역에서 그리스도의 생명으로 연결되어, 하나님의 통치를 유기적으로 실현해가는 생명적 공동체를 의미한다. 이에 대해서는 5부 25장 〈함께 싸우고 이기는 공동체 안에 거하라〉에서 자세히 다룬다.

함께 성장하고 함께 승리할 때, 그 영향력은 상상을 뛰어넘습니다.

삶으로 살아내는 영적 전쟁

영적 전쟁은 지식의 문제가 아니라 실제 삶에서의 경험의 문제입니다. 아무리 많은 이론을 알고 있어도, 그것을 삶에 적용하지 않으면 아무런 변화도 일어나지 않습니다. 마치 수영 이론을 아무리 잘 알아도 물에 들어가지 않으면 결코 수영할 수 없는 것과 같은 이치입니다. 각 장에서 제시하는 원리들을 실제 상황 속에서 시험해보십시오. 하나님의 살아 계신 능력을 당신의 일상에서 직접 경험해보십시오. 처음에는 어색하고 어려울 수 있지만, 계속해서 시도하다보면 점점 자연스러워지고, 마침내 그것이 당신의 새로운 삶의 방식이 될 것입니다.

승리한 전쟁으로의 초대

당신이 이 책의 첫 페이지를 넘기는 순간 새로운 여정이 시작됩니다. 그리고 이 여정의 끝에서 당신은 더 이상 예전의 당신이 아닐 것입니다. 당신은 영적 전쟁의 실체를 명확히 이해하고, 마귀의 모든 속임수를 간파하는 분별력을 갖추며, 어떤 상황에서도 승리할 수 있는 영적 무기들을 자유자재로 다루는 자가 되어 있을 것입니다.

하나님께서는 이미 당신을 위해 완벽한 승리를 준비해놓으셨습니다. 십자가에서 모든 것이 완성되었고, 부활 승천을 통해 모든 것이 확정되었습니다. 이제 남은 것은 단 하나, 예수 그리스도 안에서 그 승리를 당신의 삶에서 실현하는 것뿐입니다.

눅 10:19 내가 너희에게 뱀과 전갈을 밟으며 원수의 모든 능력을 제어할 권능을 주었으니 너희를 해칠 자가 결코 없으리라

당신의 운명은 패배가 아닙니다. 당신의 운명은 승리입니다. 당신의 정체성은 피해자가 아닙니다. 당신의 정체성은 킹덤빌더입니다. 당신의 미래는 생존이 아닙니다. 당신의 미래는 통치입니다.

나는 이 책을 소그룹 리더들이 먼저 읽고 체험하여, 그룹원들에게 실제 삶에서 일어나는 영적 전쟁의 실체를 알려주고 승리하는 방법을 가르쳐주기를 원합니다. 특별히 타지에서 영적 전쟁을 벌이는 모든 선교사들이 이 책을 통해서 지피지기 백전백승이라는 진리를 체험하기를 간절히 소망합니다.

무엇보다 먼저 이 책을 통해 영적 전쟁의 진리를 계시해주시고, 저에게 이 메시지를 전할 수 있는 특권을 허락하신 하나님께 모든 영광과 감사를 올려드립니다. 이 책은 오랜 세월 동안 수많은 영적 전투를 치르며 얻은 깨달음과 경험의 결정체입니다.

이 책이 세상에 나올 수 있도록 헌신적으로 수고해주신 분들께 깊이 감사드립니다. 영적 전쟁에 대한 그간의 모든 원고를 정리해준 HTM 신학부의 조진이 목사, 그리고 초안을 여러 차례 검토하며 정성스럽게 편집하고 윤문해준 강유진 박사님께 진심으로 감사를 드립니다.

또한 함께 하나님나라를 이루어가는 HTM의 모든 사역자분들, 그리고 영적 전쟁의 실재를 경험하며 이 책의 내용이 진리임을 삶으로 증명해준 수많은 성도님들의 간증에 감사드립니다. 특별히 '킹덤빌더스

쿨'과 '킹덤토크와 새마음 훈련'을 수료한 학생들과 조장님들의 간증과 승리의 이야기, 그리고 HTM의 축사 사역팀의 사역 보고들은 이 책의 신학적 토대와 실천적 원리를 더 풍성하게 만들었습니다. 그리고 언제나 하나님나라 확장의 동역자로서 함께하는 규장 출판사 여진구 대표에게도 감사드립니다.

마지막으로 이 책을 손에 들고 계신 당신께 감사와 축복의 인사를 전합니다. 당신이 이 책을 읽는 것은 결코 우연이 아닙니다. 하나님께서 당신을 킹덤빌더로 부르셨기에 이 책이 당신의 손에 들려진 것입니다. 이제 당신의 차례입니다. 이 책에서 배운 진리를 삶으로 살아내십시오. 매일의 전투에서 승리를 경험하십시오. 그리고 당신의 승리가 다른 이들에게 소망과 용기가 되게 하십시오.

주님께서 당신과 함께하시며, 당신의 삶터에 하나님나라가 확장되기를 간절히 기도합니다.

계 3:21 이기는 그에게는 내가 내 보좌에 함께 앉게 하여 주기를 내가 이기고 아버지 보좌에 함께 앉은 것과 같이 하리라

손기철 박사

2 PART 승리한 자가 패배하는 이유
: 거짓자아와 잘못된 믿음체계

3 PART 킹덤빌더로서의 성장과 무장
: 왕족의 정체성과 권능 회복

4 PART 출정 전 마지막 점검
: 내 안에서 벌어지는 영적 전쟁 이해하기

5 PART 일상에서의 영적 승리
: 예방의학적 영적 전쟁의 실제

영적 전쟁 입문

: 이미 승리한 자의 정체성과 부르심

PART
1

1부는 영적 전쟁의 본질과 십자가 승리, 그리고 오순절 성령강림으로 성취된 새 언약을 통해 우리가 지닌 승리자의 정체성과 킹덤빌더의 사명을 밝힌다. 이를 통해 왜 이미 승리한 우리가 여전히 영적 전쟁을 치러야 하는지를 이해하고, '이미 그러나 아직'의 긴장 속에서 어떻게 살아야 할지를 깨닫는다.

Focus First

- 에덴에서 시작된 전쟁은 단순한 도덕적 타락이 아닌 하나님의 주권적 통치와 사탄의 반역 사이에 일어난 우주적 충돌이다. 성경은 개인 구원을 넘어 하나님의 창조목적이 실현되는 'His Story'이며, 인간은 하나님나라 확장을 위한 왕 같은 제사장으로 부름받았다. 아담과 하와에게 주어진 "생육하고 번성하여… 땅을 정복하라"(창 1:28)는 명령이 바로 이 사명의 출발점이다.

- 이 전쟁의 전환점은 예수님의 십자가와 부활이었다. "죄의 삯은 사망"이라는 율법의 저주가 제거되었고, 사탄과 권세들이 십자가에서 무력화되었다(골 2:15). 믿는 자들은 이미 어둠의 권세에서 벗어나 하나님의 사랑의 아들의 나라로 옮겨졌다.

- 십자가 승리에 이어 오순절 성령강림으로 바벨에서 흩어진 민족들을 다시 모으는 새 언약이 성취되었고, 성령의 내주하심으로 하나님의 통치가 우리 안에 확립되었다. 우리는 더 이상 용서받은 '죄인'이 아니라 거듭난 '의인'이며, 정죄받지 않는 승리자의 정체성을 가진 킹덤빌더다.

- 킹덤빌더의 부르심은 이중 사명이다. 내적으로는 영혼몸 전체가 하나님의 통치를 받는 삶이고, 외적으로는 그 생명이 흘러나가 세상 속에서 하나님의 사랑과 능력을 드러내는 삶이다. 영에 임한 생명이 그리스도 안에 있는 혼을 통해 몸으로 나타날 때, 그것은 생수의 강처럼 흘러나가 세상을 변화시키며 하나님나라가 확장된다.

- 하나님은 악을 창조하지 않으셨다. 악은 인간의 자유의지와 마귀의 속임수로 생겨난 허상으로, 위조지폐처럼 본질적 실체가 없다. 사람들이 그것을 믿고 반응할 때 그 영향이 현실에 미칠 뿐이다. 그러므로 우리는 악과 직접 싸우기보다 그리스도 안에서 은혜와 축복을 누림으로 마귀에게 틈을 주지 말아야 한다.

- 그렇다면 왜 승리한 우리가 여전히 영적 전쟁을 치르는가? 법적으로는 영혼몸 전체가 구원받았지만, 현실적으로는 영만 완전히 구원받았고 혼과 몸은 여전히 변화의 과정에 있기 때문이다. 이것이 현재적 하나님나라의 '이미 그러나 아직'이다. 우리는 해방된 자로서 여전히 속박 아래 있는 자들에게 승리를 증거하며, 일상 속에서 이미 결정된 승리를 구체적으로 드러내야 한다. 이것이 킹덤빌더의 삶이다.

chapter 01

영적 전쟁의 본질과 십자가의 승리

에덴에서 시작된 우주적 전쟁

에덴에서 시작된 전쟁은 단순히 인간의 도덕적 타락이나 개인의 실패로 축소할 수 없는 거대한 사건이다. 그것은 하나님의 주권적 통치와 사탄의 반역 사이의 우주적 충돌이었다. 성경은 이 전쟁의 기록이다. 창세기 3장에서 인간의 불순종을 유도한 배후의 세력, 곧 하나님께 도전하는 뱀의 존재가 나타난다. 요한계시록에 따르면 그 뱀은 사탄이며, 온 세상을 미혹하는 자로 명확히 드러난다(계 12:9).

따라서 성경은 인간 구원 이야기를 넘어 하나님의 창조목적이 점진적으로 어떻게 실현되고 악이 어떻게 패배하는지를 보여주는 '하나님의 이야기'(His story)다. 이 서사 안에서 인간은 단순한 피해자가 아니라, 하나님께서 왕 같은 제사장으로 부르신 존재다. 아담과 하와가 창조될 때 주어진 "생육하고 번성하여… 땅을 정복하라"(창 1:28)는 명령은 생물학적 번성만 의미하는 것이 아니라, 하나님나라의 확장과 완성을 향한 사명이었다. 그러나 이러한 하나님의 계획이 뱀의 유혹에 의해 방해를 받으면서 인간은 전쟁의 소용돌이 속에 들어가게 되었다.

예수 그리스도의 십자가와 영원한 승리

이 전쟁의 흐름 속에서 예수 그리스도의 십자가와 부활은 모든 것을 결정지은 사건이었다. 십자가는 단순히 죄 사함을 위한 고난이 아니라, 자녀들의 회복을 통한 하나님의 창조목적의 재개와 동시에 마귀의 권세를 무너뜨린 하나님의 우주적 승리의 전환점이다.

요일 3:8 … 하나님의 아들이 나타나신 것은 마귀의 일을 멸하려 하심이라

예수님께서는 인자로 오셔서 모든 인류의 죄를 대속하기 위해 죽으시고 부활하셨다. 이를 통해 하나님께서 자녀들에게 베푸신 사랑과 그에 따른 공의 - "피흘림이 없은즉 사함이 없느니라"(히 9:22), "죄의 삯은 사망이요"(롬 6:23), "네가 먹는 날에는 반드시 죽으리라"(창 2:17) - 를 동시에 만족시키셨다. 그리고 흑암의 권세 아래 있는 모든 이들에게 다시 빛 가운데로 나올 수 있는 길을 열어주셨다.

이 사건은 개인의 구원을 넘어서는 우주적 차원의 승리다. 그 결과 마귀와 타락한 천상의 존재들은 예수 그리스도를 구원자와 주님으로 받아들인 자들을 통치할 법적 권한을 잃게 되었다. 바울은 골로새서 2장 15절에서 이렇게 선포한다. "통치자들과 권세들을 무력화하여 드러내어 구경거리로 삼으시고 십자가로 그들을 이기셨느니라."

이 구절은 십자가가 사탄의 법적 근거를 제거하였음을 증언한다. 사탄은 "죄의 삯은 사망"(롬 6:23)이라는 율법의 저주를 붙들고 인간을 정죄했지만, 예수님께서 죄 없으신 몸으로 율법의 저주를 담당하심으로 그 권세가 더 이상 작동할 수 없게 되었다. 십자가는 사탄의 무기였던 정죄를 무력화한 사건이다. 그러므로 예수님의 죽음은 인간의 죄를

대속하신 사건일 뿐 아니라 우주적 권세들을 결정적으로 패배시킨 전략적 승리였다.

이는 하나님나라가 '이미' 결정적으로 승리했음을 의미한다. 예수 그리스도의 십자가와 부활로 하나님나라는 더 이상 미래의 희망에 머무르지 않고, 지금 이 순간 이곳에 임한 현실이 되었다. 그러므로 믿는 자들은 이미 어둠의 권세에서 해방되어 하나님의 사랑의 아들의 나라로 옮겨졌다.

골 1:13-14 그가 우리를 흑암의 권세에서 건져내사 그의 사랑의 아들의 나라로 옮기셨으니 그 아들 안에서 우리가 속량 곧 죄 사함을 얻었도다

이 승리는 단순히 예수 그리스도의 개인적 업적이나 과거의 사건에 그치지 않는다. 그것은 그분과 연합된 모든 자들의 승리다. 로마서 6장은 우리가 그리스도와 함께 죽고 함께 살아난 자임을 증언한다. 그러므로 십자가와 부활의 승리는 과거의 역사적 사건을 넘어, 오늘날 그리스도인의 정체성을 규정한다.

묵상과 나눔

1. 십자가의 승리 : 지금 당신이 직면한 가장 큰 문제를 이미 이루어진 승리라는 관점으로 본다면 무엇이 달라질까요? 그 관점이 오늘 당신의 말과 행동을 어떻게 바꾸게 될까요?

chapter 02

성령의 오심과 하나님 자녀의 새로운 신분

새 언약의 성취와 오순절

인간이 죄를 짓고 타락했을 때 하나님의 영이 떠나셨다(창 6:3). 타락은 단순한 도덕적 실패가 아니라 하나님과의 분리라는 영적 재앙이었다. 그러나 하나님께서는 자녀들이 마귀의 유혹에 넘어갈 것을 창세 전부터 이미 아셨다. 인간의 타락은 하나님께 예상치 못한 사건이 아니라, 그분의 영원한 계획 안에서 예견되고 준비된 일이었다(엡 1:4). 따라서 하나님께서는 자녀들을 회복시켜 본래의 창조목적 - 모든 인간 안에 내적 통치를 먼저 이루시고, 이를 통해 온 세상으로 그분의 현현적 통치[3]를 확장하는 것 - 을 이루기 원하셨고, 이를 위해 예수 그리스도를 보내셔서 하나님의 영이 다시 인간에게 임하도록 하신 것이다. 이것이 바로 '새 언약'이다.

3 '현현적 통치'란 이미 신자 안에서 내적으로 임한 하나님의 통치가 예수 그리스도의 재림으로 인해 가시적이고 공적인 통치로 드러나는 것을 의미한다. 즉, 개인의 내적 차원에서 시작된 하나님 나라가 우주적 역사적 차원에서 외적으로 나타나는 최종 단계다.

렘 31:31 여호와의 말씀이니라 보라 날이 이르리니 내가 이스라엘 집과 유다 집에 새 언약을 맺으리라

겔 36:26-27 또 새 영을 너희 속에 두고 새 마음을 너희에게 주되… 또 내 영을 너희 속에 두어 너희로 내 율례를 행하게 하리니…

새 언약의 성취, 하나님나라 복음의 핵심은 하나님의 영이 우리에게 다시 임하신다는 데 있다. 그러나 이를 이루기 위해서는 반드시 인간의 죄값이 치러져야 했다. 바로 그 때문에 예수님께서 이 땅에 오셔서 십자가를 지신 것이다.

히 9:15 이로 말미암아 그는 새 언약의 중보자시니 이는 첫 언약 때에 범한 죄에서 속량하려고 죽으사 부르심을 입은 자로 하여금 영원한 기업의 약속을 얻게 하려 하심이라

예수님의 대속 사역으로 하나님과 인간 사이를 가로막고 있던 담이 허물어지고, 성령께서 믿는 자들 안에 내주하실 수 있는 길이 열리게 되었다(롬 5:8). 예수님께서는 이 땅에 오셔서 하나님의 비밀의 경륜을 이루셨고, 이제는 예수 그리스도를 믿고 성령충만함을 받은 자들을 통해 예수 그리스도의 몸 된 교회가 되도록 하셨다. 그리고 그들로 하여금 모든 민족과 온 세상에 나아가 타락한 천상의 존재들에게 넘겨주었던 백성들을 다시 되찾게 하신다.

마 24:14 이 천국 복음이 모든 민족에게 증언되기 위하여 온 세상에 전파되

리니 그제야 끝이 오리라

사도행전 2장은 오순절에 일어난 새 언약의 성취의 순간을 자세히 묘사한다.

행 2:1-8 오순절 날이 이미 이르매 그들이 다같이 한 곳에 모였더니… 그들이 다 성령의 충만함을 받고 성령이 말하게 하심을 따라 다른 언어들로 말하기를 시작하니라 그 때에 경건한 유대인들이 천하 각국으로부터 와서 예루살렘에 머물러 있더니… 우리가 우리 각 사람이 난 곳 방언으로 듣게 되는 것이 어찌 됨이냐

이 사건은 단순한 기적이 아니라 하나님의 구속사적 대전환점이었다. 오순절 성령강림은 바벨탑 사건의 분명한 반전이라고 할 수 있다. 인간의 교만으로 바벨에서 언어가 혼잡해지고 민족들이 흩어졌다면, 오순절에는 성령의 능력으로 언어의 장벽이 허물어지고 복음이 모든 민족에게 전해지기 시작했다.

더욱 놀라운 것은 사도행전 2장 9-11절에 기록된 각 지역의 명칭이 바벨 이전인 창세기 10장에 나오는 민족들의 이름과 상당 부분 일치한다는 사실이다. 이는 결코 우연이 아니다. 하나님께서는 바벨에서 흩으신 민족들을 당신의 나라로 다시 모으는 역사를 시작하신 것이다.

성령의 내주하심과 영혼몸의 구원

성령님의 내주하심을 온전히 이해하려면 먼저 하나님께서 인간을 어

떻게 창조하셨는지 살펴야 한다. 하나님께서는 우리를 영과 혼과 몸의 삼중 구조로 지으셨으며(살전 5:23), 이 관점은 타락과 구원, 그리고 성령님의 역사를 이해하는 핵심 열쇠가 된다. 인간은 단순한 물질적 존재가 아니라 영혼몸이 어우러진 복합적 존재다. 우리의 영혼몸은 기능적으로 분리될 수 없으며, 삼위일체 하나님께서 상호내주(페리코레시스)[4]적 관계를 가지는 것처럼 영혼몸도 페리코레시스적 관계를 가진다.

□ 영 : 하나님의 생명이 임하는 자리다. 하나님과 직접 교통하며 존재의 근원을 이루는 영역으로, 타락 이후에는 기능을 상실했으나 성령으로 거듭날 때 다시 살아난다.

□ 혼 : 자유의지를 가진 자아의식체다. 몸의 기능으로 일어나는 생각과 감정을 인식하고 선택하는 주체이며, 어떤 영에 속하느냐에 따라 몸을 다스리거나 몸에 종속된다. 타락 후에는 몸에 기초한 생각과 감정을 자신으로 동일시하며 거짓자아를 형성하지만, 구원 후에는 하나님의 영 안에 거하여 참된 자아를 회복한다.

□ 몸 : 물질세계와 접촉하는 영역이다. 뇌와 감각기관의 기능을 통해 생각과 감정이 일어나며, 혼의 선택과 영의 상태가 밖으로 드러난다. 타락 후에는 죄와 세상 신의 도구가 되었으나, 성령이 거하시는 하나님

4 헬라어 '페리코레시스'는 삼위일체 하나님을 설명할 때 사용되는 고대 교부들의 표현으로, 성부·성자·성령께서 서로 안에 거하시면서도 각자의 위격을 잃지 않고 하나 되어 계심을 뜻한다. 쉽게 말해, 세 위격이 서로를 온전히 받아들이고 나누시는 사랑의 교제, 혹은 서로 안에 춤추듯 머무는 친밀한 연합을 가리킨다. 영혼몸도 이와 같이 작동한다는 뜻이다.

의 성전으로 회복되어야 한다.

타락은 혼에서 시작되어 영으로, 그리고 몸으로 전파되었다. 창세기 3장에서 뱀의 유혹을 받을 때, 자유의지를 가진 혼이 먼저 하나님의 말씀보다 뱀의 말을 선택했고, 그 결과 영이 하나님과 분리되어 죽고, 몸이 죄의 영향 아래 들어가게 되었다.

예수 그리스도의 구원은 인간의 타락 과정과 동일한 순서로 이루어진다.

□ **혼의 믿음**(이신) : 성령님을 통한 은혜로 자유의지적 의탁을 하게 된다.
□ **영의 구원**(칭의) : 거듭남의 순간에 즉시 완성된다.
□ **혼의 구원을 이루어감**(성화) : 자유의지를 가진 혼은 육체의 소욕에 사로잡히는 것이 아니라 지속적으로 성령의 이끌림을 받게 된다.
□ **몸의 구원**(영화) : 성전이 되어가고 주님의 재림 때 몸의 부활로 완성된다.

따라서 성령의 내주하심은 단순한 동거가 아니라 하나님의 통치가 우리의 영혼몸 전체에 다시 확립되는 사건이다. 바울은 이를 명확히 선언한다.

고전 3:16 너희는 너희가 하나님의 성전인 것과 하나님의 성령이 너희 안에 계시는 것을 알지 못하느냐

고후 6:16 …우리는 살아 계신 하나님의 성전이라 이와 같이 하나님께서 이르시되 내가 그들 가운데 거하며 두루 행하여 나는 그들의 하나님이 되고 그들은 나의 백성이 되리라

성령님이 우리 안에 내주하신다는 것은 하나님나라가 우리 안에서 시작되었다는 의미다. 그러나 하나님의 통치가 영혼몸 전체에 확립되기까지는 단계적 과정이 필요하다. 먼저 영의 차원에서는 즉각적 회복이 일어난다. 우리가 거듭날 때 성령께서 우리 영에 임하셔서 하나님의 생명이 다시 흐르게 하신다. 이로써 우리의 영은 하나님과 하나 되어 존재의 근원에서 새 생명을 얻는다.

고전 6:17 주와 합하는 자는 한 영이니라

그러나 혼의 차원에서는 점진적 변화가 필요하다. 우리가 거듭날 때 성령의 내주하심으로 새로운 피조물이 되었지만, 그렇다고 곧바로 하나님 자녀의 삶을 실제로 살아낼 수 있는 것은 아니다. 왜냐하면 자유의지를 가진 혼이 몸에서 일어나는 생각과 감정을 여전히 자신과 동일시하는 거짓자아의 패턴에 갇혀 있기 때문이다. 하나님께서는 사랑이시기에 우리의 혼에 강제적으로 역사하지 않으신다. 그러므로 구원받은 그리스도인은 자신의 혼이 성령님의 도우심으로 진리의 말씀에 순종할 것인지, 아니면 마귀의 유혹에 넘어갈 것인지를 스스로 선택해야 한다.

몸의 차원에서는 성령이 거하시는 성전으로 회복되어야 한다. 우리의 생각과 감정이 죄와 세상의 도구가 아닌 하나님의 영광을 드러내는

통로가 되도록 영으로써 몸의 행실을 죽여야 한다.

롬 8:13 너희가 육신대로 살면 반드시 죽을 것이로되 영으로써 몸의 행실을 죽이면 살리니

"또한 너희 지체를 불의의 무기로 죄에게 내주지 말고… 의의 무기로 하나님께 드리라"(롬 6:13)는 말씀은 몸을 하나님께 드림으로써 성전으로 거룩하게 세워가라는 부르심이다.

예수님께서는 성령이 오셔서 죄와 의와 심판에 대하여 세상을 책망하신다고 말씀하셨다. 성령님의 책망 사역은 영적 전쟁에서 핵심적인 부분이다.

요 16:8-11 그가 와서 죄에 대하여, 의에 대하여, 심판에 대하여 세상을 책망하시리라 죄에 대하여라 함은 그들이 나를 믿지 아니함이요 의에 대하여라 함은 내가 아버지께로 가니 너희가 다시 나를 보지 못함이요 심판에 대하여라 함은 이 세상 임금이 심판을 받았음이라

먼저 '죄'에 대하여 책망하신다는 것은 "그들이 나를 믿지 아니함이요"라는 말씀대로, 예수 그리스도를 믿지 않는 것이 가장 근본적인 죄임을 깨닫게 하신다는 뜻이다. 이는 곧 하나님과의 관계 회복을 거부하는 것이다.

'의'에 대하여 책망하신다는 것은 "내가 아버지께로 가니 너희가 다시 나를 보지 못함이요"라고 말씀하신 것처럼, 인간의 자의적 의가 아니라 오직 그리스도의 완전한 의를 통해서만 하나님과의 관계가 회복

됨을 알게 하신다는 뜻이다.

또한 '심판'에 대하여 책망하신다는 것은 "이 세상 임금이 심판을 받았음이라"라는 예수님의 말씀처럼 마귀가 이미 패배했음을 확증하신다는 뜻이다. 이 확신이 바로 신자들이 영적 전쟁에 담대히 임할 수 있는 기초가 된다.

영적 전쟁에서 성령님은 단순히 우리를 돕는 조력자가 아니다. 하나님나라를 확장하고 마귀의 세력을 무너뜨리는 주도적 행위자이시다. 그분은 믿는 자 안에 내주하시며 하나님의 통치를 확립하신다. 또한 마귀의 속임수를 분별하게 하시고, 하나님의 말씀을 강력한 무기로 사용할 능력을 주신다.

요일 4:4 자녀들아 너희는 하나님께 속하였고 또 그들을 이기었나니 이는 너희 안에 계신 이가 세상에 있는 자보다 크심이라

이 말씀은 영적 전쟁에서 성령의 절대 우위를 확증하며, 그분이 내주하시는 모든 신자들에게 승리의 확신을 준다. 중요한 것은 성령님이 결코 우리를 강제로 지배하지 않으신다는 점이다. 사랑이신 하나님께서는 우리의 자유의지를 존중하시며, 우리가 스스로 선택해서 그분의 통치를 받기를 기다리신다.

계 3:20 볼지어다 내가 문 밖에 서서 두드리노니 누구든지 내 음성을 듣고 문을 열면 내가 그에게로 들어가 그와 더불어 먹고 그는 나와 더불어 먹으리라

예수님은 문을 두드리시지만 억지로 들어오지는 않으신다. 우리가 문을 열어드릴 때 오셔서 친밀한 교제를 나누신다. 이것이 진정한 사랑의 관계다. 따라서 성화는 성령님의 일방적인 역사가 아니라, 성령님과 우리의 협력을 통해 이루어진다.

결국 성령의 내주하심은 영혼몸 전체를 하나님나라의 통치 아래로 점진적으로 회복시키는 출발점이다. 영에서는 즉각적 연합이 이루어지고, 혼에서는 점진적 성화가 진행되며, 몸에서는 궁극적 영화가 완성된다. 이것이 새 언약 백성으로서 우리가 걸어가야 할 구원의 길이다.

의인으로서의 신분과 권세

하나님의 영원한 구원 계획은 죄 사함에만 머무르지 않는다. 그 목적은 하나님의 자녀들이 다시 하나님 아버지를 알고 본래 지으신 바대로 살아가도록 하는 것이다. 다시 말해 구원을 받고, 받은 구원을 이루어가는 삶을 사는 것이다.

"사람이 물과 성령으로 나지 아니하면 하나님의 나라에 들어갈 수 없느니라"(요 3:5)라는 말씀처럼, 물과 성령으로 거듭난 자는 하나님 나라를 보고 들어갈 수 있게 되었다. 또한 예수님의 약속대로 예수 그리스도 안에 있는 자는 그분이 행하신 일을 동일하게 행할 수 있게 되었다.

요일 5:4 무릇 하나님께로부터 난 자마다 세상을 이기느니라 세상을 이기는 승리는 이것이니 우리의 믿음이니라 더 나아가 우리는 용서받은 '죄인'이 아니라 예수 그리스도 안에서 '의인'이 되었다. 죄인의 관점에 머물면 언제나 부족과 실패에 매여 살 수밖에 없다. 그러나 의인의 정체성을 붙잡을 때 우리는 은혜의 보좌 앞에 담대히 나아갈 수 있다(히 4:16). 하나님께서 우리를 의롭다 하셨으니, 이제 우리는 자녀로서 의인의 삶을 살도록 부르심을 받은 것이다.

고후 5:21 하나님이 죄를 알지도 못하신 이를 우리를 대신하여 죄로 삼으신 것은 우리로 하여금 그 안에서 하나님의 의가 되게 하려 하심이라

하나님께서 우리를 의롭다 하셨다는 것은 단순한 법적 선언이 아니다. 그것은 마귀가 더 이상 우리를 정죄할 수 없음을 뜻하며, 죄와 사망의 권세가 이미 무너졌음을 의미한다. 따라서 의인의 신분으로 선 우리는 정죄와 패배의 자리에서 벗어나 승리자의 위치에서 하나님과 생명적 관계를 누리게 된다. 그러므로 우리는 패배자가 아닌 승리자의 정체성으로, 죄의식이 아닌 의의식으로 하나님나라를 이루는 킹덤빌더다.

예수님은 단지 구원의 근거를 제공하신 분이 아니다. 예수님은 우리가 '자녀'와 '의인'으로 회복된 이후 어떻게 살아가야 하는지를 보여주신 삶의 모델이시다. 예수님은 공생애를 시작하시기 전 물과 성령으로 거듭나심을 몸소 드러내셨고, 성령충만함 가운데 성령의 이끌림을 받아 광야에서 마귀의 시험을 받으시고 마귀의 일을 무력화시키셨다. 이어 공생애 동안에는 인간을 속여 죄를 짓게 하고 그 결과로 병들어 죽게 만드는 마귀의 졸개들인 귀신들을 내쫓으셨다.

하나님께서 이 땅에 예수 그리스도를 보내주신 것은 자녀들로 하여금 예수 그리스도를 구원자와 주님으로 받아들이게 하시고, 물과 성령

으로 거듭남으로써 마귀의 통치에서 벗어나 하나님의 통치 아래 들어오게 하려는 것이다. 이제 하나님의 통치를 받는 우리는 그분의 자녀로서 그의 나라와 의를 구하는 삶을 살아야 한다. 이는 예수 그리스도의 십자가와 부활로 마귀와 그 권세들이 이미 패배하였고, 우리가 그 승리에 참여하게 되었기 때문이다. 그러므로 우리는 패배자가 아니라 이미 승리한 자로 확증된 존재다.

묵상과 나눔

1. 오순절과 새 언약의 성취 : 오순절은 바벨의 혼잡을 뒤집고 복음이 모든 민족으로 흘러가게 한 새 언약의 시작점입니다. 삶 속에서 언어, 관계, 상황의 혼잡이 성령의 임재를 통해 통일과 전진으로 바뀐 경험이 있었나요? 그때 무엇을 상상하고 말하고 선포했는지 구체적으로 나누어보세요.

2. 성령의 내주와 영혼몸의 통치 : 지금 당신의 일상에서 혼이 몸의 생각과 감정을 자기로 동일시하는 패턴을 짚어보고, 그 자리에 "영으로써 몸의 행실을 죽이는"(롬 8:13) 실제적인 선택 한 가지를 적어보세요. 그것을 이번 주에 어떻게 실천할 수 있을까요?

chapter 03

킹덤빌더의 사명과 영적 전쟁

승리자의 사명과 책임

우리의 정체성-이미 승리한 자, 하나님으로부터 태어나 그리스도 안에 있는 하나님의 자녀, 하나님의 의-은 단순한 특권일 뿐 아니라 구체적인 사명과도 직결된다.

하나님나라의 복음을 듣고 자녀가 된 자들 안에 먼저 내적 통치가 이루어져야 한다. 그리고 그들의 모임인 교회는 온 세상으로 흩어져 모든 민족에게 이 천국 복음을 전해야 한다. 그리할 때 모든 민족은 다시 하나님의 백성으로 돌아올 수 있는 기회를 얻게 된다. 이것이 바로 우리가 치르는 영적 전쟁이며, 이미 승리가 확정된 전쟁이다. 이 일이 이루어졌을 때 예수님께서 재림하시고 마귀를 무저갱에 던지실 것이며, 주님께서 이 땅에서 천 년 동안 통치하시는 현현적 통치가 시작될 것이다. 그리고 부활의 몸을 입은 하나님의 자녀들은 예수 그리스도와 함께 왕노릇하게 된다.

예수 그리스도께서 행하신 일들을 통전적으로 살펴보자. 성부 하나님께서 성자 하나님을 보내셔서 마귀의 일을 멸하셨다. 그리고 하늘과 땅과 땅 아래 모든 존재를 그 앞에 무릎 꿇게 하셨다(빌 2:8-10). 이는 이 세상뿐 아니라 오는 세상의 모든 권세 위에 예수님을 높이신 사건이다(엡 1:20-21). 이로써 우주의 통치 권세가 회복되었다. 하나님은 예수 그리스도를 통하여 인간을 구원하셨고, 지금은 성령 하나님께서 자녀들 안에 거하시며 그들로 하여금 이 땅에서 마귀의 일을 멸하고 하나님의 뜻을 이루게 하신다.

골 2:6-10 그러므로 너희가 그리스도 예수를 주로 받았으니 그 안에서 행하되 그 안에 뿌리를 박으며 세움을 받아 교훈을 받은 대로 믿음에 굳게 서서 감사함을 넘치게 하라 누가 철학과 헛된 속임수로 너희를 사로잡을까 주의하라 이것은 사람의 전통과 세상의 초등학문을 따름이요 그리스도를 따름이 아니니라 그 안에는 신성의 모든 충만이 육체로 거하시고 너희도 그 안에서 충만하여졌으니 그는 모든 통치자와 권세의 머리시라

이것이 바로 예수 그리스도를 통해 성취하신 하나님의 비밀의 경륜이다. 하나님께서는 인간을 구원하셨을 뿐 아니라 전 우주적 차원에서 마귀의 통치를 무너뜨리고 하나님의 통치를 회복하셨다. 그리고 이 위대한 계획에 우리도 참여하도록 초청하셨다.

벧전 2:9 그러나 너희는 택하신 족속이요 왕 같은 제사장들이요 거룩한 나라요 그의 소유가 된 백성이니 이는 너희를 어두운 데서 불러 내어 그의 기이한 빛에 들어가게 하신 이의 아름다운 덕을 선포하게 하려 하심이라

빌 2:5 너희 안에 이 마음을 품으라 곧 그리스도 예수의 마음이니

요일 2:6 그의 안에 산다고 하는 자는 그가 행하시는 대로 자기도 행할지니라

하나님은 우리 영혼몸 전체를 통해 일하신다. 따라서 우리는 더 이상 구원받은 개인에 머물 수 없다. 킹덤빌더로 부르심을 받은 우리는 그분의 내적 통치를 받고, 동시에 세상 가운데 하나님을 나타내는 이중 사명을 감당해야 한다. 이것이 킹덤빌더의 정체성이며, 하나님의 우주적 계획을 이루어가는 동역자로서 의미를 지닌다.

(1) 내적 차원의 사명 : 그리스도 안에서 영혼몸이 하나님의 통치를 받는 삶

이는 우리의 영혼몸 전체에서 하나님의 완전한 통치가 이루어지게 하는 것이다.

눅 17:21 또 여기 있다 저기 있다고도 못하리니 하나님의 나라는 너희 안에 있느니라

우리의 '영'은 이미 하나님과 완전히 연합되어 하나님의 생명이 임한 자리다. 영은 하나님과 직접 교통하며 존재의 근원을 이루는 영역이며, 타락으로 그 기능을 상실했으나 성령으로 거듭날 때 다시 살아났다.

자유의지를 가진 자아의식체인 '혼'은 자기를 부인하고 자기 십자가를 지며 그리스도 의식을 가져야 한다. 타락 이후 혼은 몸에 기초한 생각과 감정을 자신과 동일시하는 거짓자아를 형성했지만, 구원 후에는 하나님의 영 안에서 참된 자아를 회복해야 한다. 그러므로 혼이 매일 하나님의 영에 속하기로 선택하고 성령님의 이끌림을 받는 것이 핵심이다.

우리의 '몸'은 하나님께 산 제물로 드려져 거룩한 성전이 되어야 한다. 타락 이후에는 죄와 세상의 도구로 쓰였으나, 이제는 성령께서 거하시는 성전으로 다시 회복되어야 한다. 우리의 행동, 말, 습관 모든 것이 하나님의 영광을 드러내야 한다.

이렇게 영혼몸이 온전히 하나님의 통치 아래 들어갈 때, 우리는 그리스도 안에서 하나님과 하나 되는 삶을 살게 된다.

> **롬 12:1** 그러므로 형제들아 내가 하나님의 모든 자비하심으로 너희를 권하노니 너희 몸을 하나님이 기뻐하시는 거룩한 산 제물로 드리라 이는 너희가 드릴 영적 예배니라

(2) 외적 차원의 사명 : 하나님의 사랑, 지혜, 능력이 세상에 드러나는 삶

내적으로 하나님의 통치를 받는 자는 반드시 그 영향력을 주변으로 확장시켜야 한다.

> **요 7:38** 나를 믿는 자는 성경에 이름과 같이 그 배에서 생수의 강이 흘러나오리라 하시니

이는 우리의 영에 임한 하나님의 생명과 능력이 기름부음으로 우리를 통해 세상으로 흘러가고, 하나님의 임재가 삶 전체에 스며들어 자연스럽게 드러나는 것이다. 영에서는 하나님의 생명과 능력이 흘러나오고, 혼으로는 말씀대로 생각하고 하나님의 지혜로 분별한다. 몸을 통해서는 새 생명으로 흘러나온 은혜와 호의가 하나님의 영광을 나타낸다. 우리의 생각과 감정이 그리스도를 드러내야 하며, 행동과 말, 습

관은 하나님의 성품을 비추어야 한다. 가정과 직장, 교회와 사회 속에서 우리는 하나님을 증거하는 통로가 되어야 한다.

마 5:16 이같이 너희 빛이 사람 앞에 비치게 하여 그들로 너희 착한 행실을 보고 하늘에 계신 너희 아버지께 영광을 돌리게 하라

내적 차원의 사명	외적 차원의 사명
영 : 하나님과 생명적 관계 유지	영 : 기름부음이 흘러나가는 삶
혼 : 자기를 부인하고 그리스도 의식을 가짐	혼 : 말씀대로 생각하고 느끼고 하나님의 지혜로 분별
몸 : 영으로써 몸의 행실을 죽임	몸 : 삶터, 일터에서 하나님의 영광 나타내기
→ 그리스도 안에서 하나님과 하나 되는 삶	→ 세상에 하나님의 사랑, 지혜, 능력 드러내기

표1 킹덤빌더의 이중 사명

내적 사명과 외적 사명은 서로 분리될 수 없다. 개인적으로 영혼몸이 하나님의 통치를 받지 않으면서 공동체적으로 하나님을 나타낼 수는 없다. 혼과 몸이 여전히 자기중심적이라면 하나님의 영광이 온전히 드러날 수 없기 때문이다. 반대로 개인적 영성에만 머무르는 것도 옳지 않다. 하나님의 생명과 사랑은 우리 안에서 흘러나와 다른 사람들에게 영향을 미쳐야 한다. 이것이 하나님나라가 확장되는 방식이다. 영에 임한 하나님의 생명이 혼의 올바른 선택을 통해 몸으로 표현되고, 이 생명이 생수의 강처럼 흘러나가 주변을 변화시킨다. 우리는 영에서 하나님의 생명을 받고, 혼이 자유의지로 그 생명에 순종하기를 선택하며,

몸을 통해 그 생명을 세상에 드러내는 통합적 존재다.

우리 안에 있는 하나님의 생명이 생수의 강처럼 흘러나가 주변을 변화시키는 것, 그것이 킹덤빌더의 삶이다. 우리는 단순히 구원받은 개인이 아니다. 우리는 하나님의 우주적 계획을 실현해가는 동역자들이다.

악의 본질과 마귀의 속임수

우리가 반드시 기억해야 할 진리는 하나님께서 창조하지 않으신 것은 창조된 것이 아니라는 사실이다. 하나님께서는 결코 악을 창조하신 적이 없다. 그분은 오직 '절대선'이시며, 그분의 창조 사역은 모두 "보시기에 좋았더라"(창 1:31)라는 선언으로 완결되었다.

마귀의 계략은 인간으로 하여금 하나님의 법 밖에서 모든 것을 선과 악의 개념으로 판단하게 만드는 것이다. 그는 세상에 두 가지 힘이 존재한다고 믿게 하며, 악의 힘을 제거하기 위해 하나님을 이용해야 한다는 생각을 품도록 속인다. 그러나 예수님께서 말씀하신 것처럼 하나님 한 분 외에는 선한 이가 없다(막 10:18). 선과 악을 나누는 이원론적 사고 자체가 타락한 혼의 산물이며, 마귀가 인간을 속이는 핵심 전략이다.

악은 우리가 그리스도 밖[5]에 있을 때 타락한 자유의지를 가진 혼과 마귀의 속임수에 의해 만들어진 것일 뿐이다. 현실에 실재한다고 해서 하나님께서 악을 창조하신 것은 아니다. 악은 그리스도 밖에 있는 우리의 타락한 생각과 감정이 믿음의 법칙에 따라 나타난 현상일 뿐 본질적인 실체가 아니다.

---

5 신자가 대부분의 삶에서 경험하는 '그리스도 밖'이라는 표현은 정체성 자체를 부정하는 것이 아니다. 이는 구원받은 자가 혼과 몸의 영역에서 성령의 인도를 벗어나 시험에 노출된 상태를 가리킨다.

이를 거짓 화폐에 비유해볼 수 있다. 위조지폐는 실제 가치가 없지만, 사람들이 그것을 진짜로 믿고 사용하면 경제에 혼란이 생긴다. 마찬가지로 악의 거짓 주장 또한 자유의지를 가진 존재들에 의해 '믿어질' 때 실제적 파괴를 일으킨다.

히브리서 11장 1절은 "믿음은 바라는 것들의 실상이요 보이지 않는 것들의 증거니"라고 말한다. 이는 믿음이 보이지 않는 세계의 실상을 이 땅의 현실로 나타내는 능력이 있음을 뜻한다. 그런데 마귀는 바로 이 믿음의 법칙을 악용한다. 우리의 타락한 생각과 감정을 이용해 존재하지 않는 악을 마치 실재하는 것처럼 경험하게 만드는 것이다.

따라서 악에 대한 두려움이나 인정 자체가 그 악에 힘을 실어주는 행위다. 우리가 악의 존재를 인정하고 두려워할수록 그것은 더욱 실재하는 것처럼 우리의 경험 속에 나타난다. 이것이 바로 마귀의 고도의 전략이다. 그러나 우리의 혼이 하나님의 영 안에 거할 때, 악은 더 이상 존재할 수 없다. 그리스도 안에서는 선과 악의 이원적 구분이 무의미하다. 그곳에는 오직 하나님의 완전한 선만 존재하기 때문이다. 하지만 마귀는 하나님과 분리된 거짓자아로 우리가 선과 악의 이원성 속에서 판단하고 반응하게 만든다. 그 결과 존재하지 않지만 우리가 만들어낸 악을 두려워하게 되고, 그 두려움 자체가 오히려 악을 현실에 불러들이는 원인이 된다.

그러나 우리가 참자아, 곧 하나님으로부터 나서 그리스도 안에 있는 새로운 피조물의 정체성을 회복할 때, 마귀의 속임수는 더 이상 효력을 발휘하지 못한다. 고린도후서 5장 17절의 "그런즉 누구든지 그리스도 안에 있으면 새로운 피조물이라 이전 것은 지나갔으니 보라 새 것이 되었도다"라는 선언이 바로 그 사실을 보여준다.

이미 승리한 전쟁의 수행

영적 전쟁의 핵심은 악과 싸우는 것이 아니라, 그리스도 안에 거하면서 하나님의 선하심과 진리를 선포하고, 그분 안에서 자녀로서 은혜와 축복을 누리며 사는 것이다. 그렇게 할 때 사탄의 가장 치명적인 약점이 드러난다. 그가 자신을 드러내는 악은 실제가 아니라 허상에 불과하며, 결국 그의 모든 계략은 무너질 수밖에 없다.

우리는 이미 그리스도 안에서 승리한 자들이다. 십자가와 부활로 마귀와 그 권세들은 패배했고, 우리는 그 승리 안에서 살아가게 되었다. 이 정체성을 깨닫고 누릴 때, 두려움 없이 영적 전쟁에 임하며 하나님나라를 나타내는 일에 담대히 참여할 수 있다. 승리는 이미 우리의 것이며, 우리는 그리스도 안에서 개인적으로도 공동체적으로도 그 승리를 온전히 누릴 수 있다.

롬 8:37 그러나 이 모든 일에 우리를 사랑하시는 이로 말미암아 우리가 넉넉히 이기느니라

마 16:18 …내가 이 반석 위에 내 교회를 세우리니 음부의 권세가 이기지 못하리라

우리는 더 이상 이 세상에 임시로 거하는 나그네가 아니다. 하나님나라 시민으로서 이 땅에서 하나님의 통치를 실현해야 하는 책임을 가진 존재다. 우리의 모든 행동과 선택은 하나님의 나타나심과 연결되어 있다. 우리를 통해 하나님의 뜻이 이 땅에 실체로 이루어진다. 그러므로 마귀의 공격에서 승리한다는 것은 하나님의 영광을 드러내는 일과 같다.

사 43:7 내 이름으로 불려지는 모든 자 곧 내가 내 영광을 위하여 창조한 자를 오게 하라 그를 내가 지었고 그를 내가 만들었느니라

영적 전쟁에서 승리하기 위해서는 보이지 않는 세계의 실상(substance)을 믿음으로 볼 줄 알아야 한다. 감각으로 인지되는 보이는 세계가 아니라, 새로운 믿음으로 보이지 않는 세계에 존재하는 주의 말씀대로 이루어진 실상을 붙잡아야 한다. 이 영적 세계의 눈이 밝아진다면, 더 이상 이전과 같은 방식으로 매일을 살아갈 수 없게 된다.

히 11:3 믿음으로 모든 세계가 하나님의 말씀으로 지어진 줄을 우리가 아나니 보이는 것은 나타난 것으로 말미암아 된 것이 아니니라

히 11:1 믿음은 바라는 것들의 실상이요 보이지 않는 것들의 증거니

롬 1:17 복음에는 하나님의 의가 나타나서 믿음(죄인의 믿음)으로 믿음(의인의 믿음)에 이르게 하나니 기록된 바 오직 의인은 (새로운) 믿음으로 말미암아 살리라 함과 같으니라

여기서 말하는 '믿음'은 자신의 경험과 지식에 기초한 것이 아니라, '예수 그리스도 안에 있는 믿음'이다. 이 믿음은 보이지 않는 세계의 실상을 이 땅 위에 보이는 물리적 실체(tangible reality)로 나타내는 힘이다. 우리는 그리스도 안에서 말씀대로 이루어진 실상에 따른 실체가 이 땅에 나타나는 것을 경험해야 한다. 이것이 마태복음 6장 10절에서 말하는 "나라가 임하시오며 뜻이 하늘에서 이루어진 것같이 땅에서도

이루어지이다"의 의미다.

그러나 이 승리가 영적 교만으로 이어져서는 안 된다. 우리가 승리한 것은 우리의 힘과 공로가 아니라 전적으로 예수 그리스도의 은혜 덕분이다. 그리스도 안에서 우리는 승리자이지만 동시에 겸손한 종으로서 하나님나라와 이웃을 섬기는 삶을 살아야 한다.

묵상과 나눔

1. 킹덤빌더의 이중 사명 : 내 안의 내적 통치(영혼몸)가 실제로 세상 속 외적 영향력으로 흘러나간 경험이 있었나요? 한 가지 장면을 골라 그때 무엇을 심고 선포하며(말), 무엇을 실행했는지(행동) 구체적으로 나누어보세요.

2. 의인의 신분과 권세 : 지금 가장 무겁게 느껴지는 문제 하나를 선택해서 의인의 자리에서 다시 바라보고 선포해보세요. "나는 그리스도 안에서 의인이며, 마귀의 영향력은 이미 십자가 아래에서 무력화되었다. 그러므로 오늘 나는 ______ 대신 ______을 선택하고, 구체적으로 ______을 실천한다."

chapter 04

현재적 하나님나라 : 왜 아직도 싸움이 계속되는가?

현재적 하나님나라의 특성

우리가 현재 살아가고 있는 시대는 '이미 그러나 아직'의 종말론적 긴장 속에 있다. 하나님나라는 예수님의 초림으로 이미 시작되었지만, 그분의 재림을 통해 비로소 완성될 것이다. 우리는 지금 하나님나라의 실체를 경험하면서도, 미래에 이루어지는 하나님나라의 완전한 실현을 기다린다. 바로 이 긴장이 우리로 하여금 더욱 적극적으로 하나님나라를 추구하게 만든다.

생각해보면 구약에는 마귀와 악한 영에 대한 직접적인 언급이 거의 없다. 그런데 신약에 들어서면서 이 주제가 폭발적으로 증가한다. 왜일까? 구약에는 그들이 존재하지 않았기 때문일까? 결코 그렇지 않다. 신약에서 마귀와 악한 영에 대한 언급이 크게 늘어난 원인은, 예수님께서 이 땅에 오신 목적이 바로 "마귀의 일을 멸하려 하심"(요일 3:8)이었기 때문이다. 예수님은 십자가의 죽으심과 부활, 그리고 승천을 통해 마귀와 그의 졸개들을 하늘에서 쫓아내셨고, 이제 하나님의 자녀들이 성령으로 말미암아 다시 영적 존재로 회복되었다. 이로 인해 마귀의 실체가 더욱 분명히 드러나게 된 것이다.

> **계 12:10-12** 내가 또 들으니 하늘에 큰 음성이 있어 이르되 이제 우리 하나님의 구원과 능력과 나라와 또 그의 그리스도의 권세가 나타났으니 우리 형제들을 참소하던 자 곧 우리 하나님 앞에서 밤낮 참소하던 자가 쫓겨났고… 그러므로 하늘과 그 가운데에 거하는 자들은 즐거워하라 그러나 땅과 바다는 화 있을진저 이는 마귀가 자기의 때가 얼마 남지 않은 줄을 알므로 크게 분내어 너희에게 내려갔음이라 하더라

이제 마귀와 그의 졸개들은 하나님의 보좌 앞에서 이 땅으로 영원히 쫓겨났다. 그들은 여전히 자신들이 통치자인 것처럼 행세하며 인간을 두렵게 하지만, 실제로 그들은 거짓의 아비일 뿐이다. 그리고 그들은 예수 그리스도 안에서 하나님의 자녀가 된 자들에게 오히려 쫓겨 다니는 신세가 되었다.

하늘에서 땅으로 완전히 쫓겨난 마귀와 그의 졸개들은 예수님의 승천 이후 본격적으로 하나님의 자녀들을 도둑질하고 죽이고 멸망시키려 한다. 오순절 성령강림 이후부터 예수님의 재림 때까지 분노한 마귀와 그의 무리와 하나님의 자녀들 사이의 싸움은 이 땅에서 계속될 것이다.

승리와 싸움의 공존

우리는 알든 모르든 영적 전쟁의 한복판에서 살아가고 있다. 비록 구원은 받았지만 지금 이 순간도 예수 그리스도 밖에서 마귀의 시험을 당하고 있다. 이 사실을 깨달은 자는 예수 그리스도의 이름으로 그들

을 무력화시키지만, 그렇지 못한 자는 여전히 그의 통치 아래 살아갈 수밖에 없다.

지금 우리의 상황은 어떠한가? 마귀와 그의 졸개들이 여전히 세상을 통치하고 있다. 요한계시록 12장 12절은 "그러므로 하늘과 그 가운데에 거하는 자들은 즐거워하라 그러나 땅과 바다는 화 있을진저 이는 마귀가 자기의 때가 얼마 남지 않은 줄을 알므로 크게 분내어 너희에게 내려갔음이라"라고 경고한다. 이 말씀은 우리가 살아가는 지금 이 시대가 영적 전쟁의 가장 치열한 전장임을 알려준다.

골로새서 1장 13절에서는 "그가 우리를 흑암의 권세에서 건져내사 그의 사랑의 아들의 나라로 옮기셨으니"라고 선언한다. 그러나 베드로전서 5장 8절은 "근신하라 깨어라 너희 대적 마귀가 우는 사자같이 두루 다니며 삼킬 자를 찾나니"라고 경고한다. 요한일서 5장 19절도 "우리는 하나님께 속하고 온 세상은 악한 자 안에 처한 것이며"라고 분명히 말한다. 그러나 요한일서 4장 4절은 이렇게 약속한다. "자녀들아 너희는 하나님께 속하였고 또 그들을 이기었나니 이는 너희 안에 계신 이가 세상에 있는 자보다 크심이라."

그렇다면 마귀가 통치하는 이 세상에서 우리는 어떻게 하나님의 통치를 나타낼 수 있는가? 예수님의 초림과 재림 사이, 곧 성령께서 강림하신 오순절부터 재림까지의 시기를 우리는 '현재적 하나님나라'라고 부른다. 이 시기 동안 신자들은 이미 승리했으나 동시에 계속 싸움을 이어가는 긴장 속에 살아간다.

그 이유는 간단하다. 우리의 영은 그리스도 안에서 이미 완전히 승리했으나, 혼과 몸은 여전히 변화의 과정에 있기 때문이다. 영은 하나님의 생명으로 거듭나 더 이상 정죄당하지 않는다. 그러나 혼은 매일 자유의지로 하나님께 순종할지, 아니면 마귀의 유혹에 넘어갈지를 선택해야 한다. 몸 또한 죄와 죽음의 흔적 속에서 고통과 연약함을 경험한다. 그렇기 때문에 법적으로는 승리했지만 현실적으로는 전쟁이 계속되는 것이다.

바울은 "너희 자신을 죄에 대하여는 죽은 자요 그리스도 예수 안에서 하나님께 대하여는 살아 있는 자로 여길지어다"(롬 6:11)라고 선언한다. 이것은 영적 실재다. 우리는 이를 믿음으로 받아들이고 실제 삶에서 구현해 나가야 한다. 이 과정에서 마귀는 아직 완전하지 않은 혼과 몸의 영역을 틈타 공격한다. 하지만 우리 안에 계신 성령께서 마귀보다 크시므로, 신자가 영 안에 거하며 성령의 인도를 따를 때 반드시 승리할 수 있다.

따라서 신자의 과제는 성령의 인도하심을 따라 영으로써 몸의 행실을 죽여 가며(롬 8:13) 혼의 구원을 이루어가는 삶을 사는 것이다. 이것이 성화의 과정이며 동시에 영적 전쟁을 승리로 이끄는 길이다. 바울은 "항상 복종하여 두렵고 떨림으로 너희 구원을 이루라 너희 안에서 행하시는 이는 하나님이시니"(빌 2:12-13)라고 권면한다. 하나님께서 우리 안에서 일하시지만 우리 또한 자유의지로 동참해야 한다. 이것이 우리가 승리자이면서도 여전히 싸워야 하는 이유다.

최종 승리를 향한 여정

지금 인류는 마치 포로수용소 안에 사는 것과 같다. 사람들은 보이지 않는 철조망이 자신을 가두고 있다고 믿으며, 경험과 유전, 세상의 풍습에 묶여 살아간다. 신체적, 정신적, 윤리적, 재정적 문제를 당연한 현실로 여기고, 그것들이 실제 힘을 가진다고 착각한다. 그러나 사실 그것들은 아무 힘이 없다. 단지 마귀의 통치 아래 속아 살아갈 뿐이다.

예수 그리스도의 죽으심과 부활하심에 참여한 하나님의 자녀는 더 이상 포로가 아니다. 우리는 하나님나라에 속한 자로서, 다시 포로수용소로 들어가 숨어 있는 적군을 쫓아내고 그곳을 새롭게 하는 사명을 받았다. 또한 전쟁이 끝났음을 알지 못하는 이들에게 예수 그리스도의 승리를 증거하며 살아가야 한다.

그리스도인들은 자신들이 더 이상 하나님과 분리된 채 하나님의 법 밖에서 선악을 판단하는 자가 아님을 알아야 한다. 우리는 타락한 혼이 만들어낸 거짓된 실상 속에 사는 자가 아니다. 하나님나라는 이미 우리 안에 있으며, 말씀에 따른 믿음과 선언은 보이지 않는 세계에 실상을 만들고, 그에 따른 행동은 보이는 세계의 현실을 변화시킨다. 그래서 예수님께서는 보이는 현실에 묶이지 말고 먼저 그의 나라와 의를 구하라고 말씀하셨다. 이것이 하나님의 자녀에게 주어진 놀라운 권세이자 책임이다.

우리는 최종 승리에 대한 확신 속에 살아간다. 성화는 혼이 구원을 이루어가는 과정이며, 이를 통해 우리는 영적 전쟁에서 날마다 승리하게 된다.

> **갈 4:19** 나의 자녀들아 너희 속에 그리스도의 형상을 이루기까지 다시 너희를 위하여 해산하는 수고를 하노니

우리의 최종 목표는 영혼몸 전체가 그리스도처럼 되어 하나님의 영

광을 온전히 반영하는 것이다. 이것이 하나님께서 우리를 구원하신 궁극적 목적이며, 우리가 킹덤빌더로 살아가야 하는 근본적 이유다. 이 사명은 내적으로 하나님과 하나 되는 삶이며, 외적으로 그 생명이 세상으로 흘러나가 하나님의 사랑과 능력을 드러내는 삶으로 이어진다. 영에 임한 생명이 그리스도 안에 있는 혼을 통해 몸으로 나타나고, 그것이 생수의 강처럼 흘러나가 세상을 변화시킨다. 결국 우리의 존재 자체가 하나님나라 확장의 통로가 되며, 이는 킹덤빌더에게 주어진 특권이자 책임이다.

영적 회색지대(Gray Zone)는 없다. 하나님의 통치 안에 있거나 사탄의 통치 안에 있거나 둘 중 하나다. 사탄은 사람들이 회색지대가 있다고 믿게 하여, 그의 통치 아래 있으면서도 그것을 깨닫지 못하게 만든다. 그러나 도둑질은 들키지 않을 때만 가능한 법이다. 그러므로 이제 예수 그리스도 안에서, 예수 그리스도의 이름으로 믿음대로 행하라. 포로수용소 밖으로 한 걸음 내딛기만 하면 된다.

요 8:32 진리를 알지니 진리가 너희를 자유롭게 하리라

우리는 이미 이루어진 하나님의 최종 승리를 확신하며 오늘을 살아간다. 예수님의 재림과 하나님나라의 완성을 바라보면서, 지금 우리에게 주어진 사명을 차원적으로 충실히 감당하는 것이 그리스도인의 삶이다. 우리는 이미 성취된 약속의 혜택을 현재적으로 누리고, 아직 성취되지 않은 약속을 소망 가운데 붙들며 살아야 한다.

이는 단순한 기다림이 아니다. 하나님의 전략적 계획 안에서 맡겨진 역할을 충실히 수행하는 적극적이고 능동적인 참여다. 하나님나라

는 '이미' 임했기 때문에 우리는 지금 그 나라의 능력으로 살아갈 수 있다. 그러나 '아직' 완성되지 않았기 때문에 더 큰 영광을 향해 전진할 수 있는 것이다.

영적 전쟁은 이미 결판이 난 전쟁이지만, 아직 끝나지 않은 전쟁이다. 우리는 승리를 확신하면서도 긴장감을 잃지 말아야 한다. 소망을 품으면서도 현실을 직시하고, 감사하면서도 더 큰 것을 기대하는 역동적 긴장 속에서 살아가야 한다. 이 '이미'와 '아직'의 긴장은 오늘날 킹덤빌더들이 반드시 인식해야 할 가장 중요한 통찰 중 하나다.

동시에 우리는 '아직' 완성되지 않은 하나님나라의 현실도 직시해야 한다. 이 땅에는 여전히 죄와 고통, 불의와 억압이 존재한다. 우리 자신 또한 완전하지 않으며, 지속적인 성화의 과정이 필요하다. 이런 현실 속에서 우리는 겸손과 인내로 하나님나라를 기다려야 한다. 그러나 동시에 그 나라를 이 땅에 실현하기 위해 적극적으로 힘써야 한다.

그런데 현실은 어떠한가? 십자가의 승리가 이미 선포되었음에도 우리는 여전히 마귀의 시험과 도전 앞에서 승리를 누리지 못하고 패배감을 경험한다. 사탄은 최종 패배가 확정된 사실을 알지만, 재림 전까지 남은 시간 동안 성도들을 속이고 넘어뜨리려 한다.

벧전 5:8 …너희 대적 마귀가 우는 사자같이 두루 다니며 삼킬 자를 찾나니

우리는 이미 승리한 자이면서 동시에 싸워야 하는 자다. 정체성(승리자)과 소명(킹덤빌더)이 함께 간다. 이제 우리는 본격적으로 질문해야 한다. 그렇다면 승리한 자가 실제 삶에서 패배하는 이유는 무엇인가? 이 질문이 이어지는 2부의 핵심 주제다.

승리는 이미 결정되었지만 우리가 왜 여전히 싸우는지 깨닫는 순간 전장은 바깥이 아니라 내면임을 알게 된다. 이제 우리는 거짓자아, 마귀의 속임, 잘못된 믿음체계와 사고방식, 왜곡된 관계 속에서 패배의 뿌리가 무엇인지 직면하게 될 것이다.

묵상과 나눔

1. 승리와 싸움의 공존 : 우리는 이미 그리스도 안에서 승리했지만, 혼과 몸의 차원에서 여전히 싸우고 있는 부분이 있습니다. 어떤 상황에서 마귀의 유혹이나 두려움을 경험하고 있나요? 그때 성령님의 인도하심을 받기 위해 어떤 노력을 하셨나요?

2. 최종 승리를 향한 여정 : 여전히 나를 제한하는 습관, 생각, 관계는 무엇인가요? 그렇다면 그것을 하나님나라의 관점에서 어떻게 새롭게 바라볼 수 있을까요?

승리한 자가 패배하는 이유

: 거짓자아와 잘못된 믿음체계

PART 2

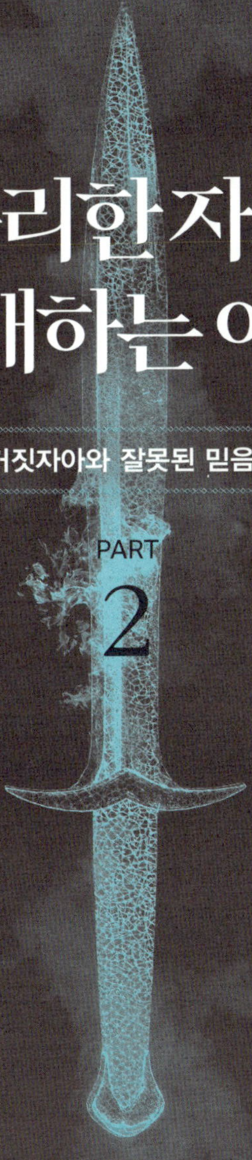

2부는 그리스도 안에서 이미 승리자가 되었는데 왜 우리가 여전히 영적 전쟁에서 패배하는지를 밝힌다. 패배의 근본 원인은 거짓자아와 잘못된 믿음체계이며, 이를 극복하는 길은 정체성과 관계 회복에 있다.

Focus First

- 고통과 패배는 거짓자아가 만들어낸 상상의 이야기와 현실의 괴리에서 비롯된다. 타락한 혼은 자신의 생각과 감정을 자기와 동일시하지만, 우리의 참자아는 그리스도 안에서 거듭난 영이다. 혼은 그 영을 의식하는 자아의식체로서, 성령의 인도하심을 받아 자유의지로 자기를 부인하고 자기 십자가를 져야 한다.

- 보이는 실체는 보이지 않는 실상의 반영일 뿐 그 자체에 아무런 힘이 없고, 우리의 왜곡된 믿음이 그 실체에 힘을 부여할 뿐이다. 따라서 그리스도 안에 있는 자는 말씀에 따른 실상으로 보이는 세계의 실체를 바라봐야 하며, 이것이 바로 먼저 그의 나라와 의를 구하는 차원적인 삶이다.

- 우리는 무의식적으로 형성된 잠재의식 속 믿음체계의 영향을 받는다. 이 믿음체계는 자신의 경험과 욕구에 기초하여 한계를 정하는 왜곡된 믿음체계다. 표면의식적 노력으로는 이것을 바꿀 수 없고, 오직 그리스도 안에서 성령과 말씀으로만 새로워질 수 있다.

- 상상의 이야기를 추구하고 자신이 행한 일을 늘 판단하며 미래를 염려하는 것은 수고하고 무거운 짐을 진 삶이다. 여기서 벗어나려면 자기를 포기하고 그리스도 안에 거하는 '인내'를 배우고, 말씀에 대한 내 생각이 아닌 이루신 말씀대로 생각해야 한다.

- 고난과 징계는 패배의 징표가 아니라 하나님이 우리를 의와 평강의 열매로 세워가시는 과정이다. 하나님은 우리의 잘못된 선택을 허용하시되 그 결과를 통해 잘못된 믿음체계를 드러내시고 회복과 성숙으로 이끄신다.

- 마귀는 하나님과의 관계를 의심으로, 자기 자신과의 관계를 정죄로, 타인과의 관계를 불신으로 파괴한다. 십자가는 하나님과 인간의 화해일 뿐 아니라, 사람과 사람 사이, 더 나아가 피조세계와의 관계까지 회복시키는 사건이다. 따라서 영적 전쟁은 관계 질서를 하나님께 돌려드리는 적극적 통치 행위다.

- 우리가 패배하는 이유는 영적 전쟁의 본질을 오해하고, 하나님의 통치를 몸으로 경험하지 못하며, 마귀의 속임과 내면의 먹잇감을 방치하기 때문이다. 특히 죄인의 정체성에 머물러 위임된 통치권을 사용하지 못한다는 것이 치명적 약점이다. 해답은 오직 그리스도 안에서 정체성을 회복하고 하나님의 통치 안에서 관계를 새롭게 세우는 것이다.

chapter 05

나와 세상에 대한 새로운 이해

우리는 왜 삶이 늘 힘들고 괴롭다고 느끼는 것일까? 이는 세 가지 잘못된 믿음에서 비롯된다. 첫째, 하기 싫은 일도 억지로 해야만 먹고 살 수 있다고 여긴다. 둘째, 자신의 능력 이상으로 일해야 더 나은 삶을 살 수 있다고 믿는다. 셋째, 끊임없이 닥치는 문제들을 해결해야 비로소 평안을 얻을 수 있다고 생각한다. 이런 생각의 뿌리는 세상이 내게 주는 영향이 대부분 부정적이라는 믿음이다. 우리는 세상의 힘 앞에서 자신을 무력한 존재로 여기며, 스스로 대항할 능력이 없다고 느낀다. 그러나 이러한 믿음은 우리가 하나님나라의 관점에서 자신과 세상을 온전히 보지 못하기 때문에 생기는 것이다.

보이는 세계와 보이지 않는 세계의 진실

우리는 대상, 사물, 사건 등 보이는 세계의 수많은 실체와 접하며 살아간다. 많은 사람들은 보이는 세계의 실체만이 유일한 실재이고 현실이라고 생각한다. 그러나 현실은 보이는 세계에만 한정되지 않고 보이지 않는 세계도 포함한다. 그리고 자각하든 못하든 우리는 두 세계를 동시에 경험하며 살아가고 있다.

더 나아가 우리가 깨달아야 할 사실은 보이는 세계의 모든 실체는 보이지 않는 세계에 존재하는 실상의 반영일 뿐이라는 것이다. 여기서 '실상'(substance)은 '실체'(tangible reality)의 근원이 되는 보이지 않는 본질을 뜻한다. 즉, 보이는 실체는 보이지 않는 본질의 반영이다. 양자물리학적으로 표현하면, 보이지 않는 차원에서 파동들이 서로 얽히고 중첩될 때 그 에너지의 상태가 물질적 실체로 '붕괴'(collapse)되어 나타나는 것이다. 우리는 실상 없는 실체는 없다는 진리를 기억해야 한다. 따라서 실체를 바꾸기 위해서는 먼저 실상을 변화시켜야 한다.

마귀는 타락한 인간으로 하여금 자신을 하나님과 분리된 자아독립적 개체로 여기게 한다. 그리고 이원성을 가진 거짓자아로 하나님 밖에서 선과 악을 판단하게 만든다. 더 나아가 본래 영적 존재인 인간을, 단순히 육적 존재로 속여 보이는 세계의 실체에만 묶여 살도록 한다. 다시 한번 마귀의 말을 떠올려보라. "너희가 그것을 먹는 날에는 너희 눈이 밝아져 하나님과 같이 되어 선악을 알 줄 하나님이 아심이니라"(창 3:5).

우리의 거짓자아를 생각해보라. 타락한 혼은 세상에 대한 생각과 감정을 자신과 동일시하여 '나는' 혹은 '내가'라고 말한다. 그리고 그 생각과 감정에 종노릇하며 살아간다. 이것이 바로 지금도 세상 신이 우리를 통치하는 방식이다.

그러나 하나님의 자녀가 된 자는 혼의 구원을 통해 하나님의 통치 아래에서 그분의 의를 이루어가는 삶을 살아갈 줄 알아야 한다(벧전 2:25). 하나님나라에서 자녀의 삶이란 영혼몸 전부가 하나님의 통치함을 받음으로, 그 몸을 통하여 하나님의 영광을 드러내는 삶이다. 주권은 하나님께 있다. 내가 아니라 그리스도께서 사시는 것이다(갈 2:20). 자녀는 단지 거짓자아로 예수 그리스도를 믿는 자가 아니다. 혼이 몸의 종노릇에서 벗어나 하나님의 영 안에 거하는 삶을 사는 자다. 따라서 우리는 보이는 세계뿐 아니라 보이지 않는 세계 또한 실재한다는 것을 알고, 그 보이지 않는 세계를 수복(收復, 잃어버린 땅이나 권리를 되찾는 것)하는 삶을 살아내야 한다.

벧전 2:25 너희가 전에는 양과 같이 길을 잃었더니 이제는 너희 영혼(헬, 프쉬케 : 혼)의 목자와 감독 되신 이에게 돌아왔느니라

우리가 거듭날 때 하나님의 영이 다시 우리 안에 임하심으로 우리는 영적 존재로 회복되었다. 하나님 우편에 계신 예수 그리스도 안에 속하게 된 것이다. 따라서 우리는 이 땅에서 두 차원을 경험하는 것이 아니라, 초월 영역에 계시는 하나님의 보좌에서 두 차원을 경험하는 차원적인 삶을 살아가는 존재다.

엡 2:6 또 함께 일으키사 그리스도 예수 안에서 함께 하늘에 앉히시니

골 3:1-3 그러므로 너희가 그리스도와 함께 다시 살리심을 받았으면 위의 것을 찾으라 거기는 그리스도께서 하나님 우편에 앉아 계시느니라 위의 것을 생각하고 땅의 것을 생각하지 말라 이는 너희가 죽었고 너희 생명이 그리스도와 함께 하나님 안에 감추어졌음이라

실상과 실체, 투사와 인식

거짓자아의 의식으로 살아가면 보이는 세계의 실체에 기초하여 보이지 않는 세계의 실상을 바라보게 된다. 곧 땅에서 하늘을 바라보는 삶이다. 그러나 그리스도 의식으로 살아가면[6] 보이지 않는 세계의 실상 - 영이요 생명인 말씀으로 이루어진 세계 - 에 기초하여 보이는 세계의 실체를 바라보게 된다. 이는 하늘에서 땅을 바라보는 삶이다. 진정한 하나님의 자녀는 실체에 기초하여 실상을 바라보는 것이 아니라, 말씀에 따른 실상에 기초하여 실체를 바라볼 줄 알아야 한다.

예를 들어 암에 걸렸다고 가정해보자. 우리는 흔히 주님 앞에 나아가 "암이 치유받기를 원합니다"라고 기도한다. 그러나 이는 이미 '암'이라는 것을 자신의 심중에 심고(보이지 않는 세계에 암이라는 실상을 그리고), 자기 몸에 나타난 암이 치유되기를 기대하고 소망하는 것이다. 기대와 소망, 그리고 믿음은 서로 다르다는 것을 알아야 한다.

우리가 정말 하나님의 자녀라면, 이제는 말씀에 따라 이렇게 말할 수 있어야 한다. "암을 치유해주셔서 감사합니다." 왜냐하면 이미 2천 년 전에 예수님께서 모든 죄와 질병을 가져가고 짊어지셨기 때문이다. "친히 나무에 달려 그 몸으로 우리 죄를 담당하셨으니 이는 우리로 죄에 대하여 죽고 의에 대하여 살게 하려 하심이라 그가 채찍에 맞음으로 너희는 나음을 얻었나니"(벧전 2:24).

"어떻게 치유되지도 않았는데 치유되었다고 말할 수 있는가?"라고 반문할 수 있다. 그러나 두 차원의 세계를 이해한다면, 치유되지 않았

---

6 그리스도 의식으로 살아간다는 것은 우리의 타락한 혼이 몸의 종노릇에서 벗어나 그리스도 안에 거함으로써 타락하기 전처럼 하나님의 영을 늘 의식하며 성령의 소욕에 이끌림을 받는 삶을 의미한다. 자세한 내용은 3부 15장 〈하나님의 임재의식과 기름부음 흘려 보내기〉를 참고하라.

기 때문에 오히려 치유되었다고 말해야 한다. 말씀에 따라 보이지 않는 세계에 이미 이루어진 암이 치유된 실상을 가지고, 보이는 세계의 치유되지 않은 실체를 보는 것이다. 바로 그때 하나님의 역사가 일어난다.

> **막 11:24** 그러므로 내가 너희에게 말하노니 무엇이든지 기도하고 구하는 것은 받은 줄로 믿으라 그리하면 너희에게 그대로 되리라

모든 사람은 세상을 접할 때 믿음으로 투사하고 인식한다. 이는 의식하든 못하든 우리가 두 차원의 세계를 경험하며 살아간다는 뜻이다. 내가 가진 믿음은 보이지 않는 세계(심중)에 실상을 형성한다. 그 실상은 보이는 세계의 실체에 투사되고 우리는 그것을 인식하게 된다. 결국 우리는 이 과정을 통해 기존의 실체를 해석하거나 새로운 실체를 형성하며 살아가고 있는 것이다.

같은 대상을 보더라도 서로 다르게 해석하는 일은 너무나 흔하다. 이것은 대상의 실체가 그 자체에 있는 것이 아니라, 우리의 심중에 그려진 실상에 달려 있음을 보여준다. 또한 같은 대상을 이전과 전혀 다르게 바라볼 때가 있는데, 이것은 우리의 심중에 있는 실상이 바뀌었기 때문이다.

우리는 늘 무엇을 구하거나 찾거나 만들고자 할 때 먼저 그것을 심중에 그린다. 심중에 그리지 않는 실체를 과연 구하고 찾고 만들 수 있을까? 깊이 생각해보아야 한다. 많은 이들은 보이는 세계의 실체가 힘을 가지고 있다고 여긴다. 특히 질병, 가난, 악한 사람, 고통 같은 부정적 대상이 스스로 그 힘을 행사하고 있다고 믿기 때문에 힘들고 괴로워한다. 그리고 그 힘을 이기고 제거하고 다스리려고 애쓴다.

그러나 우리가 반드시 깨달아야 할 사실은 보이는 세계의 실체 자체가 힘을 가지고 있다는 생각은 잘못된 믿음이라는 것이다. 외부에 있는 실체가 힘을 지닌 것이 아니라 그 실체에 대한 '내 믿음'만큼만 힘을 갖게 되기 때문이다. 왜 눈에 보이는 질병이 우리를 힘들고 고통스럽게 하는가? 그것은 내가 감당할 수 없다는 믿음으로 만든 실상을 그 실체에 투사하고 인식하기 때문이다.

거짓자아의 죽음과 세상으로부터의 자유

그렇다면 그렇게 믿고 투사하고 인식하는 '나'는 누구인가? 그것은 자신의 경험과 지식에 기초한 믿음으로 만든 실상을 실체에 투사하고 인식하는 거짓자아다. 만일 이 거짓자아가 죽으면 어떻게 되는가? 어떤 사람, 사물, 사건도 더 이상 우리에게 힘을 행사할 수 없다. 세상의 모든 대상과 사물과 사건에는 본래 힘이 없다. 다만 우리의 믿음이 그것들에 힘을 실어주고 있었을 뿐이다.

우리가 어떤 일로 고통을 받고 그것을 반드시 해결해야 한다고 여기는 이유는 그것을 문제라고 믿기 때문이다. 바로 이 믿음이 실체에 힘을 실어주는 것이다. 그러나 이제 우리는 어떤 실체도 본래 힘이 없으며 두려울 이유가 없다는 사실을 깨달아야 한다. 우리는 죄와 질병, 외로움과 분노, 탐욕과 빈곤을 마치 어깨에 짊어진 무거운 짐처럼 여기고 그것들과 싸워야 한다고 생각하지만, 그것은 실재가 아니라 우리가 스스로 만들어낸 힘에 불과하다.

예수 그리스도 안에 있으면 맞서 싸워야 할 대상은 존재하지 않는다. 어떤 대상이 힘을 가졌다고 느끼는 것, 두려움에 사로잡히는 것,

그것들과 싸워야 한다고 생각하는 것은 모두 거짓자아가 주체가 된 삶에서 비롯된 것이다. 우리는 흔히 스스로는 그 대상을 이길 수 없다고 믿기 때문에 하나님께 그 문제를 해결해달라고 기도한다. 하지만 그 순간 이미 그 실체에 힘을 부여하여 그 힘에 묶이는 상태가 된다.

하나님의 법 밖에서 거짓자아로 삶을 판단하면 율법에 따라 선과 악, 건강과 질병, 부와 빈곤 등 모든 것을 이원적으로 나누게 된다. 우리는 지금까지 이런 인생의 문제들을 당연한 것으로 여기며, 그것을 경험하는 존재가 바로 '나'라고 믿어왔다. 타락 이후의 삶은 실체에 묶인 삶이며, 하나님의 법 밖에서 자기 생각대로 살아가는 삶이다. 그 삶은 스스로 실체를 바꾸려 애쓰거나, 자기 힘으로 해결하지 못하면 신의 도움을 받아야 한다고 믿는 왜곡된 삶이다.

그리스도 안에서의 정체성 회복

문제 해결을 위해 하나님께 무엇인가를 구한다는 것은, 하나님과 분리된 상태에서 어떤 대가를 지불하고 그분으로부터 무엇을 얻어내려는 태도다. 그러나 하나님나라의 복음을 깨닫는다면, 우리는 더 이상 하나님께 무엇을 얻어내는 존재가 아니라 하나님 안에 거함으로써 그분을 나타내는 존재임을 분명히 알게 된다.

그러므로 이제 우리는 차원적으로 생각할 줄 알아야 한다. 우리는 자신을 나타내는 자가 아니라 하나님을 나타낸다. 더 정확히 말하면, 그리스도 안에서, 곧 하나님의 통치 안에서 "뜻이 하늘에서 이루어진 것같이 땅에서도 이루어지이다"(마 6:10)라는 말씀을 삶을 통해 이루는 존재다.

그리스도 안에 거하면 그 어떤 것도 문제가 되지 않는다. 우리는 세상의 대상, 사물, 사건 등과 투쟁할 필요가 없다. 세상은 그저 있는 그대로 존재할 뿐이기 때문이다. 사실 우리가 맞서고 있는 것은 세상 자체가 아니라, 세상에 대해 우리가 만들어낸 상상의 이야기다. 내 생각은 진리도 아니고 실재도 아니며 아무 힘도 없다. 그럼에도 불구하고 우리는 그것과 끊임없이 싸우고 있다.

그러므로 우리는 이것을 깨닫고 자기를 부인하고 자기 십자가를 져야 한다. 하나님께 무엇인가를 구하고 있다면, 이미 그 대상에 힘을 부여한 것이다. 그러나 중요한 것은 우리가 그것들과 싸우는 것이 아니라 그리스도 안에 거하는 것이다. 그리스도 안에 있으면 모든 것을 있는 그대로 보게 되고 허용하게 된다. 그때 비로소 거짓자아를 보호하고 유지하기 위해서 싸워야 했던 모든 것이 사라진다.

> **마 16:24-25** 이에 예수께서 제자들에게 이르시되 누구든지 나를 따라오려거든 자기를 부인하고 자기 십자가를 지고 나를 따를 것이니라 누구든지 제 목숨(헬, 프쉬케)을 구원하고자 하면 잃을 것이요 누구든지 나를 위하여 제 목숨을 잃으면 찾으리라

이제는 거짓자아인 내가 죽음으로써 본래 나의 존재로 돌아가야 한다. 그것이 바로 예수 그리스도 안에서 새로운 피조물이 되는 것이다(고후 5:17). 하나님으로부터 나서 그리스도 예수 안에 있는 것이다(고전 1:30). 예수 그리스도 안에 거할 때, 우리는 세상에 그 어떤 힘도 스스로 존재하지 않는다는 사실을 깨닫게 된다. 생각해보라. 내가 만든 믿음이 실체에 힘을 실어준다면, 내가 없을 때 세상이 무슨 힘을 가질

수 있겠는가? 내가 있기 때문에, 내가 존재해야 하기 때문에 그 힘이 만들어졌을 뿐이다.

우리가 생각하고 느끼고 체험하는 모든 악과 부정적인 힘은 인간이 하나님의 법 밖에서 타락한 혼과 마귀의 속임으로 스스로 만들어낸 것이다. 마귀는 세상 신으로서 우리가 누구인지 자신의 정체성을 깨닫지 못하게 하며, 외부 세계의 실체에 묶인 삶을 살도록 거짓말로 우리를 속이고 유혹하며, 두렵게 하고, 참소하는 일을 한다. 인간을 하나님과 분리된 자아독립적 존재로 인식하게 하고, 생존의식, 피해의식, 결핍의식, 투쟁의식을 갖게 하여, 보이는 실체에 기초해서 스스로 자신을 변화시키려 애쓰게 만든다.

지금까지 이런 삶을 당연하게 여겨온 것은 타락 이후 마귀의 통치 아래 살아왔기 때문이다. 이것은 개인적인 잘못 때문이라기보다, 세상 신인 마귀가 끊임없이 우리를 속이고 있기 때문이다. 그 결과, 타락 이후 모든 인류는 하나님과 분리되었다는 거짓자아 의식에 기초한 보편적 믿음을 갖게 되었다. 그래서 구원을 받은 후에도 하나님을 섬기기는 하지만, 여전히 예수 그리스도 안에서 하나님과 하나 되어 하나님을 나타내는 존재가 되었다는 사실을 알지 못한 채 살아간다.

하나님과 분리될 때 우리 삶의 주체는 거짓자아가 되며, 그 결과 나와 나 자신, 나와 타인, 나와 세상이 분리되고, 우리의 생각은 이원성을 띠게 된다. 하나님 밖에서 하나님을 바라보기 때문에 모든 것을 선과 악으로 나누고, 악에 힘을 부여한 채 그 악을 대적하려 하고, 스스로 감당할 수 없을 때는 하나님께 의지하여 물리치려고 하는 것이다.

묵상과 나눔

1. 나의 정체성 : 일상 속에서 '거짓자아'가 아닌 '그리스도 안에 있는 참된 자아'로 살아가고 있음을 경험하는 순간은 언제인가요? 반대로 여전히 세상의 실체에 힘을 부여하면서 두려워하거나, 모든 것을 내 힘으로 해결하려고 하며 스스로 싸우고 있는 자신을 발견하게 되는 때는 언제인가요?

2. 투사와 인식 : 같은 상황이나 문제를 겪으면서도 어떤 때는 평안하고, 어떤 때는 불안한 이유는 내가 가진 믿음이 그 실체에 힘을 부여하기 때문입니다. 혹시 그런 경험을 해본 적이 있다면 구체적으로 어떤 상황이었나요? 그 상황을 지금 '하늘에서 땅을 바라보는 관점'으로 다시 바라본다면, 무엇이 가장 다르게 보이시나요?

3. 그리스도 안에서 진리의 실상 : 지금 가장 어렵고 무겁게 느껴지는 상황 하나를 떠올려보십시오. 그 상황을 이미 그리스도 안에서 말씀대로 이루어진 대로 믿고 바라본다면, 어떤 선포가 흘러나올 수 있을까요? 그리고 그 선포는 당신의 말과 행동에 어떤 실제적인 변화를 이끌어낼 수 있을까요?

chapter **06**

내가 믿고 있는 세상의 실체

타락한 혼의 구원

이제 예수님께서 혼에 대해 어떻게 말씀하셨는지 살펴보자.

마 10:28 몸은 죽여도 영혼은 능히 죽이지 못하는 자들을 두려워하지 말고 오직 몸과 영혼(헬, 프쉬케 : 혼)을 능히 지옥에 멸하실 수 있는 이를 두려워하라

마 10:38-39 또 자기 십자가를 지고 나를 따르지 않는 자도 내게 합당하지 아니하니라 자기 목숨(헬, 프쉬케 : 혼)을 얻는 자는 잃을 것이요 나를 위하여 자기 목숨을 잃는 자는 얻으리라

마 16:26 사람이 만일 온 천하를 얻고도 제 목숨(헬, 프쉬케 : 혼)을 잃으면 무엇이 유익하리요 사람이 무엇을 주고 제 목숨과 바꾸겠느냐

이 구절에서 '목숨'은 혼, 즉 자아의식체를 나타낸다. 그런데 우리는

흔히 목숨을 단지 "육신의 생명"으로 이해한다. 하나님께서 생기를 우리의 코에 불어넣으셨을 때, 우리는 영적 호흡을 함으로써 '생혼'(히, 네페쉬 하야 : 살아 있는 혼)이 되었다. 이는 하나님과 생명적 관계를 맺고, 그분의 뜻을 이룰 수 있는 혼을 갖게 되었다는 의미이다.

창 2:7 여호와 하나님이 땅의 흙으로 사람을 지으시고 생기를 그 코에 불어넣으시니 사람이 생령(생혼, a living soul)이 되니라

마 10:28 몸은 죽여도 영혼(헬, 프쉬케 : 혼)은 능히 죽이지 못하는 자들을 두려워하지 말고 오직 몸과 영혼(헬, 프쉬케 : 혼)을 능히 지옥에 멸하실 수 있는 이를 두려워하라

벧전 1:9 믿음의 결국 곧 영혼(헬, 프쉬케 : 혼)의 구원을 받음이라

히 10:38-39 나의 의인은 믿음으로 말미암아 살리라 또한 뒤로 물러가면 내 마음이 그를 기뻐하지 아니하리라 하셨느니라 우리는 뒤로 물러가 멸망할 자가 아니요 오직 영혼(헬, 프쉬케 : 혼)을 구원함에 이르는 믿음을 가진 자니라

약 1:21 그러므로 모든 더러운 것과 넘치는 악을 내버리고 너희 영혼(헬, 프쉬케 : 혼)을 능히 구원할 바 마음에 심어진 말씀을 온유함으로 받으라

한편 베드로전서 2장 25절은 "너희가 전에는 양과 같이 길을 잃었더니 이제는 너희 영혼(헬, 프쉬케 : 혼)의 목자와 감독 되신 이에게 돌아

왔느니라"라고 말한다. 여기에 언급된 '영혼'은 자아와 인격을 포함한 전인적 존재를 가리킨다고 볼 수도 있지만, 좀 더 정확하게는 '혼'을 가리킨다. 왜냐하면 예수님께서 우리 혼의 목자와 감독이 되시기 때문이다.

이미 구원받은 자에게 주님은 영의 목자와 감독이 되실 수 없다. "주와 합하는 자는 한 영이니라"(고전 6:17)고 하신 말씀처럼, 구원받은 자의 영은 성령과 연합하여 한 영이 되었으므로 목자의 돌봄을 받지 않는다. 따라서 주님께서 목자와 감독으로 돌보시는 대상은 거듭난 영이 아닌, 아직 깨어나야 할 혼이다.

베드로전서 4장 19절도 "그러므로 하나님의 뜻대로 고난을 받는 자들은 또한 선을 행하는 가운데에 그 영혼(헬, 프쉬케 : 혼)을 미쁘신 창조주께 의탁할지어다"라고 말한다. 구원받은 자가 자기 영을 하나님께 의탁한다는 것은 모순이다. 진정으로 거듭났다면 우리의 영은 이미 하나님의 영과 온전한 연합을 이루었기 때문이다. 그러므로 여기서 의탁의 대상은 영이 아니라 혼이다. 그렇기 때문에 우리의 혼이 하나님의 영에 속하여 그리스도를 나타낼 수 있도록 신실하신 창조주께 의탁하는 것이 필요하다.

구원받은 자의 참된 자아의식

우리가 예수 그리스도를 믿고 거듭난 자가 되었다면 먼저 내가 누구인지를 알아야 한다. 그것이 모든 변화의 기초이며 근원이다. 구원받을 때 우리 안에 하나님의 영이 임하셨고, 그로 인해 우리의 본질은 이미 변했다. 그러나 문제는 타락한 혼이 하나님의 영에 인도함을 받지 못한 채 깨어나지 못하고, 자기 생각과 감정을 자기 자신이라 믿는 거짓자아로 살아가고 있다는 점이다. 영은 의로 말미암아 살았지만 몸은 죄로 말미암아 여전히 죽어 있는 상태다. 자유의지를 가진 혼은 자신의 생각과 감정에 종노릇하고 있다. 그러나 성령의 인도하심을 받아 혼이 소생케 되면 이제 우리의 죽을 몸도 비로소 살릴 수 있게 된다.

롬 8:10-11 또 그리스도께서 너희 안에 계시면 몸은 죄로 말미암아 죽은 것이나 영은 의로 말미암아 살아 있는 것이니라 예수를 죽은 자 가운데서 살리신 이의 영이 너희 안에 거하시면 그리스도 예수를 죽은 자 가운데서 살리신 이가 너희 안에 거하시는 그의 영으로 말미암아 너희 죽을 몸도 살리시리라

우리의 혼이 성령의 인도함을 받아 깨어날 때, 우리는 예수 그리스도 안에 있는 자아로 인해 그리스도를 나타내는 의식을 갖게 된다. 우리의 존재 자체가 곧 그리스도 의식을 나타내는 자다. 하나님의 자녀인 우리는 하나님의 영의 통치함을 받으며, 혼을 통하여 이 땅에 하나님의 영광을 드러내는 삶을 살아가게 된다. 따라서 예수님께서 왜 우리의 혼이 자기를 부인하고 자기 십자가를 져야 한다고 말씀하셨는지를 온전히 깨달아야 한다.

마 16:25 누구든지 제 목숨(헬, 프쉬케)을 구원하고자 하면 잃을 것이요 누구든지 나를 위하여 제 목숨을 잃으면 찾으리라

요 12:25 자기의 생명(헬, 프쉬케)을 사랑하는 자는 잃어버릴 것이요 이 세상에서 자기의 생명을 미워하는 자는 영생하도록 보전하리라

'자아', '의식', '마음'이라는 말을 들으면 뉴에이지나 명상, 요가 등이 연상된다. 그러나 잘 생각해보라. 자아와 의식은 단지 현대적인 용어일 뿐이다. 성경적으로 볼 때 자아는 영을 나타내고, 의식은 혼을 가리킨다. 그리고 마음은 더 세분화하여 생각과 사고를 담당하는 '겉마음'과 심중을 나타내는 '속마음'으로 구분할 수 있다. 사실 이 부분에 대해서 가장 깊이 다루고 강조하는 것은 다름 아닌 성경이다.

그런데 한편으로 성경에서 거듭난 자를 말할 때는, 우리의 거듭난 본질(그리스도 안에서 새로운 피조물)을 전제로 하면서도, 그 본질을 직접적으로 언급하지 않고 기록하는 경우가 많다.

> **롬 12:2** 너희는 이 세대를 본받지 말고 오직 마음을 새롭게 함으로 변화를 받아 하나님의 선하시고 기뻐하시고 온전하신 뜻이 무엇인지 분별하도록 하라

이 말씀의 주어인 '너희'는 누구인가? 그것은 거짓자아가 아니라 예수 그리스도 안에서 새로운 피조물이다. 바로 하나님의 영에 인도함을 받는 혼의 상태를 지닌 존재를 가리킨다. 우리가 알든 모르든 혼(자아 의식체)은 삶을 살아가고, 대화하고, 생각할 때 실제 주체로 작용한다. 그러나 우리는 일상에서 그것을 거의 언급하지 않는다. 모든 존재의 실체는 어떤 영을 나타내는 혼을 기본으로 한다. 그런데 혼이 깨어 있지 못하면 사람은 자신의 생각과 감정을 자신과 동일시하는 거짓자아로 살아가게 된다.

우리가 살고 있는 세상의 실체

깨어 있지 않으면 우리의 혼(의식)은 늘 어떤 생각이나 감정을 선택하고, 그것을 해석하며 판단한다. 그러는 사이 우리는 자신의 혼이 어떤 생각이나 감정을 인식하고 있다는 사실조차 인지하지 못하게 되고, 결국 그 생각과 감정이 '나'가 되어버린다. 다시 말해, 어떤 것에 대한 인식 자체가 나 자신이 되어버리는 것이다. 이렇게 우리는 거짓자아가 주체인 삶을 살게 되고, 그 생각과 감정의 종노릇을 하게 된다.

이것은 우리가 영화관에서 영화를 보는 것과 유사하다. 영화관에서 자리에 앉아 광고가 끝나면 우리는 의식적으로 영화의 내용에 주의를 기울인다. 그러다보면 자신도 의식하지 못하는 사이에 그 영화 속으로 빨려 들어가고, 그 내용에 따라 웃기도 하고 울기도 하며 몸을 움직인다. 어느새 영화에 대한 생각과 감정을 자신과 동일시하게 되는 것이다. 중요한 사실은 그 순간에는 내가 영화를 보고 있다는 사실조차 인식하지 못한다는 점이다. 영화가 끝난 후에야 비로소 '아하, 내가 영화를 봤지'라고 깨닫고 본래의 자신으로 돌아오게 된다.

영화를 보는 동안에는 영화에 대한 생각과 감정을 가지는 것이 '나'라고 여기지만, 진짜 '나'는 영화에 대한 생각과 감정을 가지고 있다는 것을 인지하는 자, 즉 혼(자아의식체)이다. 한 걸음 물러서서 보면, 우리는 정신적 감정적 신체적 차원의 대상과 사건들이 혼(의식) 앞을 끊임없이 지나가고 있음을 발견하게 된다. 우리는 이것을 '경험'(생각과 느낌)이라고 부른다. 거짓자아가 경험하는 것이 아니라, 그 경험들이 나를 통해 흘러가고 있는 것이다.

만약 깨어 있다면 우리는 두 차원을 인식할 수 있을 것이다. 하나는 생각과 감정을 가지는 차원이고, 다른 하나는 그것을 인식하는 의식의 차원이다. 영화의 내용에 따라 내 생각과 감정은 수없이 변화되지만, 의식은 그저 그것을 바라보고 있을 뿐이다. 진짜 당신은 영화관에 들어올 때부터 나갈 때까지 정해진 좌석에 앉아 있는 존재다. 내가 영화를 보는 것이 아니라, 영화의 장면과 내용들이 내 의식 앞을 지나가고 있는 것이다.

그러면 이제 영화관이 아니라 지금 우리가 살아가고 있는 이 세상을 생각해보자. 영화관에서는 스크린에 비친 내용을 내면세계에 옮겨와 생각과 감정을 나와 동일시했다. 이와 마찬가지로 세상을 산다는 것은 세상이라는 거대한 화면을 나의 내면세계로 옮겨, 세상에 대한 생각과 감정을 '나'와 동일시하며 살아가는 것이다. 그러므로 깨어 있지 않으면 우리는 우리가 알지 못하는 사이에 거짓자아로 살아가게 된다.

영화는 내가 스스로 선택해서 보러 간 것이기 때문에 그 내용에 의도적으로 주의를 기울이게 된다. 그러나 우리가 살아가는 삶은 우리가 태어날 때부터 무대가 이미 세팅되어 있다. 따라서 우리는 무의식적으로 모든 상황과 처지에 주의를 기울인다. 그 결과 자신도 모르게 자신의 생각과 감정을 자신과 동일시하며, 진정한 '나'는 세상을 인식하는 혼이라는 것을 알지 못한 채 살아가게 되는 것이다.

우리가 지금 살아가는 삶은 마치 영화를 보는 것과 같다. 영화는 끝나면 깨어나지만, 삶은 죽을 때까지 끝나지 않는다. 그래서 많은 사람들이 깨어나지 못한 채 - 진정한 자신을 알지 못한 채 - 거짓자아에 이끌려 다니는 삶을 살아간다. 어떤 것을 인식할 때 생겨나는 자신의 생각과 감정을 자기 자신이라고 여기며 살아가는 것이다.

거짓자아에 대해 한 걸음 더 나아가 생각해보자. 우리가 가지는 모든 인식의 출발은 우리의 감각 기관을 통해 들어온 정보에 기초한다.

따라서 우리는 감각 기관, 더 넓게는 내 몸에 기초하여 '내가' 또는 '나는'이라고 말한다. 이는 거짓자아가 몸을 기준으로 자신과 세상을 분리시키고 있다는 것을 의미한다. 즉, "나는 몸 안에 있고 다른 나머지 모든 것은 몸 밖에 있다"는 거짓자아의 의식이 형성되는 것이다. 그 결과 모든 행위와 경험의 주체는 '나'가 되며 자기중심적 사고로 살아가게 된다. 모든 것을 "내가 삶을 경험한다"는 방식으로 믿게 되는 것이다. 그러나 거짓자아의 관점에서는 내가 삶을 경험하는 것처럼 보일 수 있지만, 그리스도 안에 있는 자아의 관점에서 보면 그것은 그리스도 안에서 삶을 통해 경험되어지는 것들일 뿐이다.

하나님의 자녀는 혼이 하나님의 영을 의식하고 몸을 통하여 하나님을 나타내고 있음에도 불구하고, 우리는 여전히 자신의 존재를 시공간 안에 있는 몸으로 제한시킨다. 그러나 새 언약에 따라 자신이 누구인지를 깨닫게 될 때, 비로소 우리는 영적 전쟁에서 항상 승리할 수 있다. 마귀의 가장 교묘한 거짓말은 우리가 진정으로 누구인지를 알지 못하게 만드는 것이다. 그는 우리로 하여금 현실에 대한 생각과 감정이 자신이라고 믿게 만든다. 이는 하나님을 믿지 않는 자들뿐 아니라, 믿는 자들에게도 그대로 적용된다.

그리스도 안에서의 새로운 의식

우리가 알아야 할 사실은 이 진리를 깨달았다고 해서 곧바로 보이는 세계의 실체로부터 고통받지 않게 되는 것은 아니라는 것이다. 결핍이 사라지는 것도 아니고 악이 완전히 없어지는 것도 아니다. 몸은 여전히 세상적 실체에 따른 고통과 결핍을 경험한다.

그러나 우리가 깨달아야 할 것은 나는 하나님나라에서 사는 하나님의 자녀라는 사실이다. 그렇기 때문에 내가 만들어낸 실상은 더 이상 존재할 필요가 없다. 따라서 우리의 생각과 감정을 변화시켜 가야 한다. 왜냐하면 그것은 타락한 내 혼과 마귀가 만들어낸 것이기 때문이다.

고후 10:5 하나님 아는 것을 대적하여 높아진 것을 다 무너뜨리고 모든 생각을 사로잡아 그리스도에게 복종하게 하니

이제 우리는 새로운 의식을 가져야 한다. 그리고 그리스도 안에서 새로운 실상을 만들 줄 알아야 한다. 그럴 때 우리는 그리스도 안에서 새롭게 만들어진 실상을 보이는 실체에 투사함으로써 그 실상대로 보이는 세계를 인식하는 것을 경험하게 된다. 이는 단순히 보이는 대로 보는 것이 아니라 보고자 하는 대로 보는 것이다.

예를 들어, 우리가 지금 어떤 질병으로 고통받고 있다고 가정해보자. 그 질병에 이름을 붙이고 그것을 위해 기도하는 순간, 이미 그 질병은 우리 심중 안에 개념으로 자리잡게 된다. 그러나 우리가 예수 그리스도 안에 있고 우리의 혼이 하나님의 영 안에 거한다면, 지금까지의 의식을 넘어 한 걸음 더 나아가야 한다.

벧전 2:24 친히 나무에 달려 그 몸으로 우리 죄를 담당하셨으니 이는 우리로 죄에 대하여 죽고 의에 대하여 살게 하려 하심이라 그가 채찍에 맞음으로 너희는 나음을 얻었나니

말씀에 따르면 우리는 이미 치유함을 받은 자다. 그런데 경험과 지

식에 기초한 생각으로 질병에 대한 개념을 형성하면, 우리는 그 질병을 어떻게든 해결해야 한다는 생각을 갖게 된다. 즉, 하나님께 의지하여 자신의 문제를 해결해야 한다고 믿는 것이다.

다시 생각해보라. 우리는 어떤 질병의 이름을 듣는 순간, 자기도 모르게 그 질병에 대한 실상을 갖게 된다. 그러면 그 질병은 나에게 힘을 미치게 되고, 결국 우리는 하나님께 이 문제를 해결해달라고 요청할 수밖에 없다. 그러나 하나님께서 무엇을 더 해주실 수 있겠는가? 하나님의 법칙은 단 하나, "네 믿은 대로 될지어다" 뿐이다.

그러나 우리가 그리스도 안에 있다면 그 질병에 대한 나의 생각으로 만들어진 실상을 가질 수 없다. 그 실상은 하나님나라에 존재하지 않으며, 하나님께서 창조하신 것도 아니기 때문이다. 따라서 내가 그런 실상을 붙들고 있다면 그 순간 나는 예수 그리스도 밖에 있는 것이며, 그것은 거짓자아가 하는 일일 뿐이다.

우리가 진리를 깨닫지 못한 채 지금까지 너무 당연하게 여겨왔던 것, 곧 하나님께서 창조하지 않으신 것을 붙들고 그것을 해결해달라고 기도하는 일은 정상적인 신앙생활이 아님을 깨달아야 한다. 우리가 해야 할 일은 먼저 하나님 안으로 들어가 그분의 창조 능력이 나타나도록 하는 것이다.

거짓자아로 살아가면 어떤 질병에 대한 실상을 가지게 되고, 그것을 없애기 위해 대적하고 제거해야 한다고 여긴다. 그러나 그리스도 안에 있을 때 우리는 질병에 대한 실상이 단지 환상임을 깨닫게 된다. 그 순간 우리는 '어떻게 해야' 하거나 '어떻게 되어야' 한다는 생각에서 벗어나, 하나님의 '온전하심'과 '있음 의식' 안에 거하는 삶을 살게 된다. 그럴 때 주님께서 그분의 생명과 말씀의 능력을 우리 몸에 친히 나타내신다. 바로 이것을 위해 우리가 예수 그리스도의 이름으로 기도하는 것이다.

마 6:33 그런즉 너희는 먼저 그의 나라와 그의 의를 구하라 그리하면 이 모든 것을 너희에게 더하시리라

우리는 그리스도 안에서 하나님의 모든 창조물 안에 담긴 신성과 능력을 볼 줄 알아야 한다. 이는 감각과 경험을 통해서가 아니라, 그리스도 안에서 생명의 말씀에 비추어 보는 것이다. 만약 그렇게 보지 못한다면 우리는 이미 하나님의 법 밖에서 거짓자아로 바라보고 있는 것이며, 결국 악을 제거하거나 대항해야 한다고 판단하게 된다.

묵상과 나눔

1. 영화관 비유를 통한 자기인식 : 최근 어떤 상황에 깊이 몰입하여 감정적으로 흔들렸던 경험이 있다면 떠올려보세요. 그 순간 영화를 보는 관객이었나요? 아니면 영화 속 주인공에 몰입되어 있었나요? 일상의 다양한 상황 속에서도 깨어 있으려면 우리에게 무엇이 필요할까요?

2. 혼의 구원과 성령의 인도하심 : 베드로전서는 예수님을 우리의 혼의 목자요 감독이라 말합니다. 지금 하나님의 영이 아닌 다른 것의 통치를 받고 있다고 느끼는 영역은 어디인가요? 그 영역이 회복되기 위해, 지금 혼이 붙들어야 할 하나님의 말씀은 무엇인가요?

chapter 07

인간 내면의 역동성에 대한 이해

잠재의식 내 믿음체계란?

오늘날 심리학에서 말하는 잠재의식은 성경적으로 볼 때 타락한 혼과 심중(heart)을 합한 개념이라 할 수 있다. '의식'은 혼을 의미하며, '잠재되어 있다'는 것은 표면에 드러나지 않고 숨어 있는 믿음체계를 가리킨다.

어릴 때 우리가 무의도적이고 무의식적으로 받아들인 경험들, 그리고 살아가면서 투사하고 인식한 내용들 중에 '사실'이라고 받아들인 것들은, 우리 내면의 심중에 믿음체계를 형성한다. 그러나 이렇게 형성된 믿음체계는 우리의 가능성에 한계를 지으며 욕구에 기초한 것이다.

새로운 삶을 살려면 평상시 태도와 행동에 영향을 미치는 내면의 역동성을 이해해야 한다. 먼저 우리의 행동을 바꾸는 것으로 자신을 변화시킬 수 있는지 생각해보자. 행동양식의 변화가 삶 자체를 바꾸어 놓았는가?

이번에는 우리의 생각과 가치관을 바꾸는 것으로 우리 자신을 변화시킬 수 있는지를 생각해보자. 매일 기계적으로 말씀을 읽고 필사한다거나, 어떤 일은 하고 어떤 일은 하지 말아야 한다는 것을 안다고 해서 자신의 행동이 실제로 달라졌는지 정직하게 돌아보라.

이 문제는 단지 지금 우리의 삶에만 해당되는 것이 아니다. 사도 바울도 동일한 고백을 했다. 자신을 바꾸기 위해 최선을 다했지만 실패한 사람, 그 대표적인 예가 바로 사도 바울이다.

> **롬 7:19-24** 내가 원하는 바 선은 행하지 아니하고 도리어 원하지 아니하는 바 악을 행하는도다 … 내 지체 속에서 한 다른 법이 내 마음(헬, 누스)의 법과 싸워 내 지체 속에 있는 죄의 법으로 나를 사로잡는 것을 보는도다 오호라 나는 곤고한 사람이로다 이 사망의 몸에서 누가 나를 건져내랴

올바른 일을 행하고자 하는 의지나 그렇게 살아야 한다는 의식적 가치관의 전환만으로는 진정한 삶의 변화를 이루어낼 수 없다. 우리의 삶은 옳고 그름에 대한 표면의식적 가치 판단과 통제보다는, 잠재의식 내 믿음체계에 영향을 받기 때문이다.

믿음체계의 형성과 그 영향

거짓자아는 태생적으로 죄로 인한 죄책감과 두려움, 공허함과 무가치함, 결핍과 부족, 그리고 그것을 채우고자 하는 욕구를 내면에 항상 품고 있다. 타락한 인간은 이러한 거짓자아의 본질적 고통에서 벗어나기 위해, 자신의 몸에 하나님의 생명으로부터 주어지는 말씀을 채우는 대신에 자기 방식으로 만들어낸 상상의 이야기를 추구하는 생각과 감정으로 자신을 가득 채운다.

본래 타락 이전의 인간은 하나님의 영광을 드러내는 갈망을 가진 존재였다. 그러나 타락한 이후에는 자신이 삶의 주체가 되면서 하나님으로부터 주어지는 것 대신 스스로 채워야 하는 존재가 되어버렸다. 따라서 욕구란 본래 하나님으로부터 공급되어야 할 것들을 인간이 스스로 채우고자 하는 마음의 애씀과 노력에서 비롯된 것이라 할 수 있다.

타락한 인간은 하나님께서 함께하실 때의 온전함에 미치지 못하는 결핍과 부족 때문에 욕구를 충족하기 위한 믿음체계를 만들어낸다. 스스로 잘 인식하지 못하지만, 그 믿음체계에 기초하여 형성된 가치관에 따라 행동양식을 설정한다. 그리고 그에 따른 행동을 통해 자신의 욕구를 충족시키는 삶을 살아가게 된다. 결과적으로 인간의 태도와 행동은 자신의 잠재의식 내에 형성된 욕구에 기초한 믿음체계를 만족시키기 위한 수단이라고 할 수 있다.

이 믿음체계는 하나님의 영이 떠난 후 하나님과 분리된 인간이 스스로 존재를 유지하기 위해, 다시 말해 자아의식을 갖기 위해 형성된 것이다. 어릴 때 부모와 가족, 세상으로부터 무의도적 무의식적으로 받아들인 정보와 느낌이 그 기초가 된다. 이렇게 자연스럽게 자리잡은 믿음체계는 이후 모든 판단과 결정의 토대가 되지만, 그 옳고 그름을 스스로 검증할 수는 없다. 왜냐하면 바로 그 믿음체계를 기반으로 형성된 것이 거짓자아이기 때문이다.

타락한 인간의 믿음체계는 욕구에 기초하며, 주로 어린 시절 자신도 모르는 사이에 형성되기 때문에 전혀 객관적이지 않으며, 선과 악, 윤리, 도덕과도 거리가 멀다. 또한 이 믿음체계는 온전히 조직화되거나 체계화되어 있지 않아 서로 상충되는 요소들이 공존하는 경우도 많다. 어떤 문제가 발생하면 그 믿음체계가 수면 위로 드러나고, 그 결과로 내면의 혼란을 겪게 된다.

이러한 내용을 종합해볼 때, 우리의 잠재의식 속에 형성된 믿음체계는 다음과 같은 특성을 가진다.

- □ 자신의 경험과 지식에 기초한 한계 짓는 믿음체계다.
- □ 자신의 부족과 결핍을 채우기 위한 욕구에 기초한 믿음체계다.
- □ 진리에 기초한 것이 아니라 자신의 정체성 유지와 유익을 위해 작동하는 믿음체계다.

믿음체계와 그에 따른 가치관

우리의 행동은 사고방식에서 비롯된 가치관의 영향을 받는다. 그리고 그 가치관은 앞서 말한 믿음체계에 기초하여 형성된다. 잠재의식 속에 형성된 믿음체계와 그에 따른 가치관은 논리적으로는 구분할 수 있지만, 실제로는 잠재의식 내에서 유기적으로 연결되어 있기 때문에 명확히 분리하기 어렵다. 믿음체계가 세상을 대하는 기본적인 성향이라면, 가치관은 어떤 상황에 대한 구체적인 인식과 판단이라고 할 수 있다.

우리는 흔히 오감을 통해 세상을 있는 그대로 본다고 생각하지만, 사실은 전혀 그렇지 않다. 세상으로부터 들어오는 정보를 그대로 받아들이는 것이 아니라, 이전 경험에 따라 각자의 방식으로 판단하고 투사함으로써 세상을 바라본다. 그리고 그렇게 해석한 내용을 근거로 세상이 어떠하다고 이해한다. 이때 작동하는 믿음체계가 자신의 경험에 국한된 한계 짓는 믿음이며, 동시에 자신의 욕구에 기초하여 만들어진 것이다. 결국 우리는 세상을 있는 그대로 보지 않고 각자의 믿음체계대로 본다. 다시 말해 자기가 생각하고 느끼는 방식대로 세상을 인식하는 것이다.

우리는 살아가면서 어떤 가치 기준에 따라 모든 것을 판단하고 선택하여 결정을 내린다. 대부분의 사람들은 그 가치 기준이 자신의 경험과 지식에 기초한 표면의식에서 비롯되었다고 생각한다. 그러나 실제 우리의 행동과 그 결과를 살펴보면, 그 가치관과 일치하지 않는 경우가 많다. 왜냐하면 우리의 행동은 표면의식에 있는 가치관보다는 내면의 욕구에 기초한 믿음체계에 따른 가치관에 영향을 받기 때문이다. 이것이 바로 사도 바울이 로마서 7장에서 고백한 것이다.

롬 7:19 내가 원하는 바 선은 행하지 아니하고 도리어 원하지 아니하는 바 악을 행하는도다

믿음체계와 가치관의 역동성

우리의 삶에 영향을 미치는 힘은 크게 두 가지다. 하나는 표면의식에 기초한 논리와 합리성으로 만들어진 가치관이고, 다른 하나는 잠재의식 속 욕구에 기초한 믿음체계에서 비롯된 가치관이다. 인간은 이 두 가치관의 역동성 속에서 이끌림을 받으며, 때로는 일관성 없는 행동도 하게 된다.

예를 들어, 야식을 먹는 상황을 생각해보자. 늦은 밤, 피곤한 몸으로 집에 돌아와 식탁 위에 있는 빵을 보았을 때, 욕구에 기초한 믿음체계는 스트레스를 풀고 만족감을 얻기 위해 '먹고 싶다'는 가치관을 작

동시킨다. 동시에 '최근 체중이 늘어 옷이 맞지 않고 외모에 신경이 쓰인다'는 표면의식적 가치관도 함께 작용할 수 있다. 이렇게 서로 다른 가치관이 충돌할 때, 표면의식은 어느 쪽을 따라야 할지 선택의 기로에 서게 된다.

미래를 위해 먹지 말아야 한다는 가치관이 작동할 때는 실제로 먹지 않을 수 있지만, 그로 인해 욕구는 만족시키지 못한다. 반대로 욕구에 기초한 믿음체계의 가치관이 작동하면, 표면의식의 논리와 합리성은 무력화되고 자신의 욕구를 정당화한다. "이번 한 번쯤은 괜찮을 거야", "빵은 항상 있는 게 아니니까 지금 먹어야 해"와 같은 자기합리화를 통해 결국 먹는 선택을 하게 된다.

자신의 가치관에 기초해서 행동했음에도 불구하고 욕구가 충족되지 못한 경우, 그것은 대개 표면의식에 기초한 가치관에 따른 행동이다. 이때 욕구는 만족되지 않지만 자신을 변화시켰다는 일시적인 뿌듯함이 있을 것이다. 그러나 이런 선택은 종종 우울감을 일으켜 오래 지속되지 못하며 대부분 요요현상을 일으킨다.

반대로 자신의 표면의식에 기초한 가치관을 따르지 않을 때는, 잠재의식 속 믿음체계에서 비롯된 가치관이 작동한 결과라 할 수 있다. 이 경우 욕구는 충족되어 일시적인 기쁨은 누릴 수 있지만, 곧바로 표면의식적 가치관 때문에 자책감과 자괴감, 정죄감이 밀려오게 된다.

행동패턴의 평가

우리의 현실을 파악하고 합리적이며 논리적인 판단을 내리는 것은 표면의식이다. 예를 들어 '체중이 증가하면 몸에 해롭다'는 사실을 표면의식은 충분히 알고 있으며, 그에 따른 과학적 증거도 인식한다. 그래서 '운동을 하고 살을 빼야 한다'는 판단과 의식을 갖게 된다. 그럼에도 불구하고 이러한 생각이 실제 행동으로 이어지지 않는 경우가 많다. 왜일까? 그 이유는 우리가 표면의식의 논리나 판단, 명령(가치관)에 따라 움직이지 않고, 욕구에 기초한 잠재의식 속 믿음체계에 더 강한 영향을 받기 때문이다. 따라서 대부분의 실제 행동은 '먹을 때 기분이 좋고 행복해'라는 욕구에 기초한 믿음체계로부터 형성된 잠재의식적 가치관에 따라 결정된다.

여기서 다시 한번 짚어야 할 것은 우리의 행동은 인간의 욕구를 충족시키기 위해 진정으로 믿는 바를 반영한다는 점이다. 판단이나 이해가 서로 충돌할 때, 우리는 결국 자신이 진정으로 믿는, 다시 말해 자신의 욕구를 더 잘 충족시켜줄 수 있다고 여기는 믿음체계에 기초한 가치관의 지배를 받게 되며, 대부분 그것에 따라 행동한다. 스스로 인식하든 못하든, 내면적 욕구를 충족시킨다고 여기는 모든 믿음은 믿음체계 속에 조직되고, 그에 따라 가치관이 형성되며, 행동은 자연스럽게 그 기준을 따른다. 그러나 욕구는 단지 육신을 만족시킬 뿐, 삶의 가치를 평가하거나 행동의 옳고 그름을 판단하는 기준이 될 수 없다. 더 나아가 욕구에 기초한 믿음체계는 자신을 한계 짓는 믿음체계이며, 진리에 기초한 것도 아니다. 우리가 이 사실을 깨달았다면, 이제는 우리의 사고방식을 새롭게 해야 한다.

우리는 종종 어떤 사람의 행동양식과 그 결과를 보고 그것이 잘못되었다고 판단되면 그의 행동을 바꾸려고 애쓰거나 그 사람 자체를 비난한다. 자기 자신에 대해서도 마찬가지다. 원치 않는 행동이나 말을 할 때마다 스스로 판단하고 후회하고 정죄하고, 그로 인해 고통을 받는다. 다시는 그렇게 하지 않겠다고 다짐하고 말씀을 읽으며 기도하지만, 그 일이 반복될 때마다 스트레스와 우울감에 시달리게 된다.

그러나 지금까지 함께 나눈 '믿음체계-가치관-행동양식-행동 역동성'을 이해한다면, 잘못된 행동과 그 행동에 따른 결과를 바로잡기 위해서 단순히 행동만 바꾸려 하거나, 그렇게 하지 않겠다고 다짐하거나, 자신을 정죄하는 일이 결코 도움이 되지 않는다는 것을 알 수 있다. 이러한 시도들은 오히려 그 행동을 더 악화시킬 뿐 아니라, 잠재의식 안에 부정적 저항 에너지를 쌓는 결과를 초래한다. 왜냐하면 그러한 행동은 결국 자신의 믿음체계에 자리한 욕구를 충족시키려는 자연스러운 결과이기 때문이다.

따라서 새로운 삶을 살기 위해서는 표면의식적 가치관을 억지로 지키려 애쓰지 말아야 한다. 오히려 우리 안에 무의도적 무의식적으로 만들어진 믿음체계의 실체를 바로 알고, 그 안에 기록된 경험과 지식을 새롭게 하는 일이 먼저다. 그럴 때 비로소 그에 따라 만들어진 가치관도 변화하게 된다.

그러면 실제로 우리는 그리스도인으로서 어떻게 살아가고 있는가? 잘못을 저지르면 회개하고 용서를 구하며, 다시는 그렇게 하지 않으려고 애쓰지 않는가? 그러나 그렇게 한다고 해서 정말 우리의 삶이 달라지는가? 그렇지 않다는 것을 우리는 잘 알고 있다. 물론 회개하고 용서를 구하는 일 자체가 잘못된 것은 아니다. 중요한 것은 단순히 죄의 표면적인 결과를 후회하고 회개하는 데 그치지 않고, 그 죄를 낳은 근원적인 믿음체계, 곧 성경이 말하는 '심중에 있는 것'을 변화시키는 일이다.

선험적 조건하에서 한계 짓는 믿음

우리는 선험적 조건 아래 형성된 한계 짓는 믿음으로 자신을 만들고, 자신의 문제를 해결하고자 끊임없이 애쓰며 살아간다. 여기서 말하는 선험적 조건이란, '공간-시간'의 현실 속에서 '나'라는 존재가 인과의 법칙에 따라 살아가는 인식의 틀을 의미한다. 더 구체적으로 정리하면 다음과 같다.

- □ 우리의 인생은 무한한 공간 가운데 비가역적인 시간 위에 전개된다. 즉, 우리는 시공간이라는 세상에서 살아간다.
- □ 세상과 분리된 자아독립적 개체로서의 내가 모든 경험과 행위의 주체가 된다.
- □ 시공간 안에서 일어나는 모든 일은, "원인이 있으면 반드시 결과가 있고, 결과는 원인 없이 생기지 않는다"라는 '인과성(causality, 因果性)의 법칙' 아래 놓여 있다.

우리는 선험적 조건 안에서 스스로 만들어낸 믿음의 법칙을 통해 자신의 존재를 규정하고 세상을 바라보며 그 믿음으로 문제를 해결하려 한다. 그러나 앞서 말한 것처럼, 선험적 조건 아래서 만들어진 믿음은 자신을 한계 짓는 믿음이며 욕구에 기초한 믿음일 뿐이다.

흔히 우리는 믿음이 있어야 온전한 신앙생활을 할 수 있고, 기적을 경험할 수 있다고 생각한다. 그래서 자신의 한계를 뛰어넘기 위해 믿음이 필요하다고 여기며 열심히 믿음생활을 한다. 그러나 문제는 정작 우리가 말하는 그 믿음이 도대체 무엇을 의미하는지 제대로 알지 못한다는 것이다.

선험적 조건에 기초한 자신의 믿음, 다시 말해 거짓자아에 기초한 이 믿음은 자신의 한계를 넘어서는 데 쓰이지 않는다. 오히려 자신을 그 한계 안에 가두는 도구로 작동한다. 그럼에도 불구하고 우리는 놀랍게도 이 선험적 조건 자체가 잘못되었을 가능성을 의심하지 않으며, 그 영역 밖으로 나가려는 시도조차 하지 않으며 살아간다.

한계를 뛰어넘는 믿음의 전환

예수님께서 전하신 하나님나라의 복음을 다시 생각해보자.

눅 16:16 율법과 선지자는 요한의 때까지요 그 후부터는 하나님 나라의 복음이 전파되어 사람마다 그리로 침입하느니라

우리가 하나님으로부터 나서 예수 그리스도 안에 있다면, 우리는 하나님의 영으로 인하여 거듭난 존재다. 하나님께서 그 법을 우리 안에 두셨으므로, 우리는 그분의 뜻을 이 땅에 드러내는 삶을 살아가게 된다. 이것을 오늘날의 과학으로 재해석하면, 지금까지 당연한 진리로 받아들여 온 선험적 조건들이 해체된다. 우리는 더 이상 하나님과 분리된 자아독립적 개체로 존재하지 않는다. 그리스도 안에서 새로운 피조물로 살아가며, 하나님의 영으로 말미암아 현존하시는 주 안에 거하는 존재가 된 것이다.

고후 5:17 그런즉 누구든지 그리스도 안에 있으면 새로운 피조물이라 이전 것은 지나갔으니 보라 새 것이 되었도다

이제 우리는 시공간에 제한된 세계가 아니라 시공간을 초월한 하나님나라, 곧 그리스도의 세계, 말씀의 세계, 영의 세계로 들어가 살 수 있게 되었다.

골 1:13 그가 우리를 흑암의 권세에서 건져내사 그의 사랑의 아들의 나라로 옮기셨으니

우리의 삶은 더 이상 시공간에 제한된 인과의 법칙 아래 놓여 있지 않다. 우리는 은혜의 법칙 아래 살아간다. 이것은 행위보상적 사고방식이 아니라 하늘에서 이루어진 것같이 땅에서도 이루어지는 차원적 인과 법칙을 경험하는 삶이다(마 6:10).

마 6:33 그런즉 너희는 먼저 그의 나라와 그의 의를 구하라 그리하면 이 모든 것을 너희에게 더하시리라

하나님나라는 선험적 조건 밖에 있으며, 시공간을 초월하여 과거와 현재와 미래가 현존하는 차원이다. 하나님의 자녀는 시공간을 초월한 하나님나라에서 이미 이루어진 것을, 시공간이 제한된 이 세상에 나타내며 살아간다. 이것이 하나님의 형상으로 지음 받은 자들이 새 언약의 일꾼으로서 이 땅에서 행해야 하는 일이다.

우리는 예수 그리스도를 통하여 하나님과 새 언약을 맺고, 하나님 아버지의 자녀로 새롭게 지음 받은 존재다. 이제 우리는 하나님나라에서 예수 그리스도 안에 있는 믿음으로 이 땅에 그분의 영광을 드러내며 살아갈 수 있다. 그럼에도 불구하고 많은 이들이 구원 이전과 마찬

가지로 선험적 조건하에 형성된 자신의 믿음으로 신앙생활을 이어가고 있다. 더욱 안타까운 것은, 대부분의 사람들은 자신이 그렇게 살아가고 있다는 사실조차 자각하지 못 한 채 살아간다는 것이다.

지금 당신이 온전하지 못하다고 느끼는가? 자유롭지 못하고 행복하지 않다고 생각되는가? 그 이유가 무엇인가? 우리는 모두 자유와 행복을 추구하지만 정작 제대로 누리지 못한다. 왜냐하면 눈앞에 문제를 해결해야만 자유와 행복을 얻을 수 있다고 착각하기 때문이다. 그러나 그 문제는 한계 짓는 자신의 믿음의 결과일 뿐이다. 그럼에도 우리는 문제의 근본 원인인 한계 짓는 믿음과 욕구에 기초한 믿음을 바꾸려 하기보다는, 겉으로 드러난 문제만 해결하려 애쓴다. 아이러니하게도 바로 그 문제를 만들어낸 한계 짓는 믿음과 욕구에 기초한 믿음 체계로 그 문제를 해결하려고 한다는 것이다. 그러니 어떻게 문제가 해결될 수 있겠는가?

예수님께서는 복음에 대해 어떻게 말씀하셨는가? 문제가 생길 때마다 이럴 때는 이렇게 하고, 저럴 때는 저렇게 하라고 가르치셨는가? 예수님께서는 오히려 그 문제 해결에 집착하지 말라고 말씀하셨다. 왜냐하면 하늘에 계신 아버지께서 그 모든 것이 무엇이고 어떻게 이루어져야 할지를 이미 알고 계시기 때문이다. 그래서 예수님은 우리에게 문제가 있더라도 그것을 해결하려고 하기에 앞서 먼저 그의 나라와 의를 구하라고 말씀하셨다.

마 6:32-33 이는 다 이방인들이 구하는 것이라 너희 하늘 아버지께서 이 모든 것이 너희에게 있어야 할 줄을 아시느니라 그런즉 너희는 먼저 그의 나라와 그의 의를 구하라 그리하면 이 모든 것을 너희에게 더하시리라 이 말씀의 뜻은 무엇인가? '나의 나라'와 '나의 의'를 구하지 말고, '그의 나라'와 '그의 의'를 구하라는 것이다. 이는 자기를 부인하고 자기 십자가를 져야 한다는 의미다. 왜 그래야 하는가? 내 경험과 지식에 기초한 한계 짓는 믿음이 아니라, 그리스도 안에 있는 하나님의 믿음을 가져야 하기 때문이다. 다시 말해, 내 경험과 지식으로 형성된 모든 믿음은 결국 나를 스스로 제한하고 왜곡된 정체성 속에 가둔다. 이 사실을 아는 것이 진리이다. 그 진리가 나를 자유케 한다.

마 9:17 새 포도주를 낡은 가죽 부대에 넣지 아니하나니 그렇게 하면 부대가 터져 포도주도 쏟아지고 부대도 버리게 됨이라 새 포도주는 새 부대에 넣어야 둘이 다 보전되느니라

이 말씀에서 '새 포도주'는 새 언약의 말씀을, '가죽 부대'는 우리의 심중에 있는 믿음체계를 의미한다. 그렇다면 '새 부대'는 무엇을 뜻하는가? 그것은 심중에 자리한 한계 짓는 믿음과 욕구에 기초한 믿음체계를 없애라는 것이다.

한계 짓는 믿음체계에서 벗어나기

자기 자신을 판단하고 정죄하는 것은 누구인가? 바로 자신의 혼이다. 혼은 자신이 만들어낸 상상의 이야기와 자신의 의지나 행동이 부합하지 않는다고 여길 때 스스로를 정죄한다. 그리고 동시에 그런 잘못을 반복하지 않기를 진심으로 바란다.

이제 한 가지를 생각해보자. 당신이 경험과 지식, 이론으로 만들어

낸 그 상상의 이야기는 정말 진리에 기초한 것인가? 우리는 그것이 곧 '나'라고 믿기 때문에 단지 자신을 지키려 할 뿐, 그것 자체가 진리는 아니다. 그러니까 우리는 자신을 지키는 일을 진리보다 더 중요하게 여긴다. 사실은 타락한 혼이 자아의 정체성을 유지하기 위해 그것을 붙들고 있을 뿐인데도 말이다.

지금 우리가 새롭게 하려는 것이 무엇인가? 바로 욕구에 기초한 믿음체계다. 그렇다면 거짓자아, 즉 욕구에 기초한 믿음체계로 만들어진 자신이 욕구에 기초한 믿음체계를 변화시키는 것이 가능한가? 절대로 불가능하다. 거짓자아는 결코 스스로를 변화시킬 수 없다.

자신의 잘못을 판단하는 주체가 누구인가? 거짓자아가 아닌가? 지금 우리는 거짓자아로 선과 악을 판단하고 있다. 선과 악을 분별하는 것 자체가 죄는 아니다. 문제는 거짓자아로 판단하는 그 행위 자체가 죄라는 사실을 알아야 한다는 것이다.

롬 7:8-11 그러나 죄가 기회를 타서 계명으로 말미암아 내 속에서 온갖 탐심을 이루었나니 이는 율법이 없으면 죄가 죽은 것임이라 전에 율법을 깨닫지 못했을 때에는 내가 살았더니 계명이 이르매 죄는 살아나고 나는 죽었도다 생명에 이르게 할 그 계명이 내게 대하여 도리어 사망에 이르게 하는 것이 되었도다 죄가 기회를 타서 계명으로 말미암아 나를 속이고 그것으로 나를 죽였는지라

이 말씀에서 '내가'는 누구인가? 바로 거짓자아다. 내가 예수 그리스도를 믿고도 자신이 누구인지 알지 못하는 것이다. 거짓자아가 표면의식으로 받아들인 계명은 나를 살리기는커녕 오히려 죽게 만든다. 그러

면 어떻게 해야 하는가? 그냥 이대로 살라는 말인가? 내 몸을 쳐서 어떻게든 복종시켜야 하는 것 아닌가? 열심히 살아도 잘 되지 않는데, 그냥 두면 도대체 어떻게 하라는 말인가?

기독교 내 수많은 훈련과 가르침들이 안타깝게도 여전히 행위보상적 사고방식에서 벗어나지 못하고 있다. 그 이유는 하나님나라의 복음을 제대로 알지 못하기 때문이다. 우리는 하나님과 새 언약을 맺고 새 언약 아래 살아가고 있음에도 불구하고, 자신이 누구인지 알지 못한 채 거짓자아로 스스로를 변화시키려고 최선을 다하는 어리석은 삶을 반복한다. 곧 자신의 생각으로 자신의 행동을 바꾸려 애쓰는 것이다.

자신의 행동과 태도를 바꾸기 위해서 우리는 무엇을 하고 있는가? 바로 스스로를 판단하고, 자기비하, 자기정죄, 자기학대, 자기혐오를 일삼고 있다. 그리스도인들에게 가장 큰 고통은 자신을 정죄하는 데서 오는 고통이다. 그리고 그리스도인들 가운데 가장 어리석은 사람은 자신을 학대하는 방식으로 잘못에 대한 죗값을 스스로 치르려는 자들이다. 이는 예수님께서 지신 십자가를 부인하는 행위이며 교만의 극치다.

이 문제를 해결할 수 있는 하나님나라 복음의 핵심은 무엇인가? 그것은 거짓자아로 자신의 삶을 변화시키려는 모든 시도를 멈추라는 것이다. 지금 당신의 태도와 행동이 잘못되었다 할지라도 거짓자아로 선악을 판단하지 말고, 그것을 바꾸려는 압박감에서 벗어나야 한다. 왜냐하면 지금 당신이 경험하고 있는 태도와 행동은 사실 내면에 자리한 제한된 믿음체계와 욕구에 기초한 믿음체계가 자신의 결핍과 부족을 채우기 위해 만들어낸 결과이기 때문이다.

어떻게 되어야 한다는 생각, 그것은 당신이 스스로 만든 상상의 이야기에 자신의 태도와 행동을 억지로 끼워 맞추려는 압박감일 뿐이다.

그 압박에서 벗어나라. '잘해야 해, 그렇지 않으면 하나님께 벌받는다', '지금보다 더 훌륭한 그리스도인이 되어야 하나님의 사랑을 더 받을 수 있어', '더 노력해야 풍성한 삶을 누릴 수 있어.' 이 모든 생각은 마귀의 속삭임이며, 당신의 거짓자아가 그 속임에 빠져 있는 것이다.

새로운 믿음체계 형성하기

지금까지 살펴본 것처럼 핵심은 우리의 행동을 바꾸는 데 있지 않다. 변화되어야 할 것은 우리의 믿음체계다. 욕구에 기초한 믿음체계를 하나님을 나타내고자 하는 갈망에 기초한 믿음체계로, 경험과 지식에 기초한 제한된 믿음체계를 무한하신 하나님의 지식에 기초한 믿음체계로 바꾸는 것이다. 이 일은 결코 거짓자아가 감당할 수 없다. 오직 그리스도 안에 있는 자만이 성령과 말씀을 통해 변화시킬 수 있다.

롬 7:19 내가 원하는 바 선은 행하지 아니하고 도리어 원하지 아니하는 바 악을 행하는도다

롬 7:24 오호라 나는 곤고한 사람이로다 이 사망의 몸에서 누가 나를 건져내랴

이제 사도 바울의 논지를 살펴보자. 그는 로마서 7장 24절에서 자신이 원하는 대로 살지 못하는 자신의 모습을 바라보며 깊이 한탄했다. 그런데 이어지는 25절에서는 이렇게 말한다.

롬 7:25 우리 주 예수 그리스도로 말미암아 하나님께 감사하리로다 그런즉 내 자신이 마음으로는 하나님의 법을 육신으로는 죄의 법을 섬기노라

놀랍게도 바울은 지금 여전히 그렇게 살고 있음에도 불구하고, 예수 그리스도로 말미암아 하나님께 감사하고 있다. 이것은 단순한 모순이 아니라 분명 깨달은 것이 있기 때문이다. 그 깨달음은 무엇인가? 바로 자신이 누구인지 진정으로 알게 되었으며, 거짓자아로는 더 이상 자신의 행동을 변화시킬 수 없다는 사실을 깊이 깨달았다는 것이다.

롬 8:1 그러므로 이제 그리스도 예수 안에 있는 자에게는 결코 정죄함이 없나니

그렇다면 이제 우리는 무엇을 해야 하는가?

① 믿음체계, 가치관, 행동양식, 행동의 역동성을 보고 깨달으라. 지금 드러나는 내 행동의 문제는 내가 몰라서, 약해서, 의지가 부족해서가 아니라 욕구에 기초한 믿음체계의 결과로 나타난 것이다. 거짓자아는 자신의 욕구에 기초한 믿음체계와 자신의 경험과 지식에 기초한 믿음체계를 결코 스스로 바꿀 수 없다는 사실을 알아야 한다.

② 표면의식으로 부정하거나 저항하거나 억압하거나 대체하거나 전가하지 말라. 또한 자신을 판단하며 정죄하고 학대함으로써 부정적 감정 에너지를 쌓지도 말라. 그렇게 하면 할수록 그것들은 진드기처럼 더욱 달라붙는다. 마귀의 참소에 속지 말라. 자신 안에 저장된 잘못된 믿음을

따르지 말라.

③ 우리를 들볶고 괴롭히는 생각의 압박감에 속지 말라. '가만히 둔다고 변화되는가? 오히려 큰일 나는 것 아닌가?', '그대로 두면 더 악화되지 않겠는가? 뭐라도 해야 하지 않는가?' 이와 같은 내면의 속삭임은 거짓자아가 자신의 존재를 유지하기 위해 속이는 것이다.
만약 죄책감이나 두려움을 느끼고 있다면, 지금 당신은 예수 그리스도 밖에 있는 것이다. 다시 말해, 거짓자아가 주체가 되어 한계 짓는 믿음으로 자신을 제한하고 있는 상태다. 그러나 그 믿음은 진리에 기초한 것이 아니라 단지 자신의 존재를 유지하려는 목적 때문에 그렇게 믿고 있는 것일 뿐이다. "예수 그리스도 밖에서는 그럴 수밖에 없는 것이 당연하구나!" 이 사실을 있는 그대로 어떤 목적이나 조건 없이 받아들여라. 그런 행동은 진정한 당신이 아니라 타락한 혼이 몸을 통해 드러낸 하나의 경험일 뿐이다. 그러므로 그 경험에 부정적 저항 에너지를 더하지 말라.

④ 가장 큰 전환은 그럼에도 불구하고 내가 이미 온전하다는 것을 깨닫는 것이다. 이제는 변화되려고 애쓰는 삶이 아니라 하나님을 누리는 삶을 시작해야 한다. 예수 그리스도 안에서 그것이 진리임을 기억하라.

롬 8:1-2 그러므로 이제 그리스도 예수 안에 있는 자에게는 결코 정죄함이 없나니 이는 그리스도 예수 안에 있는 생명의 성령의 법이 죄와 사망의 법에서 너를 해방하였음이라

이제 우리는 과거와 미래에 기초한 생각으로 자신을 판단하지 말고,

지금 이 순간 여기에 존재하는 실재를 있는 그대로 받아들여야 한다. 더 이상 문제를 제거하려는 삶이 아니라, 자신의 존재 그대로 사는 삶을 경험해야 한다. 그 새로운 경험으로부터 새로운 믿음체계가 형성된다. 성령과 말씀으로 이루어진 하나님나라를 경험할 때, 그리스도 의식인 '사랑 의식', '있음 의식', '창조 의식'을 누릴 수 있다.

"그래도 나는 하나님의 자녀야, 누가 뭐래도 나는 하나님의 자녀야." 이 고백은 내가 언제나 온전하고 부족함이 없으며 주를 나타내는 자라는 뜻이다. 거짓자아의 관점에서 보면, 이 고백은 자신을 거짓말쟁이로 만드는 것처럼 보일지 모른다. 그러나 그리스도 안에 있는 나로부터 보면, 이렇게 생각하고 느끼는 것이 진정한 나의 본질이자 진리이다.

우리가 자신의 온전함을 알고 부족함이 없음을 믿으며 그것을 누릴 때, 내 안의 욕심에 기초한 믿음체계는 사라지고 하나님을 나타내는 갈망에 기초한 믿음체계가 만들어진다. "내가 무엇을 잘못했는가?", "왜 이런 행동을 했는가?"를 따지거나 거짓자아로 무언가를 변화시키려고 시도하는 대신, 그리스도 안에 있는 내가 그리스도 의식을 가지고 성령 안에서 하나님의 말씀대로 이미 이루어진 것을 보고 생각하며 느끼는 삶을 살아야 한다. 그 삶은 나를 지키기 위한 삶이 아니라 하나님을 나타내기 위한 삶이다.

우리는 존재하기 때문에 행동한다. 하지만 거짓자아는 행동함으로 존재하고자 한다. 행동을 통해서 더 나은 존재가 되려고 끊임없이 애쓰는 것이다. 왜냐하면 거짓자아는 언제나 자신이 온전하지 않다고 느끼기 때문이다. 그러나 우리가 예수 그리스도 안에서 새로운 피조물이 되었다는 사실을 안다면, 당신의 생각과 감정 이전에 이미 온전한 존재임을 알게 된다. 당신은 부족함이 없는 존재다. 하나님의 사랑 그 자체다.

묵상과 나눔

1. 내면의 역동성 : 최근 '이렇게 해야 한다'는 것을 알면서도 실제로는 전혀 다르게 행동했던 경험이 있다면 떠올려보세요. 그 순간 어떤 믿음체계가 작동하고 있었으며, 그것이 충족시키려 했던 내면의 욕구는 무엇이었나요?

2. 사도 바울의 고백 : 사도 바울은 "원하는 선은 행하지 않고 원하지 않는 악을 행한다"고 고백하면서 동시에 "예수 그리스도로 말미암아 하나님께 감사한다"고 말합니다(롬 7:19,25). 당신도 이런 모순된 내적 현실을 경험하고 있나요? 그럼에도 불구하고 여전히 감사할 수 있는 이유는 무엇인가요?

3. 정죄와 학대의 굴레에서 벗어나기 : 반복적으로 자신을 정죄하거나 학대하게 되는 내면의 영역은 무엇인가요? 그것이 사실은 거짓자아가 자신을 유지하려는 시도임을 깨달을 때, 그 인식이 어떤 자유로 이어질 수 있는지 깊이 묵상해보세요.

4. 선험적 조건을 넘어서는 믿음 : 당신의 삶에서 절대 불가능하다고 여겨왔던 것이 있나요? 그것을 하나님나라의 시선으로 바라본다면 어떤 변화가 일어날 수 있을까요? 그 한계를 전제하지 말고, 하나님 안에서 새로운 가능성을 여는 믿음의 눈을 들어보세요.

chapter 08

세상적 사고와 하나님나라의 사고

우리 삶을 깊이 들여다보면, 우리가 몸으로 살아가는 동안에는 여전히 거짓자아로 살아가는 경향이 있음을 발견하게 된다. 거짓자아로 살아가는 삶에는 세 가지 특징적인 패턴이 있다. 첫째, 상상의 이야기를 추구하는 삶, 둘째, 자신이 행한 일을 늘 판단하는 삶, 셋째, 미래에 소망을 두는 삶이다. 이 세 가지 패턴은 서로 유기적으로 연결되어 있지만, 이해를 위해 각각 따로 살펴보겠다.

상상의 이야기를 추구하는 삶

거짓자아란 '에고'(false ego)를 의미한다. 곧 타락한 혼이 생각과 감정을 자기와 동일시하고, 그 생각과 감정으로 만든 상상의 이야기를 자기 자신이라 여기는 것이다. 처음 태어났을 때를 떠올려보라. 아기는 엄마의 표정과 말을 통해 자기 마음속에 이미지를 그린다. 그리고 엄마의 말을 따라 하면서 그 이미지와 말, 의미를 하나로 연결해간다. 그것을 단어로 이해하고 그것들로 개념을 만들며, 그 개념으로 다시 더 큰 관념을 갖게 된다. 결국 이 과정을 통해 '나'라는 자아의 정체성을 형성해 나가는 것이다.

그러나 성장 과정에서 우리는 본래의 모습을 자유롭게 드러내기보다는, 부모나 가족, 그리고 주위 사람들의 칭찬과 꾸중, 그 당근과 채찍에 맞추어 그들이 원하는 모습으로 자신을 맞추어간다. 마음속에 그들이 원하는 상상의 이야기를 만들고, 더 사랑받고 더 인정받기 위해, 다른 사람들보다 더 나은 사람이 되기 위해, 그리고 그것을 완벽하게 이루기 위해 최선을 다한다.

'나는'이라고 생각할 때, 우리에게는 이미 마음속에 자리잡은 상상의 이야기를 성취시키기 위한 '해야 해', '가져야 해', '알아야 해', '그렇게 되어야 해'와 같은 생각들이 따라온다. 이처럼 상상의 이야기를 이루려는 생각과 감정을 자신과 동일시하는 것, 그것이 거짓자아다. 결국 우리의 몸은 물리적 세계에 존재하지만, '나'라는 존재는 사실 내가 만든 가공세계 안에서 살아가고 있는 셈이다. 그리고 우리는 그 상상의 이야기를 실재라고 착각하며 살아간다.

더 깊이 들여다보면, 우리의 생각은 현실을 있는 그대로 받아들이는 것이 아니라, 이미 일어난 일을 해석한 것에 불과하다. 그러므로 내가 살고 있는 세계는 객관적 현실 자체가 아니라 현실을 내 방식대로 해석한 세계일 뿐이다. 우리는 현실을 있는 그대로 보지 못한 채, 이미 존재하는 현실을 자신의 생각으로 늘 뒤쫓으며 살아간다.

고통과 괴로움은 바로 현실과 내가 만든 가공세계 사이의 괴리에서 비롯된다. 만약 우리가 현실에 만족한다면 현실을 있는 그대로 받아들일 것이다. 그러나 현실이 마음속 상상의 이야기와 다르기 때문에 우리는 자신이 온전하지 못하다고 여긴다. 그래서 거짓자아는 늘 자기 방식대로 만들어낸 상상의 이야기를 실현하려고 애쓰며 살아간다.

우리는 무언가를 끊임없이 추구하지 않으면 행복할 수 없고, 만족이 없으며, 결국 불행해질 것이라고 믿는다. 그런데 더 깊이 들여다보면, 사실 우리는 무언가 추구하지 않으면 자신의 존재가 사라질 것이라고 믿고 있다는 것을 발견하게 된다. 왜냐하면 거짓자아는 마음속에 그려놓은 상상의 이야기를 자기 자신이라 여기고 있기 때문이다.

진리는 무엇일까? 바로 예수님께서 우리 안에 계시며, 우리가 하나님의 자녀이고, 하나님의 모든 것이 이미 우리 안에 있다는 사실이다. 그러므로 우리는 그분의 모든 것을 이 땅에 나타내는 삶을 추구해야 한다. 그러나 문제는 우리가 자신의 정체성을 알지 못한 채, 거짓자아가 주체가 되어 부족과 결핍을 채우려고 세상의 것들을 추구하며 살아간다는 데 있다. 그 결과 우리는 수고하고 무거운 짐을 진 자로서 혼의 안식을 얻지 못하게 된다.

> **마 11:28-29** 수고하고 무거운 짐 진 자들아 다 내게로 오라 내가 너희를 쉬게 하리라 나는 마음(헬, 카르디아 : 심중)이 온유하고 겸손하니 나의 멍에를 메고 내게 배우라 그리하면 너희 마음(헬, 프쉬케 : 혼)이 쉼을 얻으리니

29절의 두 번째 '마음'은 헬라어로 '프쉬케', 즉 '혼'을 의미한다. 이 말씀은 우리의 삶에서 가장 중요한 것이 육신의 만족이 아니라 혼의 만족과 평강이라고 말한다. 사실 우리가 열심히 살아가는 이유는 혼이 본래 하나님으로부터 주어졌던 모든 것을 누리고자 하기 때문이다. 그러나 그 만족과 평강은 세상으로부터 주어지는 것이 아니라, 혼이 하나님의 영 안에 거할 때에만 주어진다. 이 진리를 알지 못하면 사람

은 아무리 세상에서 수고해도 결국 무거운 짐을 진 자와 같은 삶을 벗어날 수 없다.

자신이 진정으로 누구인지 체험하지 못한 사람들은 삶의 만족과 의미를 다양한 세상적 성취에서 찾으려 한다. 원하는 삶을 추구하고 성취하면 자신이 누구인지 알게 될 것이라는 착각 때문이다. 그들은 더 나은 자신을 만들기 위해 하나님께 도움을 청하지만, 이는 여전히 하나님과 분리된 채 자신이 주체가 되어 자신의 존재를 찾아가려는 시도에 불과하다. 그리스도 안에서 자신과 세상을 있는 그대로 보지 못하는 한, 그 틈을 노리는 사탄에게 언제나 속을 수밖에 없다.

자신이 행한 일을 늘 판단하는 삶

매일의 삶을 돌아보면 우리는 자신이 행한 일을 끊임없이 판단하고 있음을 알게 된다. '그러지 말아야 했는데… 왜 그랬을까?' 하고 후회하며 자책하기 일쑤다. 이미 언급했듯이 우리의 생각은 현실을 있는 그대로 받아들이는 것이 아니라, 일어난 일에 대한 주관적인 해석에 불과하다. 그러나 온전한 삶을 살기 위해서는 해석을 내려놓고 현실을 있는 그대로 바라볼 수 있어야 한다. 믿음체계에 기초한 생각과 감정으로 판단하지 않을 때, 비로소 우리는 지금 이 순간 여기의 현실을 있는 그대로 볼 수 있다. 그럴 때 모든 것이 어떤 상태에 있든지 간에 그 자체로 온전하다는 사실을 깨닫게 되는데, 이는 그 순간 자기 안에 있던 상상의 이야기가 사라지기 때문이다.

자신의 생각이나 감정으로 해석하지 않고 현실을 있는 그대로 바라볼 때 죄책감과 두려움은 자연스럽게 사라진다. 결핍과 부족 또한 더 이상 느껴지지 않는다. 왜냐하면 그런 생각과 감정은 자신의 경험과 지식에 기초하여 만들어진 것들이기 때문이다. '나'라는 거짓자아가 아직 형성되지 않은 어린아이를 떠올려보라. 그들에게 죄책감이나 두려움, 결핍과 부족함이 있는가?

눅 18:17 내가 진실로 너희에게 이르노니 누구든지 하나님의 나라를 어린 아이와 같이 받아들이지 않는 자는 결단코 거기 들어가지 못하리라 하시니라

우리가 거짓자아로 살 때는 자기 방식대로 해석하고, 판단하고, 정죄하고, 부정하고, 저항하며, 책임을 전가하는 삶을 산다. 그 결과 고통과 괴로움에 묶이게 된다. 그러나 자신이 예수 그리스도 안에 있음을 깨닫게 되면, 비록 원치 않은 행동을 했을지라도 자신을 판단할 필요 없이 있는 그대로 받아들일 수 있게 된다. 왜냐하면 그런 행동이 진정한 내 존재에 아무런 영향을 미치지 못한다는 사실을 알기 때문이다.

롬 8:1 그러므로 이제 그리스도 예수 안에 있는 자에게는 결코 정죄함이 없나니

'있는 그대로 받아들인다'는 것은 모든 것을 마음대로 해도 괜찮다는 뜻이 아니다. 이는 거짓자아가 만든 상상의 이야기에서 벗어나, 그리스도 안에서 하나님의 말씀과 성령의 인도를 받는 새로운 삶을 시작한다는 의미다. 자기를 부인하고 자기 십자가를 진다는 것은 자신의 삶을 포기하는 것이 아니라, 거짓된 자아를 내려놓고 그리스도 안에서 참된 자아를 발견하는 과정이다. 그때부터 우리는 비로소 영으로써 몸

의 행실을 죽여 나갈 수 있게 된다.

> **롬 8:12-13** 그러므로 형제들아 우리가 빚진 자로되 육신에게 져서 육신대로 살 것이 아니니라 너희가 육신대로 살면 반드시 죽을 것이로되 영으로써 몸의 행실을 죽이면 살리니

거짓자아로는 자신의 삶을 결코 변화시킬 수 없다. 혼이 여전히 몸의 종노릇을 하고 있다면 참된 변화는 일어나지 않는다. 우리의 혼이 몸의 종노릇에서 벗어나 그리스도 안에 거할 때 비로소 말씀과 성령으로 새롭게 변화되기 시작한다. 그러나 우리가 진리도 아니고, 실재도 아니고, 아무 힘도 없는 과거의 경험과 지식에 기초한 생각으로 살아간다면, 마귀는 언제든지 우리의 생각 속에 들어와 똬리를 틀고 역사할 수 있다.

> **고후 10:5** 하나님 아는 것을 대적하여 높아진 것을 다 무너뜨리고 모든 생각을 사로잡아 그리스도에게 복종하게 하니

막연한 미래에 의존하는 삶

앞서 우리는 자신이 만든 상상의 이야기와 현실 사이의 괴리감이 고통과 괴로움을 낳는다는 사실을 살펴보았다. 이러한 고통과 괴로움에서 벗어나기 위해 사람들은 흔히 '지금은 아니지만 언젠가'라는 미래의 성취를 추구하며 살아간다. 그 결과 실제 나의 존재는 언제나 지금 이 순간 여기에 있음에도 불구하고, 마음으로 만든 가짜 존재인 거짓자

아는 늘 미래에 머무르게 된다.

우리는 본래 지금 이 순간 여기에서 하나님을 나타내는 존재로 창조되었다. 그리고 존재를 나타내는 것이 삶의 본질이다. 그런데 우리는 종종 자신의 존재를 미래에 두고, 삶을 통해 더 나은 존재가 되려는 방향으로 살아가려 한다. 비록 우리가 죄인이었을 때는 그렇게 살아왔지만, 이제 의인이고 하나님의 자녀로서 신성과 원복이라는 생득권을 가지고 있다는 사실을 안다면, 우리의 존재는 결코 미래에 있지 않다. 우리는 늘 지금 이 순간 여기에서 주님을 나타내는 삶을 살아야 한다. 이것이 존재와 삶이 하나로 일치되는 삶이다.

미래가 내가 추구해야 할 그 무엇이라면, 우리는 지금 이 순간 존재하는 삶의 즐거움을 놓칠 수밖에 없다. 다시 생각해보자. 미래를 추구하는 것은 사실 현재의 부족과 결핍을 채우려는 욕망에서 비롯된다. 바로 그 미래적 추구가 고통의 근원이요, 그 출발점이 거짓자아라는 사실을 우리는 깨달아야 한다. 그러나 많은 사람들이 여전히 이 사실을 깨닫지 못한 채, 거짓된 추구에서 벗어나지 못하고 있다.

실제 내 존재는 지금 이 순간 여기에만 존재한다. 그러나 거짓자아는 늘 자신의 존재를 미래에 둔다. 생존 의식으로 살아가는 자는 예측할 수 없는 내일 앞에서 두려움을 느끼고, 그 두려움은 불안과 죽음에 대한 공포로 이어진다. 자신의 존재를 미래에 두게 되면, 거짓자아는 그 상상의 이야기를 성취하기 위해 욕구에 기초한 믿음체계와 한계 짓는 믿음체계에 따라 끊임없이 무언가를 추구하는 삶을 살게 된다.

좀 더 깊이 생각해보면, 현실은 이미 있는 그대로 존재하는 반면, 상상의 이야기는 자신이 만든 가공세계에 속한 것이다. 현실은 보이는 물질세계이지만, 상상의 이야기가 만들어지는 가공세계는 보이지 않는 비물질세계다. 거짓자아는 그 가공세계 속 상상의 이야기를 현실로 이루기 위해 끊임없이 애쓴다. 우리가 겪는 모든 고통과 괴로움은 바로 이 현실과 자신이 만든 상상의 이야기 사이의 간극에서 비롯된다. 물론 그중에는 반드시 이루어져야 할 이야기들도 있겠지만, 대부분 이루어질 필요가 없거나 이루어져서는 안 되는 것들이다. 왜냐하면 그것들 대부분은 죄책감, 두려움, 욕망으로 만들어진 거짓된 이야기들이기 때문이다.

거짓자아는 늘 이 고통과 괴로움을 어떻게 해결할 것인가에 집중한다. 그래서 정작 내가 누구인지, 진정한 자아에는 관심을 두지 않는다. 이 교묘한 속임수야말로 세상 신인 마귀가 우리를 통치하는 방식이다. 마귀는 문제를 통해서만 우리를 통치할 수 있기 때문이다.

그러므로 중요한 것은 '고통을 어떻게 극복해야 할까?'가 아니라, '그 고통을 생각하는 나는 누구인가?'를 깨닫는 것이다. 바로 이것이 해방과 자유를 주는 생명에 이르는 좁은 길이며, 참된 정체성을 발견하는 여정이다.

갈 5:1 그리스도께서 우리를 자유롭게 하려고 자유를 주셨으니 그러므로 굳건하게 서서 다시는 종의 멍에를 메지 말라

마 7:13-14 좁은 문으로 들어가라 멸망으로 인도하는 문은 크고 그 길이 넓어 그리로 들어가는 자가 많고 생명으로 인도하는 문은 좁고 길이 협착하여 찾는 자가 적음이라

세상으로 나가는 문이 있고, 우리 마음 안으로 들어오는 문이 있다.

"좁은 문으로 들어가라"(마 7:13)는 말씀은 자신 안에 있는 하나님나라로 들어가라는 뜻이다. 반대로 "멸망으로 인도하는 넓은 문"(마 7:13)은 자기 바깥, 세상을 향한 삶을 가리킨다. 그러므로 우리는 문제에 묶이지 말고, 그리스도 안으로 들어가 먼저 하나님의 나라와 의를 구해야 한다(마 6:33). 그럴 때 그분께서 모든 것을 더하신다.

기존 세상적 신앙생활의 한계

그리스도인의 신앙생활에는 크게 두 가지 방식이 있는 것처럼 보인다. 그중 첫 번째이자 가장 보편적인 방식은 주의 말씀을 듣고 그 말씀을 통해 자신의 삶을 변화시키려고 애쓰는 것이다. 이들은 말씀이 진리임을 알고 믿기 때문에, 말씀대로 살아야 한다는 압박 속에서 살아간다. 그래서 말씀을 읽고 묵상하며 그것을 삶에 적용하려 노력한다. 특히 믿음이 좋다고 여겨지는 이들은 매일 말씀을 읽고, 배우고, 묵상하며, 실천하는 데 더욱 열심을 낸다. 그러나 우리는 이러한 신앙생활이 사실 구약적인 방식임을 깨닫지 못하고 있다.

신 5:1 모세가 온 이스라엘을 불러 그들에게 이르되 이스라엘아 오늘 내가 너희의 귀에 말하는 규례와 법도를 듣고 그것을 배우며 지켜 행하라

말씀이 심중에 심겨져야 한다는 것을 알지 못하는 자는 거짓자아로 매일 말씀을 읽고 공부하며 그것을 삶에 적용하려는 노력을 당연하게 여긴다. 그러나 이런 상태에서는 말씀 안에 자신의 삶을 끼워 넣거나, 오히려 삶을 억지로 말씀에 맞추려 애쓰게 된다. 그러나 문제는 삶은

이미 자신이 만든 대로 흘러가고 있다는 것이다. 그러므로 말씀의 틀에 자신을 억지로 끼워 맞추려 할수록 현실과 말씀 사이의 괴리감만 더 커지고, 그 결과 신앙생활은 점점 더 힘들고 지속하기 어려워진다.

우리는 흔히 이성과 지성으로 판단하며 살아간다고 생각한다. 그러나 실제로 우리의 삶을 움직이는 것은 무의식 속에서 작동하는 한계 짓는 믿음체계와 욕구에 기초한 믿음체계다. 그럼에도 불구하고 우리는 여전히 자신의 이성으로 삶을 억지로 말씀에 끼워 맞추려 애쓴다. 그런 삶은 당연히 점점 더 힘겨울 수밖에 없고, 내면에서는 어느새 하나님을 인정하기 싫어하는 마음이 아우성치기 시작한다. 이때 마음속에 가장 먼저 떠오르는 것은 어쩌면 '빌어먹을!'이라는 탄식일 것이다. 자기 자신도, 다른 사람도 결코 자신이 원하는 대로 살아주지 않기 때문이다.

신앙생활의 두 번째 방식은 '어떻게 해야 하는데…'라는 압박감도, '빌어먹을'이라는 부정적인 생각도 없이, 있는 그대로의 삶을 인정하고 그 삶을 깊이 묵상하는 가운데 말씀을 바라보는 것이다. 현실의 삶은 그것이 말씀에 토대를 두었든 그렇지 않든 간에 지금 우리가 겪고 있는 실재다. 대부분의 경우 말씀대로 살지 못하는 모습일 수 있다. 그러나 바로 그렇기 때문에 현실을 깊이 들여다볼수록 말씀을 통해 이전에 보지 못했던 더 놀라운 진실을 발견하게 된다.

이는 마치 유목민이 캄캄한 밤에 북극성을 바라보며 길을 찾는 것과 같고, 풍랑 이는 어두운 밤바다에서 등대의 불빛에 의지하여 항로를 찾아가는 것과 같다. 우리는 삶이 무엇인지에 관심을 가져야 한다. 그렇지만 정작 자신의 삶을 깊이 들여다보려 하지 않는다. 하루하루 살아가는 일이 너무 바쁘고 버겁기 때문이다. 그래서 많은 사람들이 삶을 누리기보다 그저 살아내기에 급급한 나날을 보낸다.

하나님께서 우리에게 말씀을 주신 이유는 우리가 스스로 온전한 삶을 살 수 없음을 아시기 때문이다. 이는 단지 구약처럼 말씀을 듣고 배우고 지켜 행하라고 요구하시기 위함이 아니다. 다시 말해, 말씀은 우리가 하나님의 자녀가 되었을 때 그것을 심중에 심도록 하기 위해 주신 것이지, 여전히 내가 주체가 되어 그 말씀을 지켜 행하라고 주신 것이 아니다.

타락한 존재는 결코 하나님의 말씀을 스스로 지켜 행할 수 없다. 그러므로 하나님께서는 새 언약을 통해 먼저 하나님의 영을 우리에게 주시고, 우리를 그리스도 안에 거하게 하셨다. 그리하여 영이요 생명이신 말씀을 우리의 심중에 심도록 하셔서, 우리가 심은 대로 거두는 삶을 살게 하신 것이다. 이것이 바로 말씀대로 사는 삶이다.

모든 사람은 자신의 삶에 지대한 관심을 가지고 있고, 온전한 삶을 살기를 원한다. 간증 관련한 책이나 영상이 인기를 끄는 이유도 여기에 있다. 많은 이들이 대중적으로 알려졌거나 자신이 동경하는 삶을 사는 사람들의 이야기를 통해 도전을 받고, 그것을 바탕으로 자신의 삶을 변화시키려 한다.

그렇지만 그 속에도 분명한 한계가 있다. 그런 간증은 어디까지나 '그가 만난 하나님'과 '그가 체험한 진리'에 대한 이야기일 뿐이다. 우리는 간증을 듣거나 간증집을 읽으며 하나님과 진리에 대해 배울 수는 있지만, 하나님과 진리 자체를 직접 체험할 수는 없다. 진정한 신앙은 '그가 만난 하나님', '그가 체험한 진리'가 아니라, '내가 만난 하나님', '내가 체험한 진리'다. 왜냐하면 하나님과 진리의 체험은 반드시 내 삶의 현장에서 실제로 일어나야 하기 때문이다. 그러므로 신앙 간증은 3인칭의 이야기가 아니라 반드시 1인칭의 고백이어야 한다.

말씀을 많이 묵상하고 그 말씀대로 살아가고자 애쓴다고 해서 마귀의 공격을 피할 수 있는 것은 아니다. 오직 우리가 말씀이신 그리스도 안에 거하며 그 말씀을 우리의 심중에 심고 그 실체를 실제로 나타낼 때, 마귀는 더 이상 우리에게 아무런 영향력도 행사할 수 없다.

수고하고 무거운 짐에서의 해방

수고하고 무거운 짐을 지고 살아가는 사람들이 너무 많다. “무엇을 먹을까, 무엇을 마실까, 무엇을 입을까”라는 염려에서 시작하여, 하고 싶지 않지만 해야 하는 것들, 하지 말아야 하는데 하고 마는 것들, 하고 싶지만 할 수 없는 것들 때문에 괴로워한다. 그리고 그 모든 상황에 끊임없이 자신의 생각과 감정으로 반응하며 더 나아가 ‘이런 생각을 하면 안 되는데’, ‘이런 감정을 가지면 안 되는데’라는 자기 검열과 스트레스 속에 살아간다. 이것이 바로 수고하고 무거운 짐을 진 자의 삶이다. 그들은 삶을 풍성히 누리는 것이 아니라 단지 미래를 기대하며 버티듯 오늘을 살아간다. 오늘이 어제의 미래였음에도, 우리는 여전히 내일만을 바라보며 오늘을 잃어버린 채 살아가고 있다.

세상은 ‘돈 버는 법’, ‘관계를 잘 유지하는 법’, ‘건강하게 사는 법’, ‘인기와 지위를 누리는 법’과 같은 책과 영상으로 우리를 유혹한다. 그리고 우리는 어떻게든 그것들을 포기하지 않고 끝까지 짊어지려 한다. 그렇게 해서 우리가 짊어진 짐의 무게가 곧 삶의 무게가 되었으며, 그 짐은 마치 우리를 끌고 다니는 멍에와도 같다. 그러나 우리는 그 짐을 내려놓아야 한다. 수많은 신앙의 선배들도 자기 생각대로의 삶을 포기하고 스스로 만든 무거운 짐을 내려놓음으로써 주의 나타나심을 경험하게 되었다.

히 12:1 이러므로 우리에게 구름같이 둘러싼 허다한 증인들이 있으니 모든 무거운 것과 얽매이기 쉬운 죄를 벗어버리고 인내(헬, 휘포모네)로써 우리 앞에 당한 경주를 하며

여기서 '인내'(헬, 휘포모네)는 "흔들림 없이 견고히 서 있음", "기대", "기다림"을 모두 포함하는 단어다. 따라서 인내란 고난 중에서도 참고 견디는 수동적 의미와 선을 위하여 끝까지 나아가는 능동적 의미를 함께 아우른다. 흔히 우리는 '인내'를 단지 시간적인 개념으로만 이해한다. '지금은 아니지만 언젠가'라는 방식으로 말이다. 그러나 하나님의 자녀는 시간의 흐름 가운데서 차원적으로 살아가는 삶을 배우고 체험해야 한다. 이것이 우리가 하나님나라 안에 거할 때, 뜻이 하늘에서 이루어진 것같이 땅에서도 이루어지는 삶이다.

이것은 거짓자아가 주체(죄인)가 된 삶이 아니라, 그리스도 안에 있는 내(의인)가 주체가 된 삶을 살아갈 때만 가능하다. 따라서 인내란 단순히 거짓자아가 참고 기다리는 것이 아니다. 오히려 거짓자아가 자신이 참된 자아가 아니라는 사실을 깨닫고, 자기를 포기하고 그리스도 안에 거하는 것을 배우는 것이 인내이며, 진리 위에 굳건히 서 있는 믿음의 자세다.

약 1:2-4 내 형제들아 너희가 여러 가지 시험을 당하거든 온전히 기쁘게 여기라 이는 너희 믿음의 시련이 인내를 만들어 내는 줄 너희가 앎이라 인내를 온전히 이루라 이는 너희로 온전하고 구비하여 조금도 부족함이 없게 하려 함이라

여기서 더 놀라운 사실은, 그 짐을 내려놓는 순간 주님께서 이미 내 생각의 멍에가 아닌 그분의 멍에를 함께 지도록 기다리고 계셨다는 것을 깨닫게 된다는 것이다. '멍에'란 본래 밭을 갈기 위해 소에게 씌우는 도구다. 우리 역시 세상을 살아가는 동안 멍에를 메고 짐을 짊어진다. 문제는 내가 지금 어떤 멍에를 메고, 어떤 짐을 짊어지고 다니느냐 하는 것이다. 내가 멘 멍에와 짐은 욕구와 두려움이 만든 거짓자아의 무게이기 때문에, 그것을 벗지 않으면 결코 주님의 멍에를 메고 그분과 함께 걸을 수 없다. 그러므로 내 삶을 짓누르는 모든 무거운 것들과 얽매이기 쉬운 죄를 벗어버리고, 내 안의 연약함과 온전치 못한 것들을 주님께 온전히 맡겨 드리자.

마 8:17 이는 선지자 이사야를 통하여 하신 말씀에 우리의 연약한 것을 친히 담당하시고 병을 짊어지셨도다 함을 이루려 하심이더라

무엇을 해야 한다거나 하지 말아야 한다는 압박감에서 깨어나라. 깨어난다는 것은 새로운 믿음체계를 가지는 것이며, 이를 위해 우리는 성령님의 도우심으로 새로운 나를 상상해야 한다. 그렇다면 우리는 무엇을 믿어야 하는가? 바로 예수 그리스도 안에서 이미 말씀대로 이루어진 것을 믿는 것이다. 삶에 대한 나의 생각이 아니라, 예수님께서 이미 이루신 말씀대로 생각할 때 비로소 자신이 변화되고 삶도 변화된다. 이것이 모순처럼 보일 수 있다. 그러나 삶에 대한 깊은 묵상이 없이는 결코 주어지지 않는 은혜다.

세상나라의 가치관과 하나님나라의 가치관은 서로 충돌할 수밖에 없다. 그러나 바로 그 충돌을 통해 우리는 더 깊은 진리와 자유를 발

견하게 된다. 그리스도 안에서 자신의 참된 존재를 발견하고 하나님의 통치를 경험할 때, 우리는 세상의 무거운 짐을 벗고 진정한 안식과 평안을 누리게 된다.

징계와 고난에 대한 새로운 인식

많은 그리스도인들은 고난을 경험할 때 이렇게 반응한다. "내가 실패했구나", "하나님이 나를 벌하시는구나", "나는 패배자야." 이는 고난을 패배의 징표로 오해하는 잘못된 인식에서 비롯된다. 그러나 성경은 고난을 전혀 다른 차원에서 해석한다. 고난과 징계는 패배가 아니라 하나님께서 우리를 승리자로 세워가시는 과정이다.

거짓자아는 언제나 모든 상황을 자기중심적으로 해석한다. 그래서 고난을 당할 때도 하나님의 사랑이 아닌 진노와 실망의 표현으로 받아들인다. 이때 신자는 하나님 앞에서 움츠러들고 자신감을 잃으며, 영적 전쟁에 소극적이 된다. 결국 마귀는 이런 허점을 타고 더 큰 영향력을 행사한다.

교회는 전통적으로 "주께서 그 사랑하시는 자를 징계하시고"(히 12:6)라는 말씀을 근거로 고난을 하나님의 직접적인 징계로 설명해왔다. 그러나 이러한 해석은 하나님의 본질과 상충된다. 하나님의 본질은 사랑, 생명, 하나됨이다. 그분은 직접 고통을 주시는 분이 아니라 오히려 고통을 제거하고 치유하시는 분이다. 예수님의 사역을 보라. 주님은 단 한 번도 교육적 목적으로 누군가에게 고통을 주신 적이 없다. 오히려 모든 병자를 고치시고, 눌린 자를 자유롭게 하셨으며, 고통을 짊어지셨다. 그러므로 고난을 하나님의 형벌로만 이해하는 것은 우리를 자책과 정죄 속에 묶어두어 승리자의 정체성을 잃게 만든다.

하나님은 직접 고난을 주시는 분이 아니며 잘못된 선택에 따른 자연스러운 결과를 경험하도록 허용하신다. 이는 아이가 위험한 길을 갈 때 부모가 강제로 막지 않고, 그 결과를 스스로 깨닫도록 허용하는 것과 같다. 자유의지를 가진 혼이 하나님의 말씀 대신 거짓자아의 믿음체계를 따르면 하나님의 보호막에서 멀어지게 된다. 이는 태양에서 멀어질수록 자연스럽게 어둠과 추위가 밀려오는 원리와 같다. 그러나 욥의 사례처럼 하나님은 그 허용에도 분명한 경계를 두신다. "다만 그의 몸에는 네 손을 대지 말지니라"(욥 1:12). 결국 마귀의 공격은 하나님의 주권 아래 제한적으로만 이루어진다.

하나님은 우리를 사랑하시기 때문에 우리가 잘못된 길에서 벗어나 다시 그분의 생명과 축복을 누리기를 원하신다. 고난을 통해 혼이 자신의 잘못된 선택을 깨닫고 다시 하나님께 되돌아오는 것이다. 그것은 하나님의 사랑 없는 형벌이 아니라, 하나님과 멀어진 자녀를 다시 품으시는 사랑의 훈련이다. 고난이 올 때 우리는 "나는 버림받았다"가 아닌, "나는 회복으로 초대받았다"라고 해석해야 한다.

히브리서 12장에 '징계'로 번역된 헬라어 '파이데이아'는 단순히 처벌을 뜻하지 않는다. 이것은 고대 그리스에서 자녀를 교육하고 훈련하여 미래의 지도자로 세우는 전인적 양육을 가리키는 단어다. 그러므로 하나님의 징계는 우리가 자녀가 아니기 때문에 받는 것이 아니라, 이미 자녀이기 때문에 받는 것이다. 이는 더 큰 승리를 준비하는 훈련이다. 히브리서 12장 7-8절은 이를 분명히 한다. "너희가 참음은 징계를 받기 위함이라 하나님이 아들과 같이 너희를 대우하시나니… 징계는 다 받는 것이거늘 너희에게 없으면 사생자요 친아들이 아니니라."

올림픽 선수를 훈련시키는 코치를 생각해보라. 코치는 선수를 괴롭히려는 마음에서 혹독한 훈련을 시키는 것이 아니다. 금메달리스트로 만들기 위해 힘겨운 과정을 허용하는 것이다. 훈련이 힘들다고 선수가 무능한 것이 아니라, 오히려 더 큰 승리를 위한 준비 단계다. 신자가 겪는 고난 역시 약함의 증거가 아니라, 하나님께서 우리를 킹덤빌더로 세워가고 계신다는 증거다.

고난의 참된 목적은 우리를 파괴하는 것이 아니며, 우리가 진정 누구인지를 드러내는 것이다. 평안할 때는 거짓자아로 살면서도 그것을 자각하지 못한다. 그러나 고난 속에서는 무엇을 의지하며 살아왔는지가 선명히 드러난다. 이때 하나님이 원하시는 것은 더 많은 노력이나 자기 정죄가 아니라, 거짓자아를 포기하고 그리스도 안에서 참된 자아를 발견하는 것이다.

히브리서 12장 10절은 고난의 목적을 이렇게 말한다. "오직 하나님은 우리의 유익을 위하여 그의 거룩하심에 참여하게 하시느니라." 여기서 '거룩하심에 참여한다'는 것은 단순히 도덕적 완결이 아니라 하나님의 본성을 나타내는 존재가 되는 것을 의미한다. 그리고 12장 11절은 그 결과를 약속한다. "무릇 징계가 당시에는 즐거워 보이지 않고 슬퍼 보이나 후에 그로 말미암아 연단 받은 자들은 의와 평강의 열매를 맺느니라." 핵심은 '후에'에 있다. 고난은 그 순간이 아니라 결과로 판단해야 한다. 그 열매는 의와 평강이다.

야고보서 1장 2-4절도 동일한 관점을 전한다. "여러 가지 시험을 당하거든 온전히 기쁘게 여기라… 이는 너희로 온전하고 구비하여 조금도 부족함이 없게 하려 함이라." 여기서 '기쁘게 여기라'는 것은 고통 자체를 즐기라는 말이 아니라, 그 과정을 통해 우리가 완전한 승리자로 세워질 것을 미리 기뻐하라는 뜻이다. 그러므로 이제 우리는 고난을 두려워할 이유가 없다. 오히려 이렇게 고백할 수 있다. "하나님이 나를 사랑하시기 때문에 이 과정을 허용하신다. 나는 이미 승리자이며 이 과정을 통해 더욱 강한 승리자가 될 것이다. 나는 패배하지 않는다!" 고난과 징계에 대한 새로운 인식은 승리자가 승리자로 살아가는 비결이다. 고난을 사랑의 훈련으로 이해할 때, 우리는 영적 전쟁에서 진정한 승리를 경험하게 된다.

묵상과 나눔

1. 상상의 이야기에서 벗어나기 : 마음속에 그려온 '이상적인 나' 또는 '이루어야 할 삶의 모습'은 어떤 것이었나요? 만약 그 상상의 이야기를 내려놓는다면 어떤 해방과 변화가 찾아올 수 있을까요?

2. 구약적 신앙생활에서 새 언약의 삶으로 : 말씀을 읽을 때 '말씀대로 살아야 한다'는 부담이나 압박감을 느낀 적이 있나요? 새 언약의 관점에서 말씀을 읽는다는 것은 당신에게 어떤 의미인가요? 그리스도 안에서 말씀대로 이루어진 것을 발견하는 기쁨을 누렸던 순간이 있다면 그때의 경험을 돌아보며 나누어 주세요.

3. 지금 이 순간 여기 : '지금은 아니지만 언젠가'라고 미루고 있는 것들이 있다면 무엇인가요? 만약 내가 이미 그리스도 안에서 온전한 존재라면, 오늘 당장 새롭게 살아갈 수 있는 구체적인 삶의 영역은 어디인가요?

4. 수고하고 무거운 짐 내려놓기 : 지금 당신의 어깨를 가장 무겁게 누르고 있는 '해야 하는 것들', '하지 말아야 하는 것들'은 무엇인가요? 그 짐이 사실은 거짓자아가 만들어낸 것임을 깨달았다면, 이제 그것을 내려놓고 주님의 멍에를 메기 위해 어떤 실천이 필요할까요?

5. 문제 해결 중심에서 정체성 발견 중심으로 : 마귀는 문제를 통해 우리를 통치하려 합니다. 중요한 것은 '이 고통을 어떻게 해결할까?'가 아니라 '이 고통을 생각하는 나는 누구인가?'를 아는 것입니다. 지금 당신이 가장 해결하려고 애쓰는 문제는 무엇인가요? 문제의 내용물에 매몰되지 않고, 그리스도 안에서 참된 정체성을 발견했던 경험이 있다면 나누어보세요.

6. 고난을 새롭게 바라보기 : 어떤 고난을 통해 내가 무엇을 의지하고 있었는지 깨달은 적이 있습니까? 당신이 직면한 어려움을 단순한 징벌이 아니라 열매를 맺는 과정으로 본다면 태도와 선택이 어떻게 달라질 수 있을까요?

chapter 09

관계의 왜곡

마귀의 궁극적 전략은 관계의 파괴다. 악은 단순히 선의 결핍이 아니라 적극적인 거짓 주장이며, 그 정체는 관계의 왜곡에 있다. 요한복음 8장 44절에서 예수님은 사탄을 "거짓의 아비"라고 부르셨다. 여기서 '아비'는 단순한 은유가 아니라 거짓의 근원이며 주도자를 의미한다.

마귀는 세 가지 핵심 관계를 무너뜨리는 데 집중한다. 첫째, 하나님과의 관계를 "하나님이 정말 너를 사랑하실까?"라는 의심으로 파괴한다. 둘째, 자기 자신과의 관계를 "너는 여전히 죄인이다"라는 정죄로 흔든다. 셋째, 타인과의 관계를 "저 사람을 믿을 수 없다"라는 불신으로 분열시킨다.

악은 하나님으로부터 독립하려는 불가능한 시도다. 마치 그림자가 빛의 차단일 뿐 독립적 실체가 아니듯, 악도 독자적 실체가 아니다. 그러나 그림자가 실제로 어둠을 만들고 시야를 가리는 것처럼, 악은 하나님의 선하심을 가림으로써 어둠을 만든다. 혼은 영과 몸 사이에서 영을 따를지, 몸을 따를지를 선택하는 자유의지적 의식체이다. 타락한 혼은 하나님의 영에 종속되지 않고 독립성을 추구한다. 이러한 자아중심성이 모든 관계 왜곡의 근원이다.

자아중심성의 본질은 '자기의존'이다. 하나님을 의존하지 않고 자신의 지혜, 능력, 판단에 기대려는 것이다. 그러나 잠언 3장 5절은 분명히 경고한다. "너는 마음을 다하여 여호와를 신뢰하고 네 명철을 의지하지 말라." 자기의존은 하나님과의 관계를 무너뜨리며 모든 관계의 붕괴로 이어진다.

하나님과의 관계 왜곡 : 의심을 통한 신뢰의 파괴

마귀의 첫 번째 공격은 언제나 하나님의 말씀과 성품에 대한 의심을 불러일으키는 것이다. 에덴동산에서 "하나님이 정말로 그렇게 말씀하셨느냐?"라는 질문으로 시작된 이 전략은 오늘날에도 동일하게 작동한다.

사탄의 의심 전략은 다음 세 단계로 진행된다.

- □ "하나님이 정말로 말씀하셨느냐?" - 말씀 자체의 신빙성을 흔든다.
- □ "하나님은 너희를 제한하려 하신다" - 하나님의 동기를 의심하게 한다.
- □ "하나님이 정말 너를 사랑하실까?" - 하나님의 사랑을 의심하게 한다.

이런 의심이 우리 마음에 자리잡으면 어떻게 될까? 가족 관계를 생각해보자. 부모가 자녀에게 "나는 널 사랑해"라고 말해도 자녀가 그 말을 믿지 않으면 관계가 어긋나듯, 하나님의 사랑과 말씀을 의심할 때 우리의 영적 관계도 손상된다.

사탄은 진리를 왜곡하고 거짓을 전파한다. 그는 하나님의 성품, 의도, 약속에 대해 거짓된 정보를 흘려 인간이 잘못된 선택을 하도록 유도한다. 사탄의 무기는 물리적 강제력이 아니라 거짓말과 기만이다. 고린도후서 11장 14절은 "사탄이 자기를 광명의 천사로 가장한다"고 말한다. 그는 노골적인 악으로 드러나는 것이 아니라 선한 것처럼 위장하여 다가온다.

사탄의 전략은 단순히 인간을 미혹하는 수준을 넘어, 하나님 없이도 스스로 존재할 수 있다는 거짓 주장을 심는 것이다. 그러나 요한복음 14장 6절에서 예수님이 "내가 곧 길이요 진리요 생명"이라고 선언하셨듯, 하나님으로부터의 독립은 생명과 진리로부터의 단절이며 존재 자체의 붕괴다. 따라서 의심은 단순한 감정의 동요가 아니라, 존재 질서에 대한 반역이다.

이사야서 59장 2절은 "너희 죄악이 너희와 너희 하나님 사이를 갈라놓았다"고 말한다. 하나님은 여전히 그 자리에 계시지만 죄가 구름처럼 관계를 가려버린다. 따라서 하나님과의 관계 회복은 의심을 진리로 대체하는 것에서 시작된다. 에베소서 6장 16절은 "믿음의 방패가 사탄의 불화살을 소멸한다"고 말한다. 믿음은 단순한 동의가 아니라 실재에 대한 확신이며(히 11:1), 이 확신이 있을 때 사탄의 의심과 거짓말은 힘을 잃는다.

의심을 극복하는 방법은 하나님의 말씀에 담긴 진리를 붙드는 것이다. 이는 감정의 문제가 아니라 하나님의 성품과 약속에 대한 확신이다. 그러므로 하나님과의 관계 회복은 단순히 마음속 불신을 극복하는 차원이 아니라, 존재의 근거이신 삼위 하나님과 다시 연합하는 사건이다.

자기 자신과의 관계 왜곡 : 정죄를 통한 정체성 혼란

타락의 핵심은 창조의 원래 질서인 영→혼→몸의 위계가 몸→혼→영으로 전도(顚倒)된 것이다. 창세기 3장의 타락 과정은 이를 분명히 보여준다. 선악과를 보았을 때 하와는 "그 나무를 본즉 먹음직도 하고 보암직도 하고 지혜롭게 할 만큼 탐스럽기도 한 나무"(창 3:6)라고 판단했다. 이는 몸의 감각이 혼의 결정을 지배하고, 영의 명령을 무시한 사건이다. 혼이 하나님의 영이 아닌 육체의 소욕에 휘둘린 결과, 하나님의 창조 질서가 무너졌다.

에베소서 2장 3절은 타락한 인간의 상태를 이렇게 요약한다. "전에는 우리도 다 그 가운데서 우리 육체의 욕심을 따라 지내며 육체와 마음의 원하는 것을 하여…." 여기서 '육체의 욕심을 따라'는 몸이 주도권을 갖게 되었음을, '마음의 원하는 것을 하여'는 혼이 몸에 종속되었음을 보여준다. 이로써 창조의 질서였던 영→혼→몸의 위계가 무너지고, 혼은 더 이상 하나님의 영을 따르지 않게 되었다.

이런 상태에서 마귀는 우리를 세 가지 방식으로 공격한다.

- □ "너의 과거를 봐" - 과거의 실수를 상기시켜 정죄한다.
- □ "너는 여전히 죄인이야" - 현재의 불완전함을 지적한다.
- □ "너는 절대 변하지 못할 거야" - 미래에 대한 절망을 심는다.

이 질서의 전도는 자기 자신과의 관계 왜곡으로 드러난다. 인간은 더 이상 자신을 하나님과의 관계에서 정의하지 않고, 외부적 조건(소유, 성취, 인정 등)에서 정체성을 찾는다. 그러나 외부 조건은 언제나 변하기 마련이기에, 그 위에 세워진 정체성은 불안정하고 끊임없는 불안과 결핍을 낳는다. 전도서 기자의 "헛되고 헛되니 모든 것이 헛되도다"(전 1:2)라는 탄식은 바로 이러한 허무함을 드러낸다.

정체성 혼란은 하나님 안에 뿌리내린 존재에서 벗어나 스스로 자신의 존재를 주장하려는 거짓된 시도다. 자기 자신을 하나님으로부터 분리된 독립적 자아로 규정하려 할 때, 혼은 정체성의 토대를 잃고 흔들린다. 그러므로 자기 자신과의 관계 왜곡은 단순한 심리적 불안이 아니라, 하나님 없이 존재하려는 존재론적 모순에서 비롯된다.

사탄은 이 약점을 집중적으로 파고든다. 요한계시록 12장 10절은 그를 "우리 형제들을 참소하던 자"라 부른다. 그러나 로마서 8장 33-34절은 "누가 능히 하나님께서 택하신 자들을 고발하리요 의롭다 하신 이는 하나님이시니 누가 정죄하리요"라고 반문한다. 사탄의 참소는 법적 차원에서 이미 무효화되었고, 우리의 정체성은 그리스도의 십자가와 부활 안에서 확증되었다.

이것은 광야에서 예수님을 시험한 사탄의 방식과 동일하다. "네가 만일 하나님의 아들이어든…"(마 4:3,6)이라는 말은 정체성을 흔드는 가장 강력한 공격이었다. 그러나 예수님은 말씀으로 대응하셨고, 이는 말씀에 근거한 정체성의 확신만이 참소를 무력화시킬 수 있음을 보여준다.

로마서 8장 1절은 "그러므로 이제 그리스도 예수 안에 있는 자에게는 결코 정죄함이 없나니"라고 선언한다. 이는 우리의 정체성이 더 이상 과거의 실패나 현재의 부족함에 기초하지 않고, 오직 그리스도 안에 있다는 사실을 보여준다. 또 요한일서 3장 1절은 "보라 아버지께서 어떠한 사랑을 우리에게 베푸사 하나님의 자녀라 일컬음을 받게 하셨는가"라고 말한다. 정체성의 기초는 행위나 성취가 아니라 하나님의 사랑이다.

따라서 자기 자신과의 관계 회복은 거짓자아에서 참자아로의 전환이다. 거짓자아는 조건적 성취와 외부의 인정에 의존하지만, 참자아는 하나님의 사랑과 은혜 위에 세워진다. 성경은 이를 "새 사람을 입으라"(엡 4:24)라고 표현한다. 그리스도 안에서 참된 정체성을 회복할 때, 우리는 정죄와 두려움에서 벗어나 참된 자유를 누리게 된다.

타인과의 관계 왜곡 : 분열을 통한 공동체 파괴

예수님은 요한복음 17장 21절에서 "아버지께서 내 안에, 내가 아버지 안에 있는 것같이 그들도 다 하나가 되어 우리 안에 있게 하사"라고 기도하셨다. 삼위일체 하나님의 완전한 일치가 인간 공동체의 원형이며, 우리도 이러한 관계 속에서 살아가도록 창조되었다.

창세기 11장의 바벨탑 사건은 하나님 없는 연합이 어떤 결과를 낳는지 보여준다. 사람들은 "우리 이름을 내고"(창 11:4)라며 자기 영광을 추구했고, 결국 언어가 혼잡해지고 흩어지게 되었다. 그들은 하나됨을 원했으나 하나님 없는 연합은 분열로 귀결되었다.

창 11:4 또 말하되 자, 성읍과 탑을 건설하여 그 탑 꼭대기를 하늘에 닿게 하여 우리 이름을 내고 온 지면에 흩어짐을 면하자 하였더니

- □ "하늘에 닿게 하여" - 하나님의 영역을 침범하려는 교만
- □ "우리 이름을 내고" - 하나님의 영광이 아닌 자신들의 영광 추구
- □ "온 지면에 흩어짐을 면하자" - "생육하고 번성하여 땅에 충만하라"는

명령에 불순종

이 분열의 패턴은 오늘 우리의 일상에서도 반복된다.

□ 가정에서 : "당신 때문이야!" - 책임 전가와 비난
□ 직장에서 : "내 방식이 옳아!" - 고집과 권위 다툼
□ 교회에서 : "우리 그룹이 더 영적이야!" - 파당과 분열

창세기 3장 12절에서 아담은 "하나님이 주셔서 나와 함께 있게 하신 여자"를 탓하며 동시에 하나님께 책임을 돌린다. 이는 하나님과 타인과의 관계가 근본적으로 파괴된 사건이었다. 그 결과 사회적으로도 계층, 인종, 성별, 이념에 따른 분열이 심화되어 왔다. 바울은 갈라디아서 3장 28절에서 "유대인이나 헬라인이나 종이나 자유인이나 남자나 여자나 다 그리스도 예수 안에서 하나"라고 선언한다. 이는 그리스도 밖에서는 분열이 필연적임을 역설적으로 드러낸다.

야고보서 4장 1-2절은 내적 욕망이 외적 다툼으로 번져가는 과정을 설명한다. "너희 중에 싸움이 어디로부터 다툼이 어디로부터 나느냐… 너희는 욕심을 내어도 얻지 못하여… 다투고 싸우는도다." 충족되지 않는 욕망은 시기와 질투를 낳고, 그것이 다툼과 분열로 이어진다. 내적 왜곡이 외적 갈등을 불러일으킨 것이다.

그러나 하나님은 그리스도 안에서 이 분열을 회복하신다. 에베소서 2장 14-16절은 "그는 우리의 화평이신지라 둘로 하나를 만드사 원수된 것 곧 중간에 막힌 담을 자기 육체로 허시고…"라고 선언한다. 예수님의 십자가는 하나님과 인간의 관계만이 아니라, 인간과 인간 사이의

담을 허무셨다. 수직적 수평적 화해가 동시에 십자가 안에서 성취된 것이다.

예수님은 제자들에게 새 계명을 주셨다. "새 계명을 너희에게 주노니 서로 사랑하라 내가 너희를 사랑한 것 같이 너희도 서로 사랑하라"(요 13:34). 이는 도덕적 수준의 권고가 아니라, 그리스도의 사랑을 경험한 자들에게 주어진 존재론적 명령이다. 사랑은 선택적 행위가 아니라 새 피조물의 본성에서 흘러나오는 것이다. 따라서 타인과의 관계 회복은 피상적인 갈등 해결이 아니라 하나님나라의 현실을 이 땅에 드러내는 것이다. 그리스도 안에서 이루어지는 공동체의 회복은 마귀의 분열 전략을 무너뜨리는 가장 강력한 영적 승리다.

관계 회복을 통한 영적 승리

마귀의 전략이 관계 파괴라면 하나님의 전략은 그리스도 안에서의 관계 회복이다. 성경은 이 회복을 개인 구원에 한정하지 않고, 하나님-자기-타인-피조세계에 이르는 전인적 우주적 화해(엡 1:10 ; 골 1:20)로 묘사한다. 그러므로 영적 승리는 공격을 막아내는 소극적 방어가 아니라, 관계 질서를 하나님께 다시 돌려드리는 적극적 통치 행위다. 이는 십자가에서 이미 통치자들과 권세들을 무력화시키고 그들을 구경거리가 되게 하신 승리(골 2:15)가 성령을 통해 우리에게도 적용되는 실질적인 사건이다.

무엇보다 하나님과의 관계 회복이 출발점이다. 타락의 첫 순간부터 뿌려진 의심의 씨앗은 하나님의 말씀과 성품을 향한 불신으로 이어졌다. 그러나 복음은 불신의 내러티브를 진리로 대체한다. 십자가와 부활로 보증된 그리스도와의 연합은 우리로 하여금 하나님 앞에 담대히 나아가게 한다(롬 5:1 ; 히 10:19-22). 이때 믿음은 지적 동의가 아니라 실재에 대한 확신이며(히 11:1), 의심을 무력화시키는 방패다(엡 6:16). 하나님과의 관계 회복은 결국 자기의존에서 하나님 의존으로의 전환이며, 삼위일체적 사랑의 연합 안에 다시 들어가는 사건이다.

자기 자신과의 관계 회복은 정체성의 재정립과 정죄의 종결에서 시작된다. 사탄은 과거의 실패, 현재의 부족함, 미래의 절망을 근거로 하나님의 자녀라는 정체성을 흔든다. 그러나 "그리스도 예수 안에 있는 자에게는 결코 정죄함이 없다"(롬 8:1)는 선언은 모든 정죄의 서사를 종결시킨다. 이제 우리는 더 이상 외부적 조건에 의해 정의되지 않고, 하나님의 사랑과 은혜 안에서 새로운 피조물로 살아간다(고후 5:17).

성령께서 우리의 영과 더불어 우리가 하나님의 자녀임을 증언하시기에(롬 8:16), 정체성의 확신은 자기암시가 아니라 성령의 내적 증거 위에 세워진다. 이 정체성은 그리스도와의 연합에서 흘러나온 실재이며(롬 6:5), 정체성 회복은 자기확신이 아니라 복음에 뿌리박은 존재론적 전환이다. 자기 자신과의 관계가 회복될 때, 우리는 거짓자아에서 벗어나 참된 자아로 살아가며 정죄와 수치에서 자유를 누리게 된다.

타인과의 관계 회복은 단순한 화해가 아니라, 분열을 넘어 하나됨으로 나아가는 길이다. 창세기 이후 인류의 역사는 책임 전가와 분열의 서사로 얼룩졌으나, 예수 그리스도의 십자가는 하나님과 인간 사이의 단절만이 아니라 사람과 사람 사이를 가로막던 담을 허무셨다(엡 2:14-16). 교회는 이 화해의 복음을 증거하는 공동체로서, 서로 사랑하라는 새 계명을 실천하고(요 13:34) 세상 가운데 하나님나라의 표징으로 서야 한다. 은사와 역할의 다양성은 그리스도의 몸을 세우기 위한 하나님의 지혜다(고전 12:7). 그러므로 사랑 안에서 서로 협력하며 살아갈 때, 교회는 마귀의 분열 전략을 무력화하는 승리의 공동체가 된다.

이 회복은 피조세계와의 관계까지 확장된다. 하나님께서 주신 창조 명령(창 1:28)에 따라 인간은 세상을 다스릴 청지기로 부름받았으나, 타락으로 자연과의 조화가 깨졌다. 그러나 피조물은 하나님의 아들들이 나타나기를 고대한다(롬 8:19-21). 이는 구속받은 백성들을 통해 하나님의 통치가 피조세계에도 흘러가고 확장됨을 의미한다. 비록 창세기의 창조 명령이 타락으로 왜곡되었지만, 새 창조 안에서 회복되는 구속사적 연속성을 가진다. 그러므로 우리의 일터와 문화, 정치와 사회 속에서 하나님의 의와 나라가 나타날 때, 피조세계와의 관계 회복은 영적 승리를 증거하는 표지가 된다.

이 회복은 한 번에 완성되지 않는다. 우리는 '이미 그러나 아직'의 현재적 하나님나라 안에서 날마다 선택을 통해 승리의 삶을 살아간다. 그 선택 하나하나가 모여 하나님나라를 이 땅에 드러낸다. 그러므로 관계 회복은 단지 개인의 윤리적 과제가 아니라, 하나님나라를 이루어가는 영적 전쟁이다. 의심을 믿음으로, 정죄를 은혜로, 분열을 사랑으로, 파괴를 창조의 회복으로 전환할 때, 우리는 하나님나라의 통치를 증거하며 마귀의 전략을 무너뜨리고 이미 주어진 승리를 구체적으로 살아낼 수 있다.

묵상과 나눔

1. 하나님과의 관계 : 지금까지 신앙생활 가운데 "하나님이 정말 나를 사랑하실까?"라는 의심이 스며든 순간은 언제였나요? 그때 하나님의 말씀을 신뢰함으로써 어떤 회복을 경험했는지, 혹은 아직 풀리지 않은 질문은 무엇인지 나누어 보세요.

2. 정죄와 정체성 : "내가 과연 하나님의 자녀가 맞을까?"라는 의심이나 정죄감이 찾아온 적이 있나요? 그 순간 로마서 8장 1절의 "결코 정죄함이 없나니"라는 말씀을 어떻게 붙들 수 있을까요?

3. 분열과 하나됨 : 삶 속에서 반복되는 다른 사람과의 갈등과 분열의 모습은 무엇인가요? 그리스도의 십자가가 이 관계의 담을 허무는 실제적 길이 될 수 있음을 어떻게 경험하고 있나요?

4. 왜곡된 관계의 회복 : 관계 회복은 단순한 갈등 해결이 아니라 하나님나라를 드러내는 영적 승리입니다. 가정, 일터, 공동체에서 의심을 믿음으로, 정죄를 은혜로, 분열을 사랑으로 바꿀 수 있는 구체적 실천은 무엇인가요? 이번 주 적용할 한 가지를 정해 나누어보세요.

chapter 10

패배의 주요 원인들

복음은 하나님의 통치다. 이것을 깨닫고 체험할 때 우리는 비로소 영적 전쟁의 본질을 이해한다. 많은 그리스도인들은 에베소서의 말씀을 읽고 영적 전쟁이란 자신이 전신갑주를 입고 보이지 않는 세력들과 직접 싸우는 일이라고 오해하곤 한다. 그러나 이것은 영적 전쟁의 핵심을 놓친 해석이다. 이렇게 되면 전쟁의 주체가 '나'가 되어, 내가 싸워 이겨야 한다는 부담 속에 갇히고 만다. 복음과 통치에 대한 이러한 오해는 우리가 영적 전쟁에서 반복적으로 패배하는 결정적 이유다. 이제 우리가 왜 영적 전쟁에서 패배하는지를 보여주는 일곱 가지 치명적인 요인들을 살펴보려 한다.

1. 영적 전쟁의 본질을 오해함

영적 전쟁은 단순히 예수를 믿는 자들이 사탄과 귀신들을 대적하는 싸움이 아니다. 그 본질은 보이지 않는 영적 세계에서 사탄이 하나님의 통치에 대적하며, 인간이 하나님의 말씀에 순종하지 못하게 함으로써 그분의 통치를 경험하지 못하도록 방해하는 데 있다. 결국 사탄은 이를 통해 하나님의 자녀들과 이 땅에 대한 통치권을 자신이 행사하려 한다.

따라서 이 전쟁의 핵심은 물과 성령으로 거듭나 예수 그리스도 안에 있는 하나님의 자녀들이 다시 하나님의 말씀에 순종하고, 동시에 사탄의 말에 불순종하는 데 있다. 우리가 하나님의 말씀에 순종해야 하는 이유는 단지 죄 사함을 받았고 거룩하게 살아야 하기 때문만이 아니다. 그것은 반쪽에 불과하다. 더 근본적인 이유는 우리가 다시 이 땅에서 하나님의 통치를 삶으로 드러내야 하기 때문이다.

2. 몸이 하나님의 통치를 경험하지 못함

안타깝게도 오늘날 많은 성도들은 하나님의 통치를 경험한다는 것이 무엇을 의미하는지 알지 못한 채, 예수 그리스도의 이름으로 마귀와 귀신을 내쫓는 것만을 영적 전쟁의 전부로 여긴다. 물론 그런 차원의 전쟁도 존재하지만, 우리가 날마다 훨씬 더 자주 직면하는 실제적인 영적 전쟁은 훨씬 근본적인 차원에서 벌어진다. 진정한 영적 전쟁은 자유의지를 가진 '혼'을 누가 차지하느냐의 싸움이다. 곧, 우리가 타락 이전의 아담과 하와처럼 하나님과 생명적으로 연결된 살아 있는 혼으로 회복될 것인가, 아니면 타락 이후처럼 스스로 판단하고 하나님과 단절된 혼에 머물 것인가에 대한 것이다.

영적 전쟁은 하나님의 말씀에 기계적으로 순종하는 것이 아니다. 성령님에 의해 하나님의 통치가 내 몸에 이루어지면 타락한 혼은 몸의 종노릇에서 벗어난다. 그 결과로 거짓자아를 포기할 때, 영이요 생명이신 주의 말씀이 심중에 심겨져 삶 속에서 그 말씀의 실체가 경험된다. 이것은 단순한 순종의 문제가 아니라, 주체가 바뀌는 근본적인 변화를 요구한다. 더 이상 '내가'(거짓자아 : 죄인) 주체가 아니라, '그리스도 안에 있는 나'(진정한 나 : 의인)에게 하나님의 통치가 실제로 임하는 것, 이것이 영적 전쟁의 핵심이다.

3. 마귀의 속임을 인식하지 못함

영적 전쟁에 임하기 전 반드시 기억해야 할 것은 사탄이 지난 수천 년 동안 수많은 인류를 속이고 도둑질하고 죽여왔다는 것이다. 그는 광명의 천사로 가장할 만큼 미혹과 속임의 달인이다. 따라서 하나님의 지혜 없이, 그리스도 안에 거하지 않고, 성령의 능력이 없이는 그 누구도 사탄을 이길 수 없다.

오늘날 교회가 마귀의 통치를 효과적으로 무력화하지 못하는 가장 큰 이유는 영적 전쟁의 실체를 제대로 알지 못하기 때문이다. 그리고 그 근본 원인은 단 하나, 마귀가 우리를 속이고 있기 때문이다. 마귀는 인간이 창조되기 전부터 이미 존재했으며, 자신의 본래 직분을 잃은 후에도 하나님을 대적하며 인간을 통치하려는 계획을 한순간도 멈춘 적이 없다. 예수님께서 이 땅에 오셨을 때도 마귀는 여전히 세상을 통치하고 있었고 예수님조차 시험했다.

4. 내면에 마귀의 먹잇감들이 남아 있음

우리의 내면세계는 하나의 창고와 같다. 그 안에는 오랜 세월 동안 축적된 다양한 생각과 감정, 경험과 기억들이 재고처럼 저장되어 있다. 문제는 그 창고에 하나님께서 기뻐하시는 것만 담겨 있는 것이 아니라는 점이다. 오히려 상당 부분은 우리를 파멸로 이끄는 독소들이다.

예수님은 이 원리를 "새 포도주는 새 부대에 넣어야 할 것이니라"(눅 5:38)라는 비유로 말씀하셨다. 낡은 부대에 새 포도주를 넣으면 부대가 터져 포도주가 쏟아지고 부대도 버리게 된다. 이처럼 우리 안에 오래된 악한 것들이 그대로 남아 있다면, 하나님의 새로운 은혜와 진리를 온전히 담을 수 없다.

이러한 관점에서 볼 때, 우리의 믿음체계 안에 자리잡은 타락한 생각과 감정들이 마귀의 먹잇감임을 알 수 있다. 마귀는 이 먹잇감을 통해 우리 안에서 영향력을 확장하고, 궁극적으로 영적 생명을 파괴하려 한다. 그는 상처와 두려움, 분노와 교만, 탐욕을 먹고 자라며, 그것으로 우리를 조종한다.

따라서 영적 전쟁에서 승리하기 위한 전략은 분명하다. 야고보가 "그러므로 모든 더러운 것과 넘치는 악을 내버리고 너희 영혼을 능히 구원할 바 마음에 심어진 말씀을 온유함으로 받으라"(약 1:21)고 권면한 것처럼, 먼저 마귀의 먹잇감들을 제거해야 한다. 그리고 그 빈자리에 하나님의 말씀을 새롭게 심어야 한다.

이 과정에서 중요한 것은 지속적인 마음(심중)의 성결이다. 야고보는 "하나님을 가까이하라 그리하면 너희를 가까이하시리라 죄인들아 손을 깨끗이 하라 두 마음을 품은 자들아 마음을 성결하게 하라"(약 4:8)고 강조했다. 자유의지를 가진 혼은 육체의 욕망에 끌려다니지 말고, 의식적으로 하나님의 영 안에 거하며 날마다 내면을 정결하게 지켜야 한다.

그렇다면 구체적으로 우리 안에는 어떤 마귀의 먹잇감들이 숨어 있는가? 이제 그 실체들을 하나씩 살펴보자. 이것들은 단순한 개념이나 성향이 아니다. 우리의 생각과 감정, 경험과 행동 패턴의 배후에는 그것들에 영향을 미치는 영적 실체들이 존재한다.

- □ **화** : 분노, 격노, 비이성적인 화, 울화통, 폭력
- □ **쓴뿌리** : 미움, 원망, 용서하지 못함, 복수, 보복, 질투, 시기, 살인, 자기혐오, 정죄
- □ **사로잡힘** : 고압적 태도, 과잉 행동, 무거움, 우울증, 굳은 감정, 슬픔, 절망, 스트레스, 압박, 자기연민, 외로움, 실망, 원통함
- □ **두려움** : 죽음, 사고, 미래, 거절, 어두움, 신뢰, 사랑, 서약, 동물, 세균, 질병, 사탄, 외출, 성공, 공포, 대면, 인정받지 못함, 불안, 초조
- □ **분쟁** : 충돌, 다툼, 논쟁, 싸움, 판단, 비판, 심판, 가십, 비난, 정죄, 탓
- □ **혼적 묶임** : 부적합한 관계들
- □ **우상 숭배** : 자아, 특정 사람, 물질, 돈, 스포츠, 비즈니스, 직업, 소셜미디어, 문화생활, 이기주의, 자기만족, 독선
- □ **종교적 속임** : 전통, 무속, 점, 거짓교리, 의식, 율법주의, 요가, 뉴에이지, 비밀조직
- □ **이세벨의 영** : 속임, 조종, 거짓예언
- □ **마법·오컬트** : 점괘판, 신접, 영적 가이드, 점괘, 주술, 점성술, 타로, 사자(死者)숭배, 마력, 부적, 수정, 부두교, 영매, 요술, 심령치료, 마술, 강신술
- □ **모독** : 저주, 신성모독, 하나님의 이름을 대수롭지 않게 사용함
- □ **정신질환** : 정신지체, 정신분열증, 조울증, 편집증, 공황장애, 악몽, 망

상, 정신착란, 현혹, 부인

□ **변태성욕** : 섹스파티, 성적 학대, 강간, 수간, 지나친 욕정, 동성애(게이, 레즈비언), 트렌스젠더, 자위행위, 간통, 아동 성추행, 근친상간, 매춘, 몽마(음란한 꿈을 꾸게 하는 귀신), 포르노 등

이 외에도 굶주린 마음(사랑받고 용납받고자 하는 갈망), 버림받은 마음(거절감과 분노), 수치심, 열등감, 낮은 자존감, 반항 등이 있다. 우리는 몸을 가진 존재로서 세상 신의 통치 아래 살아왔기 때문에, 이런 것들 중 일부는 자연스럽게 우리의 심중에 자리잡고 있다. 그렇다고 해서 이 모든 것들을 없애기 위해 노력해야 한다는 뜻은 아니다. 마귀가 이것들을 통해 우리를 공격할 때, 거기에 묶이거나 그것을 제거하려 하기보다 먼저 '그리스도 안으로' 들어가야 한다. 이는 곧 예수 그리스도의 십자가를 의지하는 것이며, 새 생명 안에 거하는 것이다. 그곳에서 우리는 마귀가 지금 참소하는 것들이 더 이상 내 것이 아님을 선포하고 그것들을 주님께 드려야 한다. 왜냐하면 주님께서는 우리의 죄와 죄악뿐 아니라, 우리의 약함과 질병까지도 가져가시고 짊어지셨기 때문이다.

사 53:4-6 그는 실로 우리의 질고를 지고 우리의 슬픔을 당하였거늘 우리는 생각하기를 그는 징벌을 받아 하나님께 맞으며 고난을 당한다 하였노라 그가 찔림은 우리의 허물 때문이요 그가 상함은 우리의 죄악 때문이라 그가 징계를 받으므로 우리는 평화를 누리고 그가 채찍에 맞으므로 우리는 나음을 받았도다 우리는 다 양 같아서 그릇 행하여 각기 제 길로 갔거늘 여호와께서는 우리 모두의 죄악을 그에게 담당시키셨도다

마 8:17 이는 선지자 이사야를 통하여 하신 말씀에 우리의 연약한 것을 친히 담당하시고 병을 짊어지셨도다 함을 이루려 하심이더라

이제 스스로 이 문제를 처리하려고 하지 말라. 그렇게 하면 마귀의 속임에 빠지게 된다. 이러한 죄와 죄악을 주님께 드리는 것이 의인의 회개이며, 우리가 그것을 드릴 때 기꺼이 가져가시고 짊어지시는 것이 예수 그리스도의 은혜다. 그리고 그 순간 당신을 향한 마귀의 권세는 끊어진다.

요 8:36 그러므로 아들이 너희를 자유롭게 하면 너희가 참으로 자유로우리라

5. 사탄의 실재를 무시하는 신앙생활을 함

예수님께서는 공생애 사역을 시작하시기 전에, 인간으로서 어떻게 마귀의 일을 멸할 수 있는지를 몸소 보여주셨다. 세례를 받으신 후 성령충만함을 받고 성령에 이끌려 광야로 나아가 마귀의 시험을 받으신 것이다. 창세기에서는 마귀가 뱀을 통해 에덴동산에 들어와 하와를 시험했지만, 예수님께서는 반대로 성령의 인도하심을 따라 광야로 가셔서 마귀의 시험을 정면으로 마주하셨다. 이는 인간이 마귀의 시험에 넘어가 타락했던 바로 그 자리에서 인자(人子)로 오신 예수님께서 승리하심으로써, 우리가 그리스도 안에서 하나님의 자녀로서 어떻게 살아갈 수 있는지를 보여주신 것이다.

그런데 놀랍게도 오늘날 많은 신자들이 마귀의 존재와 전략을 고려하지 않은 채, 단지 예수 그리스도를 믿고 열심히 신앙생활을 하면 죄

를 짓지 않고 거룩하게 살 수 있다고 믿는다. 더 심각한 것은 여전히 많은 교회가 그것을 올바른 신앙인 것처럼 가르치고 있다는 점이다. 바로 이것이 교회가 영적 전쟁에서 반복적으로 패배하는 근본 원인이다.

6. 구원받은 후에도 동일한 정체성으로 살아감

오늘날 많은 신자들이 하나님의 자녀가 되었음에도 불구하고, 자신이 누구인지조차 알지 못한 채 마귀의 거짓에 속아 살아간다. 우리가 예수 그리스도의 죽으심과 부활하심에 참여하고 물과 성령으로 거듭났다면, 우리는 더 이상 혈통이나 육정이나 사람의 뜻으로 난 존재가 아니다. 하나님으로부터 나서 예수 그리스도 안에 있는 새로운 존재다(요 1:12-13 ; 고전 1:30). 우리는 예수 그리스도 안에서 새로운 피조물이 되었고 하나님의 의가 되었다. 우리는 더 이상 '은혜로 구원받은 죄인'이 아니라 '죄를 지을 수 있는 의인'이다(롬 1:17).

그러나 현재적 하나님나라에서 세상 신은 여전히 이 세상과 우리의 몸을 통치하고 있다. 그러므로 우리는 그리스도 안에서 죄 가운데 있는 몸이 날마다 새롭게 되도록 살아야 한다. 그것이 믿음의 삶이다. 우리의 몸은 더 이상 우리의 것이 아니다. 따라서 매 순간 그리스도 안에서 의인으로서 그 몸을 주님께 드려 성령의 전이 되게 해야 한다.

자신의 정체성을 죄인으로 규정한다면, 하나님께서 자녀에게 주신 은혜를 알 수는 있어도 결코 누릴 수는 없다. 은혜는 오직 자녀 된 자만이 누릴 수 있기 때문이다. 또한 말씀과 성령의 능력이 없이는 마귀와의 싸움에서 백전백패할 수밖에 없다.

7. 위임된 통치권을 사용하지 않음

하나님께서는 자유의지를 가진 첫째 아담이 마귀의 시험에서 실패했지만, 마지막 아담이신 예수 그리스도께서 어떻게 승리할 수 있는지를 보여주셨다(고전 15:45-49). 그리고 예수 그리스도의 죽으심과 부활하심으로, 타락한 인간이 그분을 믿음으로 다시 하나님의 자녀가 되도록 길을 열어주셨다. 예수 그리스도 안에서 다시 하나님의 자녀로서 창조목적을 이루어갈 수 있는 기회를 주신 것이다.

거듭난 하나님의 자녀는 창조 때 주어졌으나 타락으로 인해 잃어버렸던 위임된 통치권을 그리스도 안에서 다시 회복하게 되었다. 이로써 우리는 마귀의 통치에서 벗어나 이 땅에 하나님의 통치를 나타낼 수 있는 기회를 받았다. 그러나 구원받은 후 우리가 무엇을 소유하게 되었는지 알지 못한다면, 어떻게 마귀를 대적하고 물리칠 수 있겠는가?

우리가 예수 그리스도를 믿음으로 거듭났을 때, 우리의 태생, 국적, 신분이 모두 바뀌었다(골 1:13 ; 고전 1:30 ; 벧전 2:9). 그리고 우리에게는 하늘에 속한 모든 신령한 복과 생명과 경건에 속한 모든 것이 이미 생득권으로 주어졌다.

엡 1:3 찬송하리로다 하나님 곧 우리 주 예수 그리스도의 아버지께서 그리스도 안에서 하늘에 속한 모든 신령한 복을 우리에게 주시되

벧후 1:3 그의 신기한 능력으로 생명과 경건에 속한 모든 것을 우리에게 주셨으니 이는 자기의 영광과 덕으로써 우리를 부르신 이를 앎으로 말미암음이라

그러므로 우리는 죄인으로서 하나님으로부터 무언가를 받아내는 삶이 아니라, 하나님의 자녀가 되었을 때 이미 주어진 것을 우리의 몸과 삶을 통해 나타내는 삶을 살아야 한다.

만일 우리가 하나님의 통치가 아닌 마귀의 통치 아래 머문다면, 이 위임된 통치권을 결코 효과적으로 사용할 수 없게 된다. 다시 말해, 우리가 하나님의 자녀로 살지 못하면 하나님께서도 하나님의 통치를 이 땅에서 온전히 행사하실 수 없는 것이다. 그러나 하나님께서는 예수님께서 마귀의 일을 멸하신 것처럼, 우리에게도 그 일을 감당할 권세와 능력을 주셨다.

눅 10:19 내가 너희에게 뱀과 전갈을 밟으며 원수의 모든 능력을 제어할 권능을 주었으니 너희를 해칠 자가 결코 없으리라

우리는 혼자 싸우다가 힘들 때 주님을 의지하는 자가 아니다. 우리는 예수 그리스도 안에서 주님의 모든 것을 가진 자녀로서, 이 땅에 하나님의 영광을 드러내고 동시에 마귀의 일을 멸하는 존재다. 오직 주님을 나타내는 믿음으로, 이미 승리한 싸움을 싸우는 것이다. 그러므로 그리스도 안에서 회복된 정체성과 통치권을 올바로 이해하며 바르게 행사할 때, 우리는 매일의 영적 전쟁에서 승리할 수 있다.

묵상과 나눔

1. 영적 전쟁의 본질 : 영적 전쟁은 내가 마귀와 싸워 이기는 것이 아니라 내 삶의 주체가 누구인가를 묻는 '통치권'의 문제입니다. 지금까지 이해하고 살아왔던 영적 전쟁은 어떤 모습이었나요?

2. 마귀의 먹잇감 : 정직하게 자신을 돌아볼 때, 지금 내면에 가장 많이 쌓여 있는 마귀의 먹잇감은 무엇인가요? 상처, 쓴뿌리, 두려움과 같은 것들을 예수님께 드린다는 것은 어떤 의미로 다가오나요? 그리고 지금 그것들을 실제로 어떻게 다루고 있는지 나누어보세요.

3. 회복된 정체성과 통치권 : 우리는 단지 '은혜로 구원받은 죄인'이 아니라, 그리스도 안에서 '죄를 이길 수 있는 의인'이자 위임된 통치권을 회복한 자들입니다. 하지만 많은 그리스도인이 이 권세를 실제 삶에서 충분히 누리지 못하고 있습니다. 당신이 하나님의 자녀로서 받은 통치권을 사용하지 못하게 막는 가장 큰 장애물은 무엇인가요? 이미 승리한 자로 살아가기 위해서는 어떤 믿음의 전환이 필요할까요?

4. 하나님의 통치 : 진정한 영적 전쟁은 자유의지를 가진 혼을 누가 차지하느냐에 달려 있습니다. 성령님에 의해 하나님의 통치가 내 몸에 이루어질 때, 혼은 비로소 몸의 종노릇에서 벗어납니다. 지금 나의 몸(생각, 감정, 말, 행동)을 통해 하나님의 통치가 드러나고 있는 영역은 어디인가요? 반대로 아직 마귀의 영향 아래 있는 부분이 있다면, 그 영역에서 하나님의 통치를 어떻게 경험할 수 있을까요?

chapter 11

포스트모던 문화와 디지털 시대의 새로운 전장

현대 사회는 과거와 전혀 다른 형태의 영적 도전을 우리 앞에 제시한다. 디지털 혁명과 포스트모던 문화는 영적 전쟁의 양상을 더욱 복잡하고 교묘하게 만든다. 그러므로 21세기의 영적 전장을 정확히 이해하고 분별력 있게 대응하는 것은 오늘날 모든 그리스도인에게 주어진 필수 과제다.

현대 사회가 제시하는 영적 도전

(1) 디지털 시대의 영적 고립과 분열

현대인들은 디지털 기기와 소셜 미디어로 항상 연결되어 있으나, 역설적으로 더 깊은 영적 고립을 경험한다. 화면 속 가상세계에 몰입할수록 실제 관계는 얕아지고, 의식은 상상의 이야기에 쉽게 사로잡힌다. 디지털 기기는 우리의 주의력을 분산시키며, 지금 이 순간을 있는 그대로 받아들이지 못하게 한다. 무한한 정보와 자극의 홍수 속에서 우리의 혼은 세상의 유혹에 더 쉽게 노출되고, 성령의 고요한 인도하심을 받기 어려워진다. 타락한 혼이 생각과 감정을 자기와 동일시하는 문제는 디지털 시대에 더욱 심화되었다.

(2) 극단적 개인주의와 자기중심적 영성

현대 사회는 개인의 권리와 자유를 강조하며 "나는 어떻게 느끼는가?"를 진리의 기준으로 삼는 경향이 있다. 이는 앞서 살펴본 거짓자아의 특성과 정확히 일치한다. 개인의 감정과 생각을 절대시하는 문화는 우리가 자기부인과 자기 십자가 지는 것을 더욱 어렵게 만든다. 여기에 소비주의가 결합된 영성은 하나님을 인간의 욕구를 충족시켜주는 수단으로 전락시킨다. '내 방식대로 만든 미래'를 추구하며 하나님의 뜻보다 자신의 행복과 성공을 우선시하는 번영신학이 확산되고 있다. 이것은 앞서 지적한 '미래에 소망을 두는 삶'의 한 형태이며, 거짓된 자기중심적 영성의 결과다.

(3) 진리의 상대화와 도덕적 혼란

포스트모던 사회에서는 절대적 진리의 개념이 약화되고, 개인의 주관적 경험이 그 자리를 대신한다. 이런 환경 속에서 그리스도인들은 성경적 진리를 말할 때마다 배타적이고 편협하다는 비난에 직면한다. '각자의 진리'를 인정하는 문화적 분위기 속에서, 하나님의 말씀에 기초한 믿음체계를 세우고 지켜가는 일은 이전보다 훨씬 더 큰 도전이 되었다. 특히 앞서 언급한 한계 짓는 믿음체계와 욕구에 기초한 믿음체계는 이런 상대주의적 환경에서 더 쉽게 형성되고 강화된다.

(4) 끊임없는 성과주의와 분주함의 영성

현대 사회는 생산성과 효율성을 강조하며, 우리의 가치를 행위와 성과에 연결시키는 행위보상적 사고방식을 강화한다. 그 결과 우리는 하나님과의 관계마저 영적 성과의 관점으로 바라보게 된다. 바쁨을 미덕으로 여기는 문화는 참된 안식을 방해하고, 지금 이 순간, 있는 그대로 온전하다는 진리를 외면하게 만든다. 우리는 항상 무엇인가를 행하고, 이루고, 성취해야 한다는 끊임없는 압박 속에서 살아간다. 그런 상태에서는 하나님의 임재를 깊이 경험하기 어렵다.

(5) 외적 이미지 중심의 신앙생활

소셜 미디어 시대에 우리는 자신의 모습을 연출하고 남들에게 보여주는 데 몰두한다. 이러한 문화는 신앙생활에도 영향을 미쳐, 내적 변화보다 외적 이미지에 더 치중하게 만든다. 많은 그리스도인들이 거짓 자아를 주체로 삼아 선한 일에 몰두하며, 하나님보다 타인의 인정과 칭찬을 추구한다. 그 결과, 진정한 내적 변화와 하나님과의 친밀한 관계보다 종교적 행위와 지식에 더 큰 가치를 두는 왜곡된 신앙이 자리잡게 된다.

(6) 즉각적 만족과 깊은 영적 훈련의 상실

디지털 시대를 살아가는 사람들은 즉각적인 만족과 빠른 결과를 추구한다. 그러나 이는 깊은 영적 훈련과 인내를 요구하는 신앙의 여정에 큰 걸림돌이 된다. 많은 이들이 영적 변화에 필요한 시간과 헌신을 감당하지 않고, 대신 빠른 해결책과 감정적 경험만을 좇는다. 그 결과 '인내'와 '믿음의 시련'의 가치는 점점 저평가되고, 하나님의 영이 우리 안에서 일하시는 과정은 얕고 단편적으로만 받아들여진다.

(7) 영적 분별력의 약화

정보의 홍수 속에서 참된 영적 분별력을 갖추는 일은 점점 더 어려워지고 있다. 다양한 영적 가르침과 사상이 혼합된 시대에, 영의 생각과 육의 생각을 구분하는 능력은 약화되었다. 미디어와 문화는 끊임없이 우리의 욕구와 감정을 자극하며, 욕구에 기초한 믿음체계를 더욱 공고히 하는 데 기여한다. 이런 환경에서 성령의 인도하심을 바르게 분별하고 따르는 삶은 더 깊은 영적 훈련과 지속적인 깨어 있음을 요구한다.

(8) 공동체적 신앙의 약화

개인주의 문화는 신앙의 공동체적 측면을 약화시킨다. 많은 이들이 교회를 자신의 필요를 충족시키는 서비스 제공자로 여기며, 공동체적 책임과 상호 간의 영적 돌봄에는 참여하지 않는다. 갈라디아서 5장 13절은 "형제들아 너희가 자유를 위하여 부르심을 입었으나 그러나 그 자유로 육체의 기회를 삼지 말고 오직 사랑으로 서로 종노릇하라"고 말한다. 그러나 지금은 "서로 종노릇하라"는 가르침이 실천되기 어려운 시대가 되었다. 진정한 영적 성숙은 고립된 개인의 노력만으로 이루어질 수 없으며, 그리스도의 몸 안에서 서로 돕고 격려하는 관계 속에서만 가능하다. 그럼에도 불구하고 이러한 공동체적 신앙 여정은 점점 약화되고 있다.

(9) 인공지능과 메타버스 시대의 새로운 도전

2020년대 초부터 우리는 인공지능과 메타버스라는 새로운 차원의 도전에 직면하고 있다. 가상현실과 증강현실 기술은 우리의 현실 인식을 더욱 혼란스럽게 만들고, 거짓자아가 만들어내는 상상의 이야기는 기술의 힘을 빌려 한층 정교하고 매혹적으로 진화하고 있다. 또한 인공지능은 인간의 창조성과 지성에 대한 이해에 근본적 도전을 제기한다. "나는 누구인가?"라는 정체성의 문제가 기술적 차원에서도 새롭게 부각되고 있으며, 그 결과 하나님의 형상으로 지음 받은 인간의 존재와 고유성에 대한 혼란은 날로 심화되고 있다.

(10) 환경 위기와 종말론적 불안

기후 변화와 환경 파괴는 현대인들에게 실존적 불안을 불러일으킨다. 이러한 불안은 미래에 대한 두려움을 증폭시키며, 사람들을 더욱 절망적인 미래 중심적 사고로 몰아넣는다. 어떤 이들은 환경 문제 해결에 강박적으로 집착하고, 또 다른 이들은 체념과 허무주의로 반응한다. 그러나 양쪽 모두 지금 이 순간 하나님의 통치 아래 거하는 삶이 아니라, 문제 해결에만 몰두하는 삶으로 기울어지게 된다.

(11) 정치적 양극화와 이데올로기의 우상화

현대 사회의 극심한 정치적 분열은 그리스도인들에게도 영향을 미친다. 정치적 정체성이 신앙적 정체성을 압도하는 경우가 잦아지고, 복음보다 이데올로기가 우선시되는 현상이 나타나고 있다. 이는 앞서 언급한 '욕구에 기초한 믿음체계'의 현대적 표현이다. 정치적 소속감과 승리에 대한 욕구가 하나님나라의 가치보다 앞서기 때문이다.

지금까지 살펴본 현대 사회의 특별한 영적 도전들은 겉으로는 새롭게 보일지라도, 본질적으로는 우리가 다루어온 영적 전쟁의 또 다른 양상일 뿐이다. 이러한 도전들을 극복하는 열쇠는 단 하나, 그리스도 안에서 우리의 참된 정체성을 깨닫고 우리의 혼이 하나님의 영에 인도함을 받도록 허용하는 것이다.

21세기의 영적 전장은 더욱 복잡하고 교묘해졌지만, 우리의 승리는 이미 그리스도 안에서 완전히 보장되었다. 그러므로 우리는 이 승리의 실재를 날마다 경험하며, 하나님의 통치가 삶 속에서 드러나도록 해야 한다. 시대는 변해도 진리는 변하지 않는다. 그리스도 안에 있는 자들에게는 어떤 상황에서도 승리할 수 있는 능력이 이미 주어져 있다. 영적 전쟁에서 승리하는 비결은 더 강한 힘으로 원수를 제압하는 것이 아니라 우리가 이미 승리자임을 깨닫고 그 정체성으로 사는 것이다. 거짓 자아의 속임에서 벗어나 그리스도 안에 있는 참된 자아를 발견할 때, 우리는 더 이상 패배자가 아닌 승리자로 살아갈 수 있다.

마귀의 가장 근본적인 전략은 폭력이나 유혹이 아니라 '속임'이다. 유혹도 속임에서 출발한다. 우리가 누구인지 모르게 하고 거짓된 정체성으로 살게 만드는 것이 사탄의 계략이다. 오직 진리만이 마귀의 속임에서 우리를 자유케 한다. 그 진리는 우리가 하나님의 자녀이며, 그리스도 안에서 새로운 피조물이고, 하나님의 통치 아래 살아가는 존재라는 사실이다.

이제 우리는 패배의 원인을 알았다. 그리고 승리의 길도 발견했다. 남은 것은 이 진리를 날마다 살아내는 것이다. 그럴 때 우리는 비로소 영적 전쟁에서 승리하는 자가 되며, 이 땅에 하나님의 통치를 나타내는 하나님나라의 백성으로 살아가게 될 것이다.

묵상과 나눔

1. 디지털 시대의 영적 고립 : 디지털 기기나 소셜 미디어가 하나님과의 관계나 진정한 인간관계를 방해하고 있다고 느껴지는 구체적인 모습은 무엇인가요?

2. 성과주의 문화와 안식 : 현대 사회는 바쁨을 미덕으로 여기고, 우리의 가치를 성취와 연결시키는 경향이 강합니다. 그 영향 속에서 우리는 하나님과의 관계 안에서도 무의식적으로 '영적 성과'를 추구하고 있지는 않았을까요? "지금 이 순간, 그리스도 안에서 있는 그대로 온전하다"라는 진리를 받아들이기 어려운 이유는 무엇인가요? 참된 안식을 누리기 위해 자신이 내려놓아야 할 것은 무엇인지 나누어보세요.

3. 현대 사회의 영적 도전 인식하기 : 현대 문화 속에서 어떤 메시지나 가치관이 당신 안에 "나는 하나님의 자녀다"라는 정체성을 흐리게 만들고 있나요? 인공지능, 메타버스, 정치적 이데올로기 등 새로운 시대적 도전 앞에서, 그리스도 안에 있는 정체성을 지키기 위해 필요한 영적 훈련은 무엇인지 생각해보세요.

킹덤빌더로서의 성장과 무장

: 왕족의 정체성과 권능 회복

PART

3

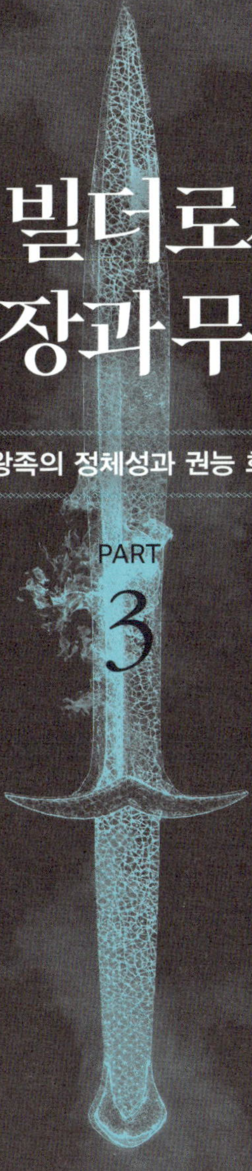

3부에서는 거짓자아에 묶여 패배하던 상태에서 벗어나 진정한 킹덤빌더로 무장하는 구체적 여정을 살펴본다. 하나님 자녀로서 왕족의 DNA가 실제로 활성화되는 영적 성장의 비밀을 조망하며, 마귀의 공격을 '견디는 자'가 아닌, '매 순간 승리하는 킹덤빌더'로 거듭났다는 확신에 이르게 된다.

Focus First

- "나는 하나님의 자녀임을 믿습니다"가 아니라 "나는 하나님의 자녀입니다"라는 정체성의 전환이 영적 성장의 출발점이다. 거지에서 왕자로 입양된 아이가 여전히 거지처럼 산다면 비극이듯, 우리는 이미 주어진 왕족의 생득권을 실제로 누려야 한다. 죄의 전기 회로에서 의의 전기 회로로 연결된 우리는 이제 단지 스위치를 켜면 된다.

- 진정한 변화는 예수 그리스도를 통해 계시된 아버지의 무조건적 사랑을 가슴으로 체험할 때 시작된다. 이 사랑을 체험하는 만큼 우리는 우리 자신을 의탁할 수 있고, 의탁하는 만큼 하나님의 영광이 우리를 통해 드러난다.

- 용서와 회개는 하나님의 형상을 회복하는 핵심이다. 용서는 하나님과 생명적 관계를 가지기 위한 것이며, 회개는 하나님께서 나를 통해 일하시도록 하기 위한 것이다. 따라서 용서하지 않고 회개하지 않는 것은 하나님의 생명이 우리 몸에 흐르는 것을 차단하며, 우리를 마치 끊어진 전선과 같은 상태로 만든다.

- 하나님의 임재는 특별한 체험이 아니라 매 순간 호흡하며 살아가는 영적 현실이다. 영적 호흡을 통해 혼이 몸의 종노릇에서 벗어나 하나님의 영 안에 거할 때, 우리는 그리스도 의식을 체험하고 일상 전반에서 하나님을 나타내게 된다.

- 기름부음은 외부로부터 받는 것이 아니라 이미 내 안에 넘치는 것을 나타내고 흘려보내는 것이다. 우리 안에는 이미 성령 하나님께서 내주하시기 때문에 기름부음이 넘친다. 비움-채움-나눔-드림의 영적 순환을 통해 신선한 기름부음이 지속적으로 흘러나올 때, 우리는 하나님의 뜻을 이루는 강력한 통로가 된다.

- 전신갑주는 방어가 아닌 공격을 위한 무장이다. 진리, 의, 복음, 믿음, 구원, 하나님의 말씀의 여섯 요소는 모두 '예수 그리스도'다. 우리는 그분으로 무장하여 마귀의 왕국을 공격하고 무너뜨린다. 기도와 중보는 이 모든 것을 실제로 작동하게 하는 동력이며, 공동체와 함께할 때 그 위력은 배가된다.

- 사탄은 의인에게 무단침입할 수 없기 때문에 우리를 속여 동의를 얻어내려 한다. 승리의 비밀은 말씀을 해석하는 것이 아니라, 말씀대로 생각하고 말하며 느끼는 것이다.

chapter **12**

왕족의 정체성 깨우기 : 하나님 자녀의 정체성 회복

예수 그리스도 안에서 새로운 피조물

(1) 물과 성령으로 새롭게 태어난 존재

예수님은 요한복음 3장 3-5절에서 분명히 말씀하셨다. "진실로 진실로 네게 이르노니 사람이 거듭나지 아니하면 하나님의 나라를 볼 수 없느니라… 사람이 물과 성령으로 나지 아니하면 하나님의 나라에 들어갈 수 없느니라."

'거듭남'이란 무엇인가? 원어를 살펴보면 더 깊은 의미를 발견할 수 있다. 헬라어 '게네테 아노텐'에서 '아노텐'은 '다시'(again)와 '위로부터'(from above)라는 이중적인 의미를 지닌다. 니고데모는 이를 '다시'(again)의 의미로만 이해했기 때문에 "사람이 늙으면 어떻게 날 수 있습니까? 두 번째 모태에 들어갔다가 날 수 있습니까?"라고 질문했다. 그러나 예수님이 의도하신 바는 '위로부터', 즉 "하나님으로부터 난다"는 뜻이었다. 따라서 거듭남은 단순히 다시 태어나는 것이 아니라 하늘로부터 성령으로 태어나는 것을 뜻한다.

거듭남은 단순한 종교적 용어나 상징이 아니다. 거듭남은 실제적인 변화, 근본적인 정체성의 전환이다. 이 거듭남은 성령의 역사로 이루어진다.

요 1:12-13 영접하는 자 곧 그 이름을 믿는 자들에게는 하나님의 자녀가 되는 권세를 주셨으니 이는 혈통으로나 육정으로나 사람의 뜻으로 나지 아니하고 오직 하나님께로부터 난 자들이니라

딛 3:5 우리를 구원하시되 우리가 행한 바 의로운 행위로 말미암지 아니하고 오직 그의 긍휼하심을 따라 중생의 씻음과 성령의 새롭게 하심으로 하셨나니

본래 우리는 하나님께서 흙으로 빚으신 후, 그 코에 생기를 불어넣으심으로 살아 있는 혼(living soul)으로 지음 받았다(창 2:7). '혼'은 히브리어 '네페쉬', 헬라어 '프쉬케'로, 자아를 의식하며 자유의지를 가진 존재를 가리킨다. 따라서 혼은 하나님의 영을 의식하고, 그 몸으로 하나님을 나타내는 자아의식체이다. 그래서 혼은 '생명', '목숨'뿐 아니라 3인칭으로 '사람' 혹은 '인간'을 지칭할 때에도 사용된다.

혼은 독립적으로 존재하지 않고 반드시 어떤 영에 속하여 그 영의 본질을 드러낸다. 그래서 인간을 지칭할 때 흔히 구약적 표현으로 '영혼'이라는 표현을 사용한다. 그러나 '영혼'이라고 말할 경우, 그 혼이 어떤 영에 속해 있으며 어떤 상태인지 명확히 드러나지 않는다. 특히 신약에서는 그 혼이 하나님의 영에 속한 것인지, 마귀의 영에 속한 것인지, 혹은 '타락하여 제대로 기능하지 못하는 인간의 영'을 지칭하는 것인지 구분하기 어렵다.

우리가 새 언약 안에 거한다면 우리는 더 이상 아담의 후예가 아니다. 우리는 하나님으로부터 난 자들이기 때문이다. 이는 우리의 태생, 국적, 신분이 완전히 바뀌었음을 의미한다.

> **골 1:21-22** 전에 악한 행실로 멀리 떠나 마음으로 원수가 되었던 너희를 이제는 그의 육체의 죽음으로 말미암아 화목하게 하사 너희를 거룩하고 흠 없고 책망할 것이 없는 자로 그 앞에 세우고자 하셨으니

> **요 1:13** 이는 혈통으로나 육정으로나 사람의 뜻으로 나지 아니하고 오직 하나님께로부터 난 자들이니라

> **고전 1:30** 너희는 하나님으로부터 나서 그리스도 예수 안에 있고 예수는 하나님으로부터 나와서 우리에게 지혜와 의로움과 거룩함과 구원함이 되셨으니

> **골 1:13** 그가 우리를 흑암의 권세에서 건져내사 그의 사랑의 아들의 나라로 옮기셨으니

> **빌 3:20** 그러나 우리의 시민권은 하늘에 있는지라…

> **벧전 2:9** 그러나 너희는 택하신 족속이요 왕 같은 제사장들이요 거룩한 나라요 그의 소유가 된 백성이니 이는 너희를 어두운 데서 불러 내어 그의 기이한 빛에 들어가게 하신 이의 아름다운 덕을 선포하게 하려 하심이라

이제 우리의 여권에는 '천국 시민'이라고 적혀 있다. 그러나 많은 그

리스도인들은 여전히 "나는 예수 그리스도 안에서 새로운 피조물이 된 것을 믿습니다" 또는 "나는 하나님의 자녀인 것을 믿습니다"라고 고백하며, 자신의 정체성을 믿음의 대상으로 설정한다. 언뜻 보기에는 "나는 예수 그리스도 안에서 새로운 피조물입니다"라고 고백하는 것과 미미한 차이 같지만, 실제로는 하늘과 땅만큼 차이가 있다. 우리는 우리의 정체성을 믿는 것이 아니라 그 정체성 자체임을 의식해야 한다. 나는 '하나님의 자녀임을 믿는 자'가 아니라 '하나님의 자녀'다. 이 차이를 깨닫는 것이야말로 진정한 신앙의 출발점이다.

(2) 하나님의 걸작품으로서의 정체성

예수 그리스도의 죽으심과 부활하심에 연합함으로써 나 자신을 포기하고, 그분을 구원자이실 뿐 아니라 나의 주님으로 받아들일 때, 우리는 이미 예수 그리스도 안에서 새로운 피조물이 되었다.

> **엡 2:10** 우리는 그가 만드신 바라 그리스도 예수 안에서 선한 일을 위하여 지으심을 받은 자니 이 일은 하나님이 전에 예비하사 우리로 그 가운데서 행하게 하려 하심이니라(For we are God's masterpiece. He has created us anew in Christ Jesus, so we can do the good things he planned for us long ago. NLT)

"For we are God's masterpiece"는 우리가 하나님의 걸작품이라는 뜻이다. 하나님께서 우리를 대충 만드신 것이 아니라 위대한 작품으로 빚으셨다는 의미다. "He has created us anew in Christ Jesus"는 예수 그리스도 안에서 우리를 새롭게 창조하셨다는 말씀이다. 그리고 "so we can do the good things he planned for us long ago"

는 하나님께서 오래전부터 우리를 위하여 계획하신 선한 일을 행하게 하시려는 뜻이다. 그 '선한 일'은 바로 하나님을 나타내는 일이다.

왕자와 거지의 이야기로 비유해보자. 어느 나라에 하나뿐인 왕자가 있었는데, 안타깝게도 그가 일찍 세상을 떠나고 말았다. 왕은 깊은 슬픔에 잠겨 삶의 기쁨을 잃은 채 성 밖으로 사냥을 나가곤 했다. 그러던 어느 날, 거지촌을 지나던 왕은 죽은 왕자와 놀라울 만큼 닮은 거지 아이를 발견했다. 왕은 그 아이를 성으로 데려와 입양했고, 거지였던 아이는 왕자가 되었다. 이것은 단순히 신분만 바뀐 것이 아니라 태생까지 완전히 바뀐 것이다. 그러나 왕자로 입양된 거지 아이는 자신에게 주어진 왕자의 삶이 낯설고 불편하게 느껴졌다.

그런데 이 왕자(거지)가 해야 할 일은 무엇인가? 이미 왕자가 되었으므로 이제는 왕자로서의 삶을 배우고 익히며 습관과 태도, 행동을 새롭게 바꾸어 가야 한다. 더 이상 예전의 거지생활을 그리워하거나 그 방식대로 살아서는 안 된다. 이것은 우리의 신앙생활도 같다. 하나님께서 이미 우리를 왕자와 공주로 임명하셨는데, 왜 여전히 거지처럼 살아가는가? 왜 "왕자와 공주가 되었습니다"라고 믿는 데서 그치는가? 왜 왕자와 공주가 되려고 애쓰는가?

또 다른 비유를 들어보자. 누군가 빳빳한 5만 원짜리 지폐를 구겨서 준다고 해서 그것을 거절할 사람이 있을까? 지폐를 밟은 다음 준다고 해도 사람들은 대부분 기꺼이 받을 것이다. 왜냐하면 5만 원짜리 지폐는 구겨지든 바닥에 밟혀 흙이 묻든 그 가치가 사라지지 않기 때문이다. 바로 우리가 그렇다. 지금 내 삶이 아무리 힘들고 괴로워도, 또 누구 때문에 억울한 일을 겪는다고 해도 내 존재 가치는 변하지 않는다. 죽었다 깨어나도, 하늘이 두 쪽 나도 우리는 왕자요 공주다. 이것은 결코 바뀔 수 없다. 천지만물을 지으신 창조주 하나님께서 그렇게 정하셨기 때문이다.

(3) 죄의 전기에서 의의 전기로

구약과 신약의 차이를 이해하는 것은 매우 중요하다. 하나님께서 창조하신 최초의 인간 아담은 마귀의 시험에 속아 죄를 지음으로 타락했다. 그 결과 구약 시대의 모든 인간은 아담의 후예로서 죄로 인해 저주와 사망의 전류가 흐르는 상태에 놓여 있었다.

> **출 15:26** 이르시되 너희가 너희 하나님 나 여호와의 말을 들어 순종하고 내가 보기에 의를 행하며 내 계명에 귀를 기울이며 내 모든 규례를 지키면 내가 애굽 사람에게 내린 모든 질병 중 하나도 너희에게 내리지 아니하리니 나는 너희를 치료하는 여호와임이라

타락 이후 예수 그리스도 이전에 살았던 모든 인간은 죄라는 전기가 흐르는 콘센트에 플러그를 꽂은 상태였다. 즉, 모든 인간에게 저주와 사망의 전류가 흐르고 있었다. "그러므로 한 사람으로 말미암아 죄가 세상에 들어오고 죄로 말미암아 사망이 들어왔나니 이와 같이 모든 사람이 죄를 지었으므로 사망이 모든 사람에게 이르렀느니라"(롬 5:12).

저주와 사망에서 자유함을 얻으려면 율법을 지키고 계명을 온전히 지키는 수밖에 없었다. "무릇 율법 행위에 속한 자들은 저주 아래에 있나니 기록된 바 누구든지 율법 책에 기록된 대로 모든 일을 항상 행하지 아니하는 자는 저주 아래에 있는 자라 하였음이라"(갈 3:10). 이것은 마치 태어날 때부터 저주와 사망의 전류가 계속 흐르고 있기 때문에 전

기 스위치를 꺼야만 살아남을 수 있는 상태와 같다. 그 스위치를 끄는 것은 모든 율법과 규례를 완전히 지키는 것을 의미했다.

신 30:15-16 보라 내가 오늘 생명과 복과 사망과 화를 네 앞에 두었나니 곧 내가 오늘 네게 명령하여 네 하나님 여호와를 사랑하고 그 모든 길로 행하며 그의 명령과 규례와 법도를 지키라 하는 것이라 그리하면 네가 생존하며 번성할 것이요 또 네 하나님 여호와께서 네가 가서 차지할 땅에서 네게 복을 주실 것임이니라

그러나 신약에서는 모든 것이 바뀌었다. 우리는 예수 그리스도를 통해 더 이상 아담에게 연결된 존재가 아니라 하나님께 직접 연결된 존재가 되었다(고전 1:30). 예수 그리스도를 믿음으로 거듭난 자는, 아담이라는 죄의 전기가 흐르는 콘센트에서 플러그를 뽑아 의의 전기가 흐르는 하나님의 콘센트에 다시 꽂은 것이다. 이것이 바로 거듭남의 실체다.

롬 5:17 한 사람의 범죄로 말미암아 사망이 그 한 사람을 통하여 왕 노릇 하였은즉 더욱 은혜와 의의 선물을 넘치게 받는 자들은 한 분 예수 그리스도를 통하여 생명 안에서 왕 노릇 하리로다

요 5:26 아버지께서 자기 속에 생명이 있음 같이 아들에게도 생명을 주어 그 속에 있게 하셨고

요일 5:11-12 또 증거는 이것이니 하나님이 우리에게 영생을 주신 것과 이 생명이 그의 아들 안에 있는 그것이니라 아들이 있는 자에게는 생명이 있고

하나님의 아들이 없는 자에게는 생명이 없느니라

롬 6:4 그러므로 우리가 그의 죽으심과 합하여 세례를 받음으로 그와 함께 장사되었나니 이는 아버지의 영광으로 말미암아 그리스도를 죽은 자 가운데서 살리심과 같이 우리로 또한 새 생명 가운데서 행하게 하려 함이라

우리는 지금까지 이 진리를 머리로는 알았지만, 실제 삶에서는 체험하지 못했다. 그러나 하나님의 생명과 원복은 지금 이 순간에도 우리 안에서 흐르고 있다. 이것은 단지 이론이나 신학적 개념이 아니라 실제적 사실이다. "나를 믿는 자는 성경에 이름과 같이 그 배에서 생수의 강이 흘러나오리라 하시니 이는 그를 믿는 자들이 받을 성령을 가리켜 말씀하신 것이라"(요 7:38-39).

이 사실을 깨달을 때, 우리는 더 이상 하나님으로부터 무언가를 얻어내려 애쓰지 않고, 이미 우리 안에 있는 것을 누리며 살게 된다. "그의 신기한 능력으로 생명과 경건에 속한 모든 것을 우리에게 주셨으니 이는 자기의 영광과 덕으로써 우리를 부르신 이를 앎으로 말미암음이라"(벧후 1:3). 우리는 그저 스위치를 켜기만 하면 된다. 이미 내 안에 흐르는 하나님의 생명과 원복을 활성화시키기만 하면 되는 것이다.

예수 그리스도를 믿는 모든 자, 곧 하나님과 새 언약 가운데 있는 자들에게는 기본적으로 생명과 원복의 전류가 흐른다. "도둑이 오는 것은 도둑질하고 죽이고 멸망시키려는 것뿐이요 내가 온 것은 양으로 생명을 얻게 하고 더 풍성히 얻게 하려는 것이라"(요 10:10). 그런데도 우리가 그것을 누리지 못하는 이유는 스위치가 꺼져 있기 때문이다. 이제 스위치를 켜야 한다. 스위치를 켠다는 것은 혼이 몸의 종노릇에서

벗어나 진리의 말씀대로 생각하고 느끼고 말하는 것이다. 이것이 바로 새로운 믿음이다.

> 골 2:9-10 그 안에는 신성의 모든 충만이 육체로 거하시고 너희도 그 안에서 충만하여졌으니 그는 모든 통치자와 권세의 머리시라

사탄은 바로 이것을 알지 못하는 자들의 생명과 원복을 도둑질한다. 생각해보라. 도둑질이란 없는 것을 훔치는 것이 아니라, 이미 있는 것을 빼앗는 것이다. 얼마나 놀라운 말씀인가! 사탄은 하나님의 자녀가 되었음에도 자신 안에 이미 주어진 생명과 원복을 알지 못하는 자들이 가진 것들을 훔치고 있다.

이는 예수 그리스도 안에 신성(神性)의 모든 충만이 거하시며, 놀랍게도 우리도 그 안에서 충만해졌다는 말씀으로 입증된다. "그 너비와 길이와 높이와 깊이가 어떠함을 깨달아 하나님의 모든 충만하신 것으로 너희에게 충만하게 하시기를 구하노라"(엡 3:19). 이 말씀은 우리에게 신적인 능력이 주어졌음을 의미한다. "찬송하리로다 하나님 곧 우리 주 예수 그리스도의 아버지께서 그리스도 안에서 하늘에 속한 모든 신령한 복을 우리에게 주시되"(엡 1:3)라는 약속은 이미 우리에게 이루어진 것이다.

누가복음 15장의 탕자 비유를 생각해보자. 둘째 아들이 아버지 집에 돌아왔을 때, 아버지는 어떻게 반응하였는가? 아들이 아직 먼 거리에 있는데, 아들을 보자 달려가 목을 안고 입을 맞추었다(눅 15:20). 그리고 종들에게 제일 좋은 옷을 내어다가 입히고 손에 가락지를 끼우고 발에 신을 신기라고 명령했다(눅 15:22). 살진 송아지를 잡아 잔치를 베

풀면서 이렇게 선언하셨다. "이 내 아들은 죽었다가 다시 살아났으며 내가 잃었다가 다시 얻었노라 하니 그들이 즐거워하더라"(눅 15:24).

여기서 더 중요한 것은 불평하는 첫째 아들에게 아버지가 하신 말씀이다. "얘 너는 항상 나와 함께 있으니 내 것이 다 네 것이로되"(눅 15:31). 이 말씀에는 깊은 의미가 담겨 있다. 하나님 아버지의 모든 것이 이미 우리의 것이라는 사실이다. 그러므로 우리는 집을 떠나 방탕한 생활을 하다 돌아온 탕자처럼 죄인으로서 하나님께 무엇을 구하는 태도로 살아가는 자가 아니다. 이미 아버지의 모든 것을 소유한 상속자로서 살아가야 한다.

그런데 왜 이 신성의 충만함이 우리 삶에서 실제로 드러나지 않는가? 다시 말하지만, 그것은 믿음의 스위치가 꺼져 있기 때문이다. 우리는 스위치를 켜야 한다. 내 안에 이 모든 것, 신성의 충만함이 있다는 사실을 믿어야 한다. "예수께서 이르시되 할 수 있거든이 무슨 말이냐 믿는 자에게는 능히 하지 못할 일이 없느니라 하시니"(막 9:23). 이것을 믿을 때 비로소 전기가 흐르게 된다. 모든 통치자와 권세의 머리이신 예수님이 우리 안에 계시므로, 우리 또한 동일하게 모든 권세와 통치자들을 물리칠 수 있다.

의인으로서의 패러다임 전환

(1) 죄인의 관점에서 의인의 관점으로

우리는 성경을 새롭게 읽을 필요가 있다. 특히 사복음서는 새로운 관점으로 보아야 한다. 사복음서에 기록된 모든 사건들은 예수님께서 십자가를 지시고 부활하시고 승천하신 후, 약속하신 보혜사 성령님을 보내주시기 이전의 이야기다. 따라서 당시 예수님께 치유받은 모든 사람들은 죄인이었다. 그러나 지금 우리는 다르다. "하나님이 죄를 알지도 못하신 이를 우리를 대신하여 죄로 삼으신 것은 우리로 하여금 그 안에서 하나님의 의가 되게 하려 하심이라"(고후 5:21). 우리는 더 이상 죄인이 아니다. 우리는 이미 의인이다. 그러므로 우리가 신약을 읽을 때는 단순히 예수 그리스도를 바라보는 관점이 아니라, 예수 그리스도 안에서 그리스도의 마음으로 읽어야 한다. 그것이 진정한 신약의 관점이다. 왜냐하면 그분은 인자로 계신 것이 아니라, 지금 우리 안에 계시기 때문이다.

빌 2:5 너희 안에 이 마음을 품으라 곧 그리스도 예수의 마음이니

열두 해 혈루증을 앓던 여인의 사건을 생각해보자.

막 5:25-29 열두 해를 혈루증으로 앓아 온 한 여자가 있어 많은 의사에게 많은 괴로움을 받았고 가진 것도 다 허비하였으되 아무 효험이 없고 도리어 더 중하여졌던 차에 예수의 소문을 듣고 무리 가운데 끼어 뒤로 와서 그의 옷에 손을 대니 이는 내가 그의 옷에만 손을 대어도 구원을 받으리라 생각함일러라 이에 그의 혈루 근원이 곧 마르매 병이 나은 줄을 몸에 깨달으니라

우리는 그동안 이 이야기를 혈루증을 앓은 여인의 관점에서 읽어왔다. "내가 그의 옷에만 손을 대어도 구원을 받으리라"는 여인의 믿음에 초점을 두고, 어떻게 하면 치유받을 수 있을까에만 관심을 두었던 것이

다. 그러나 이것은 죄인의 관점이다. 이제 예수님의 반응을 살펴보자.

막 5:30 예수께서 그 능력이 자기에게서 나간 줄을 곧 스스로 아시고 무리 가운데서 돌이켜 말씀하시되 누가 내 옷에 손을 대었느냐 하시니

의인의 관점에서 이 사건을 읽을 때 우리는 "내게서 능력이 나간 줄 앎이로다"(눅 8:46)라고 하신 예수님의 말씀에 주목해야 한다. 당신은 하나님으로부터 나서 예수 그리스도 안에 있는 자이며, 구원을 이루어 가는 존재임을 기억하라(고전 1:30). 새 언약 가운데 있는 자라면, 더 이상 혈루증 여인의 관점이 아니라 예수 그리스도 안에서 예수님의 관점으로 이 말씀을 보아야 한다. 예수님께서 "내게 손을 댄 자가 누구냐"고 물으신 것은 단순히 행위의 주체를 묻기 위함이 아니라, "내게서 능력이 나간 줄 앎이로다"라는 사실을 드러내기 위함이었다.

요 14:12 내가 진실로 진실로 너희에게 이르노니 나를 믿는 자는 내가 하는 일을 그도 할 것이요 또한 그보다 큰 일도 하리니 이는 내가 아버지께로 감이라

우리가 더 이상 죄인이 아니라 의인이라면, 이제는 혈루증 여인처럼 예수님의 옷자락만 만지려 할 것이 아니라, 예수님처럼 "내게서 능력이 나간 줄 앎이로다"라는 새로운 관점으로 전환해야 한다. "하나님이 나사렛 예수에게 성령과 능력을 기름 붓듯 하셨으매 그가 두루 다니시며 선한 일을 행하시고 마귀에게 눌린 모든 사람을 고치셨으니 이는 하나님이 함께 하셨음이라"(행 10:38). 이제 우리 안에도 동일한 성령과 능

력이 있다. 그러므로 우리는 원래 없었던 능력을 외부로부터 받는 것이 아니라, 이미 우리 안에 있는 그 능력이 우리 안에서 흘러나오도록 살아야 한다.

(2) 죄인의 믿음에서 의인의 믿음으로

믿음에는 두 가지 종류가 있다. 바로 죄인의 믿음과 의인의 믿음이다. 죄인의 믿음은 하나님과 분리된 상태에서 없는 것을 받아내려는 믿음이다. 이것이 혈루증을 앓던 여인이 가졌던 믿음이다. 주님께서 자기 앞에 계셨기에, 그 믿음은 외부 대상을 향해 작동했다. 그러나 이 믿음은 거짓자아의 믿음으로, 없기 때문에 얻어내려 애쓰는 믿음일 뿐이다.

> **롬 1:17** 복음에는 하나님의 의가 나타나서 믿음으로 믿음에 이르게 하나니 기록된 바 오직 의인은 믿음으로 말미암아 살리라 함과 같으니라

로마서 1장 17절의 '하나님의 의'는 신실하신 하나님께서 복음을 통해 죄인을 의롭다 하시는 구원 행위와 그 결과로 믿는 자에게 주어지는 의로운 태생과 신분 전체를 포괄한다. 복음을 통해 하나님의 의가 나타났고, 그로 인해 우리는 의인이 되었다. 이제 의인의 삶을 살기 위해서는 '믿음으로 믿음에 이르는' 전환이 필요하다. 그러므로 의인 된 우리는 오직 새로운 믿음으로 살아야 한다. 그렇다면 이 새로운 믿음은 무엇을 의미하는가?

"믿음으로 믿음에 이르게 하나니"

(1) 첫 번째 '믿음'에 대해 살펴보자

우리가 하나님을 믿지 않았을 때는 각자 자신의 믿음으로 살아왔다. 불신자들은 하나님과 분리된 채, 경험과 지식에 기초한 믿음으로 살아가고 있다. 육신적 그리스도인들은 예수 그리스도를 믿지만, 여전히 예수 그리스도를 바라보는 믿음으로 살아간다. 이는 "주여! 도와주옵소서!"라고 간청하는 믿음이다. 문제가 생겼을 때 자신의 경험과 지식에 의지해 스스로 해결하려 하지는 않지만, 주님을 의지해 문제를 해결받고 은혜를 누리고자 하는 것이다. 이 믿음은 언뜻 신실해 보이지만 여전히 내 밖에 계신 예수님을 향해 간구하는 죄인의 믿음으로, 아직 구원받지 못한 상태에서 예수님의 옷자락을 붙든 혈루증 여인의 믿음과 같다.

우리는 하나님께서 원하시는 어떤 조건을 채워야만 기도한 것이 이루어질 수 있다고 여긴다. 거룩하지 않거나, 열심을 내지 않거나, 헌신하지 않으면 주님의 도움을 받을 수 없다고 믿는다. 이는 율법을 지키면 형통과 축복을 받고, 지키지 않으면 사망과 저주를 받는다는 구약적 사고방식에서 벗어나지 못한 모습이다. '내가 그만한 자격을 갖추지 못했는데, 어떻게 하나님의 은혜와 호의를 누릴 수 있겠는가?' 이런 생각 자체가 교만이며 무지에서 비롯된 것이다. 우리가 새로운 믿음을 가져야 한다는 것을 모른다는 증거다.

(2) 우리가 가져야 하는 두 번째 '믿음'은 무엇인가?

의인의 믿음은 예수 그리스도 안에서 이미 주어진 것을 누리고자 하는 믿음이다. "믿음은 바라는 것들의 실상이요 보이지 않는 것들의 증거니"(히 11:1). 이것은 그리스도 예수 안에 있는 믿음이다(faith which is in Christ Jesus, 딤후 3:15). 또한 "내가 그리스도와 함께 십자가에 못 박혔나니 그런즉 이제는 내가 사는 것이 아니요 오직 내 안에 그리스도께서 사시는 것이라 이제 내가 육체 가운데 사는 것은 나를 사랑하사 나를 위하여 자기 자신을 버리신 하나님의 아들을 믿는 믿음 안에서(하나님의 아들의 믿음으로, by the faith of the Son of God, KJV) 사는 것이라"(갈 2:20)라고 표현될 수 있다.

> **요 15:4-5** 내 안에 거하라 나도 너희 안에 거하리라 가지가 포도나무에 붙어 있지 아니하면 스스로 열매를 맺을 수 없음 같이 너희도 내 안에 있지 아니하면 그러하리라 나는 포도나무요 너희는 가지라 그가 내 안에, 내가 그 안에 거하면 사람이 열매를 많이 맺나니 나를 떠나서는 너희가 아무것도 할 수 없음이라

포도나무의 가지가 해야 할 일은 무엇인가? 포도나무에서 떨어져 나와 포도나무를 바라보며, "나무여, 나무여, 도와주소서! 내 가지에 열매가 열리도록 해주소서"라고 외쳐야 하는가? 아니다. 가지가 해야 할 일은 단 하나, 포도나무에 붙어 있는 것이다. '접붙임을 받을 가지의 끝을 제대로 손질하지 않아 붙을 수 없다'라는 생각 자체가 교만과 무지에서 비롯된 것이다. 우리(가지)는 오직 예수님께서 우리를 위해서 행하신 일을 믿음으로 언제나 접붙임을 받을 수 있다. 그것이 바로 은혜이고 믿음이다. 교만은 은혜(하나님의 사랑)를 알지 못하는 것이며, 무지는 진리(하나님의 지식)를 깨닫지 못하는 것이다.

요 1:17 율법은 모세로 말미암아 주어진 것이요 은혜와 진리는 예수 그리스도로 말미암아 온 것이라

우리는 결코 스스로 접붙임을 받을 수 없는 존재다. 그러나 복음에는 하나님의 의가 나타나서 예수 그리스도를 믿는 자를 의롭다고 하셨다. 우리 안에 계신 예수님께서는 당신의 피로 늘 가지의 끝을 깨끗하게 하시며, 우리가 언제든지 믿음으로 포도나무에 붙을 수 있도록 하신다. 자신이 의로운 자가 아니라 예수 그리스도를 믿음으로 의롭게 된 자는 이미 포도나무에 붙어 그 나무와 하나 된 존재다. 그러므로 이제는 포도나무의 수액(하나님의 생명과 원복)이 가지로 흘러가도록 해야 한다. 그런데 지금 우리의 신앙생활은 어떤가? 여전히 내가 주체가 되어 주를 의지하려 하고 있지는 않은가? 과연 그것이 올바른 신앙의 모습인가?

우리는 하나님으로부터 무언가를 얻어내기 위해 간절히 기도하고 끈질기게 매달리는 관점에서 벗어나야 한다. 지금까지 우리는 그렇게 살아왔다. "나는 죄인이고, 지금 이런 문제를 갖고 있는데, 주님께서 성경의 말씀에 약속하셨으니 내가 이 말씀을 믿으면 그분께서 나를 회복시켜주실 것이다." 그러나 이제는 이런 세상적 사고방식에서 벗어나야 한다. 우리의 태생, 국적, 신분이 바뀌었다면 나는 더 이상 문제와 질병을 가질 수 없는 존재이며, 가난할 수도 없는 존재다. 다만 현실적으로 그런 질병과 문제를 가지고 있을 뿐이다. "사랑하는 자여 네 영혼(헬, 프쉬케 : 혼)이 잘됨 같이 네가 범사에 잘되고 강건하기를 내가 간구하노라"(요삼 1:2).

우리는 하나님을 오랫동안 잘못 알아왔다. 그분을 오직 초월성을

지닌 거룩한 존재로만 인식하며, 그분 앞으로 나아가거나 그분과 연합되는 것을 신성모독처럼 여겨왔다. 그러나 하나님은 우리의 아버지이시며, 우리에게 찾아오신 분이시며, 우리를 통해 자신의 영광을 드러내기를 원하신다. “아버지여, 아버지께서 내 안에, 내가 아버지 안에 있는 것같이 그들도 다 하나가 되어 우리 안에 있게 하사 세상으로 아버지께서 나를 보내신 것을 믿게 하옵소서… 이는 우리가 하나가 된 것 같이 그들도 하나가 되게 하려 함이니이다 곧 내가 그들 안에 있고 아버지께서 내 안에 계시어 그들로 온전함을 이루어 하나가 되게 하려 함은…”(요 17:21-23).

우리는 죄인의 믿음으로 하나님과 분리되어 하나님으로부터 무언가를 얻어내려 애쓴다. 그러나 의인의 믿음은 이미 그리스도 안에서 하나님과 연합된 자로서, 그 안에서 모든 것을 누리는 삶이다. “찬송하리로다 하나님 곧 우리 주 예수 그리스도의 아버지께서 그리스도 안에서 하늘에 속한 모든 신령한 복을 우리에게 주시되”(엡 1:3). 이 모든 것은 이미 우리에게 주어진 것이다.

(3) 현실과 존재의 구별

현실(환경, 상태, 상황, 조건 등)과 존재를 구별할 줄 아는 것은 매우 중요하다. 하나님으로부터 나서 예수 그리스도 안에 있는 자의 태생과 국적과 신분은 어떤 일이 있어도 결코 바뀔 수 없다. 지금의 처지와 상황, 환경이 아무리 변해도 그것은 변하지 않는다. “그 안에서 너희도 진리의 말씀 곧 너희의 구원의 복음을 듣고 그 안에서 또한 믿어 약속의 성령으로 인치심을 받았으니 이는 우리 기업의 보증이 되사 그 얻으신 것을 속량하시고 그의 영광을 찬송하게 하려 하심이라”(엡 1:13-14).

그러나 오늘날 대부분의 그리스도인들은 자신의 상황과 처지를 자신과 동일시하는 거짓자아에 묶여 있다. 이것은 마귀가 우리를 도둑질하고 속이는 가장 치명적인 계략이다. 우리는 죄인과 의인을 올바르게 구분하지 못할 뿐 아니라 '내 삶'과 '내 존재'도 구분하지 못하고 있다.

많은 그리스도인들이 자신의 상황과 처지에 자신의 존재를 팔아넘기고 있다. "나는 이런 환경 때문에…", "나는 이런 상황 때문에…", "나는 이런 가정에서 자랐기 때문에…"라는 방식으로 자기 스스로를 규정하는 것이다. 이것이 바로 '… 때문에 증후군'으로, 자신의 정체성을 외부 환경이나 상황에 종속시키는 잘못된 삶의 방식이다.

거짓자아는 항상 자신의 존재를 미래에 두고 삶을 통해 더 나은 존재가 되려고 한다. '내가 이것을 이루면 그때 행복할 거야', '내가 이 정도 성취하면 그때 가치 있는 사람이 될 거야'와 같은 생각이 그것이다. 그러나 우리가 하나님으로부터 나서 예수 그리스도 안에 있다면, 우리의 존재와 삶은 미래에 있는 것이 아니라 지금 이 순간 여기에 있다. 예수 그리스도 안의 새로운 피조물로서 자유의지를 가진 혼으로 하나님을 의식하고, 우리의 몸을 통해 하나님을 나타내는 것이 '삶'이다.

존재가 바뀔 때 삶도 바뀐다는 사실을 분명히 알아야 한다. "너희는 유혹의 욕심을 따라 썩어져 가는 구습을 따르는 옛 사람을 벗어 버리고 오직 너희의 심령이 새롭게 되어 하나님을 따라 의와 진리의 거룩함으로 지으심을 받은 새 사람을 입으라"(엡 4:22-24). 그러나 많은 이들은 새로운 삶을 통해 자신의 존재를 바꾸려 한다. 이는 근본적으로 잘못된 접근이다. 우리는 이미 새로운 존재가 되었기 때문에 새로운 삶을 살 수 있는 것이다.

자신의 존재를 알 때, 즉 자신의 태생, 국적, 신분이 바뀐 것을 깨달을 때 비로소 삶이 바뀐다. 우리는 하나님의 자녀이기 때문에 하나님의 모든 것을 나타낼 수 있다. 이것은 우리가 거듭날 때부터 주어진 생득권이다. 아무리 죽을 것 같고, 아무리 힘들고, 아무리 고통스럽다 할지라도 나는 태생이 다르고, 국적이 다르고, 신분이 다른 하나님의 자녀다. 이것은 결코 변할 수 없는 사실이며, 천지가 사라지더라도 바뀔 수 없는 진리다. "천지는 없어질지언정 내 말은 없어지지 아니하리라"(마 24:35).

왕족으로서의 새로운 일상

(1) 받아내는 삶에서 흘려보내는 삶으로

우리는 지금 어떻게 기도하고 있는가? 많은 경우 하나님 아버지 앞에 나아가 자신의 필요를 받아내려는 태도로 기도한다. 그러나 이런 기도는 자신의 태생과 신분, 그리고 권세와 능력을 알지 못한 데서 비롯된 것이다.

요 15:7 너희가 내 안에 거하고 내 말이 너희 안에 거하면 무엇이든지 원하는 대로 구하라 그리하면 이루리라

이 말씀은 우리가 현실에서 필요한 무언가를 얻어내라는 뜻이 아니다. 하나님께서 이미 준비해놓으신 온전한 것을 이 땅에 가져오라는 것이다. 이것이 바로 예수님께서 사셨던 삶이다. 예수님은 아버지 집에서 본 것을 이 땅에 이루셨다. 그것은 온전하고 완전하며, 하나님께서

창조하신 것이다. 출발점이 다르다. 우리는 이 땅에서 출발하는 것이 아니라, 아버지의 집에서 출발해야 한다. 그것이 곧 이 땅에 주의 말씀을 이루는 삶이다. 말씀대로 이룬다는 것은 이 땅에서 무엇인가를 얻어내는 것이 아니라, 이미 아버지 집에 있는 온전한 것을 이 땅에 흘려보내는 것이다.

마 6:10 나라가 임하시오며 뜻이 하늘에서 이루어진 것 같이 땅에서도 이루어지이다

이것은 단지 눈에 보이는 실체(tangible reality)에 대한 것이 아니라, 실체의 원본이 되는 실상(substance, 히 11:1)을 하나님 아버지의 집으로부터 가져오는 것이다. 하나님께서 보여주신 것을 보이지 않는 세계에서 당신의 생각으로 그려보고, 그것이 이미 이루어졌음을 믿으며, 그 실상을 자신의 심중에 심음으로 기뻐하는 것, 이것이 먼저다. 그다음은 투사하고 인식하는 것이다. '투사한다'는 것은 믿음으로 이루어진 하늘의 실상을 이 땅의 실체에 비추는 것을 의미한다. 이는 보이는 대로 보는 것이 아니라 믿음으로 본 실상을 기준으로 바라보는 것, 곧 자신이 본 대로 보는 것이다. 그리고 이제는 본 대로 행동해야 한다. 결국, 말씀대로 이룬다는 것은 실체를 새롭게 바라보는 것이며, 아직 현실에 나타나지 않은 실체를 이미 존재하는 것처럼 믿고 살아내는 것이다.

(2) 생명과 축복의 스위치를 켜라

살전 5:23 평강의 하나님이 친히 너희를 온전히 거룩하게 하시고 또 너희의

온 영과 혼과 몸이 우리 주 예수 그리스도께서 강림하실 때에 흠 없게 보전 되기를 원하노라

이 말씀은 죄인의 관점에서는 도저히 실현 불가능한 선언처럼 보인다. 영은 그렇다 하더라도, 혼과 몸이 예수 그리스도께서 강림하실 때까지 흠 없이 보존된다니, 어떻게 그런 일이 가능하단 말인가?

그러나 생각해보라. 예수님은 법적으로 우리의 영과 혼과 몸 전부를 구원하셨다. "그가 찔림은 우리의 허물 때문이요 그가 상함은 우리의 죄악 때문이라 그가 징계를 받으므로 우리는 평화를 누리고 그가 채찍에 맞으므로 우리는 나음을 받았도다"(사 53:5). 이것은 생명과 축복이 우리의 영뿐만 아니라 혼과 몸에도 흐른다는 것을 의미한다. 그런데 지금 그것이 흐르지 않는 이유는 우리 스스로 스위치를 꺼놓았기 때문이다. 우리는 현재적 하나님나라의 속성인 '이미 그러나 아직'이라는 긴장 속에서, 지금 우리의 상태를 바르게 인식할 줄 알아야 한다.

롬 8:10-11 또 그리스도께서 너희 안에 계시면 몸은 죄로 말미암아 죽은 것이나 영은 의로 말미암아 살아 있는 것이니라 예수를 죽은 자 가운데서 살리신 이의 영이 너희 안에 거하시면 그리스도 예수를 죽은 자 가운데서 살리신 이가 너희 안에 거하시는 그의 영으로 말미암아 너희 죽을 몸도 살리시리라

우리는 더 이상 문제를 가질 수 없는 존재임에도 불구하고 여전히 문제를 안고 살아간다. 왜 그런가? 스위치가 꺼져 있기 때문이다. 이제 그 스위치를 켜야 한다. 그래야 하나님의 생명과 축복이 우리의 몸(생

각, 감정, 신체)에 흘러들어올 수 있다.

예를 들어보자. 우리가 다른 지방에 있는 집을 구입하기 위해 부동산 중개인을 통해 계약서를 작성하고 대금을 지불했다면, 그 집에 가보지 않았더라도 그 집은 법적으로 이미 내 집이다. 그런데 만약 지금 다른 사람이 그 집에 살고 있다면 어떻게 해야 하는가? 법적으로는 내 집이지만, 현실적으로 다른 사람이 점유하고 있는 상황이다. 이것은 우리가 고통과 괴로움, 질병 문제를 가질 수 없는 존재임에도 여전히 그런 상태 속에 살아가고 있는 모습과 같다. 그럴 때 우리는 어떻게 해야 하는가? 말씀과 성령으로 우리 몸을 새롭게 해야 한다.

우리가 예수 그리스도를 믿었을 때 이미 모든 것은 끝났다. "다 이루었다"(요 19:30). 그때부터 하나님의 생명과 축복은 우리 안에 흐르기 시작했다. 그러나 현실적으로는 내가 법적으로 소유한 집에 다른 사람이 살고 있는 것처럼, 여전히 문제와 고난과 질병이 우리의 삶에 자리할 수 있다. 그럼에도 불구하고 법적으로 우리는 영혼몸이 온전한 존재다. "친히 나무에 달려 그 몸으로 우리 죄를 담당하셨으니 이는 우리로 죄에 대하여 죽고 의에 대하여 살게 하려 하심이라 그가 채찍에 맞음으로 너희는 나음을 얻었나니"(벧전 2:24). 이제 우리는 이 법적 사실과 현실적 경험이 일치하도록 스위치를 켜야 한다. 이 진리를 깨달을 때 진정한 자유함을 누리게 된다(요 8:32).

(3) 세상 기준에서 벗어나기

골 2:6-10 그러므로 너희가 그리스도 예수를 주로 받았으니 그 안에서 행하되 그 안에 뿌리를 박으며 세움을 받아 교훈을 받은 대로 믿음에 굳게 서서 감사함을 넘치게 하라 누가 철학과 헛된 속임수로 너희를 사로잡을까 주의 하라 이것은 사람의 전통과 세상의 초등학문을 따름이요 그리스도를 따름이 아니니라 그 안에는 신성의 모든 충만이 육체로 거하시고 너희도 그 안에서 충만하여졌으니 그는 모든 통치자와 권세의 머리시라

그리스도 안에 뿌리를 박는다는 것은 무엇을 의미하는가? 그것은 그리스도만이 우리의 기준이 되어야 한다는 것이다. 모든 것을 그리스도로부터 시작해야 하며, 결코 나로부터 시작해서는 안 된다. 세상으로부터 출발해서도 안 되고, 반드시 하나님나라로부터 출발해야 한다.

골 3:1-2 그러므로 너희가 그리스도와 함께 다시 살리심을 받았으면 위의 것을 찾으라 거기는 그리스도께서 하나님 우편에 앉아 계시느니라 위의 것을 생각하고 땅의 것을 생각하지 말라

우리를 방해하는 것들이 있다. 세상의 초등학문(악한 영적 세력들)[7], 부모로부터 이어받은 유전, 왜곡된 기독교 전통, 세상 풍조 등이 지금도 우리를 묶고 있다. "그 때에 너희는 그 가운데서 행하여 이 세상 풍조를 따르고 공중의 권세 잡은 자를 따랐으니 곧 지금 불순종의 아들들 가운데서 역사하는 영이라"(엡 2:2). 우리는 이 모든 것으로부터 벗어나야 한다.

이제 하나님나라에 속한 우리는 그리스도께 뿌리를 내리고, 하나님

7 '초등학문'의 헬라어 '스토이케이아'는 본래 요소, 기초, 원리 등을 뜻하지만, 바울 서신에서는 사람을 속박하는 권세적 세력을 가리킨다. 이에 따라 NIV(2011)는 "the elemental spiritual forces", ESV는 "the spirits of the world"로 번역한다.

의 말씀이 진리이며 정상적인 것이라는 것을 알아야 한다. "너희가 내 말에 거하면 참으로 내 제자가 되고 진리를 알지니 진리가 너희를 자유롭게 하리라"(요 8:31-32). 세상에서 정상이라고 여겨지는 많은 것들은 하나님나라의 관점으로 보면 오히려 비정상이다. "너희는 이 세대를 본받지 말고 오직 마음을 새롭게 함으로 변화를 받아 하나님의 선하시고 기뻐하시고 온전하신 뜻이 무엇인지 분별하도록 하라"(롬 12:2).

고전 6:19-20 너희 몸은 너희가 하나님께로부터 받은 바 너희 가운데 계신 성령의 전인 줄을 알지 못하느냐 너희는 너희 자신의 것이 아니라 값으로 산 것이 되었으니 그런즉 너희 몸으로 하나님께 영광을 돌리라

우리의 몸은 더 이상 우리 자신의 것이 아니다. 예수님께서 핏값을 주고 사신 몸이다. "너희가 알거니와 너희 조상이 물려 준 헛된 행실에서 대속함을 받은 것은 은이나 금 같이 없어질 것으로 된 것이 아니요 오직 흠 없고 점 없는 어린 양 같은 그리스도의 보배로운 피로 된 것이니라"(벧전 1:18-19). 따라서 우리는 우리의 몸으로 하나님께 영광을 올려드려야 한다. 이는 우리의 몸이 하나님의 영광을 나타내는 성전(聖殿)이 되어야 함을 의미한다. "그러나 예수는 성전 된 자기 육체를 가리켜 말씀하신 것이라"(요 2:21).

고전 3:16-17 너희는 너희가 하나님의 성전인 것과 하나님의 성령이 너희 안에 계시는 것을 알지 못하느냐 누구든지 하나님의 성전을 더럽히면 하나님이 그 사람을 멸하시리라 하나님의 성전은 거룩하니 너희도 그러하니라

(4) 킹덤빌더의 일상적 영적 전쟁

갈 5:16-18 내가 이르노니 너희는 성령을 따라 행하라 그리하면 육체의 욕심을 이루지 아니하리라 육체의 소욕은 성령을 거스르고 성령은 육체를 거스르나니 이 둘이 서로 대적함으로 너희가 원하는 것을 하지 못하게 하려 함이니라 너희가 만일 성령의 인도하시는 바가 되면 율법 아래에 있지 아니하리라

이 말씀의 핵심은 우리에게 하나님의 영이 임하심으로 우리가 예수 그리스도 안에서 새로운 피조물이 되었지만, 우리는 여전히 자유의지를 가진 혼을 지니고 있으며, 현실 속에서 끊임없이 시험을 당하고 있다는 것이다. 따라서 우리의 혼은 항상 하나님의 영, 성령의 인도함을 받는 삶을 살아야 한다.

갈 5:24-25 그리스도 예수의 사람들은 육체와 함께 그 정욕과 탐심을 십자가에 못 박았느니라 만일 우리가 성령으로 살면 또한 성령으로 행할지니

육체와 함께 그 정욕과 탐심을 십자가에 못 박았다는 것은 무엇을 의미하는가? 바로 자기를 부인하고 자기 십자가를 졌다는 것을 의미한다.

히 2:15 또 죽기를 무서워하므로 한평생 매여 종노릇 하는 모든 자들을 놓아 주려 하심이니

요 14:26 보혜사 곧 아버지께서 내 이름으로 보내실 성령 그가 너희에게 모든 것을 가르치고 내가 너희에게 말한 모든 것을 생각나게 하리라

성령은 우리 안에서 말씀을 가르치고 기억나게 하심으로 하나님의 진리를 따라 살아내도록 이끄신다. 그러므로 과거에 어떻게 살았든지 간에 더 이상 자신의 생각과 감정에 묶이지 않고, 매일 하나님과 생명적으로 연결되어야 한다. 그분의 말씀을 우리 몸에 심고 하나님을 경험하며, 그 말씀이 우리를 통해서 이 땅에 실현되도록 하는 삶으로 나아가야 한다. 그렇게 하기 위해 우리는 예수님처럼 살아야 한다(요일 2:6). 매일 정한 시간에 하나님과 교제하며 기도하고, 동시에 일터와 삶터에서 거짓자아로부터 벗어나는 훈련을 지속적으로 이어가야 한다. 이것이 바로 믿음의 선한 싸움이며, 킹덤빌더의 실제적 삶의 방식이다.

요일 2:6 그의 안에 산다고 하는 자는 그가 행하시는 대로 자기도 행할지니라

그 삶을 살아갈 때 매일의 일상이 하나님의 영광을 드러내는 삶이 된다. 대단하고 특별한 일이 아니더라도 자기 생각과 감정에 묶이지 않고 하나님의 말씀대로 살아가는 것, 그것이 하나님을 영화롭게 하는 것이다.

우리는 종종 대단한 일을 해야만 하나님을 영화롭게 한다고 생각한다. 그러나 결코 그렇지 않다. 우리는 매 순간 하나님을 나타내고, 그분의 영광을 드러내는 존재다. 이를 구약적으로 표현하면, 하나님을 영화롭게 한다는 뜻이다. 이것은 참으로 놀라운 일이다. 지극히 평범한 일상 속에서도 우리는 늘 하나님의 영광을 나타내며 살아갈 수 있

다. 그러므로 세상을 바꾸려고 애쓰지 말자. 바꿀 수 있는 것은 오직 내 안에 있는 믿음체계뿐이다. 문제는 세상이 아니라 내 심중이며, 바꿔야 할 대상도 세상이 아니라 심중이다. 영적 전쟁은 바깥 세상에서 벌어지는 것이 아니라 심중의 마음판에서 일어난다. 이것이 영적 전쟁의 핵심이다. "모든 지킬 만한 것 중에 더욱 네 마음을 지키라 생명의 근원이 이에서 남이니라"(잠 4:23).

우리는 보이는 세계가 아니라 보이지 않는 세계에서 살아야 한다. "우리가 주목하는 것은 보이는 것이 아니요 보이지 않는 것이니 보이는 것은 잠깐이요 보이지 않는 것은 영원함이라"(고후 4:18). 그리스도 밖에서 보이지 않는 세계를 추구하면 뉴에이지가 된다. 그리스도 안에서 보이지 않는 세상을 바라보며 사는 것이 하나님 자녀의 삶이다. "믿음으로 애굽을 떠나 왕의 노함을 무서워하지 아니하고 곧 보이지 아니하는 자를 보는 것 같이 하여 참았으며"(히 11:27).

이제부터 생각을 바꾸고 우리의 심중에 심는다면, 반드시 심은 대로 거두게 될 것이다. "스스로 속이지 말라 하나님은 업신여김을 받지 아니하시나니 사람이 무엇으로 심든지 그대로 거두리라 자기의 육체를 위하여 심는 자는 육체로부터 썩어질 것을 거두고 성령을 위하여 심는 자는 성령으로부터 영생을 거두리라"(갈 6:7-8).

다시 말하자면, 이 모든 것의 핵심은 자유의지를 가진 '혼'이다. 혼이 지금 이 순간 여기로 돌아오기 위해서는 거짓자아가 해체되어야 한다. 거짓자아를 없앤다는 것은 혼이 과거나 미래에 붙들려 있지 않고, 지금 이 순간 여기를 사는 것이다. 그럴 때 혼은 몸으로부터 분리된다. 혼이 몸에서 자유로워지면 자기를 부인하고 자기 십자가를 지며, 더 이상 자신의 생각과 감정을 붙들지 않고 하나님의 영 안으로 들어간다. 바로 그때 우리에게 진정한 자유가 임한다.

마 6:33 그런즉 너희는 먼저 그의 나라와 그의 의를 구하라 그리하면 이 모든 것을 너희에게 더하시리라

삶은 단지 생존을 위한 여정이 아니다. 삶은 자신을 새롭게 하는 수단이며, 생명의 길로 가는 통로이고, 하나님의 영광을 드러낼 수 있는 기회다. 이것이 바로 우리가 살아야 할 참된 모습이다. 거짓자아는 과거와 미래에 붙들려 살아가지만, 참자아는 지금 이 순간 여기에 현존한다.

(5) 왕족의 DNA로 살아가는 삶

우리는 지금 예수 그리스도 안에서 이미 승리한 전쟁에 참여하고 있다. 일상에서 하나님의 영광을 드러내는 것이 마귀의 일을 멸하는 것이다. 그리고 이것이 하나님의 자녀들이 살아가는 새로운 삶의 방식이다. 우리는 더 이상 거지가 아니다. 우리는 왕족이다. 하나님의 걸작품이다. 신성의 충만함이 우리 안에 있고, 모든 권세를 제어할 능력이 우리에게 주어졌다. 이것은 얻어내야 할 것이 아니라 이미 주어진 것이므로, 우리는 단지 스위치를 켜기만 하면 된다.

요일 5:4-5 무릇 하나님께로부터 난 자마다 세상을 이기느니라 세상을 이기는 승리는 이것이니 우리의 믿음이니라 예수께서 하나님의 아들이심을 믿는 자가 아니면 세상을 이기는 자가 누구냐

왕족의 DNA가 활성화된 하나님의 자녀들은

- □ **자신의 참된 정체성을 안다** : 거짓자아의 베일을 벗고 하나님으로부터 난 존재임을 의식한다.
- □ **거짓자아의 유혹에 속지 않는다** : 생각과 감정을 자신과 동일시하지 않고, 그것을 인식하는 존재로서의 참자아를 회복한다.
- □ **지금 이 순간 여기에서 하나님과 연합하여 산다** : 심리적 시간이 아닌 실제 시간, 현존하는 삶을 산다.
- □ **타락한 혼의 딜레마에서 벗어난다** : 죄책감, 두려움, 결핍, 공허함과 같은 원초적 감정들이 실재가 아님을 깨닫는다.
- □ **받아내는 삶이 아니라 흘려보내는 삶을 산다** : 아버지의 모든 것이 이미 자신의 것임을 알고 그것을 이 땅에 실현한다.
- □ **보이지 않는 세계의 실상을 이 땅에 실현한다** : 하나님나라의 관점에서 현실을 바라보고, 보이지 않는 세계에 그린 실상을 이 땅의 실체에 투사한다.
- □ **매 순간 하나님의 영광을 드러내며 산다** : 평범한 일상의 순간들이 하나님을 나타내는 기회임을 알고 붙든다.
- □ **성령의 인도하심을 받으며 산다** : 자유의지를 가진 혼이 날마다 성령의 인도함을 받는다.
- □ **영적 전쟁의 참된 전장을 안다** : 세상이 아닌 자신의 심중에서 일어나는 싸움에 집중한다.

이것이 바로 왕족의 DNA가 깨어난 하나님 자녀들의 새로운 삶의 패턴이다. 우리는 이미 승리자이며, 지금 그 승리를 누리며 살아가는 킹덤빌더들이다.

벧전 2:9 그러나 너희는 택하신 족속이요 왕 같은 제사장들이요 거룩한 나라요 그의 소유가 된 백성이니 이는 너희를 어두운 데서 불러 내어 그의 기이한 빛에 들어가게 하신 이의 아름다운 덕을 선포하게 하려 하심이라

이제 왕족의 DNA를 깨우고, 참된 정체성으로 살아가자. 하나님의 자녀로서, 그분의 걸작품으로서, 신성의 충만함을 가진 존재로서 당당히 살아가자. 거짓자아의 베일을 벗고, 타락한 혼의 딜레마에서 벗어나, 지금 이 순간 여기에서 하나님 안에서 그분의 영광을 드러내며 그 부르심에 응답하자. 이것이 우리에게 주어진 특권이며, 우리가 부름받은 이유다.

묵상과 나눔

1. 정체성의 인식과 수용 : '나는 하나님의 자녀임을 믿는 자'와 '나는 하나님의 자녀'라는 정체성의 차이를 깊이 묵상해보십시오. 이 두 관점의 차이가 나의 신앙생활과 하나님과의 관계에 어떤 실제적인 영향을 미치고 있는지 구체적으로 생각해보세요.

2. 혈루증 여인의 관점 vs 예수님의 관점 : 최근 간절히 기도했던 상황을 떠올려보세요. 그때 나는 하나님께 무언가를 받아내려 했나요? 아니면 이미 내 안에 있는 것을 흘려보내려 했나요? 이 두 관점의 차이를 실제로 경험했던 일이 있다면 서로 나누어보세요.

3. 전기 콘센트의 비유와 스위치 켜기 : 거듭난 우리는 이미 하나님의 생명 안에서 '의의 전기'에 연결되어 있지만, 스위치가 꺼져 있으면 그 능력을 경험하지 못합니다. 그렇다면 언제 내 안의 스위치가 꺼져 있다고 느껴지나요? 그 스위치를 다시 켜려면 무엇이 필요하고, 무엇이 그것을 막고 있나요?

4. 탕자의 비유 : 아버지는 첫째 아들에게 "내 것이 다 네 것이로되"라고 말씀하셨습니다. 나는 지금 하나님께 무언가 얻기 위해 애쓰는 첫째 아들처럼 살고 있지는 않나요? 아니면 이미 아버지의 모든 것을 함께 소유한 상속자의 삶으로 살아가고 있나요? 이 진리를 알고 있으면서도 실제로 누리는 데 어려움을 겪고 있다면, 그 이유는 무엇일까요?

5. 왕족의 삶 : 오늘 하루 중 가장 평범했던 순간을 떠올려보세요. 그때 하나님 나라의 왕족답게 반응하고 선택하고 있었나요? 아니면 상황에 끌려가며 정체성을 잊은 채 살아가고 있었나요? 내일 같은 상황이 다시 찾아온다면 왕족의 정체성으로 어떻게 반응하고 선택할 수 있을지 생각해보세요.

chapter 13

하나님의 사랑 체험하기 : 하나님의 생명과 축복을 누리는 자녀

우리는 하나님의 사랑을 체험할 때 비로소 내가 누구인지를 알게 된다. 우리의 정체성은 우리가 무엇을 행하느냐에 달려 있는 것이 아니라 하나님께서 나를 어떻게 보시느냐에 달려 있다. 예수 그리스도 안에서 우리는 단순히 죄 사함을 받은 자가 아니라, 하나님의 사랑받는 자녀가 되었다. 이 정체성은 우리의 행위나 감정 상태와 무관하게 하나님의 불변하는 사랑에 근거한다.

진정한 신앙의 여정은 내가 하나님을 사랑하는 데서 시작되지 않는다. 오히려 나를 사랑하시는 하나님 아버지를 체험하는 것에서 시작된다. 요한일서 4장 19절은 이렇게 말한다. "우리가 사랑함은 그가 먼저 우리를 사랑하셨음이라." 하나님의 사랑이 모든 관계의 출발점이며, 우리의 사랑은 그분의 사랑에 대한 응답일 뿐이다.

하나님의 사랑에 대한 잘못된 이해

안타깝게도 우리는 육신의 아버지를 통해서 하나님 아버지를 투사하곤 한다. 냉담하거나 가혹하거나 무관심하거나 조건적인 사랑을 베풀던 인간적 아버지의 모습이 하나님 아버지에 대한 우리의 이해를 왜곡시킨다. 그 결과 우리는 하나님의 사랑을 은혜로 받아들이기보다 의무와 복종의 틀 안에서 이해하게 된다.

타락한 인간은 자신이 경험한 것에 기초하여 모든 것을 바라본다. 그러나 우리는 예수 그리스도를 통하지 않고는 하나님 아버지를 제대로 알 수도 없고, 경험할 수도 없다. 요한복음 14장 6절은 분명히 선언한다. “예수께서 이르시되 내가 곧 길이요 진리요 생명이니 나로 말미암지 않고는 아버지께로 올 자가 없느니라.”

왜 우리는 하나님 아버지의 사랑을 온전히 체험하지 못하는가? 그것은 우리가 거짓자아로 육신의 아버지를 기준 삼아 하나님의 사랑을 받으려 하기 때문이다. 이제는 육신의 아버지를 통해 하나님 아버지를 보려 하지 말고, 오직 예수 그리스도를 통해 영원하신 하나님 아버지를 보아야 한다.

육신의 부모가 베푸는 사랑은 필연적으로 조건적이고 제한적이다. 부모 역시 죄인이기 때문에 그들의 사랑에는 당연히 한계가 있다. 그러나 하나님의 사랑은 무조건적이고 절대적이며, 인간의 이성으로는 온전히 헤아릴 수 없는 불가해한 사랑이다. 그분은 우리의 창조주이시며, 우리를 자신의 형상으로 지으신 분이기 때문이다. 하나님의 사랑은 우리의 행위나 상태에 좌우되지 않는다. 에베소서 1장 4-6절은 이를 명확히 보여준다.

엡 1:4-6 곧 창세 전에 그리스도 안에서 우리를 택하사 우리로 사랑 안에서 그 앞에 거룩하고 흠이 없게 하시려고 그 기쁘신 뜻대로 우리를 예정하사 예수 그리스도로 말미암아 자기의 아들들이 되게 하셨으니 이는 그가 사랑하시는 자 안에서 우리에게 거저 주시는 바 그의 은혜의 영광을 찬송하게 하려는 것이라

여기서 핵심은 "그가 사랑하시는 자 안에서"라는 표현이다. 하나님께서 우리를 사랑하시는 이유는 우리 자체에 있지 않다. 오직 우리 안에 계신 예수 그리스도 때문이다. 우리가 예수 그리스도 안에 있을 때, 하나님은 그분을 사랑하시는 것과 동일한 사랑으로 우리를 사랑하신다.

그러므로 우리가 하나님 아버지의 사랑을 받는 것은 나의 상태나 자격과는 전혀 무관하다. 마치 엄마의 사랑이 아이의 행동이나 조건에 따라 결정되지 않듯, 하나님 아버지의 사랑도 철저히 무조건적이다. 엄마가 자녀를 사랑하는 이유는 그 아이가 무엇을 했기 때문이 아니라 단지 자기 자식이기 때문이다. 우리를 향한 하나님의 사랑도 동일하다.

하나님 아버지의 마음을 가장 아프게 하는 태도

당신은 하나님을 가장 슬프게 하는 일이 무엇인지 아는가? 하나님의 마음을 찢어지게 하는 일이 무엇인지 아는가? 흔히 우리는 죄를 짓는 것이라고 생각하는데, 사실은 그렇지 않다. 하나님의 마음을 가장 아프게 하는 것은, 하나님께서 우리를 목숨처럼 사랑하신다는 사실을 하나님의 자녀인 우리가 믿지 않는 것이다.

당신이 고아원에서 양자를 입양한 부모라고 가정해보라. 진심으로 사랑하기 위해 자녀로 맞이한 아이가 당신의 사랑을 믿지도 않고 받아들이지도 못한 채 방 한구석에 쭈그리고 앉아 있거나, 늘 실수할까봐,

혼날까봐, 벌 받을까봐 두려움 속에 불안해하고 있다면 당신의 마음이 어떻겠는가?

그 아이가 식탁에 놓인 과자 하나를 먹기 위해 "아버지, 이거 먹어도 돼요? 먹으려면 제가 어떤 선한 일을 해야 하나요?"라고 묻는다면, 그때 당신의 심정은 어떻겠는가? 자녀가 마땅히 누려야 할 사랑을 누리지 못하고, 벌을 두려워하며 죄를 짓지 않으려 안절부절못하는 모습을 본다면 부모의 마음이 얼마나 아프겠는가? 여전히 그 자녀가 '내가 이렇게 하면 아버지가 실망하지 않으실까?', '죄를 지으면 나를 내쫓을지도 몰라', '무엇이든 내 마음대로 할 수 없어', '아버지 눈치를 보며 적당히 해야 해'라는 마음으로 당신을 대한다면, 부모 된 당신의 가슴이 찢어지지 않겠는가? 또 당신이 무언가를 해줄 때마다 "고맙습니다. 감사합니다. 더 잘하겠습니다. 최선을 다해 아버지께서 화내지 않도록 순종하겠습니다"라고 말한다면, 과연 그것이 부모의 마음을 기쁘게 하겠는가?

당신은 복종을 얻기 위해 자녀를 입양한 것이 아니다. 그에게 당신이 가진 모든 것을 나누고 사랑을 주기 위해, 그를 세상에서 가장 사랑받는 존재로 세우기 위해, 그리고 그가 원하는 삶을 자유롭게 살아가며 성장할 수 있도록 하기 위해 그를 품은 것이다.

지금 우리의 모습을 생각해보라. 아버지를 위해 최선을 다하지만, 정작 아버지를 사랑하지 않고, 좋아하지 않으며, 즐거워하지도 않는다. 그저 입양된 것에 감사하면서도, 혹시 다시 버려질까 두려워하고, 은혜가 끊어지면 죽을까 노심초사하며 살아갈 뿐이다. 생각해보라. 정말 그런 두려움 속에서 살도록 하기 위해 자녀로 입양하셨을까? 하나님께서 당신이 계속 그렇게 살기를 원하실까? 우리의 신앙생활은 겉으로는 하나님께 최선을 다하는 것처럼 보인다. 그러나 그 이면에 자리한 진짜 동기는 무엇인가? 하나님께 책망을 듣지 않으려는 마음, 하나님을 노엽게 하지 않으려는 마음, 하나님께 잘 보이려는 마음이다.

이처럼 우리는 여전히 두려움과 의무감으로 신앙을 이어가고 있다. 그러나 우리는 이미 구원받은 자이며, 우리의 태생과 국적과 신분은 과거와는 완전히 달라졌다. 그럼에도 불구하고 우리는 아버지를 즐거워할 줄 모르고, 내 아버지를 자랑할 줄도 모른다.

예수님의 십자가와 성령을 통한 아버지의 사랑

(1) 예수 그리스도의 대속과 새로운 정체성

다시 한번 십자가의 대속을 깊이 생각해보라. 하나님께서 예수 그리스도를 이 땅에 보내신 것은 단지 우리의 죄를 사하시기 위함만이 아니다. 하나님은 우리를 예수 그리스도처럼 자녀 삼기 원하셨다. 그래서 이 땅에 예수 그리스도를 보내주시고, 우리를 위해 십자가에 못 박히게 하신 것이다. 따라서 십자가는 단순히 내 죄를 사함 받는 곳이 아니라, '나'라는 거짓자아가 철저히 죽는 자리가 되어야 한다.

하나님께서 우리를 예수 그리스도 안에 새로운 피조물, 하나님의 의, 하나님의 자녀가 되게 하셨음에도 불구하고, 오늘날 많은 그리스도인들은 여전히 이렇게 고백한다. "예수 그리스도께서 내 죄를 사해주시고 구원받게 하신 것을 믿습니다. 내가 하나님의 자녀가 된 것을 믿습니다." 그러나 이는 자녀 된 신분을 실제로 누리는 삶이 아니라, 단지 사실로 인정하는 믿음에 머무는 신앙일 뿐이다. 다시 말해, 자녀로서 살아가지 않고, 자녀가 되었음을 아는 데서 멈추어버린 것이다. 그 결과 우리의 정체성은 흔들리고, 거짓자아는 다시 마귀의 속임수에 휘둘리게 된다. 우리는 하나님 아버지를 마치 마귀와 같이 선악을 판단하고 정죄하시는 분으로 오해하여, 결국 아버지께서 주시는 무조건적인 사랑을 누리지 못한다.

많은 사람들이 하나님을 믿는다고 말하지만, 실제로는 하나님께서는 우리를 감시하고 판단하며, 악을 행할 때 벌을 주시는 분으로 오해하고 있다. 그러나 만일 하나님을 그렇게 이해하고 있다면 당신은 하나님이 아니라 마귀를 믿고 있는 것이다. 하나님의 사랑은 믿는 대상이 아니라 존재로 누려야 할 실재다. 그 사랑 안에서만 우리는 거짓자아를 벗고 참자아로 살아갈 수 있다.

(2) 생명적 영적 관계적 사랑의 체험

우리는 하나님의 사랑을 생명적으로, 영적으로, 관계적으로 체험해야 한다. 이는 단순한 지적 이해를 넘어서는 전인격적 경험이다. 사도 바울은 이렇게 말한다. "소망이 우리를 부끄럽게 하지 아니함은 우리에게 주신 성령으로 말미암아 하나님의 사랑이 우리 마음에 부은 바 됨이니"(롬 5:5).

생명적 체험이란 하나님의 사랑이 우리의 존재 자체를 변화시키는 것을 의미한다. 마치 갓난아이가 어머니의 젖을 먹고 자라듯, 우리는 하나님의 사랑을 먹고 자라며 영적으로 성장한다. 영적 체험은 성령님을 통해 하나님의 사랑을 직접 느끼는 것이다. 관계적 체험은 하나님과의 친밀한 교제 속에서 그분의 사랑을 누리는 것을 의미한다.

(3) 가슴으로 체험하는 사랑

사랑은 머리로 이해하는 것이 아니라 가슴으로, 심장으로, 심중으로 체험되어지는 것이다. 신학적 개념으로서의 사랑과 실제로 체험되는 사랑 사이에는 하늘과 땅만큼의 차이가 있다. 이는 마치 맛있는 음식을 설명으로만 듣는 것과 실제로 맛보는 것의 차이와 같다. 시편 131편 2절은 이러한 체험적 사랑을 아름답게 묘사한다.

시 131:2 실로 내가 내 영혼으로 고요하고 평온하게 하기를 젖 뗀 아이가 그의 어머니 품에 있음 같게 하였나니 내 영혼이 젖 뗀 아이와 같도다

이는 시편 46편 10절의 "너희는 가만히 있어 내가 하나님 됨을 알지어다"를 넘어서는 더 깊은 차원의 체험을 보여준다. 단지 하나님의 주권을 인정하는 데 머무는 것이 아니라, 젖 뗀 아이가 어머니 품에 안겨 안식을 누리듯 하나님의 사랑 안에서 완전한 안식을 누리는 상태를 표현한다.

그렇다면 하나님의 사랑을 깊이 체험하기 위해서 우리는 무엇을 해야 할까? 첫째, 하나님의 사랑을 억지로 받아내려고 애쓰지 말라. 둘째, 내 방식대로 하나님의 사랑을 느껴보려고 애쓰지 말라. 하나님의 임재는 이미 우리 안에 있다. 그분은 지금 이 순간에도 우리를 사랑하시며, 모든 것을 주고자 하신다. 엄마의 품 속에 있는 갓난아이를 생각해보라. 갓난아이가 어떻게 하면 엄마의 사랑을 받아낼 수 있을까 고민하는가? 엄마가 자신을 사랑하는지 믿음을 가져야 한다고 생각하는가? 사랑받기 위해서 무엇을 해야 하는지 계산하고 판단하는가?

당신이 예수 그리스도 안에 있다면 이미 거듭난 하나님의 자녀다.

하나님의 사랑을 받는 데에는 당신의 과거의 경험이 필요하지 않다. 지혜와 노력도 필요하지 않다. 자격이나 조건과도 무관하다. 당신 때문이 아니라 예수 그리스도 때문에 당신의 태생도 신분도 바뀐 것이다. 하나님의 사랑을 체험하는 것은 하나님의 자녀로서 당연히 누리는 생득권이다.

그러므로 당신의 생각으로 하나님을 판단하지 말라. 당신은 그저 그 사랑을 누리면 된다. 그 순간부터 바로 그 사랑으로 인해 당신의 육체는 날마다 새롭게 된다. 아무리 많이 배우고 세상의 지식이 풍부할지라도, 거듭난 자라면 자신이 여전히 영적 갓난아이임을 기억하라. 머리로 신앙생활하지 말라. 이제는 사랑받기 위한 신앙이 아니라, 사랑받는 존재로서의 삶을 살아가라. 하나님의 사랑은 억지로 믿으려 애써야 할 대상이 아니라, 지금 이 순간 가슴으로 깊이 체험되는 실제다. 그 사랑이 체험될 때 비로소 당신의 존재 전체가 새롭게 숨쉬기 시작한다.

(4) 거듭남과 하나님 사랑의 필요성

우리가 육신의 부모로부터 태어났을 때 사랑을 먹고 자라났듯이, 거듭난 이후에도 하나님의 사랑을 먹고 살아야 한다. 요한복음이 말하는 거듭남은 단순히 법적 지위의 변화만이 아니라 새로운 생명의 시작이다. 그리고 이 새로운 생명은 하나님의 사랑을 양분으로 성장한다.

우리가 물과 성령으로 거듭났다는 것은 다시 태어났다는 것이다. 즉, 하나님 아버지로부터 나서 예수 그리스도 안에 있는 자가 되었다는 뜻이다. 갈라디아서 4장 6절은 이렇게 증언한다. “너희가 아들이므로 하나님이 그 아들의 영을 우리 마음 가운데 보내사 아빠 아버지라 부르게 하셨느니라.” 로마서 8장 15절도 동일하게 말한다. “너희는 다시 무서워하는 종의 영을 받지 아니하고 양자의 영을 받았으므로 우리가 아빠 아버지라고 부르짖느니라." 여기서 '아빠'라는 호칭은 매우 친밀하고 인격적인 관계를 가리킨다. 이는 두려움에 기초한 종의 관계가 아니라, 사랑에 기반한 자녀의 관계다.

(5) 성령을 통한 자녀됨의 확증

우리가 정말 하나님의 자녀임을 어떻게 알 수 있는가? 바로 성령님을 통해 하나님의 사랑을 체험할 때 알 수 있다. 성령님은 우리의 마음에 하나님의 사랑을 부어주시는 분이며, "성령이 친히 우리의 영과 더불어 우리가 하나님의 자녀인 것을 증언하시나니"(롬 8:16)라는 말씀처럼 우리 안에서 자녀 됨을 확증하신다.

이 증언은 단순한 지적 확신이나 교리적 동의가 아니다. 성령님을 통해 하나님의 사랑이 실제로 경험되는 체험적 확증이다. 그 사랑을 체험할 때, 우리는 의심할 여지없이 우리가 그분의 자녀임을 알게 된다.

우리를 향하신 하나님 아버지의 사랑

(1) 하나님을 즐거워하는 삶

웨스트민스터 신앙고백(The Westminster Confession of Faith)의 1조는 이렇게 말한다. "사람의 제일 되는 목적은 하나님을 영화롭게 하는 것과 영원토록 그를 즐거워하는 것이다." 그렇다면 우리는 어떻게 해야 예수 그리스도처럼 하나님 아버지와 하나 되어 그분을 즐거워하고 나타내는 삶을 살 수 있을까? 아버지께 나아가지 못하는 이유는 죄의식 때문이며, 아버지의 뜻을 이루지 못하는 이유는 사랑을 체험하지 못했기 때문이다. 우리가 아버지의 사랑을 체험하는 만큼 우리는 모든 것으로부터 자유함을 누리게 된다.

(2) 죄와 관계없는 하나님의 사랑과 불변성

예수 그리스도 안에서 하나님의 자녀 된 자가 설령 죄를 지었다 할지라도 자녀를 향한 하나님의 사랑은 털끝만큼도 변하지 않는다. 이는 우리의 죄를 가볍게 여기자는 말이 아니다. 하나님의 사랑이 우리의 행위에 좌우되지 않는다는 진리를 말하는 것이다. 로마서 8장 38-39절은 이 사실을 명확히 증언한다. "내가 확신하노니 사망이나 생명이나 천사들이나 권세자들이나 현재 일이나 장래 일이나 능력이나 높음이나 깊음이나 다른 어떤 피조물이라도 우리를 우리 주 그리스도 예수 안에 있는 하나님의 사랑에서 끊을 수 없으리라."

하나님께서는 사랑으로 우리를 변화시키신다. 벌과 두려움이 아니라 그 사랑의 능력이 우리를 진정으로 변화시킨다. 고린도후서 5장 14절은 이렇게 말한다. "그리스도의 사랑이 우리를 강권하시는도다."

(3) 복종이 아닌 하나됨

하나님의 사랑은 우리에게 복종을 요구하지 않는다. 복종이라는 개념은 '나'와 하나님이 분리되어 있다는 인식에 기초한다. 그러나 하나님의 사랑은 우리가 그분과 하나 되는 것이며, 그 사랑을 통해 그분을 나타내는 것이다(요 17:23). 그러나 우리는 여전히 그 사랑을 충분히 누리지 못한다. 하나님께서는 우리를 자녀 삼으시고 사랑 안에서 함께 기뻐하기 원하신다. 우리가 자녀로서 그분을 즐거워하고, 그분의 모든 것으로 그분을 나타내기를 원하신다.

하나님 아버지의 사랑은 성자 하나님 안에 거하신다. 성부 하나님께서는 성자 안에서 기뻐하시므로, 우리가 성자 안에 있으면 하나님께서 성자 안에 있는 우리를 기뻐하신다. 이 진리는 지금 예수 그리스도 안에 있는 우리에게도 동일하게 적용된다. "너의 하나님 여호와가 너의 가운데에 계시니 그는 구원을 베푸실 전능자이시라 그가 너로 말미암아 기쁨을 이기지 못하시며 너를 잠잠히 사랑하시며 너로 말미암아 즐거이 부르며 기뻐하시리라 하리라"(습 3:17).

사랑으로 새롭게 변화되는 자녀의 삶

(1) 사랑을 통한 은혜와 진리의 체험

하나님의 사랑 없이는 은혜와 진리를 체험할 수 없다. 우리는 흔히 머리로 하나님의 은혜와 진리를 이해하고 적용하려 한다. 그러면 이해할지라도 누리지는 못한다. 지적인 이해와 실제적 체험 사이에는 결정적인 차이가 있다.

우리는 하나님과의 생명적 관계, 곧 사랑을 체험할 때에만 값없이 부어주시고 더하시는 은혜를 실제로 누릴 수 있다. 은혜는 단순한 개념이 아니라 하나님의 사랑 안에서 흘러나오는 생명의 강물이다. 예수 그리스도의 은혜는 하나님의 사랑을 통해서만 누릴 수 있다. 사랑이 없는 은혜는 공허한 종교적 관념에 불과하다.

마찬가지로 진리도 하나님의 사랑 안에 있을 때 풀어지는 것이지, 거짓자아로 깨달아지는 것이 아니다. 요한복음 1장 17절은 이렇게 말한다. "율법은 모세로 말미암아 주어진 것이요 은혜와 진리는 예수 그리스도로 말미암아 온 것이라." 은혜와 진리는 예수 그리스도를 통해 하나의 실체로 함께 오셨다. 이 둘은 결코 분리될 수 없으며, 오직 하나님의 사랑 안에서만 온전히 체험될 수 있다.

또한 요한복음 8장 32절의 "진리를 알지니 진리가 너희를 자유롭게 하리라"는 말씀도 단순한 지적 이해를 뜻하지 않는다. 여기서 '안다'는 것은 히브리적 의미로, 지식이 아니라 친밀한 관계 속에서 체험하는 것을 가리킨다. 하나님의 사랑 안에서 진리와 인격적인 관계를 가질 때 비로소 참된 자유를 경험하게 된다.

(2) 사랑-의탁-영광의 삼중 구조

하나님의 사랑을 체험할 때, 우리는 비로소 그분께 우리 자신을 의탁할 수 있다. 그리고 자신을 의탁하는 만큼 하나님의 영광의 임재를 맛보게 된다. '사랑-의탁-영광'의 삼중 구조는 예수님께서 공생애 동안 친히 보여주신 삶의 원리다. 예수님은 늘 하나님의 사랑을 체험하셨기에 자신을 포기하고 전적으로 아버지께 의탁하실 수 있었고, 그렇게 의탁한 만큼 하나님의 영광이 그분을 통해 나타났다. 이것이 바로 예수님께서 말씀하신 하나님나라가 우리 안에서 이루어지는 비밀이다.

우리도 이 동일한 원리 안에서 살아가야 한다. 하나님의 사랑을 체험할 때 우리는 자신을 의탁할 수 있는 용기를 얻는다. 그리고 자신을 의탁하는 만큼 하나님의 영광이 우리의 삶을 통해 드러난다.

(3) 하나님의 사랑 안에서의 자유

우리는 예수 그리스도 안에서 하나님의 사랑을 마음껏 누리기보다 거짓자아로 하나님의 사랑을 판단하고 제한하고 있다. 얼마나 안타까운 일인가? 하나님 아버지의 사랑을 실제로 체험하는 만큼 우리는 죄의식과 두려움, 의무감과 압박감에서 벗어나 모든 것으로부터 자유함을 누리게 된다. 그리고 이 자유 가운데 하나님을 즐거워하며, 그분을 자연스럽게 나타내는 삶을 살게 된다.

하나님의 사랑은 예수 그리스도 안에서 성령님을 통해 체험된다. 사랑에 대해 '아는 것'과 '체험하는 것'은 전혀 다르다. 오직 성령님만이 우리로 하여금 그 사랑이 무엇인지를 직접 경험하게 하신다. 그러므로 우리는 하나님의 사랑을 받아내려 애쓸 필요가 없다. 또한 우리 방식대로 그 사랑을 느껴보려고 할 필요도 없다. 하나님의 임재는 이미 우리 안에 있으며, 그분은 지금 이 순간에도 우리를 사랑하신다. 우리는 단지 갓난아이처럼 그 사랑을 있는 그대로 받아들이고 누리면 된다. 그러므로 이제 아버지의 사랑을 체험하라. 에베소서 3장 15-19절의 말씀이 오늘 우리 모두의 기도가 되어야 한다.

엡 3:15-19 이름을 주신 아버지 앞에 무릎을 꿇고 비노니 그의 영광의 풍성함을 따라 그의 성령으로 말미암아 너희 속사람을 능력으로 강건하게 하시오며 믿음으로 말미암아 그리스도께서 너희 마음에 계시게 하시옵고 너희가 사랑 가운데서 뿌리가 박히고 터가 굳어져서 능히 모든 성도와 함께 지식에 넘치는 그리스도의 사랑을 알고 그 너비와 길이와 높이와 깊이가 어떠함을 깨달아 하나님의 모든 충만하신 것으로 너희에게 충만하게 하시기를 구하노라

묵상과 나눔

1. 육신의 아버지와 하나님 아버지 : 우리는 종종 육신의 아버지를 통해 하나님 아버지를 이해하려 합니다. 예수 그리스도를 통해 본 하나님 아버지의 모습은 당신이 마음속에 그려왔던 하나님과 어떤 점이 다른가요?

2. 입양된 자녀의 비유 : 하나님 앞에서 나는 어떤 모습으로 살아가고 있을까요? 혹시 과자 하나를 먹기 위해 허락을 구하는 아이처럼 행동한 경험이 있다면 그때의 상황을 돌아보며 나누어보세요. 그리고 그런 모습이 하나님의 마음을 얼마나 아프게 했을지 함께 생각해보는 시간을 가져봅시다.

3. 젖 뗀 아이와 어머니 품의 안식 : 지금 당신은 무엇인가를 계속 구하고 있나요? 아니면 그분의 임재 안에서 평안과 만족을 누리고 있나요? 하나님과의 관계를 돌아보며 진솔하게 나누어보세요.

4. 사랑 – 의탁 – 영광의 삼중 구조 : 하나님의 사랑을 깊이 체험할 때 비로소 우리는 자신을 의탁할 수 있고, 그렇게 의탁할 때 하나님의 영광이 드러납니다. 하나님의 사랑을 강하게 경험했던 순간을 떠올려보세요. 그 사랑이 무엇을 의탁하게 했고, 그 결과 어떤 변화가 일어났나요?

5. 머리로 아는 사랑 vs 가슴으로 체험하는 사랑 : 지금 이 순간 하나님의 사랑을 교리적인 지식으로 알고 있나요? 아니면 실제로 체험하고 있나요? 만약 아직까지 그 사랑이 충분히 체험되지 않는다면, 그것을 가로막고 있는 것은 무엇일까요?

chapter **14**

영광의 통로 열기 : 용서와 회개의 능력 체험하기

먼저 우리의 정체성을 다시 확인하자. "나는 하나님으로부터 나서 예수 그리스도 안에 있는 의인이다. 나는 예수 그리스도의 지혜와 의로움과 거룩함과 구원함을 나타내는 존재다." 그런데 우리가 의인이 되었음에도 불구하고 삶에서 아무 일도 일어나지 않는 이유는 무엇일까?

물론 우리가 모든 것을 다 알 수는 없다. 그러나 말씀을 통해 이해할 수 있는 한 가지가 있다. 이 상황은 마치 의의 전기가 흐르는 콘센트에 플러그를 꽂아둔 것과 같다. 전기가 들어오는 콘센트에 플러그를 꽂았는데도 불이 켜지지 않는다면, 그 이유는 단순히 스위치를 켜지 않았기 때문일 수 있다. 그다음으로 생각해볼 수 있는 것은 전선 위로 무거운 것이 지나가거나, 전선이 무언가에 휘감겨 심하게 당겨져 전선 안의 구리선이 끊어진 경우다. 즉, 하나님의 생명과 축복이 흘러야 하는 통로인 전선 자체에 문제가 생긴 것일 수 있다.

그렇다면 무엇이 하나님의 생명과 축복이 우리 몸에 흐르지 못하게 막는가? 그것은 바로 '용서하지 못함'과 '회개하지 않음'이다. 이 두 가지는 마치 전선이 가늘어지거나 끊어진 상태처럼 하나님의 생명의 흐름을 차단한다. 용서는 하나님과의 생명적 관계를 유지하기 위한 열쇠이고, 회개는 하나님께서 우리의 몸을 새롭게 하실 수 있도록 여는 통로다. 따라서 그리스도 안에서의 용서와 회개는 우리에게 가장 중요한 믿음의 행위다.

의인의 관점에서 본 용서와 회개

우리는 지금까지 주기도문을 죄인의 관점에서 봤지만, 자녀의 관점에서 주기도문을 본다면 하나님나라의 놀라운 비밀을 깨닫게 된다. 우리가 "하늘에 계신 우리 아버지여 이름이 거룩히 여김을 받으시오며"(마 6:9)를 이루는 길은 "나라가 임하시오며 뜻이 하늘에서 이루어진 것같이 땅에서도 이루어지이다"(마 6:10)를 삶 속에서 행하는 것이다. 이를 위해 먼저 "오늘 우리에게 일용할 양식을 주시옵고"(마 6:11)와 같은 하나님의 공급이 선행되어야 한다.

그다음으로 하나님의 뜻을 이루기 위해 반드시 이어져야 하는 것이 "우리가 우리에게 죄 지은 자를 사하여 준 것같이 우리 죄를 사하여 주시옵고"(마 6:12)이다. 이 구절의 앞부분은 용서를, 뒷부분은 회개를 의미한다. 하나님의 사랑에 기초한 용서와 회개는 가장 강력한 영적 방어 무기다. 바로 이것이 "끝으로 너희가 주 안에서와 그 힘의 능력으로 강건하여지고"(엡 6:10)라는 말씀과 연결되는 영적 강건함의 본질이다.

우리는 지금까지 용서와 회개를 죄인의 관점에서만 생각해왔다. 그러나 이제 당신이 하나님으로부터 나서 예수 그리스도 안에 있는 의인이라면, 용서와 회개를 더 이상 나의 관점이 아니라 하나님의 형상을 나타내기 위한 관계적 차원에서 바라보아야 한다.

그럼에도 불구하고 우리는 여전히 용서와 회개를 하나님과 우리의 관계(혼의 구원을 이루어가는 관점)보다는 다른 사람과의 관계 회복이나 내가 취한 태도나 행동에 대한 반성으로만 이해하는 경향이 있다. 이것은 앞서 언급했듯이, 의인의 관점이 아닌 죄인의 관점에서 바라보는 것이다.

이제 의인의 관점에서 용서와 회개를 새롭게 바라보자. 용서가 하나님과의 생명적 관계를 회복하고 유지하기 위한 것이라면, 회개는 하나님께서 우리의 몸을 새롭게 하실 수 있도록 통로를 여는 것이다. 즉, 용서와 회개는 하나님께서 우리를 통해 그분의 일을 행하실 수 있도록 자신을 내어드리는 믿음의 행위다. 이것이 바로 '하나님 형상 회복하기'의 토대이자 핵심이다.

용서 : 하나님과의 생명적 관계를 여는 열쇠

(1) 용서하지 못하는 마음의 정체

용서하지 못하는 마음은 누군가 나에게 나쁜 짓을 했고, 그로 인해 내가 고통과 피해를 입었다고 인식할 때 느끼는 감정이다. 용서하지 못한다는 것은 분개하는 감정, 즉 원한을 품는 것이다. 이는 상대방에 대한 복수, 혹은 미움과 증오를 통해 손상된 자신의 정체성을 유지하거나 회복할 수 있다는 잘못된 믿음에 기반한다. 그래서 사람들은 자신이 분개하는 것은 정당한 감정이며, 자신에게 복수할 권리가 있다고 여긴다.

대부분의 사람들은 누군가 자신을 괴롭히면 그를 미워하고 증오하는 것이 마땅한 권리라고 생각한다. 그러나 실제로는 어떤가? 상대방을 미워하고 증오할수록 정작 더 큰 괴로움을 겪는 쪽은 자기 자신이 아닌가? 스스로 자신을 괴롭히고 있지 않은가? 왜냐하면 상대방에 대한 미움과 분노, 증오는 자기 안에 있는 억울함과 원통함, 결핍과 상처를 더욱 증폭시키기 때문이다.

용서하지 않는다는 것은 스스로 비통한 속박 안에 머무는 것이며, 결국 여전히 상대방에게 묶여 있다는 것을 뜻한다. 흥미로운 비유로 설명하자면, 용서하지 않는 것은 마치 자신이 독약을 먹고 상대방이 죽기를 기다리는 것과 같다. 또 독사에게 물린 후 당장 해독하지 않으면 자신이 죽게 되는데도, 해독보다 자신을 문 뱀을 잡으려는 것과 같은 어리석음이다.

용서하지 못하는 것은 인간 존재의 전반에 파급 효과를 일으키는 복합적 상태를 가리킨다.

- □ 영적으로는 사탄이 도둑질할 수 있는 합법적인 문을 열어주는 것이다.
- □ 정신적으로는 상대방에게 묶여 있는 것이며, 자기 마음의 열쇠를 상대방에게 넘겨준 것과 같다.
- □ 신체적으로는 부정적인 스트레스 에너지라는 독소를 자신의 몸에 퍼뜨리는 것과 같다.

결국 용서하지 않는다는 것은 거짓자아가 자신이라고 믿고 그것을 포기하지 않겠다는 고백이다. 동시에 하나님의 용서를 받아들이지 않겠다는 선택과 같으며(마 18:21-35), 이는 그리스도 안에 있지 않고 그리스도 밖에서 스스로 자신의 문제를 해결하겠다는 태도를 드러낸다.

용서하지 않으면 우리는 마귀와 연결되고, 그 결과 하나님과의 생명적 관계가 단절된다. 이것이 가장 중요한 사실이다. 우리가 어떤 일이든 반드시 용서해야 하는 이유는 바로 하나님과의 생명적 관계를 지속하기 위함이다. 이를 위해 필요한 것은 내가 판단해야 한다고 여기는 모든 것을 주님께 의탁하는 것이다.

(2) 용서하지 않으면 어떤 일이 일어나는가?

용서하지 않는 마음은 단순한 감정의 문제가 아니라 하나님과의 관계, 나 자신의 존재, 그리고 삶 전체에 깊은 영향을 미친다. 먼저 하나님과의 교제가 단절된다. 용서하지 않는 마음은 하나님의 용서를 체험하지 못하게 하는 영적 장벽이 되며, 그로 인해 하나님의 은혜를 누릴 수 없게 된다. 성령님은 진리와 사랑 가운데 역사하시기 때문에 용서하지 않는 심중에서는 자유롭게 일하실 수 없다.

또한 내면의 상처가 치유되지 않으면 '지금 이 순간 여기'를 온전히 살아갈 수 없다. 용서하지 않으면 과거의 상처와 쓴뿌리가 여전히 남아 하나님의 의를 이루는 데 방해가 되고, 하나님께서 주신 은사와 부르심 또한 온전히 드러나지 않는다. 이로 인해 상처는 반복적으로 자신을 찌르고, 현재를 왜곡하며, 미래로 향하는 길을 가로막는다. 결국 사람은 과거에 얽매인 채 진정한 자유를 누리지 못하고 살아가게 된다.

더불어 영적 전쟁에서도 승리할 수 없다. 앞서 말한 것처럼, 용서하지 않는 것은 사탄이 침투할 수 있는 합법적인 틈을 열어주는 것과 같아서 죄가 반복되고 지속되는 구조를 만든다. 용서하지 않는 마음은 악한 영의 영향을 지속적으로 받는 상태에 머무르게 하며, 실제로 영적 억압이나 귀신의 영향 아래 놓이게 되는 경우도 있다.

심리적 육체적인 건강도 무너질 수 있다. 억울함과 분노, 증오와 두려움 같은 부정적인 감정은 신경계, 면역계, 내분비계에 영향을 미쳐 신체적 질병으로 이어지기도 한다.

끝으로 용서하지 않음은 공동체와 관계를 파괴한다. 쓴 마음을 품은 사람은 자신도 모르게 타인에게 상처를 주고 공동체 안에 분열과 갈등을 일으킨다. 미움에 사로잡힌 사람은 결국 자신이 미워하던 사람을 닮아가게 되고, 그로 인해 자기 자신까지 미워하게 되는 왜곡된 자기 동일시가 발생한다.

> **롬 2:1** 그러므로 남을 판단하는 사람아, 누구를 막론하고 네가 핑계하지 못할 것은 남을 판단하는 것으로 네가 너를 정죄함이니 판단하는 네가 같은 일을 행함이니라 (닮아감의 법칙)

이처럼 용서하지 않는 선택은 단지 개인의 감정에 머무는 문제가 아니라 하나님과의 관계, 영적 전쟁, 건강, 개인의 삶과 공동체의 회복에까지 모든 차원과 영혼몸 전체에 영향을 미치는 전인적인 문제다.

(3) 용서가 어려운 진짜 이유

예를 들어 누군가가 내가 피땀 흘려 모은 전 재산 100억을 사기로 빼앗아갔다고 가정해보자. 과연 그 사람을 용서할 수 있을까? 인간적인 감정으로는 불가능에 가깝다. 문제는 여기 있다. "내가 용서한다고 해서 100억을 돌려받을 수 있는가?" 우리의 마음은 이 질문 앞에서 멈추게 된다. 결국 용서하지 못하는 이유는 원래 상태로 되돌릴 수 없기 때문이다. 용서해도 잃어버린 것을 다시 얻을 수 없고, 상처받기 전의 상태로 돌아갈 수 없다고 느끼기 때문에 우리는 용서를 주저하거나 포기한다.

사실 이런 생각 속에 숨어 있는 더 근본적인 문제는, 지금 일어난 문제를 '삶'이 아니라 '내 존재'와 동일시한다는 데 있다. 모든 일은 '나'라는 존재가 살아가면서 겪는 사건일 뿐인데, 우리는 그 사건이 '나'라고 믿는다. 그러나 우리가 깨달아야 할 진실은 나를 죽이는 것은 100억을 잃은 사건이 아니라, 그 사건에 사로잡혀 내 존재를 가두는 일이다. 내 존재는 그 100억으로부터 자유함을 누려야 한다.

> **눅 12:19-20** 또 내가 내 영혼에게 이르되 영혼아 여러 해 쓸 물건을 많이 쌓아 두었으니 평안히 쉬고 먹고 마시고 즐거워하자 하리라 하되 하나님은 이르시되 어리석은 자여 오늘 밤에 네 영혼을 도로 찾으리니 그러면 네 준비한 것이 누구의 것이 되겠느냐 하셨으니

우리는 손해를 본 만큼 원통해할 것이 아니라 자신의 존재가 얼마나 소중한지를 더 깊이 깨달아야 한다. 진정한 회복은 잃은 것을 되찾는 데 있지 않다. 오히려 어떤 손해와 고통으로부터도 자유할 수 있는 자신의 '존재'를 발견하는 데 있다. 용서란 바로 그 참된 '나'를 깨닫게 하는 하나님의 은혜의 문이다.

용서할 수 없는 또 다른 이유는 이것이다. 상대방이 조금이라도 자신의 잘못을 인정하는 태도를 보인다면 내가 큰마음을 먹고 용서할 수 있을 것 같지만, 잘못을 저지르고도 오히려 자신이 옳다고 주장하는 사람을 어떻게 용서할 수 있겠느냐는 강한 내적 저항감 때문이다. '더

구나 이런 사람을 그냥 용서해주면 같은 잘못을 반복하지 않겠는가? 그렇다면 나는 도대체 몇 번이나 용서해야 하는가? 그동안 내가 겪어야 했던 고통은 누가 책임지는가?' 결국 상대방이 자신의 잘못을 인정하지 않는데도 내가 먼저 용서해야 하느냐는 이 내적 갈등과 저항감이 용서를 가로막는 장벽이 된다.

롬 5:8 우리가 아직 죄인 되었을 때에 그리스도께서 우리를 위하여 죽으심으로 하나님께서 우리에 대한 자기의 사랑을 확증하셨느니라

마 18:21-22 그 때에 베드로가 나아와 이르되 주여 형제가 내게 죄를 범하면 몇 번이나 용서하여 주리이까 일곱 번까지 하오리이까 예수께서 이르시되 네게 이르노니 일곱 번뿐 아니라 일곱 번을 일흔 번까지라도 할지니라

롬 12:19 내 사랑하는 자들아 너희가 친히 원수를 갚지 말고 하나님의 진노하심에 맡기라 기록되었으되 원수 갚는 것이 내게 있으니 내가 갚으리라고 주께서 말씀하시니라

용서는 내가 주도하는 감정적 결단이 아니라 하나님의 자녀로서 하나님의 마음을 갖는 것이다. 문제에 대한 모든 심판을 하나님께 맡기고, 자신은 그리스도 안에 들어가 자유함을 누리기로 선택하는 것이다. 우리가 기억해야 할 것은, 용서란 억지로 참는 것도 아니고, 상대를 이해해주는 것도 아니라는 사실이다. 우리가 그리스도 안에 거하며, 하나님의 말씀대로 생각하고 느낄 때, 그때 비로소 하나님의 영적 권세와 능력이 우리를 통해 상대방에게도 영향을 미치기 시작한다.

(4) 예수님이 가르치신 용서의 비밀

예수님께서는 마태복음 18장 21-35절의 용서할 줄 모르는 종의 비유를 통해 용서에 담긴 하나님나라의 원리를 놀라운 방식으로 가르치셨다. 이 말씀의 핵심은 이렇다. 주님께서 우리를 용서해주신 것이 일만 달란트의 빚을 탕감해주신 것과 같다면, 우리가 다른 사람을 용서하는 것은 백 데나리온의 빚을 탕감해주는 것에 불과하다는 것이다. 하나님께서는 우리에게 먼저 비교할 수 없는 은혜와 자비를 베푸셨다. 그런데도 우리가 다른 사람의 작은 빚조차 탕감해주지 않는다면, 이는 하나님께서 나의 엄청난 빚을 탕감해주신 사실을 부인하는 것과 다르지 않다. 용서하지 않는다는 것은 나에 대한 하나님의 부채 탕감을 믿지 못하겠다는 것이다. 그러나 주님께서는 마지막 결산 때 우리가 용서했는지를 보시겠다고 말씀하셨다(마 18:35).

새 언약이 무엇인가? 그것은 "내가 너희를 사랑한 것같이 너희도 서로 사랑하라"(요 15:12)는 말씀이다. 이는 "내가 너희를 용서한 것같이 너희도 서로 용서하라"는 말씀과 같다. 우리가 서로 사랑하지 않는다면, 그것은 하나님께서 우리를 사랑하시는 것을 인정하지 못한다는 것과 마찬가지다. 왜냐하면 사랑은 용서를 포함하기 때문이다. 용서를 모르는 사람은 사랑을 알 수 없다.

우리가 구원을 받았다는 것은 헤아릴 수 없는 하나님의 용서를 받았다는 뜻이다. 동시에 이는 우리 안에 측량할 수 없는 하나님의 사랑이 이미 존재한다는 것을 의미한다. 우리가 다른 사람을 사랑할 때 비로소 하나님의 사랑을 체험할 수 있듯이, 누군가를 용서할 때 비로소 하나님의 용서를 실제로 경험하게 된다.

마 6:14-15 너희가 사람의 잘못을 용서하면 너희 하늘 아버지께서도 너희 잘못을 용서하시려니와 너희가 사람의 잘못을 용서하지 아니하면 너희 아버지께서도 너희 잘못을 용서하지 아니하시리라

다른 사람을 용서하는 것은 오직 예수 그리스도 안에서 가능하다. 대속함 없는 사랑이 존재할 수 없듯, 대속함 없는 용서도 존재하지 않는다. 내가 다른 사람을 용서할 수 있는 유일한 이유는 주님께서 이미 내 원통함과 억울함, 그리고 내가 입은 모든 피해를 대신 지시고 십자가에서 죽으셨기 때문이다. 그러므로 내가 누군가를 용서하지 않는다는 것은 원통함과 억울함, 그리고 손해를 하나님께 드리지 못하겠다는 뜻이며, 그 문제를 내가 해결하겠다는 것이고, 결국 내 거짓자아를 포기하지 않겠다는 결단이다. 이것은 내가 하나님의 자리에 서겠다는 것과 같다.

용서는 십자가에서 이미 완성되었다(골 2:13-14). 예수님께서 "다 이루었다"고 선언하신 것은 모든 죄에 대한 하나님의 용서가 이미 완성되었음을 의미한다. 그러므로 우리가 용서한다는 것은 완성된 그 용서를 인정하고 삶에 적용하는 것이다.

중요한 것은 '용서'와 '용납'(화해)을 구분해야 한다는 점이다. 용서가 죄의 제거에 초점을 둔 개념이라면, 용납은 관계 설정에 초점을 둔 개념이다. 용서는 일방적이고 무조건적이지만, 용납은 상호적이며 조건이 따를 수 있다. 또한 용서는 건강한 경계 설정과 충분히 양립할 수 있다. 누군가를 용서한다고 해서 반드시 이전과 같은 관계로 돌아가야 한다는 뜻은 아니다. 반면 용납(화해)은 관계의 회복을 지향한다. 따라서 모든 용서가 반드시 용납으로 이어지는 것은 아니다.

(5) 용서하면 어떤 일이 일어나는가?

용서란 자기 자신에게 주는 선물이다. 누군가를 용서할 때, 우리의 혼과 몸을 파괴하는 스트레스 호르몬과 같은 해로운 화학물질의 분비가 차단된다. 이는 정신적 육체적 회복으로 이어진다. 많은 이들이 용서를 통해 자유를 누리게 되는데, 그 순간 우리는 놀라운 사실을 깨닫는다. 내가 용서한 그 죄수가 다름 아닌 바로 나 자신이었다는 것을 말이다.

용서란 문제의 본질이나 상대방의 행동 자체보다, 그에 대한 미움과 증오를 통해 자신의 존재를 유지하려는 거짓자아의 의도를 포기하는 행위다. 이로써 나의 정체성은 더 이상 상처와 피해에 기반하지 않고, 그리스도 안에 있는 새 피조물로 회복된다. 또한 용서하는 자는 자신 안의 죄의식과 두려움을 직면하지 못해 외부에서 죄를 찾으려 했던 욕구를 내려놓게 된다. 이는 자기방어를 위해 타인을 정죄하고 희생시키려는 내면의 왜곡된 태도를 끊는 일이기도 하다.

이처럼 용서는 거짓자아를 무너뜨리는 가장 실제적인 길이며, 예수님께서 말씀하신 '자기를 부인하고 자기 십자가를 지는 삶'의 구체적 실천이다. 그 결과 끊어졌던 하나님과의 생명적 관계가 다시 이어지고, 하나님께서 주시는 자유와 사랑을 온전히 경험할 수 있는 가장 소중한 기회를 얻게 된다.

막 11:24-25 그러므로 내가 너희에게 말하노니 무엇이든지 기도하고 구하는 것은 받은 줄로 믿으라 그리하면 너희에게 그대로 되리라 (헬, 카이 : 그리고) 서서 기도할 때에 아무에게나 혐의가 있거든 용서하라 그리하여야 하늘에 계신 너희 아버지께서도 너희 허물을 사하여 주시리라 하시니라 이 말씀을 통해서도 알 수 있듯이 24절과 25절은 단순히 나열된 구절이 아니라 '그리고'라는 논리적 연결어로 긴밀히 이어져 있다. 즉, 믿음으로 구하는 기도와 용서의 행위는 결코 분리될 수 없다.

(6) 용서의 실제적 방법

용서는 감정으로 행하는 것이 아니라, 말씀에 따라 믿음으로 행하는 것이다. 믿음으로 행할 때 감정이 뒤따라온다. 용서는 하나의 과정이다. 용서했다고 해서 감정이 즉시 회복되거나 상대방과 곧바로 좋은 관계를 맺을 수 있는 것은 아니다. 용서는 거짓자아를 포기함으로써 하나님과의 생명적 관계를 유지하려는 것이다.

어렵게 느껴질 수 있지만, 거짓자아를 죽이고 가장 큰 자유함을 누리는 길은 다른 사람을 용서하는 것이다. 주님께서 나를 용서하신 것처럼 그리스도 안에서 다른 사람을 용서해보라. 그리고 그 심판을 하나님께 맡기라. 당신이 잃고, 손해 보고, 억울하고, 원통한 것들은 결코 비교 대상이 될 수 없다. 왜냐하면 그 모든 것을 주님께 내어드릴 때, 당신은 거짓자아에서 벗어나 혼이 하나님의 영 안에 거하게 됨으로써 참된 자녀의 정체성을 경험하게 되기 때문이다. 이것이 바로 영생을 누리는 삶이다.

이제 다음과 같이 기도해보라.

"나는 (대상)이 나에게 (행동 내용)을 한 것을 내 감정으로는 도저히 용서할 수 없지만, 내 모든 판단과 내가 취해야 할 모든 보복을 하나님의 손에 맡깁니다. 지금 나는 하나님의 자녀로서 예수 그리스도 안에서 진리의 말씀에 따른 믿음으로, 나에게 구체적으로 (행동 내용)을 한 (대상)을 예수 그리스도의 이름으로 용서합니다. 나는 이제 그 사람으로부터, 물질로부터, 악한 영으로부터 자유합니다. 주님께서 나를 자유케 하심으로 말미암아 내 혼이 하나님의 영 안에 거하고 주님의 사랑 가운데서 주님의 뜻을 이루는 삶을 살게 되었습니다!"

회개 : 하나님의 영광이 나타나는 통로 열기

(1) 회개란 무엇인가?

우리는 흔히 회개를 자신의 잘못을 고백하고, 후회하며, 스스로 정죄하거나 고행하는 것으로 생각한다. 그래서 죄를 짓고 그것이 잘못되었다는 것을 깨달으면, 직간접적으로 스스로 고통을 감수하거나, 금식하거나, 자신을 징벌하는 행위를 한다. 그리고 그것을 마치 거룩한 삶인 것처럼 여긴다. 그러나 이러한 태도는 하나님의 은혜를 모독하는 행위임을 분명히 알아야 한다. 우리가 하나님으로부터 나서 예수 그리스도 안에 있다면, 회개 역시 죄인이 아닌 의인의 관점에서 새롭게 이해해야 한다.

성경은 죄 사함을 받는 회개에 대해서 무엇이라고 말하는가? 우리는 회개함으로 우리의 죄를 사함 받는다. 그렇다면 우리가 죄를 사함 받는 이유는 무엇인가? 단지 내가 온전해지기 위함일까? 만약 그렇게만 생각한다면, 그것은 복음을 전혀 모르는 것이나 다름없다. 죄 사함의 목적은 나의 온전함을 위한 것이 아니라, 하나님께서 우리를 통로로 삼아 그분의 영광을 드러내시기 위함이다. 다시 말해, 우리가 죄 사함을 받을 때 비로소 우리 안에 계신 하나님께서 우리를 통해 그의 나라와 의를 나타내실 수 있기 때문이다. 곧, 타락 이전 우리가 이 땅에서 누렸던 하나님의 현현(顯現) 상태로 돌아가는 것이다.

우리는 예수 그리스도를 믿고 그분 안에서 새로운 피조물이 되었다. 그러나 우리의 혼과 몸은 여전히 세상의 영향 아래 묶여 있다. 따라서 본질적으로는 더 이상 죄를 지을 수 없는 온전한 존재이지만, 현실적으로는 언제든지 구습이나 악한 영의 시험으로 인해 죄를 지을 수 있다.

우리가 거듭난 순간부터 하나님의 생명과 축복은 이미 우리 안에 임했다. 그러나 타락한 혼이 몸의 종노릇을 할 때는 그 생명과 축복이 몸으로 흘러들어오지 못한다. 그러므로 우리는 회개함으로써 그 생명과 축복이 다시 온전히 흘러나오게 해야 한다.

> **요일 3:9** 하나님께로부터 난 자마다 죄를 짓지 아니하나니 이는 하나님의 씨가 그의 속에 거함이요 그도 범죄하지 못하는 것은 하나님께로부터 났음이라

> **요일 1:8-9** 만일 우리가 죄가 없다고 말하면 스스로 속이고 또 진리가 우리 속에 있지 아니할 것이요 만일 우리가 우리 죄를 자백하면 그는 미쁘시고 의로우사 우리 죄를 사하시며 우리를 모든 불의에서 깨끗하게 하실 것이요

그렇다면 우리는 어떤 죄의 짐을 지고 살아가고 있는가? 첫째, 하나님께 대한 불순종이다. 하나님의 뜻을 알면서도 외면하거나 자기 뜻을 앞세우는 것은 불순종의 죄다. 둘째, 이웃에 대한 죄가 있다. 교만, 거짓, 판단, 미움, 정죄, 분노, 이간질, 시기, 질투, 무관심, 도둑질 등은 모두 관계를 깨뜨리는 죄다. 셋째, 마음속의 죄가 있다. 게으름, 열등감, 죄책감, 수치심, 거절감, 두려움, 불안, 음란, 탐욕 등은 내면에

서 하나님의 생명의 흐름을 막는 죄들이다. 넷째, 선을 알면서도 행하지 않는 것도 죄다. "사람이 선을 행할 줄 알고도 행하지 아니하면 죄니라"(약 4:17).

(2) 회개의 메커니즘

앞서 말했듯이 용서가 하나님과의 생명적 관계를 위한 것이라면, 회개는 하나님께서 우리의 몸을 새롭게 하시도록 하기 위함이다. 우리가 회개할 때 하나님께서 우리를 통해 그분의 일을 행하실 수 있게 된다.

> **사 53:4-6** 그는 실로 우리의 질고(히, 홀리 : 질병)를 지고(히, 나사 : 담당하다, 자신이 가져가다), 우리의 슬픔(히, 마코브 : 고통)을 당하였거늘(히, 사발 : 짊어지다, 무거운 것을 대신 짊어지다) 우리는 생각하기를 그는 징벌을 받아 하나님께 맞으며 고난을 당한다 하였노라 그가 찔림은 우리의 허물 때문이요 그가 상함은 우리의 죄악 때문이라 그가 징계를 받으므로 우리는 평화를 누리고 그가 채찍에 맞으므로 우리는 나음을 받았도다 우리는 다 양 같아서 그릇 행하여 각기 제 길로 갔거늘 여호와께서는 우리 모두의 죄악을 그에게 담당시키셨도다

예수님께서는 우리의 죄와 죄악뿐만 아니라, 심신의 연약함과 육체의 질병(마음의 질병과 신체의 질병 모두)을 가져가 담당하시고, 고통과 괴로움을 대신 짊어지셨다. 이것이 바로 예수님께서 "다 이루었다"고 말씀하신 이유다.

우리가 회개할 때 죄가 속죄된다는 본래의 의미는 예수님께서 우리의 죄를 가져가시고 그것을 대신 짊어지신다는 뜻이다. 즉, 내가 죄와

죄악 된 행동을 회개할 때마다, 그분께서 그것을 가져가시고 나 대신 고통과 괴로움을 짊어지신다. 우리는 그 사실을 실제로 느껴야 한다. 그것이 바로 무한한 사랑으로 베푸시는 그분의 은혜다.

시 68:19 날마다 우리 짐을 지시는 주 곧 우리의 구원이신 하나님을 찬송할지로다

그러므로 회개란, 거짓자아가 붙잡고 있는 모든 생각과 감정, 그리고 내 몸조차 더 이상 내 것이 아님을 인정하고, 그것들을 주님께 내어드리는 행위다. 그럴 때 주님께서 그것들을 가져가시고 짊어지시며, 하나님께서 우리 몸을 통치하신다. 이것이 바로 우리가 몸을 통해 하나님께 영광을 올려드리는 삶이다. 내 생각과 감정, 문제와 고통을 주님께 드렸다고 해서 곧바로 현실이 바뀌는 것은 아니다. 그러나 주님께서 그것들을 짊어지시는 순간, 그것들이 내게 미치는 권세와 영향력은 사라진다. 그때부터 하나님께서 그 문제에 직접 개입하실 수 있는 길이 열리는 것이다.

(3) 회개의 확신을 얻는 방법

지은 죄를 회개했음에도 불구하고, 하나님께서 죄를 사하셨다는 확신이 들지 않는 이유는 무엇일까? 그것은 회개를 하나님과 나의 관계적 측면, 곧 혼의 구원을 이루어가는 관점에서 보지 않기 때문이다. 대부분의 경우, 사람들은 거짓자아로 자신의 행위를 회개한다. 그러나 생각해보라. 거짓자아는 타락한 혼이 자신의 생각과 감정, 행동을 자신과 동일시함으로써 만들어낸 허상이다. 그런 거짓자아로 자신의 잘

못된 생각과 감정, 행동을 회개한다는 것은 오히려 자신에게 고통을 가하는 일이지, 자신을 변화시키는 것이 아니다.

회개는 어떤 상태에서 이루어져야 할까? 오직 예수 그리스도 안에서 이루어져야 한다. 그러나 문제는 자신이 누구인지 알지 못하는 사람은 여전히 죄책감과 정죄감, 두려움 속에 있기 때문에 그리스도 안에 들어갈 수 없다고 생각하고, 결국 들어가지 않게 된다는 점이다.

현실적으로 생각해보라. 당신은 예수 그리스도를 믿고 구원을 얻었지만 여전히 죄를 짓고 있다. 그렇다면 당신이 다시 하나님의 자녀로 돌아갈 수 있는 조건은 죄를 짓지 않고 거룩한 삶을 사는 것인가? 지금 당신이 죄를 짓지 않으려 하고 거룩한 삶을 살고자 하는 이유는 하나님의 자녀로 돌아가기 위해서인가? 아니면 이미 하나님의 자녀가 되었기 때문에 그리스도 안에서 하나님의 의를 나타내기 위해서인가?

그렇다면 당신이 죄를 지었을 때 가장 먼저 해야 할 일은 무엇인가? 스스로 죄를 고백하고 후회하며 자신을 정죄하고, 하나님께 더 큰 약속을 하며 스스로 고행하는 일인가? 아니면 오직 은혜로 말미암아 믿음으로 먼저 그리스도 안에 들어가는 것인가?

당신이 지금 하나님이 보시기에 부끄럽거나 하나님께서 싫어하시는 일을 행했다고 하자. 어떻게 할 것인가? 스스로를 정죄할 것인가? 고행할 것인가? 아니면 하나님으로부터 멀리 떠날 것인가? 그럴 필요는 없다. 그럴수록 더욱 뻔뻔하게 예수 그리스도 안으로 들어가야 한다. 다시 하나님 앞으로 나와야 하고, 하나님의 자녀성을 회복해야 한다. 당신이 지은 죄가 더 큰가? 아니면 예수 그리스도의 보혈의 능력이 더 큰가?

사 1:18 여호와께서 말씀하시되 오라 우리가 서로 변론하자 너희의 죄가 주홍 같을지라도 눈과 같이 희어질 것이요 진홍 같이 붉을지라도 양털 같이 희게 되리라

(4) 회개의 실제와 적용

회개는 하나님의 자녀가 누려야 할 은혜다. 이제 다음의 과정을 통해 자신의 정체성을 확인하고, 주님께 죄를 올려드리며, 말씀을 심중에 새기는 실제적인 적용을 하라.

(a) 하나님 자녀의 정체성 확인

주님! 제가 예수 그리스도 안에 있는 하나님의 자녀임에도 불구하고, 내 혼이 몸의 종노릇함으로써 과거의 구습대로 생각하고 느끼고 행동했습니다.

(b) 구체적인 죄의 고백과 감사

죄와 죄악, 잘못된 생각과 감정, 그리고 신체의 고통까지도 모두 내 것이라 여겼습니다. 이제 이 모든 것을 주님께 드립니다. 주님께서 가져가시고 짊어지셨기에 그것들은 더 이상 저에게 아무런 권세도 권위도 미치지 못하며, 저는 자유합니다. 제가 당해야 할 모든 질고와 슬픔을 주님께서 저 대신 짊어지셨습니다. 주님의 말할 수 없는 은혜에 감사드립니다.

(c) 하나님 말씀의 심중 기록

이제 주님의 말씀대로 이루어진 생각과 감정을 제 심중에 심었습니다. 그대로 이루어졌습니다. 심겨진 말씀대로 생각하고 느끼고 행하게 하심에 감사합니다. 제가 제 것이라 여기고 움켜쥐고 붙들었던 곳에 주님의 생명과 축

복이 다시 흘러들어오기 시작했습니다. 감사합니다. 주님께서 저를 새롭게 하셨습니다.

용서와 회개로 경험하는 하나님 형상 회복하기

하나님 형상의 회복은 과거의 상처를 벗어나는 것을 넘어 그리스도 안에서 새로운 정체성을 살아내는 것이다. 용서와 회개는 그 회복을 이루는 실제적 통로다. 그렇다면 우리는 어떻게 용서와 회개를 통해 하나님의 형상을 회복할 수 있을까?

첫째, 우리의 관심을 과거의 상처와 쓴뿌리, 그리고 견고한 진에 두는 것이 아니라, 거짓자아에서 벗어나 내가 그리스도 안에서 새로운 피조물이며, 하나님의 의요, 영적 존재라는 사실을 깨닫고 실제로 체험해야 한다. 둘째, 일상의 삶 속에서 내 혼과 몸이 지은 죄를 그리스도 안에서 용서와 회개를 통해 늘 온전하게 하는 것이다. 이것은 혼의 구원을 이루어가는 것을 의미한다.

우리가 용서하고 회개하는 목적은 거룩해지기 위함이 아니라, 하나님께서 우리를 통해 그의 일을 온전히 이루시기 위함이다. 용서와 회개는 하나님께서 우리의 육체를 새롭게 하시고, 그 육체를 영광의 통로로 사용하셔서 이 땅에 그분을 나타내시기 위해 절대적으로 필요한 과정이다. 따라서 용서와 회개는 거짓자아로 하는 것이 아니라, 예수 그리스도 안에서 예수 그리스도의 이름으로 행해야 한다. 그러므로 진정한 용서와 회개는 먼저 그리스도 안으로 들어가는 것에서 시작된다.

우리는 이미 새로운 피조물이 되었지만, 현실에서는 여전히 거짓자아로 살며 죄를 반복한다. 그러므로 그리스도 안에서 하나님의 자녀임을 깨닫고, 혼과 몸이 지은 죄를 용서와 회개를 통해 주님께 드릴 때 마침내 죄와 마귀의 권세로부터 자유함을 누리게 된다. 즉, 용서와 회개는 거짓자아에서 벗어나 그리스도 안에 거하는 것이다. 자유의지를 가진 혼이 자신의 생각과 감정에서 벗어나 하나님의 영 안에 거하는 것이다. 그럴 때 주의 통치 안에서(주님과 생명적 관계 안에서) 그분께서 그분의 말씀을 우리의 심중에 기록하시도록 자유의지로 허용하게 되고, 그로 인해 몸이 새롭게 되는 삶을 살아가게 된다.

이처럼 용서와 회개는 영으로써 몸의 행실을 죽이는 것이며, 몸 안에 있는 더러운 것을 비워 하나님의 생명으로 채우는 과정이다. 그 생명은 우리를 통해 다른 사람에게 흘러가고, 우리는 그 생명(나 자신)을 하나님께 드리는 삶으로 점점 더 나아가게 된다. 다시 말하지만, 용서와 회개의 본질은 나의 자유함이나 죄 사함에 있지 않다. 그 본질은 하나님께서 우리의 몸을 새롭게 하심으로써 우리를 통해 자신을 나타내시려는 데 있다. 따라서 우리가 그리스도 안에서 온전한 용서와 회개를 행할 때 기름부음이 나타난다.

요 7:38 나를 믿는 자는 성경에 이름과 같이 그 배에서 생수의 강이 흘러나오리라 하시니

우리는 용서와 회개를 통해 거짓자아에서 벗어나 그리스도 안에 있는 진정한 자아를 발견하게 된다. 그리고 하나님과의 온전한 관계 속에서 영생을 누리며, 하나님의 영광이 우리를 통해 나타나는 삶을 경험하게 된다. 이것이 바로 하나님 형상을 회복한 자녀로서 이 땅에서 하나님나라의 삶을 사는 것이다. 기억하라. 용서는 상대방을 위한 것이

아니라 나를 자유케 하기 위한 것이며, 회개는 내가 변하기 위한 것이 아니라 하나님께서 나를 통해 일하시도록 하기 위한 것이다.

묵상과 나눔

1. 끊어진 전선 : 하나님의 생명과 축복은 전기가 전선을 타고 흐르듯 끊임없이 공급되고 있습니다. 그러나 용서하지 못함과 회개하지 않음은 그 흐름을 차단합니다. 지금 삶에서 하나님의 생명이 막혀 있다고 느껴지는 영역은 어디인가요? 그 안에 용서하지 못한 사람이 있거나, 회개하지 않은 부분이 있는지 돌아보고 나누어보세요.

2. 100억의 비유와 존재의 자유 : 설령 100억을 잃었다 해도, 그것이 곧 '나'는 아니라는 사실을 깨닫게 되면 내 존재는 그 손실로부터 자유로울 수 있습니다. 지금까지 당신이 '나'와 동일시해왔던 손실이나 상처는 무엇인가요? 그로부터 당신의 존재가 자유롭다는 진리를 받아들인다면, 당신의 삶에 어떤 변화가 일어날 수 있을까요?

3. 독약의 비유와 용서 : 용서하지 않는 것은 내가 독약을 먹고, 상대방이 죽기를 기다리는 것과 같습니다. 지금까지 품어온 원한이나 쓴뿌리는 실제로 누구를 더 괴롭혀왔나요? 주님 안에서 잠잠히 돌아보며 진실하게 마주해보세요.

4. 회개의 새로운 이해 : 지금까지 죄를 지었을 때 어떤 방식으로 회개해왔나요? '그리스도 안에서의 회개'와 '거짓자아에서 비롯된 회개'의 차이를 실제로 경험한 적이 있다면, 그때 어떤 깨달음과 자유가 주어졌는지 나누어보세요.

5. 용서와 회개를 통한 영광의 통로 : 최근 용서하거나 회개함으로써 다시 하나님의 생명이 흐르기 시작한 경험이 있나요? 그 회복의 과정 속에서 나타난 하나님의 역사나 변화가 있다면 구체적으로 나누어보세요.

chapter 15

하나님의 임재의식과 기름부음 흘려보내기

하나님의 임재 가운데 거하기

(1) 하나님의 임재와 영광 이해하기

하나님은 온 우주에 편재(omnipresence)하신다. 그러나 성경이 말하는 '하나님의 임재'(presence of God)란 단순한 존재의 보편성이 아니라, 하나님께서 특정한 시간과 공간 속에서 인격적으로, 의도적으로, 구속사적 목적에 따라 자신의 존재를 드러내시는 자기계시의 사건을 의미한다. 이는 단지 하나님이 '계신다'는 사실을 넘어, 그분의 인격적 현존과 주권적 통치가 실질적으로 나타나는 것이다. 성경은 이러한 임재를 '하나님의 얼굴'(히, 파님 ; 헬, 프로소폰), "앞", "낯"이라는 표현으로 설명하며, 영어 성경에서는 이를 "presence"로 번역한다.[8]

---

[8] 예를 들어 출애굽기 33장 14절에서 히브리어 '파님'은 KJV에서 "My presence shall go with thee"로, ESV/NIV에서 "My presence will go with you"로 번역되었다. 직역하면 "face"이지만, 문맥상 하나님의 임재를 가리키므로 대부분의 영어 성경은 "presence"로 옮긴다.

이 하나님의 임재가 감지되거나 가시적 방식으로 드러날 때 성경은 이를 '하나님의 영광'(히, 카보드)이라 부른다. '케보드'의 기본형인 '카보드'는 본래 "무게", "중량", "실재적 중대함"을 의미하는 단어로, 하나님의 존재 자체의 중요성과 거룩함, 권능이 실제로 '드러날 때' 사용된다. 신약에서는 헬라어 '독사'가 이 개념을 계승하며, 이는 "광휘", "위엄", "존귀", "경배받으시기에 마땅함"을 뜻한다. 즉, 임재는 하나님의 본질적 실재이며, 영광은 그 임재가 감지되고 체험되는 양태(樣態, modality)[9]라 할 수 있다.

이 임재와 영광의 관계는 출애굽기 33장에서 극적으로 묘사된다. 모세가 하나님께 "주의 영광을 내게 보이소서"라고 간구하자 하나님은 "내가 내 모든 선한 것을 네 앞으로 지나가게 하고 여호와의 이름을 네 앞에 선포하리라"라고 응답하신다(출 33:18-19). 여기서 '영광'은 단순한 광채나 외형적 현상이 아니라, 하나님의 성품과 이름, 본질이 실제적이고 관계적으로 드러나는 것이다. 이어 하나님은 "네가 내 얼굴을 보지 못하리니 나를 보고 살 자가 없음이니라"(출 33:20)라고 말씀하시며, 그 영광의 실재가 얼마나 두렵고 거룩한 것인지를 드러내신다.

이 임재-영광의 관계는 성막과 성전에서도 반복된다. 출애굽기 40장에는 여호와의 영광이 구름 가운데 성막에 충만히 임하여 모세조차 그 안에 들어갈 수 없었다고 한다(출 40:34-35). 이는 하나님의 임재가 물리적 현현(불, 구름, 빛 등)으로 나타났을 때, 그 현현 자체가 하나님의 영광의 실체였음을 보여준다. 임재는 언제나 거룩함을 동반하며, 임재가 임하는 공간은 거룩한 곳이 된다. 그리고 이 거룩함이 감지 가능한

9 어떤 사물이나 현상이 구체적으로 드러나는 방식이나 형태를 뜻한다. 여기서는 하나님의 임재가 감지되고 경험되는 구체적 표현이나 나타남의 방식을 의미한다.

형태로 드러나는 것, 그것이 바로 하나님의 영광이다.

임재-영광의 관계는 예수 그리스도의 성육신 안에서 절정에 이른다. 요한복음 1장 14절은 "말씀이 육신이 되어 우리 가운데 거하시매 우리가 그의 영광을 보니 아버지의 독생자의 영광이요 은혜와 진리가 충만하더라"라고 기록한다. 여기서 '거하다'(헬, 스케노오)는 "장막을 치다"라는 뜻으로, 구약의 성막에 임하셨던 하나님의 '영광'이 예수 그리스도 안에 동일하게 거하셨음을 의미한다. 그분은 히브리서 1장 3절에서 "하나님의 영광의 광채시요 그 본체의 형상"으로 불리며, 하나님의 임재는 그리스도 안에서 구체화되고 영광은 인격화된 형태로 나타났다.

오순절 성령강림 이후 하나님의 임재는 성령님을 통해 믿는 자 안에 내주하시는 방식으로 전개된다. 이제 성도는 하나님의 임재의 처소가 되었고, 그 안에 하나님의 영광의 빛이 비추어진다. 고린도후서 4장 6절은 이렇게 증언한다. "어두운 데에 빛이 비치라 말씀하셨던 그 하나님께서 예수 그리스도의 얼굴에 있는 하나님의 영광을 아는 빛을 우리 마음에 비추셨느니라." 이제 임재는 내면화되었고, 영광은 계시의 빛으로 성도의 심령 속에 작용하는 실재가 되었다.

성경은 이러한 하나님의 영광을 다음 세 가지 측면으로 드러낸다.

- □ **본체적 영광**(내재적 영광) : 하나님 자신의 존재 안에 있는 충만한 영광 (요 17:5 ; 히 1:3)
- □ **발산된**(현시된) **영광**(계시적 영광) : 창조세계 안에서 감지되고 드러나는 영광. 성막, 성전, 성육신 등 (출 40:34 ; 요 1:14)
- □ **반영된**(담지된) **영광**(반사적 영광) : 하나님의 형상을 따라 창조된 인간과 성도가 그분의 영광을 담지하고 반사하는 영광(출 34:29-35 ; 고후 3:18)

종말론적으로 하나님의 임재와 영광은 완전히 회복되어 충만하게 실현된다. 요한계시록 21장 3절은 "하나님의 장막이 사람들과 함께 있으매"라고 선언하며, 이어서 21장 23절은 "그 성은 해나 달의 비침이 쓸 데 없으니 이는 하나님의 영광이 비치고 어린 양이 그 등불이 되심이라"라고 말한다. 이제 임재는 완전하고 가려짐이 없는 형태로 실현되며, 영광은 만물을 덮는 충만한 빛과 생명이 된다.

결론적으로 하나님의 임재와 영광은 구속사 전반에 걸쳐 긴밀히 연결된 이중 구조다. 임재는 하나님의 자기계시의 본질이고, 영광은 그 임재가 역사 속에 나타나는 방식이다. 이 모든 것은 삼위일체 하나님의 사역 속에서 아버지의 계획, 아들의 구현, 성령의 적용을 통해 인류와 창조세계 안에 실현되며, 마침내 그분 자신의 충만함으로 온 세상을 가득 채우신다.

(2) 임재와 영광의 삶 : 성도의 정체성과 소명

하나님의 임재와 영광은 단지 과거의 역사적 사건이거나 종말에만 실현될 신비한 현실이 아니다. 하나님의 자녀인 성도는 지금 이 땅에서 하나님의 임재 가운데 거하며, 그 영광을 담지하고 반영하는 존재로 부름받았다. 이는 성도의 존재론적 정체성이며 동시에 삶의 목적과 이유이기도 하다. "내 이름으로 불려지는 모든 자 곧 내가 내 영광을 위하여 창조한 자를 오게 하라 그를 내가 지었고 그를 내가 만들었느니라"(사 43:7).

구약의 다윗은 시편 27편 4절에서 이렇게 고백한다. "여호와의 아름다움을 바라보며 그의 성전에서 사모하는 그것이라." 이는 임재의 공간인 성전에 접근하여 하나님을 외적으로 바라보는 예배자의 태도를 보여준다. 그러나 신약의 성도는 하나님을 단지 '바라보는 자'에 머무르지 않는다. 우리는 하나님으로부터 나서(요 1:13), 그리스도 안에 있으며(고후 5:17), 성령 안에서 하나님과 연합된 자들이다(고전 6:17). 이제 성도는 하나님 안에 거하는 자요, 그 몸은 내주하시는 성령의 전(고전 6:19)이 되었다.

그러므로 우리의 예배는 더 이상 거룩한 공간에 나아가 하나님을 사모하는 외부적 행위가 아니다. 그리스도 안에 있는 자로서 하나님의 아름다움과 거룩함이 우리 안에서 형상화되고 반사되도록 살아가는 삶 자체가 예배다. 우리는 단지 주의 임재 앞에 머무는 존재가 아니라, 주의 임재의 영광을 담고 드러내며 살아가는 자들이다. 다시 말해 성도의 존재 자체가 임재의 처소이며 영광의 통로다.

바울은 고린도후서 3장 18절에서 다음과 같이 말한다. "우리가 다 수건을 벗은 얼굴로 거울을 보는 것같이 주의 영광을 보매 그와 같은 형상으로 변화하여 영광에서 영광에 이르니 곧 주의 영으로 말미암음이니라." 이 말씀은 성도의 삶이 단순히 윤리적 개혁이 아니라, 하나님의 임재 가운데 그분의 영광을 담고 점진적으로 나타내는 존재적 변화임을 보여준다. 성령 안에서 하나님의 임재를 체험하는 성도는 그 임재로부터 흘러나오는 하나님의 영광을 반사하고 구현하는 삶으로 나아가게 된다. 이것이 바로 '성화'(sanctification)의 핵심이며 종말에 완성될 '영화'(glorification)의 예표다.

또한 베드로전서 2장 9절은 성도의 정체성과 사명을 이렇게 요약한다. "그러나 너희는 택하신 족속이요 왕 같은 제사장들이요 거룩한 나라요 그의 소유가 된 백성이니 이는 너희를 어두운 데서 불러 내어 그의 기이한 빛에 들어가게 하신 이의 아름다운 덕을 선포하게 하려 하심이라." 성도는 하나님의 임재가 거하시는 성전이며, 세상에 하나님의 얼굴을 반사하는 거울과 같은 존재이다. 세상은 하나님을 직접 볼 수 없지만, 성도를 통해 그 영광의 빛을 보게 된다. 이러한 삶은 사명감에서 비롯된 노력이 아니라, 그리스도 안에서 새롭게 된 정체성에서 흘러나와 자연스럽게 맺히는 열매다. 이것이 바울이 말한 '영광에서 영광으로' 나아가는 성도의 여정이다.

(3) 하나님의 임재와 영광을 체험하는 길

하나님의 임재와 영광은 단지 신학적 개념이나 미래의 희망이 아니라, 지금 이 땅에서 성도가 실제로 체험하고 누릴 수 있는 구속사적 현실이다. 성경은 우리가 성령 안에서 하나님의 생명과 직접 연결된 자라고 선언한다(요 15:4). 이는 우리는 하나님의 임재 안에서 살도록 부름받았으며, 그 영광을 담지하고 나타내도록 창조되었다는 뜻이다.

그렇다면 우리는 어떻게 이 임재와 영광을 실제로 경험할 수 있을까? 하나님의 임재에 따른 영광을 체험하는 방법은 다양하다. 성경은 예배와 찬양, 기도와 방언, 그리고 '영적 호흡'이라 부를 수 있는 깊은 내적 실천을 통해 임재와 생명의 흐름에 참여함으로써 그분의 영광을 나타낼 수 있다고 가르친다. 이러한 실천은 거짓자아에서 벗어나 하나님과의 현재적(시간적), 생명적(관계적), 영적(차원적) 관계를 회복할 때 가능하다. 그리하여 우리는 그리스도 안에서 주어진 소명에 따라 주의 영광을 나타내는 새로운 피조물로 살아가게 된다.

(a) 하나님의 영광(이름, 인격, 속성, 능력 등)을 찬양하고 경배할 때

시 150:6 호흡이 있는 자마다 여호와를 찬양할지어다 할렐루야

시 71:23 내가 주를 찬양할 때에 나의 입술이 기뻐 외치며 주께서 속량하신 내 영혼이 즐거워하리이다

시 22:3 이스라엘의 찬송 중에 계시는 주여 주는 거룩하시니이다

대하 5:13-14 나팔 부는 자와 노래하는 자들이 일제히 소리를 내어 여호와를 찬송하며 감사하는데 나팔 불고 제금 치고 모든 악기를 울리며 소리를 높여 여호와를 찬송하여 이르되 선하시도다 그의 자비하심이 영원히 있도다 하매 그 때에 여호와의 전에 구름이 가득한지라 제사장들이 그 구름으로 말미암아 능히 서서 섬기지 못하였으니 이는 여호와의 영광이 하나님의 전에 가득함이었더라

(b) 방언을 할 때(하나님과 영적으로 교제할 때)

고전 14:2 방언을 말하는 자는 사람에게 하지 아니하고 하나님께 하나니 이는 알아 듣는 자가 없고 영으로 비밀을 말함이라

고전 14:14 내가 만일 방언으로 기도하면 나의 영이 기도하거니와 나의 마음은 열매를 맺지 못하리라

하나님의 영광을 찬양하며 방언으로 하나님과 교제할 때 우리는

- □ 점점 더 자기를 부인하고 자기 십자가를 지게 된다(혼이 몸의 종노릇에서 벗어남).
- □ 하나님을 향한 마음의 눈이 밝아진다(혼이 깨어 있게 됨).
- □ 성령의 소욕에 이끌림을 받게 된다(혼이 소생케 됨).
- □ 혼(자아의식체)이 본래의 역할인 하나님을 나타내는 의식을 갖게 된다(혼이 그리스도 의식을 회복함).
- □ 내 안에 계신 주님의 임재로부터 영광을 드러낸다(성품과 기름부음).

(c) 영적 호흡을 회복할 때

하나님의 임재와 그에 따른 영광을 삶 속에서 지속적으로 체험하는 길은 바로 영적 호흡을 회복하는 데 있다. 우리의 영적 여정은 무엇보다 하나님과의 생명적 관계에 기초한다. 성경은 우리의 존재 자체가 하나님의 생기와 밀접하게 연결되어 있음을 증언한다.

> **창 2:7** 여호와 하나님이 땅의 흙으로 사람을 지으시고 생기를 그 코에 불어넣으시니 사람이 생령이 되니라

이때 '생혼'(생령, living soul)은 히브리어로 '네페쉬 하야' 헬라어로는 '프쉬케 조산'인데 모두 그 어원이 "호흡"이다. 이는 우리가 단순한 물질적 존재가 아니라 하나님 생명의 숨결로 호흡하며 살아가는 존재임을 보여준다. 인간의 혼(히, 네페쉬)은 하나님의 '생기'(히, 니쉬마트 하임)에 의해 생명을 얻고 유지되며, 이 사실은 인간이 근본적으로 하나님의

영적 생명에 의존하는 존재임을 드러낸다. 따라서 인간은 하나님과 생명적 관계를 가졌기 때문에 하나님의 자녀로 살아갈 수 있는 것이다.

욥 32:8 그러나 사람의 속에는 영이 있고 전능자의 숨결이 사람에게 깨달음을 주시나니

욥 34:14-15 그가 만일 뜻을 정하시고 그의 영과 목숨(히, 네샤마 : 숨결)을 거두실진대 모든 육체가 다 함께 죽으며 사람은 흙으로 돌아가리라

욥기 33장 4절도 이렇게 말한다. "하나님의 영이 나를 지으셨고 전능자의 기운(숨결)이 나를 살리시느니라." 이는 인간의 존재가 하나님의 숨결로 호흡하는 것과 밀접하게 연결되어 있음을 확인해준다. 하나님께서 생기를 불어넣으셨을 때 우리 안에 영이 생겨났지만, 하나님과의 생명적 관계는 그분의 숨결로 호흡할 때 비로소 이루어진다.

그러나 타락 이후 하나님의 영이 떠나심으로 비록 인간 안에 영은 존재하지만 더 이상 기능하지 못하는 상태가 되었다. 하나님의 숨결로 호흡하지 못하기 때문에 하나님과의 생명적 관계도 단절되었다. 그 결과 타락한 우리의 혼은 자신의 정체성을 유지하기 위해 하나님께서 주시는 말씀 대신에 자신의 생각과 감정을 자신과 동일시하게 되었고, 거짓자아로 살아가며 결국 마귀의 통치 아래 놓이게 되었다.

예수 그리스도를 통해 거듭났을 때 하나님의 영이 다시 우리에게 임하셨다. 그러나 많은 그리스도인들은 여전히 하나님과의 생명적 관계를 실제로 체험하지 못하고 있다. 그 이유는 자유의지를 가진 타락한 혼이 여전히 과거의 구습에 따라 몸의 종노릇을 하며, 심중에 심겨진

왜곡된 믿음체계에 기초한 생각과 감정을 자신과 동일시하는 거짓자아로 살아가기 때문이다.

(4) 육체의 호흡과 영적 호흡의 차이

육체의 호흡은 생물학적 생존을 위한 필수 기능으로 산소를 들이마시고 이산화탄소를 내보내는 가스 교환 작용이다. 이 육체적 호흡은 우리의 의식적 노력 없이 자율신경계에 의해 자동으로 조절되며, 세포의 에너지 생산과 신체 기능 유지를 위해 꼭 필요하다.

반면에 영적 호흡은 하나님의 생명과 교제하는 영적 차원의 활동이다. 이는 타락한 자유의지를 지닌 우리의 혼이 깨어나 더 이상 육체의 소욕에 사로잡히지 않고, 성령의 소욕에 이끌림을 받아 그분의 영 안에 거함으로써, 그 생명이 우리의 몸에 운행하고 통치하는 것을 의미한다. 즉, 하나님의 생명이 심중 깊은 곳에서 끊임없이 올라와 우리의 온몸을 운행하시는 것을 경험하는 것이다. 이러한 영적 호흡을 통해 우리의 혼은 인자로 오신 예수님께서 하나님과 교제하셨던 것처럼 그리스도 의식을 갖게 되며, 하나님의 영을 의식하고 몸으로 그분을 나타내는 삶을 살 수 있게 된다.

우리가 거듭났음에도 불구하고 혼은 여전히 자유의지를 가진 타락한 상태로 몸의 종노릇을 하는 경우가 많다. 이는 성경이 말하는 '육신의 소욕'의 상태다. 우리가 반드시 성령체험을 해야 하는 이유는 성령님께서 우리의 몸을 통치하실 때 혼이 자신의 생각과 감정에서 벗어나게 되고, 그 해방과 자유를 통해 혼이 성령의 소욕에 사로잡히게 되기 때문이다.

바울은 로마서 7장을 통해 이 내적 갈등을 생생하게 묘사한다. "내가 원하는 바 선은 행하지 아니하고 도리어 원하지 아니하는 바 악을 행하는도다"(롬 7:19). 이 말씀은 우리의 혼이 육신의 욕구와 그에 따라 형성된 자동화된 패턴에 깊이 얽매여 있음을 보여준다. 그러나 바울은 이어지는 로마서 8장에서 이렇게 말한다. "너희가 육신대로 살면 반드시 죽을 것이로되 영으로써 몸의 행실을 죽이면 살리니 무릇 하나님의 영으로 인도함을 받는 사람은 곧 하나님의 아들이라"(롬 8:13-14). 이는 혼이 더 이상 육신의 지배 아래 머무르지 않고, 성령의 인도하심을 받아 살아야 할 존재임을 분명히 알려준다.

타락한 혼은 다음과 같은 특징을 가진다.

- □ 물질적 감각적 만족에 집착함
- □ 자기중심적 욕망에 사로잡힘
- □ 두려움, 불안, 걱정으로 가득 찬 상태
- □ 과거의 상처와 미래에 대한 근심에 얽매임
- □ 하나님보다 세상의 가치관을 따름

우리의 혼이 하나님의 영 안에 거하는 것은 단순한 이론이나 개념이 아니라 실제적 영적 상태이다. 마태복음 16장 24-25절은 자기를 부인하고 자기 십자가를 지는 삶이 혼의 상태에 달려 있음을 명확히 드러낸다.

마 16:24-25 이에 예수께서 제자들에게 이르시되 누구든지 나를 따라오려거든 자기를 부인하고 자기 십자가를 지고 나를 따를 것이니라 누구든지 제 목숨(헬, 프쉬케 : 혼)을 구원하고자 하면 잃을 것이요 누구든지 나를 위하여 제 목숨(헬, 프쉬케 : 혼)을 잃으면 찾으리라 예수님께서는 요한복음 15장에서 이를 포도나무와 가지의 관계로 설명하셨다. “내 안에 거하라 나도 너희 안에 거하리라 가지가 포도나무에 붙어 있지 아니하면 스스로 열매를 맺을 수 없음 같이 너희도 내 안에 있지 아니하면 그러하리라”(요 15:4).

우리의 혼이 몸의 종노릇에서 벗어나 하나님의 영 안에 거하게 되는 가장 효과적인 방법 중 하나는 ‘임재호흡 기도’를 훈련하는 것이다. 임재호흡 기도의 목적은 혼이 성령의 소욕에 사로잡혀 하나님의 영 안에 거하게 되고, 그 결과 하나님의 생명이 우리의 몸에 임하시도록 하는 데 있다. 우리는 이러한 영적 호흡을 통해 바울의 고백처럼 “이제는 내가 사는 것이 아니요 오직 내 안에 그리스도께서 사시는 것이라”(갈 2:20)라는 말씀의 실체를 경험하게 된다. 그때 우리의 혼은 더 이상 자신의 몸과 세상에 묶이지 않고 깨어 있게 되며, 그 결과로 우리는 그리스도 의식으로 살아가게 된다.

성경은 여러 구절에서 영적 호흡의 개념을 암시한다. 앞서 언급한 창세기 2장 7절뿐만 아니라, “이 말씀을 하시고 그들을 향하사 숨을 내쉬며 이르시되 성령을 받으라”(요 20:22)는 말씀도 그 예다. 부활하신 예수님께서는 제자들에게 성령을 부여하실 때 ‘숨을 내쉬는’ 행위를 하셨다. 이 장면은 창조 때 하나님께서 아담에게 생기를 불어넣으신 것과 상응하는 ‘새 창조’의 행위로 이해할 수 있다. 이는 영적 호흡이 단순한 상징이 아니라 하나님의 생명을 전달하는 실제적 통로임을 보여준다.

“주 여호와께서 이 뼈들에게 이같이 말씀하시기를 내가 생기를 너희에게 들어가게 하리니 너희가 살아나리라 너희 위에 힘줄을 두고 살을 입히고 가죽으로 덮고 너희 속에 생기를 넣으리니 너희가 살아나리라 또 내가 여호와인 줄 너희가 알리라 하셨다 하라"(겔 37:5-6). 이처럼 마른 뼈 환상에서도 하나님은 죽은 뼈들에게 생기를 불어넣어 생명을 주신다. 우리는 이 말씀을 볼 때 종종 "하나님의 생기가 임하면 사람이 살아난다"라는 외적 현상에만 주목한다. 그러나 더 깊이 들여다보면, 우리에게 필요한 것은 단순히 생기가 '임하는 것'이 아니라, 그 생기와 생명적으로 '관계하는 것'임을 깨닫게 된다. 이것은 영적 호흡이 영적 부활과 갱신의 핵심임을 분명히 보여준다.

"하나님의 영이 나를 지으셨고 전능자의 기운이 나를 살리시느니라"(욥 33:4). 이 구절은 하나님의 '영'(히, 루아흐)과 그분의 '기운'(히, 네샤마 : 숨결)이 우리의 생명을 창조하시고 유지하신다는 사실을 강조한다. '기운'은 "호흡"이나 "숨결"을 뜻하는 히브리어로, 하나님의 영적 호흡이 우리의 존재에 생명을 불어넣을 뿐 아니라 그 호흡을 통해 하나님과 생명적 관계를 맺는다는 의미도 내포하고 있다.

"호흡이 있는 자마다 여호와를 찬양할지어다 할렐루야"(시 150:6). 이 구절은 '호흡'과 '찬양'을 긴밀히 연결한다. 모든 호흡하는 존재는 그 호흡 자체가 창조주를 인정하고 찬양하는 행위가 되어야 함을 시사한다. 우리의 모든 호흡은 영적 차원에서 하나님을 향한 경배의 표현이 될 수 있다.

그러나 현실을 보면, 수많은 그리스도인들이 예수 그리스도를 믿음으로 하나님의 영이 내주하셨음에도 불구하고, 그분의 영광을 나타내지 못하고 여전히 육적인 삶에 머무르고 있는 모습을 보게 된다. 그 이유는 무엇인가? 바로 우리 안에 임하신 하나님의 영과 생명적 관계(영적 호흡)를 실제로 누리지 못하고 있기 때문이다. 또한 사도행전은 분명히 '생명'과 '호흡'을 구분하여 언급하며 영적 호흡의 필요성을 드러내고,

우리가 그것에 힘입어 살아갈 수 있음을 밝히고 있다.

행 17:25 또 무엇이 부족한 것처럼 사람의 손으로 섬김을 받으시는 것이 아니니 이는 만민에게 생명과 호흡과 만물을 친히 주시는 이심이라

행 17:28 우리가 그를 힘입어 살며 기동하며 존재하느니라 너희 시인 중 어떤 사람들의 말과 같이 우리가 그의 소생이라 하니

흥미로운 점은 일부 신비주의적 유대교(Kabbalistic Judaism) 전통과 현대 유대 신학자들 가운데, '야훼'(YHWH)라는 하나님의 이름 자체가 인간의 호흡(들숨과 날숨)을 상징한다고 해석한다는 사실이다. 즉, 'YH(들숨)-WH(날숨)'의 흐름을 통해 인간은 살아 있는 동안 끊임없이 하나님의 이름을 호흡하며 존재한다는 것이다.

(5) 임재호흡 기도

1단계 : 호흡 자체에 집중하기

가장 먼저 호흡 자체에 집중한다. 이렇게 하는 목적은 지금 이 순간 여기에 초점을 둠으로써 생각과 감정으로 만들어진 거짓자아로부터 벗어나기 위함이다. 이는 과거와 미래에 대한 생각에서 자유로워지고, 혼이 몸의 종노릇에서 벗어나도록 돕는 과정이다. 또한 생각과 감정 이전에 있는 인식의 근원, 곧 감각에서 출발함으로써 혼이 더 쉽게 자유함을 누리게 된다.

들이쉬고 내쉬는 호흡을 깊고 천천히 하면서 코를 통해 공기가 들어

오고 나가는 감각에만 주의를 기울인다. 이때 중요한 점은 들숨과 날숨 사이에 멈춤이 없도록 해야 한다는 것이다. 숨이 멈추는 순간 혼이 다시 생각과 감정에 사로잡히기 쉽기 때문이다.

숨을 쉴 때는 혀끝을 입천장에 가볍게 붙이고 코로 호흡하는 것이 좋다. 이렇게 하면 호흡이 더 깊고 안정되며 심신이 빠르게 이완되고 온몸에서 가스 교환이 이루어지는 것을 느낄 수 있다.

2단계 : 하나님과의 생명적 교제 의식하기

호흡이 자연스럽게 안정되면, 이제 그 호흡이 하나님의 생명과 교제하는 것임을 의식한다. 들이쉴 때는 내 존재의 근원인 심중 깊은 곳으로부터 생수를 끌어올리듯 그려보고, 내쉴 때는 그 생수가 온몸으로 자연스럽게 흘러가는 것을 상상해본다. 이때 요한복음 7장 38절의 "나를 믿는 자는 성경에 이름과 같이 그 배에서 생수의 강이 흘러나오리라 하시니"라는 말씀처럼 하나님의 생명이 심중으로부터 올라온다. 또한 빌립보서 2장 13절의 "너희 안에서 행하시는(헬, 에네르곤 : 활동하다) 이는 하나님이시니 자기의 기쁘신 뜻을 위하여 너희에게 소원을 두고 행하게 하시나니"라는 말씀처럼 그 생명이 내 안에서 운행하며 나를 통해 흘러가는 것을 체험하게 된다.

3단계 : 하나님의 생명에 자신을 맡기기

그럴 때 우리의 혼은 더 이상 자신의 생각과 감정에 묶이지 않고 자연스럽게 몸으로부터 분리되며, 이제는 하나님의 영을 찾게 된다. 이는 인간이 본래 하나님의 생명과 교제하도록 창조되었기 때문이다. 전도서 3장 11절은 "또 사람들에게는 영원을 사모하는 마음을 주셨느니라"라고 말한다.

더 깊은 단계로 나아가면 우리의 혼이 하나님의 생명만을 바라보게 된다. 시편 46편 10절의 "너희는 가만히 있어 내가 하나님 됨을 알지어다"라는 말씀처럼 처음에는 우리의 혼이 하나님 앞에 잠잠히 머무는 것을 경험해야 한다. 이것은 '거룩한 낭비'의 시간이다. 자기를 부인하고 오직 주님만을 의지하는 것이다.

그리고 점점 더 자신을 주님께 의탁하면 할수록, 우리의 혼은 단지 주님을 바라보는 데 머물지 않고 그분께 자신을 온전히 맡기게 된다. 그때는 자기에 대한 의식이 사라지고, 더 이상 주님을 의식하려 애쓰지 않아도 오직 주님만이 전부가 되는 것을 경험하게 된다. 시편 131편 2절의 말씀처럼 "내가 내 영혼으로 고요하고 평온하게 하기를 젖 뗀 아이가 그의 어머니 품에 있음 같게 하였나니 내 영혼이 젖 뗀 아이와 같도다"와 같은 상태에 이르게 되는 것이다. 자기에 대한 의식이 사라질수록 하나님의 임재는 더욱 충만하게 느껴진다. 생각해보라. 젖 뗀 아이는 자기 자신에 대한 의식이 없다. 그 의식은 부모의 임재를 느끼며 깊은 만족 가운데 존재한다.

4단계 : 하나님의 영 안에서 생활하기

이 단계는 하나님의 현존 안에서 - 지금 이 순간 여기에서 - 자연스럽게 임재호흡 기도를 하며 주님을 끊임없이 의식하는 삶을 살아가는 것이다. 이는 3단계에서 자아에 대한 의식이 해체된 깊은 일치를 경험한 이후, 그 일치를 자유의지로 선택하며 살아가는 혼의 깨어 있는 상태다. 이때 혼은 하나님의 영을 의식하는 그리스도 의식을 지니게 되며, 더 이상 과거의 경험과 지식이나 외부의 영향을 받지 않고 오직 주님의 임재 안에 거하는 삶을 실제로 체험하게 된다.

갈 6:14 그러나 내게는 우리 주 예수 그리스도의 십자가 외에 결코 자랑할 것이 없으니 그리스도로 말미암아 세상이 나를 대하여 십자가에 못 박히고 내가 또한 세상을 대하여 그러하니라

5단계 : 그리스도 의식 체험하기

우리의 혼이 하나님의 영 안에 거할 때, 하나님께서는 성령을 통해 우리의 심중에 의와 평강과 희락을 심어주시며, 그로 인해 우리의 혼은 몸을 통하여 하나님께서 주시는 것을 누리게 된다. 로마서 14장 17절은 이를 다음과 같이 말한다. "하나님의 나라는 먹는 것과 마시는 것이 아니요 오직 성령 안에 있는 의와 평강과 희락이라." 이때 우리의 혼은 사랑과 영광을 통해 기쁨을 누리고, 있음과 온전함을 통해 평강을 누리며, 갈망과 창조를 통해 의를 누리게 된다. 이에 대해 야고보서 1장 21절은 이렇게 권면한다. "그러므로 모든 더러운 것과 넘치는 악을 내버리고 너희 영혼(헬, 프쉬케 : 혼)을 능히 구원할 바 마음(심중이라는 의미)에 심어진 말씀을 온유함으로 받으라."

(6) 임재호흡 기도 실천 시 주의사항

(a) 생각과 감정에 대한 태도

호흡 중에 어떤 생각이나 감정이 떠오르더라도 그것을 없애려 하거나 저항하지 않고, 있는 그대로 바라보며 흘려보내야 한다. 그 내용물에 관심을 두지 말고 다시 호흡으로 의식을 돌린다. 중요한 것은 우리

의 혼이 생각의 내용이 아니라 생각하는 것으로부터 벗어나는 것이다.

(b) 육체의 반응

육체는 종종 자신을 본래의 상태로 유지하려는 본능적 저항으로 인해 신체적 불편함이나 졸음을 유발할 수 있다. 이는 자연스러운 현상이므로 걱정하지 않아도 된다. 졸음이 오면 연속으로 두 번 호흡한 뒤[10] 다시 정상 속도로 돌아가면 된다.

(c) 훈련의 지속성

처음에는 1-2분으로 시작해 점차 5분, 10분으로 늘려간다. 규칙적으로 반복하여 훈련할수록 혼이 하나님의 영 안에 거하는 상태가 점차 안정된다.

(d) 일상생활에서의 적용

처음에는 휴대폰 알람을 1-2시간 간격으로 설정해두고, 1-2분 정도라도 임재호흡 기도를 실천해보라. 이것이 습관이 되면 일상의 모든 순간에서 자연스럽게 임재호흡 기도를 통해 주님의 임재를 의식하게 될 것이다.

---

10 한번 정상적으로 들숨을 한 뒤 날숨을 내쉬기 직전에 짧고 강하게 한 번 더 들이쉬는 방식이다. 즉, 두 번 연속으로 깊고 빠르게 들숨을 하는 것이다. 이때 더 많은 공기가 유입되어 날숨이 평소보다 깊어지고 이를 통해 육체가 깨어나게 된다.

(7) 임재호흡 기도의 실제적인 유익

(a) 거짓자아에서 벗어남

문제 해결에 집착하지 않게 된다. 어떤 상황에 처하더라도 자신의 참된 정체성, 즉 하나님의 자녀라는 사실을 기억하게 된다. "성령이 친히 우리의 영과 더불어 우리가 하나님의 자녀인 것을 증언하시나니"(롬 8:16).

(b) 하나님의 임재 체험

하나님의 생명이 우리 안에서 운행하시는 것을 실제로 체험하게 된다. 이것은 피상적 관념이나 추상적 개념이 아니라 온몸으로 느껴지는 실제적 경험이다. "영광의 풍성함인 이 비밀은 너희 안에 계신 그리스도시니"[11]라는 말씀이 실체화되는 것이다(골 1:27). 이때 우리는 더 이상 머리의 관념으로 하나님과 교제하지 않고, 혼이 하나님과 생명적으로 호흡하며, 동시에 가슴(심장과 심중)으로 그분께서 주시는 감동을 느끼게 된다.

(c) 그리스도 중심의 삶

모든 일에 '내'가 주체가 아니라 '그리스도'가 주체가 되는 삶을 체험하게 된다. 갈라디아서 2장 20절의 "내가 그리스도와 함께 십자가에 못 박혔나니 그런즉 이제는 내가 사는 것이 아니요 오직 내 안에 그리스도께서 사시는 것이라"는 말씀이 삶으로 실현된다. 이를 통해 모든

---

11 헬라어 원문 직역은 "이 비밀은 너희 안에 계신 그리스도, 곧 영광의 소망이라"(골 1:27)이다. 여기서 '영광의 풍성함인'이라는 표현은 27절 앞 구절의 "이 비밀의 영광이 이방인 가운데 얼마나 풍성한지"를 문맥상 연결하여 강조한 의역이다.

상황에서도 흔들리지 않는 담대함을 가질 수 있다.

(d) 늘 깨어 있는 의식 상태

임재호흡 기도를 꾸준히 실천하면 일상 속에서도 늘 깨어 있는 의식 상태를 유지할 수 있다. 이는 단순히 정신이 맑은 상태가 아니라, 영적으로 깨어 있어 하나님의 임재와 인도하심을 민감하게 감지하고 반응할 수 있는 상태를 의미한다. 예수님께서 "깨어 기도하라"(마 26:41)고 하신 말씀은 바로 이런 상태를 가리키신 것이다. 깨어 있는 의식 상태는 세상의 유혹과 거짓자아의 속임수에 빠지지 않도록 보호해주며, 성령님의 인도함을 더 선명하게 받고 따르도록 이끈다.

(e) 주를 나타내는 강건함

하나님의 생명이 죽어 있는 세포와 조직과 기관까지도 살리며, 음식이 주는 육신의 힘이 아닌 하나님으로부터 오는 영적인 힘이 우리를 새롭게 하신다. 하나님께서 새 힘을 주신다는 약속의 말씀을 실제로 경험하게 되는 것이다.

> **사 40:31** 오직 여호와를 앙망하는 자는 새 힘을 얻으리니 독수리가 날개치며 올라감 같을 것이요 달음박질하여도 곤비하지 아니하겠고 걸어가도 피곤하지 아니하리로다

> **요삼 1:2** 사랑하는 자여 네 영혼(헬, 프쉬케 : 혼)이 잘됨 같이 네가 범사에 잘되고 강건하기를 내가 간구하노라

임재호흡 기도는 단순한 명상 기법이나 자기개선 방법이 아니다. 이것은 하나님과의 생명적 관계를 회복하고, 혼이 타락한 상태에서 벗어나 하나님의 영 안에 거하도록 하는 영적 실천이다. 우리가 의식적으로 영적 호흡을 실천할 때 점차 거짓자아에서 벗어나 그리스도 안에서 참된 정체성을 발견하게 된다. 이는 그저 자신에 대한 새로운 인식을 얻는 차원이 아니라, 실제로 하나님의 생명이 우리 안에서 흘러나와 우리의 전인격을 변화시키는 실체적 경험이다.

육신의 부모로부터 태어날 때 가장 근본적인 육적 활동이 호흡인 것처럼, 우리가 거듭났을 때 가장 근본적인 영적 활동은 임재호흡 기도다. 이는 우리의 존재 자체가 하나님으로부터 비롯되었고, 오직 그분과의 관계 속에서만 자녀의 삶이 실현될 수 있음을 깨닫게 한다. 이 훈련을 통해 우리는 단지 하나님에 대해 아는 것에 머무르지 않고, '앎-체험-존재(새로운 피조물)'가 하나 되는 삶으로 나아가게 된다.

기름부음으로 하나님의 뜻을 이루어가는 삶

성경에서 '기름부음'은 본래 하나님께서 거룩한 목적을 위해 특별히 선택한 사람이나 물건에 기름을 붓는 행위를 의미했다. 그러나 신약시대에 들어서면서 이 개념은 성령의 능력이 성도들에게 임하는 영적 실체로 확장되었다.

기름부음(anointing)은 성령님 그분 자체를 의미하는 것이 아니라, 하나님의 임재에 따른 영광으로 인하여 현시된 하나님의 능력을 뜻한다. 우리는 성령님이 우리 안에 내주하시는 것과 그분의 능력이 우리를 통해 나타나는 것을 구분해서 이해해야 한다. 기름부음은 내주하시는 성령께서 하나님의 뜻을 나타내기 위해 '능력'과 '표적'으로 나타나시는 외적 현현으로, 성령의 임재로 인한 하나님 능력의 외적인 현시라고 할 수 있다.

(1) 성경에 나타난 기름부음의 의미

구약에서의 기름부음

구약에서 기름부음은 크게 세 가지 의미로 나타난다. 첫째, 거룩한 목적을 위해 사람이나 성막과 성막의 기구들에 기름을 발라 따로 구별하는 행위였다(출 30:26-29), 둘째, 특별한 사람(왕, 선지자, 제사장)에게 하나님의 사명을 위임하기 위해 기름을 붓는 것이었다(왕상 19:15-16), 셋째, 신적 위임에 따른 직분을 수행할 수 있도록 하나님의 권세와 능력을 부여하는 것이었다(출 30:30). 이는 각각 '성별'(하나님께 드려짐), '위임'(사명 수여), '현현'(권능과 능력의 나타남)을 의미한다.

신약에서의 기름부음

신약에서는 구약의 첫 번째와 두 번째 의미였던 성별과 위임이 이미 중생과 물세례, 그리고 성령의 내주를 통해 성취된다. 그러나 세 번째 의미인 직분 수행을 위한 권세와 능력은 위로부터 임하시는 성령님을 통해 주어진다. 이것이 바로 우리가 논하는 신약적 기름부음의 핵심이다. 성령강림 이후의 시대는 선지자 요엘의 예언(욜 2:28-29 ; 행 2:17-18)이 성취된 시대다. 이제 하나님은 특정한 사람에게만이 아니라 모든 자녀에게 성령을 부으셨고, 그 결과 모든 성도가 기름부음 안에서 각자의 소명에 따라 그리스도의 증인으로 살아가도록 부르심을 받았다.

따라서 기름부음은 더 이상 제한된 임재가 아니라, 종말론적 새 언약 공동체에 주어진 보편적 특권이다.

예수님의 삶에서도 동일한 패턴을 볼 수 있다. 누가복음 3장 21-22절에 따르면 예수님께서 세례를 받으실 때 성령이 비둘기 같은 형체로 그 위에 강림하셨고, 누가복음 4장 14절과 18절에는 "예수께서 성령의 능력으로 갈릴리에 돌아가시니", "주의 성령이 내게 임하셨으니 이는 가난한 자에게 복음을 전하게 하시려고 내게 기름을 부으시고"라고 기록되어 있다. 이는 예수님께서도 위로부터 임하시는 성령님을 통한 기름부음으로 이 땅에서의 사명을 감당하셨음을 확인시켜준다.

눅 6:19 온 무리가 예수를 만지려고 힘쓰니 이는 능력이 예수께로부터 나와서 모든 사람을 낫게 함이러라

눅 8:46 예수께서 이르시되 내게 손을 댄 자가 있도다 이는 내게서 능력이 나간 줄 앎이로다 하신대

눅 5:17 하루는 가르치실 때에 갈릴리의 각 마을과 유대와 예루살렘에서 온 바리새인과 율법교사들이 앉았는데 병을 고치는 주의 능력이 예수와 함께 하더라

또한 사도행전 10장 38절은 "하나님이 나사렛 예수에게 성령과 능력을 기름 붓듯 하셨으매 그가 두루 다니시며 선한 일을 행하시고 마귀에게 눌린 모든 사람을 고치셨으니 이는 하나님이 함께 하셨음이라"라고 말한다.

예수님의 제자들도 동일한 원리를 따랐다. 그들은 부활하신 주님께로부터 성령세례를 받았다(요 20:22). 그럼에도 예수님께서는 주의 일을 행하기 위해 성령강림을 기다리라고 명하셨다. "볼지어다 내가 내 아버지께서 약속하신 것을 너희에게 보내리니 너희는 위로부터 능력으로 입혀질 때까지 이 성에 머물라 하시니라"(눅 24:49). "오직 성령이 너희에게 임하시면 너희가 권능을 받고 예루살렘과 온 유대와 사마리아와 땅 끝까지 이르러 내 증인이 되리라 하시니라"(행 1:8). 즉, 성령의 내주와 더불어 하나님의 뜻을 이루기 위한 능력의 기름부음이 반드시 필요하다는 것을 예수님과 제자들의 삶 모두에서 확인할 수 있다.

바울도 이 사실을 분명히 밝힌다. "우리를 너희와 함께 그리스도 안에서 굳건하게 하시고 우리에게 기름을 부으신 이는 하나님이시니 그가 또한 우리에게 인치시고 보증으로 우리 마음(헬, 카르디아 : 심중)에 성령을 주셨느니라"(고후 1:21-22).

(2) 기름부음과 하나님의 능력

기름부음은 하나님의 능력(the Power of God)과 직결되며, 다음과 같은 특징을 지닌다.

- □ 기름부음은 하나님의 임재 가운데 나타나는 영광의 현시된 능력이다.
- □ 하나님의 능력은 하나님의 영광의 한 부분이다.
- □ 기름부음은 하나님의 영광이 육체를 통해 드러나는 방식이다.

이 하나님의 권능은 기름부음을 받은 사람을 통해 나타난다.

행 5:12-16 사도들의 손을 통하여 민간에 표적과 기사가 많이 일어나매 믿는 사람이 다 마음을 같이하여 솔로몬 행각에 모이고 … 심지어 병든 사람을 메고 거리에 나가 침대와 요 위에 누이고 베드로가 지날 때에 혹 그의 그림자라도 누구에게 덮일까 바라고 예루살렘 부근의 수많은 사람들도 모여 병든 사람과 더러운 귀신에게 괴로움 받는 사람을 데리고 와서 다 나음을 얻으니라

행 19:6 바울이 그들에게 안수하매 성령이 그들에게 임하시므로 방언도 하고 예언도 하니

행 19:11-12 하나님이 바울의 손으로 놀라운 능력을 행하게 하시니 심지어 사람들이 바울의 몸에서 손수건이나 앞치마를 가져다가 병든 사람에게 얹으면 그 병이 떠나고 악귀도 나가더라

(3) 기름부음에 대한 오해와 진리

많은 그리스도인들이 성령의 내주, 성령세례, 성령충만, 그리고 기름부음을 혼용하거나 동일시하는 경우가 많다. 그러나 성경은 이들을 구분할 필요가 있음을 보여준다. 성령의 내주는 구속적 임재로서 구원으로 모든 성도에게 주어진 은혜의 상태(롬 8:9 ; 고전 6:19)다. 반면 기름 자체는 성령님을 비유하기도 하지만, 기름부음은 단순한 상징이 아니라 내주하시는 성령께서 사명을 위해 외적으로 능력을 나타내시는 사역적 임재를 의미한다. 성령충만은 기름부음과 부분적으로 중첩되지만 내적 인격과 성품, 외적 사역 능력을 함께 아우르는 개념이다. 신약에서 성령세례는 예수 그리스도를 믿는 모든 사람에게 주어지지만, 그

이후 성도는 각자의 영역에서 그리스도를 나타내는 증인으로 살아가기 위해 기름부음의 능력을 받아야 한다.

기름부음은 영적 전쟁에 있어 말씀과 더불어 가장 강력한 공격 무기이다. 우리가 예수 그리스도의 이름으로 말씀을 선포할 때, 그 말씀을 실제로 이루시는 분이 성령의 능력, 곧 기름부음이다. 동일한 말씀을 선포하더라도 역사의 강도와 결과가 달라지는 이유는 바로 기름부음의 차이 때문이다.

마 8:16 저물매 사람들이 귀신 들린 자를 많이 데리고 예수께 오거늘 예수께서 말씀으로 귀신들을 쫓아 내시고 병든 자들을 다 고치시니

눅 10:19 내가 너희에게 뱀과 전갈을 밟으며 원수의 모든 능력을 제어할 권능을 주었으니 너희를 해칠 자가 결코 없으리라

우리는 기름부음을 간절히 사모해야 한다. 하나님의 뜻을 이루기 위해서는 그리스도의 성품과 더불어 각종 은사들의 근원이 되는 기름부음이 반드시 함께해야 하기 때문이다. 그러나 많은 사람들은 기름부음을 다음과 같이 오해한다.

기름부음은 성직자나 영적 리더와 같은 특별한 사람만 받을 수 있으며, 엄청난 노력이나 수행을 통해 얻는 것이라고 생각한다. 그러나 성경은 하나님께서 예수 그리스도를 통하여 모든 믿는 자에게 기름부음을 약속하셨다고 증언한다. 우리는 만인대제사장으로 부름받은 자들이다(벧전 2:9). 기름부음은 우리가 하나님께서 주신 소명에 따라 그분의 일을 행할 때 은혜로 부어주시는 것이다.

어떤 이들은 기름부음보다 말씀을 사모해야 한다고 주장하며, 성령의 능력보다 그리스도의 성품을 더 중요하게 여긴다. 그러나 성경은 하나님의 뜻을 이루기 위해 말씀과 성령이 결코 분리될 수 없다고 가르친다. 사도 바울은 "하나님의 나라는 말에 있지 아니하고 오직 능력에 있음이라"(고전 4:20)고 선포했고, 예수님은 "나를 믿는 자는 성경에 이름과 같이 그 배에서 생수의 강이 흘러나오리라 하시니 이는 그를 믿는 자들이 받을 성령을 가리켜 말씀하신 것이라"(요 7:38-39)라고 말씀하셨다. 이는 모든 믿는 자에게 성령의 강력한 역사가 약속되었음을 보여준다.

(4) 지속적인 기름부음을 받고 흘려보내기[12]

(a) 기름부음의 본질 이해하기

모든 믿는 자에게는 기름부음이 넘친다. 이는 성령 하나님께서 우리 안에 내주하시기 때문이다. 흔히 기름부음은 다른 사람으로부터 능력 전이를 받을 때 생긴다고 여기지만 성경은 그렇게 가르치지 않는다. 다른 이의 안수는 단지 마중물에 불과하다. 예수님께서 "내가 주는 물을 마시는 자는 영원히 목마르지 아니하리니 내가 주는 물은 그 속에서 영생하도록 솟아나는 샘물이 되리라"(요 4:14)라고 말씀하신 그대로다.

우리 자신을 수원지에 파이프를 박은 펌프로 생각해보자. 마중물이 부어질 때 펌프질을 하면 파이프의 아래 깊은 수원지에서 물이 솟아오르는 것처럼, 우리 안에도 생명의 수원지 되시는 성령님이 계신다. 그러

12 성령과 기름부음, 그리고 우리 내면의 변화에 대해 더 구체적으로 알기 원하면, 《환영합니다 성령님》(손기철, 규장)을 보라.

나 생수가 흘러나오려면 먼저 우리 안에 가득 찬 쓰레기를 치워야 한다. 동시에 하나님께서 우리 몸을 친히 통치하시며 나타나시는 것을 믿음으로 받아들일 때, 심중의 가장 깊은 곳으로부터 생수가 올라와 흘러나가게 된다. 이것이 바로 기름부음의 본질이다.

(b) 신선한 기름부음의 필요성

시편 92편 10절은 "그러나 주께서 내 뿔을 들소의 뿔같이 높이셨으며 내게 신선한 기름을 부으셨나이다"라고 말한다. 여기서 말하는 기름부음은 일회적 체험이 아니라 지속적으로 부어지는 하나님의 능력의 흐름을 뜻한다. 에베소서 5장 18절에서도 술 취하지 말고 성령으로 충만함을 받으라고 말씀하며 계속적 충만을 강조한다.

그러면 기름부음은 어떻게 받고, 또 어떻게 해야 지속적으로 신선한 기름부음이 임할 수 있을까? 베드로전서 2장 9절에 따르면 우리는 왕 같은 제사장으로서 항상 제단의 불을 꺼뜨리지 말아야 한다(레 6:12-13). 이는 앞서 언급한 펌프의 비유와도 연결된다. 펌프질을 멈추면 펌프 몸통에 있던 물은 다시 땅 밑 수원지로 내려가버리지만, 끊임없이 펌프질을 이어가면 물이 계속 흘러넘친다. 적든 많든 물이 펌프의 몸통에 계속 머물러 있어야 한다. 이처럼 제단의 불을 꺼뜨리지 않는다는 것은 주님과 생명적 관계를 끊임없이 유지하는 것을 의미한다.

이를 위해 우리는 '비움-채움-나눔-드림'의 네 단계를 훈련할 수 있다. 이런 단계들이 성경에 구조적으로 명시된 것은 아니다. 다만 말씀에 기초하여 영적 훈련을 돕기 위해 편의적으로 정리한 실천적 구성이다. 동시에 이 네 단계는 삼위일체 하나님의 구속사적 사역과 깊이 연결된다. 성부는 '계획하심'(드림 : 영광받기 원하심), 성자는 '중보하심'(비

움과 채움 : 죄와 죄악을 가져가시고 말씀으로 채우심), 성령은 '적용하심'(나눔 : 하나님의 지혜와 사랑과 권능을 나타내심)과 관련된다. 앞서 언급했듯이 기름부음은 내주하시는 성령께서 하나님의 뜻을 따라 사역 가운데 외적으로 능력을 나타내시는 것을 의미한다. 따라서 비움과 채움이 결여된 상태에서도 기름부음이 일시적으로 나타날 수 있다. 그러나 기름부음이 성령의 열매와 더불어 지속적으로 나타나기 위해서는 이 네 단계의 훈련이 반드시 동반되어야 한다.

(c) 기름부음을 위한 네 가지 실천[13]

□ **비움** : 비움이란 상처와 쓴뿌리, 그리고 왜곡된 믿음을 제거하는 것으로 주로 내적 치유와 관련이 있다. 동시에 세상에 대한 경험과 지식, 그로 인해 형성된 믿음체계와 사고체계를 포기하는 것이기도 하다. 그 결과 자유의지를 가진 혼은 죄와 마귀의 세력으로부터 자유하게 된다. 비움은 혼이 자기를 부인하고 자기 십자가를 지는 것과 깊이 연결되며, 이는 앞서 살펴본 용서와 회개를 통해 이루어진다.

□ **채움** : 채움이란 하나님의 사랑과 생명으로 우리 존재가 충만해지는 것이다. 성령을 통해 하나님의 말씀과 사랑, 영광과 평강이 우리 심중 깊은 곳에 임하도록 하는 것이다. 이는 우리가 그리스도 안에서 하나님의 의가 되었다는 사실을 받아들이는 것과 밀접히 관련된다. 채움을 통해 우리는 죄의식과 죄책감, 정죄감, 열등감으로부터 자유케 된다.

---

13 이 부분에 대해 더 구체적으로 알기 원하면 《기름부으심》(손기철, 규장)을 참고하라.

야고보서 1장 21절은 이 비움과 채움의 원리를 분명히 가르쳐준다. 세상 풍조, 초등학문, 부모로부터 물려받은 유전, 잘못된 전통들을 내버리고, 그 자리에 주의 말씀과 사랑, 평강을 심으라는 것이다.

약 1:21 그러므로 모든 더러운 것과 넘치는 악을 내버리고 너희 영혼을 능히 구원할 바 마음(헬, 카르디아 : 심중)에 심어진 말씀을 온유함으로 받으라

이것은 우리의 혼이 더 이상 몸의 종노릇을 하는 것이 아니라, 성령의 인도함을 받아 하나님의 영 안에 거할 때 이루어진다.

약 4:8 하나님을 가까이하라 그리하면 너희를 가까이하시리라 죄인들아 손을 깨끗이 하라 두 마음(헬, 딥시코스 : 두 혼)을 품은 자들아 마음(헬, 카르디아 : 심중)을 성결하게 하라

갈 5:16 내가 이르노니 너희는 성령을 따라 행하라 그리하면 육체의 욕심을 이루지 아니하리라

비움은 주님의 임재 앞에 잠잠히 머무는 거룩한 낭비의 시간을 가지는 것이고, 채움은 혼이 하나님과 생명적 관계를 누리며 심중이 의와 평강과 기쁨으로 충만해지는 것이다. 죄에서 벗어나기 위해 죄 자체를 붙들고 생각할수록 오히려 거짓자아는 더 깨어난다. 반면 하나님의 의를 깊이 생각할수록 나는 죽고 오직 그리스도만이 전부가 된다.

지속적인 비움과 채움을 통해 우리는 하나님으로부터 나서 예수 그리스도 안에 있는 존재이며, 하나님의 의라는 사실을 실제로 체험하게

된다. 그럴 때 우리의 삶에는 성령의 열매가 끊임없이 맺히고, 겉사람은 후패하지만 속사람은 날로 새로워지는 변화를 경험한다. 이러한 기초 위에 나눔과 드림이 더해지는 것이 온전한 기름부음의 비밀이다.

□ **나눔** : 나눔이란 내 안에 계신 하나님의 생명을 흘려보내어 나를 통해 그분의 영광이 나타나는 것이다. 잃어버린 영혼과 피조세계에 대한 하나님의 거룩한 부담감에 순종하는 삶을 훈련하는 것이다. 성령님의 임재 가운데 주의 사랑으로 이루어진 주의 말씀을 믿고, 그 말씀에 따라 주의 일을 행할 때 주의 권능이 나타난다.

빌 2:13 너희 안에서 행하시는 이는 하나님이시니 자기의 기쁘신 뜻을 위하여 너희에게 소원을 두고 행하게 하시나니

요 8:29 나를 보내신 이가 나와 함께 하시도다 나는 항상 그가 기뻐하시는 일을 행하므로 나를 혼자 두지 아니하셨느니라

막 16:17-20 믿는 자들에게는 이런 표적이 따르리니 곧 그들이 내 이름으로 귀신을 쫓아내며 새 방언을 말하며 뱀을 집어올리며 무슨 독을 마실지라도 해를 받지 아니하며 병든 사람에게 손을 얹은즉 나으리라 하시더라 주 예수께서 말씀을 마치신 후에 하늘로 올려지사 하나님 우편에 앉으시니라 제자들이 나가 두루 전파할새 주께서 함께 역사하사 그 따르는 표적으로 말씀을 확실히 증언하시니라

□ **드림** : 드림이란 하나님을 영화롭게 하는 것이다. 경배를 통하여 그분

으로부터 받은 생명을 다시 그분께 돌려드리는 일이다. 감사와 찬양, 경배로 주님께 영광을 올려드리는 것은 하나님 자녀로서 마땅한 본분이다. 이는 내 생명이 하나님으로부터 왔음을 깨닫고, 그 생명을 다시 하나님께 드리는 것을 의미한다.

롬 11:36 이는 만물이 주에게서 나오고 주로 말미암고 주에게로 돌아감이라 그에게 영광이 세세에 있을지어다 아멘

하나님께서 우리에게 생명으로 찾아오신 것처럼 우리는 그 생명을 다시 하나님께 올려드림으로써 그분과 사랑을 나누고 교제하게 된다. 꼬마전구가 건전지의 양극(+)과 음극(-)에 연결될 때 빛을 발하듯, 우리의 존재는 하나님과의 생명적 연결을 통해서만 빛을 발한다. 사도 바울은 "하나님을 알되 하나님을 영화롭게도 아니하며 감사하지도 아니하고 오히려 그 생각이 허망하여지며 미련한 마음이 어두워졌나니"(롬 1:21)라고 경고한다. 드림은 생명적 교제이며, 천상의 영역, 영원의 영역에서 일어나는 거룩한 교제다.

골 3:3 이는 너희가 죽었고 너희 생명이 그리스도와 함께 하나님 안에 감추어졌음이라

(5) 실제적인 기름부음 나타내기

(a) 기름부음을 구하지 말라. 당신 안에는 이미 기름부음이 넘친다.
(b) 내가 모든 일을 하고 주님은 단지 도와주신다는 사고방식에서 벗어나라. 하나님께서는 나를 통해서 친히 그의 일을 행하기를

원하신다.

(c) 매 순간 거짓자아에서 벗어나라. 살아가면서 더 나은 존재가 되려는 사고방식에서 벗어나 지금 이 순간 여기에서 하나님을 나타내는 것이 내 삶임을 기억하라.

(d) 항상 내 안에 계시는 주님의 생각과 감정이 나타난다는 것을 의식하며 생각하고 느끼고 말하라.

(e) 마음을 항상 비워라. 그리고 그 마음이 하나님의 영광의 통로가 되게 하라.

- □ 진리에 합하지 않는 생각은 늘 주님께 드림으로 비워라.
- □ 하나님의 사랑 안에서 의와 희락과 평강으로 채워라.
- □ 당신의 모든 육체가 의의 병기가 되도록 하라.
- □ 내 것이 아니라 주님의 것을 마음껏 나누라.
- □ 항상 주님께 감사와 영광을 올려드려라. 주님께서 나에게 주신 생명이 다시 주님께 흘러가도록 하라.

기름부음은 그리스도의 성품과 함께 나타날 때 가장 강력하다. 기름부음과 그리스도의 성품은 모두 위로부터 임하시는 성령님을 통해 나타나지만, 기름부음이 넘친다고 해서 그 사람에게서 그리스도의 성품이 자동으로 나타나는 것은 아니다. 그리스도의 성품이 나타나도록 하려면 성령 안에서 날마다 십자가로 나아가며, 내 생명이 예수 그리스도의 죽으심 위에 존재한다는 사실을 알아야 한다. 그러므로 우리는 날마다 비움-채움-나눔-드림의 삶을 실천해야 한다.

이제 기름부음의 삶으로 나아가자. 주님의 능력이 나를 통해 흘러가는 것은 특별한 소수에게만 허락된 특권이 아니라 모든 신자에게 주어진 영광스러운 초대다. 그러므로 우리는 성령의 충만함 가운데서 날마다 신선한 기름부음을 구하고, 그것을 삶으로 증거해야 한다.

묵상과 나눔

1. 성령의 내주와 기름부음 : 거듭난 이후 성령의 내주하심은 분명히 경험했지만, 기름부음의 능력은 아직 충분히 누리지 못했다고 느낀 적이 있나요? 그 차이를 어떻게 이해하고 있으며, 나는 나에게 필요한 것을 무엇이라고 여기고 있나요?

2. 임재호흡 기도의 실천 : 임재호흡 기도의 다섯 단계 가운데 지금 가장 도전받는 단계는 어디입니까? 특히 자기에 대한 의식이 사라지고 오직 주님만이 전부가 되는 자리로 나아가는 데 어려움을 느끼고 있다면, 그 원인이 무엇이며 어떻게 극복할 수 있을까요?

3. 기름부음의 목적과 사명 : 모든 성도는 기름부음을 받아 각자 삶의 영역에서 그리스도의 증인이 되도록 부름받았습니다. 그렇다면 내가 받은 소명은 무엇인가요? 그 소명을 감당하기 위해 지금 나에게 어떤 은사와 기름부음이 필요할까요?

4. 비움 – 채움 – 나눔 – 드림의 실천 : 기름부음을 지속적으로 누리기 위한 네 단계 '비움 – 채움 – 나눔 – 드림' 중 특별히 더 집중이 필요하다고 느껴지는 영역이 있다면 어디인가요? 그 영역을 실제로 세워가기 위해 어떤 구체적인 실천을 시작할 수 있을까요?

chapter 16

킹덤빌더의 무장 : 하나님의 전신갑주 입기

사도 바울은 로마의 감옥에서 에베소서를 기록했다. 에베소서는 크게 세 부분으로 나눌 수 있다. 1-3장에서는 그리스도 안에서 믿는 자들의 정체성과 하나님의 구원 계획, 그리고 교회의 본질을 다루며 교리적 기초를 세운다. 4장 1절에서 6장 9절에서는 성도의 삶의 방식, 교회 안의 연합, 가정과 사회 속 관계에 관한 실천적 교훈을 제시한다. "끝으로"라는 말로 시작하는 6장 10-24절에서는 영적 전쟁에 관한 가르침을 전한다. 이 주제가 에베소서의 마지막에 배치된 것은 결코 우연이 아니다. 에베소는 아르테미스 여신 숭배의 중심지로 마술과 신비주의가 만연했던 도시다. 사도행전 19장에 기록된 것처럼, 바울은 이곳에서 사역할 때 강력한 영적 대립과 충돌을 경험했다. 은 세공업자 데메드리오가 일으킨 소동은 복음과 이교 문화가 얼마나 첨예하게 대립했는지를 보여주는 대표적인 사건이었다.

이러한 배경 속에서 바울은 에베소의 신자들에게 그들이 직면한 영적 전투의 본질을 밝히고, 이에 대응하기 위한 하나님의 전신갑주를 제시했다. 감옥에서 로마 병사들의 갑옷을 날마다 목격했던 바울은, 그 이미지를 비유로 삼아 신자들이 이교 문화의 압력과 거짓 가르침, 그리고 영적 세력들과의 싸움에서 어떻게 승리할 수 있는지를 가르쳤다.

영적 전쟁의 실재

에베소서 6장 10-12절은 영적 전쟁의 본질을 다음과 같이 규정한다.

> **엡 6:10-12** 끝으로 너희가 주 안에서와 그 힘의 능력으로 강건하여지고 마귀의 간계를 능히 대적하기 위하여 하나님의 전신 갑주를 입으라 우리의 씨름은 혈과 육을 상대하는 것이 아니요 통치자들과 권세들과 이 어둠의 세상 주관자들과 하늘에 있는 악의 영들을 상대함이라

여기서 분명히 알 수 있는 것은 우리의 싸움은 인간(혈과 육)에 대한 것이 아니라 보이지 않는 각종 영적 존재에 대한 것이라는 점이다. 그러나 더 중요한 것은 우리가 '이미' 승리한 자들이면서도 '아직' 전쟁 중에 있다는 역설적 상황 속에 있다는 사실이다. 예수님의 십자가와 부활을 통해 마귀와 그 권세들은 이미 결정적으로 패배했지만, 아직 완전히 제거된 것은 아니기에 우리는 여전히 영적 전쟁을 치러야 한다.

우리가 성경을 더 우주적으로 볼 때, 선교란 메시아가 오시기 전까지 타락한 천상의 존재들의 통치 아래서 죄 가운데 살아가던 인간이 예수 그리스도로 말미암아 반격을 시작하는 것이다. 이는 하나님나라가 '이미' 침투하여 역사하고 있지만, '아직' 완전히 실현되지 않은 상황에서 벌어지는 영적 전쟁이다.

마 24:14 이 천국 복음이 모든 민족에게 증언되기 위하여 온 세상에 전파되리니 그제야 끝이 오리라

타락한 영적 존재들은 일정한 위계질서 속에서 움직이며, 각 지역과 문화권마다 특정한 영적 세력들이 활동하여 사람들에게 영향력을 미친다. 그러므로 선교를 단지 예수님의 지상명령에 따른 복음 전파로만 이해해서는 안 된다. 선교는 그 땅의 거민들이 예수 그리스도를 믿는 것을 넘어, 마귀와 그의 졸개들의 통치에서 해방되어 자유함을 얻고, 그들이 세운 왕국을 무너뜨리는 일이다. 이는 하나님나라의 가치가 사회, 문화, 정치, 경제, 교육 등 모든 영역에 스며들어 근본적인 변혁을 일으키는 것을 포함한다.

영적 강건함의 중요성

영적 전쟁을 말할 때 우리는 흔히 에베소서 6장을 떠올리며 곧바로 전신갑주를 입어야 한다고 생각한다. 그러나 이제 이 말씀을 새롭게 바라볼 필요가 있다. 바울은 전신갑주를 입기 전에 "주 안에서와 그 힘의 능력으로 강건하여지고"(엡 6:10)라고 말한다. 이것이 바로 마귀의 통치를 무력화하는 핵심 열쇠다.

우리는 이미 하나님의 통치 안에 있다. 이는 단순히 '예수 그리스도를 믿는 자'라는 정체성에 머무르는 것이 아니라, '예수 그리스도 안에서 성령의 능력으로 무장된 자'를 가리킨다. 성령의 능력으로 무장된 자는 에베소서 1장 17-19절, 2장 10절, 3장 16-19절의 말씀을 실제로 체험한 것을 전제로 한다.

성령의 능력으로 무장된 자는 첫째, 지혜와 계시의 영을 받은 자다. 우리 주 예수 그리스도의 하나님, 영광의 아버지께서 지혜와 계시의 영을 주사 하나님을 알게 하시고, 그의 부르심의 소망이 무엇이며, 성도 안에서 그 기업의 영광의 풍성함과 그의 힘의 위력으로 역사하심을 따라 믿는 우리에게 베푸신 능력의 지극히 크심이 어떠한지를 알게 하신 자다(엡 1:17-19).

둘째, 하나님의 작품 된 자다. 또한 우리는 그가 만드셨으며 그리스도 예수 안에서 선한 일을 위하여 지으심을 받은 자다(엡 2:10).

셋째, 성령으로 강건해진 자다. 그의 영광의 풍성함을 따라 그의 성령으로 말미암아 속사람을 능력으로 강건하게 하심을 받고, 믿음으로 말미암아 그리스도께서 우리 마음에 계시게 하시며, 사랑 가운데서 뿌리가 박히고 터가 굳어져서 능히 모든 성도와 함께 지식에 넘치는 그리스도의 사랑을 알고, 그 너비와 길이와 높이와 깊이를 깨달아 하나님의 모든 충만하신 것으로 충만하게 하시는 은혜를 경험한 자다(엡 3:16-19).

여기서 반드시 유념해야 할 점이 있다. 만약 거짓자아 상태에서 전신갑주를 입는다면, 그것은 오히려 마귀와 그의 졸개들을 우리 안에 가두는 결과를 낳는다. 말 그대로 영적 트로이 목마 상태가 되는 것이다. 그들은 우리 안에서 우리 몸을 좀먹고 활동하게 된다. 그러므로 전신갑주를 입기 전에 반드시 주 안에서와 그 힘의 능력으로 강건해지는 것'이 선행되어야 한다.

전신갑주의 목적과 의미

엡 6:11 마귀의 간계를 능히 대적하기 위하여 하나님의 전신 갑주를 입으라

마귀를 대적하기 위해서 전신갑주를 입는다는 것은 무엇을 의미하는가? 왜 하나님의 전신갑주가 필요한가? 그것은 바로 마귀의 간계를 능히 대적하기 위함이다. 여기서 '간계'란 거짓을 진실처럼 보이게 하거나, 성경을 왜곡하여 인용하거나, 광명의 천사로 위장하거나, 하나님의 능력을 모방하는 행위뿐 아니라, 우리를 유혹하고 시험하며 참소하는 모든 술책을 포함한다. 따라서 대적한다는 것은 단순히 방어적 태세에 머무는 것이 아니라, 적극적으로 공격하여 마귀의 일을 무력화시키는 것을 의미한다.

요일 4:4 자녀들아 너희는 하나님께 속하였고 또 그들을 이기었나니 이는 너희 안에 계신 이가 세상에 있는 자보다 크심이라

고전 1:30 너희는 하나님으로부터 나서 그리스도 예수 안에 있고 예수는 하나님으로부터 나와서 우리에게 지혜와 의로움과 거룩함과 구원함이 되셨으니

이 말씀을 새롭게 바라보면, "나는 마귀와 악한 영의 공격을 받았어"라고 말하는 것이 당연하지 않다는 것을 알게 된다. 우리는 세상의 빛이다. 따라서 빛을 비추어 어두움을 물러가게 하는 삶을 살아야 한다. 이것이 바로 우리의 일상이다.

우리는 단지 마귀의 일에 당하지 않기 위해 살아가는 자들이 아니다. 깨어나 마귀의 일을 무력화시키고 이 땅에 하나님의 통치를 드러내기 위해 살아가는 자들이다. 구원받은 우리가 성화의 삶을 살아간다는 것은 구원을 이루어가는 것이다. 이를 하나님나라의 관점에서 보면, 예수 그리스도 안에서 예수 그리스도처럼 하나님의 통치를 받고, 몸을 통해 하나님의 통치를 나타냄으로 마귀의 일을 멸하고 이 땅을 다스리는 것이다.

따라서 우리는 마귀의 공격을 방어하기 위한 것이 아니라 마귀의 일을 무력화시키기 위해서 전신갑주를 입는다. 그리고 이 전신갑주는 다름 아닌 '예수 그리스도'이시다.

전신갑주의 각 부분 이해하기

엡 6:13-17 그러므로 하나님의 전신 갑주를 취하라 이는 악한 날에 너희가 능히 대적하고 모든 일을 행한 후에 서기 위함이라 그런즉 서서 진리로 너희 허리 띠를 띠고 의의 호심경을 붙이고 평안의 복음이 준비한 것으로 신을 신고 모든 것 위에 믿음의 방패를 가지고 이로써 능히 악한 자의 모든 불화살을 소멸하고 구원의 투구와 성령의 검 곧 하나님의 말씀을 가지라

하나님의 전신갑주는 보호용 무기에 그치지 않는다. 이 무장(武裝)에는 영적 전쟁에서 전투를 수행하기 위한 공격용 무기인 성령의 검(하나님의 말씀)도 포함된다. 그러므로 전신갑주는 단지 방어를 위해 입는 것이 아니라, 마귀의 나라를 정면으로 공격하고 무너뜨리기 위해 입는

것이다.

이 본문은 얼핏 보면 로마 백부장의 무장을 비유한 것처럼 보인다. 그러나 실제로는 전쟁을 위해 무장한 백부장의 모습에서 모티브를 빌려온 은유적 표현일 뿐이다. 그 본질은 하나님의 통치를 받고 하나님의 통치를 나타내신 예수 그리스도를 가리킨다. 결국 전신갑주는 예수 그리스도 안에서 예수 그리스도로 무장된 우리를 의미한다. 바로 그렇게 예수 그리스도 안에서 예수 그리스도로 무장할 때, 영적 전쟁에서 승리할 수 있다.

(1) 진리의 허리띠 : 진리이신 예수님

전신갑주의 첫 번째 요소는 진리의 허리띠다. 하나님께서는 먼저 진리로 허리띠를 띠라고 명하신다(엡 6:14). 허리띠는 모든 무장을 지탱하는 기초이자 힘을 모으는 중심이다. 역도 선수가 큰 힘을 발휘하기 위해 벨트로 허리를 단단히 두르듯, 신자도 진리로 허리를 동일 때 흔들림 없는 힘과 균형을 가질 수 있다.

요 14:6 예수께서 이르시되 내가 곧 길이요 진리요 생명이니 나로 말미암지 않고는 아버지께로 올 자가 없느니라

예수님이 진리이시다. 우리가 진리를 알게 될 때 힘을 얻게 되고 무엇보다 마귀의 거짓에 속지 않게 된다. 마귀는 거짓의 아비다(요 8:44). 그러므로 그의 간계에 속지 않고 대적하기 위해서는 진리 위에 굳건히 서 있어야 한다. 우리가 진리이신 예수 그리스도로 허리띠를 띠고 그분 안에 굳게 설 때, 비로소 하나님의 선하시고 기뻐하시고 온전하신 뜻이

무엇인지 분별할 수 있다(롬 12:2).

(2) 의의 호심경 : 하나님의 의가 되신 예수님

다음으로 의의 호심경을 붙이라고 하신다(엡 6:14). 호심경은 가슴을 보호하는 장비로 언뜻 보기에 방어구처럼 보이지만 사실 그렇지 않다. 예수님께서는 죽으셨다가 다시 살아나신 첫아들이 되셨고, 그로 말미암아 하나님의 의가 되셨다. 그리고 그 예수 그리스도 안에서 우리 또한 하나님의 의가 되었다.

고후 5:21 하나님이 죄를 알지도 못하신 이를 우리를 대신하여 죄로 삼으신 것은 우리로 하여금 그 안에서 하나님의 의가 되게 하려 하심이라

이는 인간이 가지는 의가 아니라 하나님의 본질을 가리키며, 하나님과 올바른 관계를 맺는 것을 의미한다. 곧 하나님의 자녀가 하나님의 본질을 대신 나타내는 담대함이다. 마귀를 두려워하는 것이 아니라, 하나님의 의로서 그의 계략을 무력화하는 담대함이다. 우리가 어떻게 마귀 앞에서 담대히 그를 대적할 수 있는가? 그것은 우리가 하나님의 의이며 하나님을 대신하는 자로 부름받았기 때문이다. 우리는 하나님의 자녀로서 하나님께서 위임하신 통치권을 가지고 있다. 그러므로 우리는 의이신 예수 그리스도를 호심경으로 붙이고 담대히 마귀를 대적해야 한다.

(3) 평안의 복음의 신발 : 평안의 복음이신 예수님

또한 평안의 복음이 준비한 것으로 신을 신으라고 하신다(엡 6:15).

전쟁에서 좋은 신발은 병사의 기동력을 위해 매우 중요하다. 신발이 병사로 하여금 어디든 신속히 움직이고 흔들림 없이 설 수 있도록 하듯, 복음은 신자로 하여금 어떤 상황에서도 담대히 서고 자유롭게 나아가게 한다.

사 52:7 좋은 소식을 전하며 평화를 공포하며 복된 좋은 소식을 가져오며 구원을 공포하며 시온을 향하여 이르기를 네 하나님이 통치하신다 하는 자의 산을 넘는 발이 어찌 그리 아름다운가

예수님께서는 평안의 복음을 전하셨다. 그 복음은 유대인과 이방인을 하나님과 화해시키고, 또한 서로 간에도 화해하게 하는 능력이다. 이는 에베소서 2-3장의 핵심 주제이기도 하다. 복음은 유대인이나 이방인 모두가 예수 그리스도 안에서 하나님의 친 백성이 되는 평안의 복음이다. 예수님께서는 이 좋은 소식과 더불어 이제는 하나님이 통치하신다는 복음을 선포하러 오셨다. 그러므로 우리는 평안의 복음이신 예수 그리스도로 신을 신고, 그분의 통치를 선포하는 삶을 살아야 한다.

(4) 믿음의 방패 : 믿음의 주이신 예수님

하나님께서는 모든 것 위에 믿음의 방패를 가지라고 명하신다(엡 6:16). 방패는 악한 자의 모든 불화살을 소멸시키는 방어용 무기다. 마귀는 창과 칼로 공격하지 않는다. 그는 거짓말과 속임, 유혹과 시험, 그리고 참소를 통해 공격한다. 다시 말해 마귀는 우리의 심중에 그의 말을 집어넣어 왜곡된 생각과 감정에 사로잡히게 만든다. 염려와 걱정, 근심과 두려움, 수치심과 죄책감, 우울과 원통, 분노와 슬픔 등 마귀는

셀 수 없이 다양한 불화살을 쏘아댄다. 심지어는 율법조차도 마귀가 공격하는 도구가 되기도 한다. “사망의 쏘는 것은 죄요 죄의 권능은 율법이라”(고전 15:56). 이와 같은 불화살은 주위 환경과 다른 사람, 타락한 문화와 각종 매체를 통해 끊임없이 우리를 향해 날아오고 있다.

시도 때도 없이 날아오는 불화살로부터 우리를 보호하는 것은 무엇인가? 바로 예수 그리스도께서 가지신 믿음이다. 그 믿음은 아버지께 자신을 온전히 의탁하는 믿음이며, 자신의 생각과 감정을 포기하고 하나님의 뜻에 자신을 내맡기는 믿음이다. 예수님께서도 우리와 동일하게 시험을 받으셨다. 그분은 인자로 이 땅에 오셔서 마귀의 시험을 실제로 경험하셨지만, 첫째 아담이 마귀의 속임수에 넘어간 것과 달리, 마지막 아담이신 예수님께서는 그 계략에 속지 않으셨다. 이는 자신을 하나님께 온전히 의탁함으로써 하나님의 말씀을 나타내셨기 때문이다.

히 12:2 믿음의 주요 또 온전하게 하시는 이인 예수를 바라보자 그는 그 앞에 있는 기쁨을 위하여 십자가를 참으사 부끄러움을 개의치 아니하시더니 하나님 보좌 우편에 앉으셨느니라

우리는 예수 그리스도 안에 있는 믿음을 방패로 삼아야 한다. 어떤 공격 앞에서도 자기를 부인하고 자기 십자가를 지는 믿음을 가져야 한다. 그럴 때 어떠한 불화살도 우리의 마음에 머무르지 못한다. 거짓자아를 포기하면 어떤 공격도 더 이상 문제가 되지 않는다. 마귀는 다양한 상황과 환경, 처지와 다른 사람들을 이용해 끊임없이 불화살을 쏘아댄다. 그러나 그 생각과 감정이 내가 아님을 알게 될 때, 그것들은 우리에게 아무 영향력도 미치지 못한다. 바로 이것이 자신을 하나님께

온전히 의탁하는 믿음이다.

(5) 구원의 투구 : 구원의 창시자이신 예수님

또한 하나님은 우리에게 구원의 투구를 쓰라고 명하신다(엡 6:17). 사람의 신체에서 가장 중요한 부분은 머리다. 실제 전쟁에서도 가장 먼저 머리를 보호하기 위해서 투구를 착용한다. 몸의 다른 부위는 화살을 맞아도 살아날 수 있지만, 머리에 화살이 박히면 생명을 잃는다. 더욱이 오감(五感) 중에 가장 중요한 시각과 청각, 그리고 해석하고 판단하며 말하는 기능은 모두 머리에 집중되어 있다.

예수님은 주님이시며 구원의 창시자이시다(히 2:10). 그분 외에는 우리를 구원할 자가 없다. 우리는 이미 구원을 받았기 때문에 이제는 예수 그리스도 안에서 받은 구원을 이루어가야 한다. 우리에게 가장 중요한 것은 예수 그리스도 안에서 구원을 받았고, 지금도 구원을 이루어가고 있다는 사실을 아는 것이다.

엡 1:13 그 안에서 너희도 진리의 말씀 곧 너희의 구원의 복음을 듣고 그 안에서 또한 믿어 약속의 성령으로 인치심을 받았으니

살전 5:8 …구원의 소망의 투구를 쓰자

마귀는 초등학문과 세상 풍조, 죽은 전통, 종교의 영을 통해 구원받은 우리를 집요하게 공격한다. 그러므로 우리는 구원이신 예수 그리스도로 투구를 써야 한다.

(6) 성령의 검 : 말씀이신 예수님

마지막으로 하나님께서는 성령의 검, 곧 하나님의 말씀을 가지라고 하신다(엡 6:17). 하나님의 말씀에 능력이 있다. 왜냐하면 하나님이 말씀이시며, 그 말씀을 친히 이루시는 분이기 때문이다. 예수님은 말씀이 육신이 되어 이 땅에 오신 분이다(요 1:14). 그분은 이 땅에서 하나님의 말씀으로 하나님의 통치를 이루셨다. 기적을 행하시고, 마귀를 무력화시키신 것도 그분이 곧 말씀이시기 때문이다.

사 59:21 여호와께서 이르시되 내가 그들과 세운 나의 언약이 이러하니 곧 네 위에 있는 나의 영과 네 입에 둔 나의 말이 이제부터 영원하도록 네 입에서와 네 후손의 입에서와 네 후손의 후손의 입에서 떠나지 아니하리라 하시니라 여호와의 말씀이니라

계 1:16 그의 오른손에 일곱 별이 있고 그의 입에서 좌우에 날선 검이 나오고 그 얼굴은 해가 힘있게 비치는 것 같더라

따라서 우리는 말씀이신 예수 그리스도의 검을 가져야 한다.

일곱 번째 무기 : 기도와 중보

대부분의 성도들은 전신갑주를 에베소서 6장에 나오는 여섯 가지 무장(진리, 의, 복음, 믿음, 구원, 말씀)으로만 이해한다. 그러나 바울은 기도와 간구를 전신갑주 전체를 실제로 작동하게 하는 핵심적 실천으로 제시한다. 그는 전신갑주의 각 요소를 명령적 기능을 하는 분사형이나

명령형 동사로 표현하며, 에베소서 6장 18절에서는 '기도하고'(헬, 프로세우호메노이)라는 현재 분사를 사용했다. 이는 기도와 간구가 앞선 무장들과 단절된 별개의 항목이 아니라, 그 모든 무장을 가능하게 하는 수단임을 보여준다. 따라서 기도와 간구는 그 어떤 무기보다도 본질적이고 결정적인 성도의 영적 무장이다.

> **엡 6:18** 모든 기도와 간구를 하되 항상 성령 안에서 기도하고 이를 위하여 깨어 구하기를 항상 힘쓰며 여러 성도를 위하여 구하라

(1) 성령 안에서의 기도와 끊임없는 영적 각성

하나님의 일하심은 언제나 일정한 질서가 있다.

- □ 하나님은 창조목적 안에서 뜻을 세우신다.
- □ 성령께서 믿는 자들을 감동시켜서 그 뜻을 기도로 선포하게 하신다.
- □ 하나님은 기도를 통해 역사 속에서 당신의 통치를 드러내신다.

이 질서가 중요한 이유는 하나님께서 홀로 일하시지 않고 자녀들과 함께 동역하기를 원하시기 때문이다. 예수님께서 공생애의 모든 사역에 앞서 기도로 준비하신 것은 우리에게 이 원리를 보여주신 것이다. 하나님은 자녀들의 기도를 기다리시며, 우리의 기도를 통해 그분의 통치를 나타내신다.

그러므로 영적 전쟁을 위해서는 신체의 무장(전신갑주)뿐만 아니라, 하나님과의 생명적 관계인 기도와 간구가 절대적으로 필요하다. 우리는 자신을 포기하고 하나님 안에 거하기 위해 기도해야 하며, 말씀의

능력이 삶 속에서 실제로 나타나도록 간구해야 한다. 바울이 "항상 성령 안에서 기도하라"고 권면한 것은 성령께서 우리의 생각을 하나님께 합당한 생각으로 바꾸시고, 그분의 뜻을 온전히 전해주심으로써 기도가 실제 능력이 되도록 역사하시기 때문이다.

이러한 삶을 지속하려면 "깨어 구하라"는 말씀처럼 능동적 경각심을 계속 유지해야 한다. 또한 "항상 힘쓰라"는 말씀처럼 성령 안에서 인내와 끈기로 깨어 있는 노력이 필요하다. 기도는 단순한 신앙적 습관이 아니라 영적 각성을 지속적으로 훈련하는 행위다.

(2) 기도의 세 차원

기도가 실제적 능력이 되는 것은 세 가지 차원에서 동시에 작동하기 때문이다. 첫째, 자기부인과 자기 십자가의 차원이다. 기도는 내 뜻을 관철하는 자리가 아니라, 내 뜻을 내려놓고 하나님의 뜻에 순복하는 자리다. 이는 거짓자아를 부인하고 매일 자기 십자가를 지는 삶과 직결된다(눅 9:23). 참된 기도는 언제나 자기를 포기하고 자신의 존재를 하나님께 전적으로 의탁하는 것에서 시작된다.

둘째, 그리스도와의 연합이다. 기도는 성령 안에서 그리스도와 하나 되는 것이다. 우리가 그분과 연합할 때, 십자가와 부활의 승리가 우리의 삶에 실제로 적용된다. 따라서 기도는 사탄의 참소를 무력화하고 그리스도의 승리를 선포하는 무기다(골 2:15). 이 연합을 통해 우리는 단순히 개인적 청원자가 아니라, 그리스도의 몸 된 교회로서 그분의 권세로 기도하게 된다.

셋째, 하나님의 영광이다. 기도의 궁극적 목적은 하나님의 영광이다. 기도의 응답은 개인적 필요를 넘어, 하나님의 뜻이 땅 위에 이루어지고 그분의 통치가 드러나는 데 있다(마 6:10). 하나님의 영광이 드러날 때 원수의 권세는 자연스럽게 무력화된다.

이 세 차원은 세 가지 결과와 맞닿아 있다. 참된 기도는 자녀의 유익을 낳고, 하나님께 영광을 돌리며, 원수의 세력을 무너뜨린다. 이 셋은 분리될 수 없는 하나의 영적 질서다. 만일 하나라도 빠지면 기도는 피상적이고 무력해진다. 특히 원수에 대한 대적의 차원은 기도의 본질적 핵심으로, 이를 놓치면 기도는 통치 행위로서의 본질을 상실한다.

(3) 기도의 효력

기도는 단순히 위로 향하는 청원이 아니라 밖으로 향하는 승리의 선포다. 성령을 의지하여 하나님께 아들의 이름으로 간구하지만, 그 효력은 세상과 원수를 향한다. 기도의 효력은 현재적 차원과 종말론적 차원에서 동시에 나타난다.

□ **현재적 효력** : 우리가 기도할 때 사탄의 행동은 제한된다. 기도를 멈추면 원수는 다시 힘을 얻는다. 따라서 기도는 단순히 개인의 심리적 위로가 아니라 실제로 원수의 전략을 묶는 영적 결박이다. 성경은 사탄이 이 땅에 쫓겨 내려온 후 밤낮으로 성도를 도둑질한다고 말한다(요 10:10). 꾸준한 기도는 그들의 침입을 무력화하는 방패다. 우리가 예수 그리스도의 이름으로 기도할 때, 그 승리가 지금 여기서 적용되어 원수의 활동 반경이 좁혀진다.

□ **종말론적 효력** : 동시에 기도는 장차 완성될 하나님나라와 직결된다. 지금 드리는 기도는 단순한 문제 해결을 넘어 최후의 심판과 우주적

질서 회복을 앞당긴다. 기도는 '이미 그러나 아직'의 하나님나라 구조 안에서 현재적 승리를 누리게 할 뿐 아니라, 장차 완성될 하나님나라를 미리 당겨 살아내는 선취적 행위다. 결국 기도는 현재와 종말을 잇는 다리다. 지금 여기서 원수의 권세를 제한하면서, 동시에 장차 드러날 하나님나라의 완성을 향해 나아가는 통치 행위다.

기도는 단순한 신앙 행위가 아니라, 하나님나라의 통치를 선포하는 전쟁이다. 성령 안에서 드리는 기도는 자기부인을 통해 자녀의 정체성을 강건하게 하고, 그리스도와의 연합을 통해 원수를 무너뜨리며, 말씀의 능력과 하나님의 영광을 드러낸다. 또한 공동체를 위한 중보를 통해 교회의 승리를 이끌고, 현재적 전투를 넘어 종말론적 완성에 참여하게 한다.

우리가 기도하지 않는 이유는 열심이 부족해서가 아니라 믿음이 부족하기 때문이다. 특히 십자가에서 이미 이루신 예수님의 승리가 내 삶에 적용된다는 믿음을 붙들지 못하기 때문이다. 그러나 하나님은 자녀들의 기도를 기다리시며 우리와 동역하기를 원하신다. 그러므로 성도는 항상 성령 안에서 기도해야 한다(유 1:20 ; 엡 6:18).

(4) 성도들을 위한 중보기도

에베소서 6장 18절의 마지막은 "여러 성도를 위하여 구하라"는 말씀으로 마무리된다. 이는 무엇을 의미하는가? 다시 한번 강조하지만 이 장은 영적 전쟁을 위한 무장에 관한 것이며, 단지 신체에 국한된 무장에 관한 것이 아니다.

마귀는 개인만이 아니라 관계를 통해서도 공격한다. 특히 가까운 사람들을 통해서 많은 공격이 들어온다. 마귀는 우리를 하나님과 분리시키고, 나와 다른 사람 사이의 관계를 이간질하거나 분열시킨다. 그 결과 우리는 상처받고, 상처를 주며, 미워하고, 분노하고, 용서하지 못하게 된다. 내가 아무리 무장되어 있어도 관계가 무너진다면 쉽게 넘어질 수밖에 없다. 그러므로 함께하는 사람들을 위해서 기도해야 한다. 영적 전쟁은 혼자만의 싸움이 아니라 그리스도의 몸 된 공동체가 함께 치러야 할 전쟁이다.

엡 4:25-27 그런즉 거짓을 버리고 각각 그 이웃과 더불어 참된 것을 말하라 이는 우리가 서로 지체가 됨이라 분을 내어도 죄를 짓지 말며 해가 지도록 분을 품지 말고 마귀에게 틈을 주지 말라

엡 4:32 서로 친절하게 하며 불쌍히 여기며 서로 용서하기를 하나님이 그리스도 안에서 너희를 용서하심과 같이 하라

예수님은 새 언약의 중보자시다.

딤전 2:5 하나님은 한 분이시요 또 하나님과 사람 사이에 중보자도 한 분이시니 곧 사람이신 그리스도 예수라

히 9:15 이로 말미암아 그는 새 언약의 중보자시니 이는 첫 언약 때에 범한 죄에서 속량하려고 죽으사 부르심을 입은 자로 하여금 영원한 기업의 약속을 얻게 하려 하심이라

기도와 간구의 본이 되신 예수님 안에서 우리는 예수 그리스도의 이름으로 주위 사람들을 위해서 중보해야 한다.

영적 전쟁의 승리를 위한 완전한 무장

다시 한번 사도 바울이 주위에서 늘 보던 로마 군병을 떠올려보라. 전쟁에 나가는 군인은 허리띠, 호심경, 신발, 방패, 투구, 검을 준비한다. 그러나 그들에게 가장 중요한 것은 이길 수 있다는 정신 무장이다. 사도 바울은 우리에게 전쟁에서 승리하기 위해 필요한 모든 것이 예수 그리스도 안에 있음을 알려준다.

우리 안에 계시는 예수님은 진리이시고, 하나님의 의이시며, 평안의 복음이시고, 믿음의 주이시다. 또한 구원의 창시자이시고, 하나님의 말씀이시며, 새 언약의 중보자이시다. 그러므로 우리는 예수 그리스도로 무장해야 한다. 그럴 때 마귀를 대적하여 승리할 수 있고, 주님께서 부르실 때 온전히 설 수 있다. 결국 에베소서 6장 14-18절의 말씀은 에베소서 6장 10절의 "너희가 주 안에서와 그 힘의 능력으로 강건하여지고"를 구체적으로 풀어낸 것이다. 그렇다면 우리는 영적 전쟁에서 어떻게 승리할 수 있는가?

(1) 영적 현실을 정확히 파악하라

약 4:7 그런즉 너희는 하나님께 복종할지어다 마귀를 대적하라 그리하면 너희를 피하리라 우리는 사탄과 그 졸개들이 정체를 숨긴 채 늘 우리와 마주하며 전쟁을 벌이고 있다는 사실을 알아야 한다. 영적 현실을 올바르게 인식하는 것이 승리의 출발점이다. 그러나 무엇보다 중요한 것은 그들을 대적하기에 앞서 먼저 하나님께 복종하는 일이다.

(2) 그리스도 안에서 말씀을 이루는 삶을 살라

"하나님의 말씀을 믿습니다", "그렇게 살도록 하겠습니다"라는 거짓 자아의 믿음으로는 결코 마귀를 대적하여 이길 수 없다. 우리는 더 이상 '내가 말씀을 믿는 자'가 아니라 '예수 그리스도 안에서 말씀을 이루는 자'로 살아야 한다. 그러기 위해서는 머리부터 발끝까지 예수 그리스도로 온전히 무장하고, 늘 성령 안에서 깨어 기도하며, 하나님과 생명적 관계를 유지해야 한다. 그럴 때 비로소 말씀의 능력이 우리 삶 가운데 나타난다.

(3) 하나님의 사랑을 체험하라

어떤 상황과 처지에서도 하나님께서 나를 사랑하고 계심을 알고 느껴야 한다. 하나님의 사랑을 체험할 때 우리는 자신을 포기할 수 있으며, 그분을 위해 자신의 전부를 기꺼이 쏟아부을 수 있다.

롬 5:8 우리가 아직 죄인 되었을 때에 그리스도께서 우리를 위하여 죽으심으로 하나님께서 우리에 대한 자기의 사랑을 확증하셨느니라

요일 3:1 보라 아버지께서 어떠한 사랑을 우리에게 베푸사 하나님의 자녀라 일컬음을 받게 하셨는가, 우리가 그러하도다 그러므로 세상이 우리를 알지

못함은 그를 알지 못함이라

요일 4:17 이로써 사랑이 우리에게 온전히 이루어진 것은 우리로 심판 날에 담대함을 가지게 하려 함이니 주께서 그러하심과 같이 우리도 이 세상에서 그러하니라

우리의 현재 상태가 어떠하든 하나님께서는 예수 그리스도를 사랑하신 것과 똑같이 우리를 사랑하신다. 그러나 우리는 종종 우리 자신의 처지와 삶과 행동으로 하나님의 사랑을 스스로 제한한다. 우리가 경험해야 할 것은 내가 사랑하는 하나님이 아니라 나를 사랑하시는 하나님이다. 그럴 때 나 자신을 하나님께 온전히 의탁할 수 있으며, 하나님의 영광이 우리에게 임하게 된다.

(4) 주님께 나 자신을 드려라

마귀는 우리가 세상의 사고방식을 붙드는 만큼, 그리고 우리가 살아 있는 동안에만 권세를 행사할 수 있다. 그러므로 세상적 지식이나 내 힘으로 하는 모든 수고와 애씀으로는 마귀를 이길 수 없다. 자기를 부인하고 자기 십자가를 질 때 비로소 우리는 예수 그리스도 안에 거하게 된다. 이는 구약에서 말하는 "지존자의 은밀한 곳, 전능자의 그늘 아래" 거하는 것과 같다. 그곳은 마귀가 볼 수도 없고 영향을 미칠 수도 없는 자리다.

시 91:1-3 지존자의 은밀한 곳에 거주하며 전능자의 그늘 아래에 사는 자여, 나는 여호와를 향하여 말하기를 그는 나의 피난처요 나의 요새요 내가 의뢰

하는 하나님이라 하리니 이는 그가 너를 새 사냥꾼의 올무에서와 심한 전염병에서 건지실 것임이로다

너무 힘들고 괴로워서 죽을 것 같을 때, 그 생각을 억지로 없애려 하지 말고 그 생각을 하는 자신(혼)을 주님께 맡겨보라. 이는 될 대로 되라는 식으로 자신을 포기하는 것이 아니다. 오히려 주님께 자신을 온전히 의탁하는 것이다.

(5) 천사들이 돕고 있다는 것을 깨달아라

우리는 하나님의 말씀을 이루는 천사가 실제로 존재한다는 사실을 알아야 한다. 성경에는 천사에 관한 이야기가 자주 등장하지만 구체적인 설명은 많지 않다. 이는 영적으로 깨어 있지 못한 자들이 천사를 숭배하거나 두려워하는 잘못에 빠지지 않도록 하기 위함이다. 그러나 우리에게는 각자 우리를 돕는 천사들이 있다. 우리는 주의 말씀을 이루는 천사들과 함께 영적 전쟁을 벌이고 있다.

시 103:20-21 능력이 있어 여호와의 말씀을 행하며 그의 말씀의 소리를 듣는 여호와의 천사들이여 여호와를 송축하라 그에게 수종들며 그의 뜻을 행하는 모든 천군이여 여호와를 송축하라

히 1:14 모든 천사들은 섬기는 영으로서 구원 받을 상속자들을 위하여 섬기라고 보내심이 아니냐

행 12:11 이에 베드로가 정신이 들어 이르되 내가 이제야 참으로 주께서 그

의 천사를 보내어 나를 헤롯의 손과 유대 백성의 모든 기대에서 벗어나게 하신 줄 알겠노라 하여

묵상과 나눔

1. 영적 전쟁의 인식과 경험 : 우리의 싸움은 '혈과 육'에 대한 것이 아니라, 보이지 않는 영적 세력과의 전쟁입니다. 당신은 영적 전쟁을 실제로 경험한 적이 있나요? 그때 어떤 방식으로 대처했으며, 지금은 어떻게 다르게 반응할 수 있을지 돌아보며 나누어보세요.

2. 전신갑주 입기 전 영적 강건함 : 사도 바울은 전신갑주를 입기 전에 먼저 "주 안에서와 그 힘의 능력으로 강건해지라"고 권면합니다. 지금 당신은 자신이 영적으로 얼마나 강건하다고 느끼고 있나요? 에베소서 1장 17–19절과 3장 16–19절에서 바울이 기도한 내용 가운데 특별히 당신에게 필요한 은혜가 있다면 무엇인가요?

3. 전신갑주 : 전신갑주의 여섯 가지 요소(진리, 의, 복음, 믿음, 구원, 말씀) 가운데 지금 당신에게 특별히 더 필요하다고 느껴지는 부분은 무엇인가요? 그 영역을 강화하기 위해 이번 한 주 동안 실천할 수 있는 구체적인 적용은 무엇인지 계획해보세요.

4. 기도와 중보의 실천 : 요즘 당신은 어떻게 기도하고 있나요? 특별히 중보가 필요한 기도 제목이 있다면 나누어보세요.

5. 전신갑주를 입는 진짜 목적 : 당신은 주로 '마귀의 공격을 막아내는 것'에 더

집중해왔나요? 아니면 '마귀의 일을 무력화시키는 삶'에 더 초점을 두고 있나요? 가정, 직장, 교회에서 그리스도의 빛으로 살아갈 때 자연스럽게 물러나는 어둠은 무엇인가요? 이번 주 어떤 실천을 시작할 수 있을지 묵상하고 기록해 보세요.

출정 전 마지막 점검

: 내 안에서 벌어지는 영적 전쟁 이해하기

PART 4

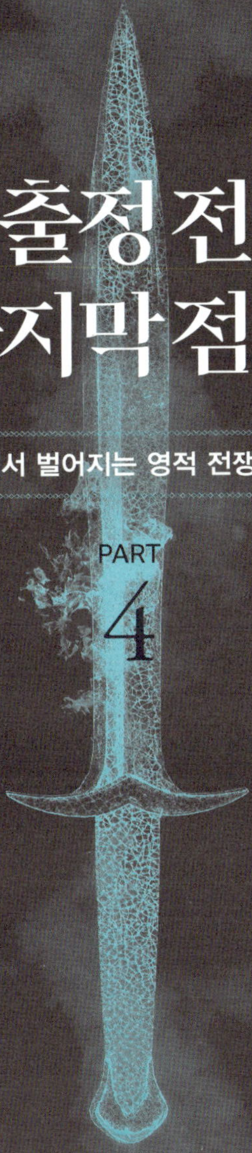

4부는 영적 전쟁에 나서기 전에 반드시 확인해야 할 내적 점검표와 같다. 전쟁터에 나서기 전 무기가 제대로 장착되어 있는지, 방어막이 견고한지, 전략이 분명한지를 확인하듯, 성도는 먼저 자기 안에서 벌어지는 보이지 않는 싸움의 본질부터 점검해야 한다. 이를 통해 당신은 더 이상 속임수에 끌려다니는 존재가 아니라, 말씀대로 생각하고 말하며 하나님의 통치를 나타내는 킹덤빌더임을 확신하게 될 것이다.

Focus First

- 하나님은 예수 그리스도를 통해 영혼몸 전부를 구원하셨지만, 현실적으로는 자유의지를 통해 그 구원을 드러내도록 하셨다. 진정한 사랑은 선택을 전제하기 때문에 하나님은 인간이 로봇처럼 강제된 순종이 아닌 자유의지로 하나님을 사랑하기를 원하셨다.

- 하와는 마귀의 속임에 넘어가 말씀을 자신의 생각으로 해석했지만, 예수님은 기록된 말씀 그대로 선포하심으로 시험을 이기셨다. 영적 전쟁의 승부처는 유혹의 내용이나 말씀에 대한 내 생각이 아닌 말씀 그 자체를 말하는 데 있다.

- 사탄은 의인에게 무단침입할 수 없으며 오직 속임수와 거짓으로만 시험한다. 따라서 우리는 '은혜로 구원받은 죄인'이 아니라 '죄를 지을 수 있는 의인'으로서 자신을 이해해야 하며, 의인의 정체성을 가질 때 마귀는 힘을 잃는다.

- 믿음은 결국 어떤 생각을 붙드는가에 달려 있다. “내가 믿으면 하나님이 해주신다”는 구약적 사고를 넘어, “예수님께서 이미 이루신 것을 현실에 나타내는 존재”라는 신약적 차원으로 나아가야 한다. 위의 것을 생각하고 그리스도 안에 거할 때, 보이지 않는 세계에서 이룬 하나님의 뜻이 땅의 실체로 드러난다.

- 영적 전쟁의 본질은 ‘싸워 이기는 것’이 아니다. 거짓자아의 싸움은 일어난 일을 문제로 여기고 자신과 동일시하여 스스로 해결하려는 전쟁이다. 어떤 일을 ‘이겨야 할 문제’로 여기는 순간, 그 문제가 심중에 심기고 동시에 그 문제는 자신에게 부정적인 힘을 주게 된다. 그것은 자신이 싸움의 주체가 되어 이미 마귀의 통치 아래에 있으면서 하나님의 도우심을 구하는 것이다.

- 승리의 비밀은 그 일에 대한 생각과 감정을 문제로 보지 않고, 먼저 우리의 혼이 그리스도 안에 거하는 것이다. 그럴 때 주님의 은혜를 경험하게 된다. 의인은 스스로 싸워서 승리하고자 하지 않으며, 주님께서 자신을 통해서 그분의 뜻이 이루어지도록 내어드리는 삶을 산다. 그 은혜를 경험한 자는 주님께 감사드리고, 감사는 더 큰 은혜를 낳으며, 그것은 호의로 확장된다. 호의는 또 다른 은혜와 감사가 되는 생명적 순환을 경험한다. 이 은혜-감사-호의의 흐름 속에서 하나님의 통치는 지속적으로 삶의 모든 영역에 스며든다.

chapter 17

자유의지와 승리의 열쇠

구원과 자유의지의 관계

하나님께서는 예수 그리스도를 통해 우리의 영혼몸 전부를 구원하셨다. 그러나 이는 법적인 구원일 뿐, 현실적으로는 오직 영만 구원받은 상태이며 우리의 혼과 몸은 여전히 마귀의 시험 속에서 고난과 고통을 당하고 있다.

전지전능하신 하나님은 처음부터 우리 영혼몸을 온전하게 하실 수 있는 분이시다. 그런데 왜 이런 모순적인 현실을 허용하셨는가? 그 이유는 하나님께서 인간을 창조하실 때 자유의지를 가진 혼을 주셨기 때문이다. 하나님께서 그분의 생기를 인간의 코에 불어넣으심으로써 흙으로 만든 인간 안에 하나님의 영이 임하시고, 자유의지를 가진 생혼이 생겨났다. 이 혼은 자아의식체로서 하나님과 생명적 관계 속에서 하나님의 영을 의식하며 몸을 통해 물질세계에 하나님의 영광을 드러내는 역할을 했다. 이처럼 타락 이전에는 혼이 몸을 통치했지만, 타락 이후에는 오히려 몸(심중, 생각과 감정, 신체)이 혼을 통치하게 되었다.

하나님께서는 피조물인 인간에게 자유의지를 주시고, 그 자유의지로 하나님을 사랑하며, 하나님의 영광과 법 안에서 그것을 마음껏 사용하도록 허락하셨다. 전지하신 하나님께서는 인간에게 자유의지를 주실 때, 그로 인해 당신께서 얼마나 큰 고통을 받게 될지도 이미 아셨다. 그럼에도 불구하고 진정한 사랑을 위해 기꺼이 자유의지를 허락하신 것이다. 실제로 성경을 보면 하나님의 영이 우리의 영과 몸에는 영향을 미치지만, 혼에 직접 영향을 미친다는 구절은 찾아볼 수 없다. 하나님께서는 아담과 하와를 창조하셨을 때처럼, 하나님의 자녀들이 자유의지로 하나님의 사랑에 이끌리기를 원하신 것이다. 그래서 공의로우신 하나님께서는 예수 그리스도를 통해 우리를 거듭나게 하시고, 하와가 실패한 것을 예수 그리스도 안에서 다시 회복할 수 있는 기회를 열어주셨다.

만약 하나님께서 우리의 영혼몸 전부를 법적으로도, 현실적으로도 동시에 구원하셨다면 우리는 무조건적으로 하나님을 사랑할 수밖에 없었을 것이다. 그러나 그것은 마치 로봇처럼 프로그램된 반응에 불과하다. 한번 생각해보라. “주님! 구원하실 때 한 번에 다 구원해주시지, 왜 영혼만 구원하셔서 이렇게 괴롭고 힘들게 하십니까?” 이 질문은 마치 이렇게 말하는 것과 같다. “주님, 저는 인간으로 살기 싫습니다. 그냥 로봇으로 만들어주세요!” 그러나 진정한 사랑과 온전한 관계는 선택의 자유가 있을 때만 가능하다.

하나님께서는 예수 그리스도를 통해 이미 법적으로 모든 것을 이루셨다. 그리고 우리로 하여금 예수 그리스도 안에서, 마귀가 통치하는 이 세상 가운데 자유의지를 통해 그분께서 이미 이루신 것들을 현실적으로 행하고 누리게 하셨다. 이러한 삶을 살아갈 때, 우리 영혼몸 전부에 하나님의 통치가 회복되고 확장된다. 하나님께서는 마귀가 통치하는 세상에서 진정한 하나님의 자녀로 살아가는 자들을 택하신다.

우리는 하나님으로부터 나서 예수 그리스도 안에 있는 온전한 존재다. 그러나 자유의지를 가진 이상 사탄의 속임수와 거짓말, 유혹과 시험에 빠질 수 있다. 그래서 하나님은 우리가 성령과 말씀으로 늘 새롭게 되기를 원하시며, 끝까지 믿음의 선한 싸움을 이루어가도록 하신 것이다.

하와의 실패가 주는 교훈

다시 에덴동산으로 돌아가, 하나님께서 아담에게 생명나무와 선악을 아는 나무에 대한 계명을 주시는 장면과 사탄이 처음 등장해 여자를 유혹하는 장면을 비교해서 살펴보자.

창 2:16-17 여호와 하나님이 그 사람에게 명하여 이르시되 동산 각종 나무의 열매는 네가 임의로 먹되 선악을 알게 하는 나무의 열매는 먹지 말라 네가 먹는 날에는 반드시 죽으리라 하시니라

창 3:1-3 그런데 뱀은 여호와 하나님이 지으신 들짐승 중에 가장 간교하니라 뱀이 여자에게 물어 이르되 하나님이 참으로 너희에게 동산 모든 나무의 열매를 먹지 말라 하시더냐 여자가 뱀에게 말하되 동산 나무의 열매(히, 페리)를 우리가 먹을 수 있으나 동산 중앙에 있는 나무의 열매는 하나님의 말씀에 너희는 먹지도 말고 만지지도 말라 너희가 죽을까 하노라 하셨느니라[14]

---

14 본래 성경 원본에는 하와가 말한 "동산 나무의 열매를"이라는 말 외에 하나님께서 말씀하실 때나 마귀가 말할 때도 '열매'라는 단어가 없다. 이것은 하와가 하나님과의 관계적 명령을 소유물 중심(열매)으로 축소해서 이해한 해석학적 단서가 된다.

마귀는 하와로 하여금 하나님을 나타내지 않고 자신의 생각에 초점을 두도록 질문을 유도했다. 이것이 바로 간교한 사탄의 전략이다. 그는 완전히 거짓된 말이 아니라 하나님의 말씀을 부분적으로 인용하여 자신의 말이 마치 합법적인 것처럼 가장함으로 하와를 속였다. 이어서 "너의 생각은 어떠냐?"라고 물어 여자가 자연스럽게 자신의 생각을 말하도록 만들었다.

창 3:4-5 뱀이 여자에게 이르되 너희가 결코 죽지 아니하리라 너희가 그것을 먹는 날에는 너희 눈이 밝아져 하나님과 같이 되어 선악을 알 줄 하나님이 아심이니라

뱀은 다시 거짓말을 했다. 자신의 본질을 하와에게 던져주고 교만과 자기 의가 발동되도록 하와를 속였다. 지금은 무엇인가 부족하지만, 그것을 먹으면 하나님과 같이 되어 하나님의 자리에서 심판자로서 선악을 판단할 수 있을 것이라고 유혹한 것이다. 마귀는 창세기 3장 1-3절의 대화를 통해 먼저 하와를 하나님과 분리시키고, 그녀가 자신의 생각으로 하나님의 말씀을 해석하게 만들었다. 그리고 이어지는 창세기 3장 4-5절에서는 하와로 하여금 자신이 누구인지, 무엇을 소유하고 있는지, 무엇을 해야 하는지도 알지 못하게 만들었다. 자유의지를 가진 하와는 그 말을 듣고 나서 다음과 같이 행동했다.

창 3:6 여자가 그 나무를 본즉 먹음직도 하고 보암직도 하고 지혜롭게 할 만큼 탐스럽기도 한 나무인지라 여자가 그 열매를 따먹고 자기와 함께 있는 남편에게도 주매 그도 먹은지라

하나님의 말씀	하와의 대답
각종 나무는 임의로 먹되	동산 나무의 열매는 우리가 먹을 수 있으나, 동산 중앙에 있는 나무의 열매는
먹지 마라	먹지도 말고 만지지도 말라
반드시 죽으리라	너희가 죽을까 하노라

표2 하나님의 말씀과 하와의 말(대답)

생각해보라. 사탄이 하와에게 무단으로 침입했는가? 하와에게 무언가를 강제로 시켰는가? 하와가 죄를 짓도록 강요했는가? 혹은 나무의 열매를 억지로 먹게 했는가? 아니다. 그렇다면 왜 사탄은 억지로 하와를 죄짓게 하지 못했는가? 그것은 사탄이 하와에게 어떠한 영향력도 권세도 없었기 때문이다.

바로 여기에 놀라운 진리가 있다. 사탄은 하와를 통제할 수 없었다. 왜냐하면 하와는 의로운 자였기 때문이다. 죄짓기 전 하와는 하나님을 나타내는 의인이었다. 선악과 사건 이전까지 그녀는 하나님과 완전한 관계에 있었고, 하나님을 나타내는 존재였다(창 1:28). 그래서 사탄은 하와를 유혹해야 했고, 그 유혹을 위해 속임수를 사용했다. 마귀는 인간의 특권이자 동시에 약점이 무엇인지 알고 있었다. 그것은 바로 인간의 자유의지였다. 사탄은 하나님께서 인간을 사랑하셔서 주신 자유의지가, 역설적으로 하나님을 가장 괴롭히고 인간을 도둑질할 수 있는 유일한 길임을 알고 있었다.

마귀는 항상 자유의지를 가진 '나'에게 초점을 맞추게 한다. 결국 하와는 자신의 생각을 말하게 되었다. 사탄은 인간을, 하나님을 나타내는 자에서 단지 하나님을 바라보는 자로 전락시켰다. 또한 하나님의 말씀대로 말하는 자에서 그 말씀을 자기 방식대로 해석하고 나타내는 자로 변질시켰다. 하와가 하나님의 말씀을 몰랐던 것이 아니다. 다만 사탄의 속임수에 넘어가 그 말씀에 대한 자신의 생각을 말했을 뿐이다.

사탄은 하와가 자기 생각을 말하기 시작했을 때, 이미 그녀가 자신의 거짓말에 걸려들었다는 것을 알아차렸다. 그래서 더 높은 신분과 더 많은 지식을 얻게 될 것이라며 본격적으로 하와를 속이기 시작했다.

오늘날 사탄의 전략도 다르지 않다. 지금도 그는 거듭난 자로 하여금 자신이 누구인지 알지 못하게 하고, 여전히 무엇인가 부족하다고 믿게 만든다. 마치 하나님께서 무언가를 숨기고 계신 것처럼 느끼게 하는 것이다. 이것이 바로 우리를 향한 사탄의 계략이다.

마지막 아담이 거두신 승리의 핵심

하와의 실패와 우리의 회복을 제대로 이해하려면, 마지막 아담으로 오신 예수님께서 시험에 어떻게 대응하셨는지를 살펴보아야 한다. 성경은 이렇게 말한다. "기록된 바 첫 사람 아담은 생령이 되었다 함과 같이 마지막 아담은 살려 주는 영이 되었나니"(고전 15:45). 타락한 인간을 구원하시기 위해 마지막 아담으로 오신 예수님께서는 동일한 시험을 어떻게 이기셨을까?

인자로 오신 예수님께서는 하와와는 달리 당신이 누구신지, 이미 무엇을 소유하고 계신지, 그리고 왜 이 땅에 오셨는지를 분명히 알고 계셨다. 자신의 태생, 국적, 신분을 온전히 알고 계셨던 것이다. 예수님께서는 자유의지를 가진 혼으로 자신의 생각을 말하는 대신에 하나님의 말씀대로 생각하고 느끼고 말씀하셨다.

먼저 예수님께서 어떻게 하나님나라로 들어가셨는지를 살펴보자.

마 3:16-17 예수께서 세례를 받으시고 곧 물에서 올라오실새 하늘이 열리고 하나님의 성령이 비둘기 같이 내려 자기 위에 임하심을 보시더니 하늘로부터 소리가 있어 말씀하시되 이는 내 사랑하는 아들이요 내 기뻐하는 자라 하시니라

요 3:5 예수께서 대답하시되 진실로 진실로 네게 이르노니 사람이 물과 성령으로 나지 아니하면 하나님의 나라에 들어갈 수 없느니라

예수님은 하나님의 아들이시며 성령으로 잉태되신 분이지만, 인자(人子)로 이 땅에 오셔서 우리에게 어떻게 하나님나라로 들어가는지를 몸소 보여주셨다. 그리고 첫째 아담이 실패한 것을 바로잡기 위해 성령에 이끌려 마귀 앞으로 나아가셨다. "그 때에 예수께서 성령에게 이끌리어 마귀에게 시험을 받으러 광야로 가사"(마 4:1).

우리가 잘 알고 있듯이 예수님은 마귀로부터 세 가지 시험을 받으셨다. 첫째는 돌덩이가 떡덩이가 되도록 하라는 시험, 둘째는 성전 꼭대기에서 뛰어내리라고 하는 시험, 셋째는 천하만국과 그 영광을 보여주며 자신에게 경배하면 모든 것을 주겠다는 시험이었다. 예수님께서 공생애를 시작하시기 전에 받으신 이 시험의 의미를 올바로 이해하려면, 먼저 인간이 마귀로 인해 어떻게 타락하게 되었는지를 살펴야 한다.

마귀가 예수님을 마음대로 할 수 있었을까? 만약 사탄이 허락 없이 인간을 마음대로 조종할 수 있었다면, 왜 예수님에게 돌을 빵으로 만들게 하지 못했는가? 왜 그분을 성전 꼭대기에서 밀어버리지 않았는

가? 왜 억지로 자신에게 경배하게 만들지 않았는가? 사탄이 정말 원하는 대로 할 수 있었다면, 그 자리에서 예수님을 죽이거나 병들게 만들 수도 있었을 것이다.

그러나 그는 그렇게 하지 못했다. 왜냐하면 예수님께서 마귀의 유혹과 시험에 걸려들지 않으셨고, 단 한 번도 죄를 짓지 않으셨기 때문이다. 이 부분에 대한 일반적인 해석은 예수님께서 당하신 시험의 내용에 초점을 둔다. 하와가 빠졌던 세 가지 유혹이 사도 요한이 언급한 세상의 시험과 일치하며, 예수님께서 그 세 가지 시험을 말씀으로 이기셨다고 보는 것이다.

> **요일 2:15-16** 이 세상이나 세상에 있는 것들을 사랑하지 말라 누구든지 세상을 사랑하면 아버지의 사랑이 그 안에 있지 아니하니 이는 세상에 있는 모든 것이 육신의 정욕과 안목의 정욕과 이생의 자랑이니 다 아버지께로부터 온 것이 아니요 세상으로부터 온 것이라

이러한 관점은 예수님께서도 우리처럼 시험을 당하셨고, 그 시험을 하나님의 말씀으로 이기셨기 때문에, 우리도 예수 그리스도 안에서 시험을 이기는 삶을 살아야 한다고 결론짓는다. 그러나 하나님나라의 관점, 즉 하나님 통치적 관점에서 볼 때, 이 시험의 핵심은 시험의 내용물이 아니라, 예수님께서 자신의 생각을 말하지 않으시고 하나님의 아들로서 하나님의 말씀을 말씀대로 말하셨다는 데 있다.

묵상과 나눔

1. 하나님의 완전한 사랑과 자유의지 : 하나님께서 우리에게 자유의지를 주신 것은 진정한 사랑을 원하셨기 때문입니다. 하나님은 우리가 자유의지로 그분을 사랑하기를 기뻐하십니다. 여러분은 이 사실을 어떻게 경험하고 있나요? 자유의지로 하나님을 선택했던 기억에 남는 순간이 있다면 나누어보세요.

2. '내 생각'과 '말씀' : 최근 어려운 상황 속에서 하나님의 말씀을 묵상했을 때, 그 말씀을 자신의 방식대로 해석하거나 상황에 맞추어 받아들인 적은 없었나요? 그 순간을 떠올리며 예수님처럼 반응하기 위해서는 어떤 믿음의 선택이 필요한지 생각해보세요.

chapter 18

예수 그리스도의 승리와 사탄의 한계

마귀의 시험에 대한 예수님의 대응 분석

예수님께서 세례를 받으시고 물 위로 올라오셨을 때, 하늘로부터 "이는 내 사랑하는 아들이요 내 기뻐하는 자라"라는 말씀을 들으셨다. 그리고 곧바로 시험을 받기 위해서 광야로 가셨다. 첫 번째 시험은 마태복음에 기록되어 있다.

> 마 4:2-3 사십 일을 밤낮으로 금식하신 후에 주리신지라 시험하는 자가 예수께 나아와서 이르되 네가 만일 하나님의 아들이어든 명하여 이 돌들로 떡덩이가 되게 하라

여기서 마귀는 예수님으로 하여금 자기 자신에게 초점을 맞추도록 유도한다. "네가 만일 하나님의 아들이어든"이라는 말은 예수님의 존재를 의심하고 부정하는 표현이다. 교묘히 돌려 말해서 하나님이 아니라 자기 기준으로 생각하게 하려는 것이다. 다시 말해 "네가 진짜 하나님의 아들이라면 너는 어떻게 생각하느냐?"라고 묻는 것이다. 이는

뱀이 하와에게 했던 질문과 정확히 같은 방식이다. "하나님이 참으로 너희에게 동산 모든 나무의 열매를 먹지 말라 하시더냐"(창 3:1).

마귀는 이 시험에서도 예수님의 생각을 끌어내려 한다. 그러나 우리가 미처 깨닫지 못했던 놀라운 사실은, 예수님께서는 자신의 생각을 전혀 말씀하지 않으시고(자신이 그것에 대해서 어떻게 생각하는지 말하지 않으시고), 하나님의 말씀대로 생각하고 말씀하셨다는 점이다. 그분은 결코 굶주린 자신의 상황에 비추어 말씀을 해석하지 않으셨다. 이 점은 다른 두 가지 시험에서도 동일하게 드러난다. 40일을 금식한 인간에게 가장 절박한 것은 먹는 것, 곧 육신의 정욕일 것이다. 그럼에도 불구하고 예수님께서는 말씀에 대한 자신의 생각이 아니라 기록된 말씀대로 말씀하셨다.

마 4:4 예수께서 대답하여 이르시되 기록되었으되 사람이 떡으로만 살 것이 아니요 하나님의 입으로부터 나오는 모든 말씀으로 살 것이라 하였느니라 하시니

이는 신명기 말씀을 인용한 것이다.

신 8:3 너를 낮추시며 너를 주리게 하시며 또 너도 알지 못하며 네 조상들도 알지 못하던 만나를 네게 먹이신 것은 사람이 떡으로만 사는 것이 아니요 여호와의 입에서 나오는 모든 말씀으로 사는 줄을 네가 알게 하려 하심이니라

두 번째 시험에서 마귀는 예수님을 성전 꼭대기에 세우고 이렇게 말했다.

마 4:6 이르되 네가 만일 하나님의 아들이어든 뛰어내리라 기록되었으되 그가 너를 위하여 그의 사자들을 명하시리니 그들이 손으로 너를 받들어 발이 돌에 부딪치지 않게 하리로다 하였느니라

이는 시편 말씀을 인용한 것이다.

시 91:11-12 그가 너를 위하여 그의 천사들을 명령하사 네 모든 길에서 너를 지키게 하심이라 그들이 그들의 손으로 너를 붙들어 발이 돌에 부딪히지 아니하게 하리로다

마귀는 "네가 만일 하나님의 아들이라면 너의 능력을 나타내 보이라"고 시험했다. 그러나 예수님께서는 자신이 무엇을 소유하고 계신지 이미 알고 계셨다. 하나님의 모든 권세와 능력을 이미 가진 분이셨기에, 사탄의 시험에 응할 이유가 전혀 없다는 것을 분명히 아셨던 것이다. 그래서 예수님께서는 "또 기록되었으되 주 너의 하나님을 시험하지 말라"(마 4:7)고 말씀하셨다. 이는 신명기의 "너희가 맛사에서 시험한 것같이 너희의 하나님 여호와를 시험하지 말고"(신 6:16)라는 말씀을 인용한 것이다.

세 번째 시험에서 마귀는 예수님을 높은 산으로 데려가 천하만국과 그 영광을 보여주며 이렇게 말했다.

마 4:9 이르되 만일 내게 엎드려 경배하면 이 모든 것을 네게 주리라

인간이라면 누구나 이 세상에서 영광을 얻고 싶어 한다. 천하만국을

차지하고 영광을 얻는 것은 사람들이 생각하는 가장 위대한 일이다. 그러나 예수님은 거짓자아의 생각으로 반응하지 않으시고 오직 기록된 말씀대로 말씀하셨다.

마 4:10 이에 예수께서 말씀하시되 사탄아 물러가라 기록되었으되 주 너의 하나님께 경배하고 다만 그를 섬기라 하였느니라

이 말씀은 신명기 6장 13절 말씀인 "네 하나님 여호와를 경외하며 그를 섬기며 그의 이름으로 맹세할 것이니라"를 인용한 것이다. 예수님께서는 자신의 신분을 분명히 알고 계셨다. 그래서 사탄에게 "너는 통치자가 아니라 피조물이다. 본래 네 위치로 돌아가서 창조주 하나님을 섬기라"고 꾸짖으신 것이다.

이제 우리는 예수님께서 어떻게 마귀의 시험을 무력화시켰는지 분명히 알 수 있다. 예수님은 상황과 처지에 기초하여 말씀에 대한 자신의 생각을 말하지 않으시고, 하나님의 말씀을 말씀대로 선포하셨다. 그분은 자신의 태생, 국적, 신분을 분명히 알고 계셨으며, 자유의지를 가진 혼이 하나님의 영 안에 거하고 계셨다. 그러므로 거짓자아로 말씀을 해석하거나 자기 생각을 말하지 않으시고, 하나님의 아들로서 하나님의 말씀을 선포하심으로 하나님을 나타내신 것이다.

마귀는 말씀에 대한 예수님의 생각이나 판단을 끌어내기를 원했지만, 예수님께서는 유혹에 넘어가지 않으셨다. 이것이 바로 하나님을 나타내고 마귀의 일을 멸하는 핵심이다. 요한복음에 기록된 예수님의 말씀을 기억하라.

요 12:49-50 내가 내 자의로 말한 것이 아니요 나를 보내신 아버지께서 내가 말할 것과 이를 것을 친히 명령하여 주셨으니 나는 그의 명령이 영생인 줄 아노라 그러므로 내가 이르는 것은 내 아버지께서 내게 말씀하신 그대로니라 하시니라

의인에 대한 사탄의 한계

사탄은 예수님께 아무것도 임의로 행할 수 없었다. 그렇다면 하나님으로부터 나서 예수 그리스도 안에 있는 자에게도 사탄은 결코 어떤 일도 마음대로 할 수 없다. 마귀는 의인이 된 우리의 동의와 허락이 없이는 아무것도 할 수 없는 존재다. 다시 말해, 우리가 죄를 짓지 않는 이상(하나님의 영광과 법 밖으로 나가지 않는 한), 그들은 우리의 털끝 하나도 건드릴 수 없다.

마귀는 신약에서 "거짓말쟁이"(요 8:44), "꾀는 자"(계 12:9), "시험하는 자"(마 4:3)라고 불린다. 사탄이 의인인 자에게 할 수 있는 유일한 일은 생각, 제안, 속삭임을 통해 우리를 속이고 시험하는 것이다. 그러므로 우리는 더 이상 죄인의 관점에서 성경을 읽어서는 안 된다. 이제는 의인의 관점에서 성경을 새롭게 보아야 한다.

우리가 의인이라면 지금 우리는 예수 그리스도 안에서 죄를 짓기 전 아담과 하와의 존재적 위치보다 더 나은 상태로 살아가고 있는 것이다. 왜냐하면 우리는 예수 그리스도 안에 있기 때문이다. 우리는 새 창조의 출발점에 서 있으며, 자유의지로 하나님을 선택할 수 있는 능력을 회복한 자들이다. 우리의 혼이 사탄의 말에 동의하지 않은 한, 그는 우리 안에 죄를 넣을 수도 없고 우리를 통치할 수도 없다. 다만 사탄은

언제나 틈을 노리며, 삼킬 자 - 이 진리를 알지 못하는 자 - 를 찾는다.

결국 사탄의 전략은 힘으로 우리를 제압하는 데 있지 않고, 거짓으로 우리를 설득하는 데 있다. 그는 우리의 생각과 감정, 상황을 이용해 "네가 누구냐?"라는 정체성의 혼란을 일으키고, "너는 여전히 부족하다"는 불신을 심어주려는 것이다. 그러나 의인은 이미 하나님의 의가 되었으며(고후 5:21), 하나님의 영이 거하시는 성전이다(고전 3:16). 따라서 우리는 두려움에 사로잡힌 피해자가 아니라 거짓을 분별하고 진리에 반응함으로써 하나님의 통치를 드러내는 킹덤빌더다.

묵상과 나눔

1. 마귀의 속임수 패턴 분별하기 : 마귀는 언제나 '나'에게 초점을 맞추게 하며, 하나님을 나타내는 자에서 하나님을 바라보는 자로 우리의 존재를 바꾸려 합니다. '내 문제', '내 상황', '내 감정'에 사로잡혀 있던 순간은 언제였나요? 그 상황 속에서 당신에게 반복적으로 작용해온 마귀의 속임수 패턴이 무엇인지 발견하고, 그 속임수를 그리스도 안에서 어떻게 돌파하며 승리할 수 있을지 나누어보세요.

chapter 19

의인의 삶과 영적 전쟁의 실제

의인만이 깨닫고 체험하는 승리의 비결

우리가 물과 성령으로 거듭난 후에도 자신이 누구인지 알지 못하면, 우리는 여전히 거짓자아로 자신의 상황과 처지에 기초해 하나님의 말씀을 받아들이고 말하게 된다. 그러나 예수 그리스도 안에서 새로운 피조물로서 그리스도 의식을 가질 때는 상황과 처지와 상관없이 주의 말씀을 말씀대로 생각하고 느끼고 말하게 된다. 이것이 바로 마귀의 통치에서 벗어나 하나님의 통치 안으로 들어가는 비밀이다.

말씀에 대한 내 생각은 중요하지 않다. 말씀 자체가 영이요 생명이고 하나님이시다. 우리는 단지 말씀을 믿는 데 머무르는 것이 아니라 하나님을 나타내는 삶을 살아야 한다. 하나님을 나타낸다는 것은 곧 말씀대로 생각하고 느끼고 말하는 것이다. 그러나 마귀는 상황과 처지를 통해 말씀 자체가 아니라 말씀에 대한 내 생각을 붙들게 하여, 그것을 느끼고 말하게 만든다. 그럴 때 그 내용은 생명이 없는 관념적 진리에 불과하며, 단순한 지식과 정보일 뿐이다.

예수님께서 마귀의 시험을 무력화하신 비밀을 깨달았다면, 이제 우리도 영적 전쟁에서 승리하기 위해 다음의 진리를 깨닫고 적용해야 한다.

첫째, 하나님의 말씀을 누가 받아들이는가 하는 문제다(주체의 변화). 우리가 예수 그리스도를 믿고 물과 성령으로 거듭났다면, 우리는 더 이상 과거와 같은 육적인 존재가 아니다. 우리는 예수 그리스도 안에서 새로운 피조물이다.

요 1:12-13 영접하는 자 곧 그 이름을 믿는 자들에게는 하나님의 자녀가 되는 권세를 주셨으니 이는 혈통으로나 육정으로나 사람의 뜻으로 나지 아니하고 오직 하나님께로부터 난 자들이니라

고전 1:30 너희는 하나님으로부터 나서 그리스도 예수 안에 있고 예수는 하나님으로부터 나와서 우리에게 지혜와 의로움과 거룩함과 구원함이 되셨으니

고후 5:21 하나님이 죄를 알지도 못하신 이를 우리를 대신하여 죄로 삼으신 것은 우리로 하여금 그 안에서 하나님의 의가 되게 하려 하심이라

요일 5:11-12 또 증거는 이것이니 하나님이 우리에게 영생을 주신 것과 이 생명이 그의 아들 안에 있는 그것이니라 아들이 있는 자에게는 생명이 있고 하나님의 아들이 없는 자에게는 생명이 없느니라

우리는 단지 예수 그리스도를 믿는 신자가 아니라 하나님으로부터 나서 예수 그리스도 안에 있으며, 예수 그리스도의 지혜와 의로움과 거룩함과 구원함을 나타내는 존재다. 하나님께서 주신 생명과 신의 성품, 그리고 모든 축복이 이미 우리 안에 있다.

둘째, 영적 전쟁은 하나님의 말씀을 어떻게 받아들이는가의 문제다(의인의 믿음). 하나님께서 이미 우리에게 주신 모든 생득권은 오직 하나님으로부터 나서 예수 그리스도 안에 있을 때만 누릴 수 있다. 다시 말해, '은혜로 구원받은 죄인'의 관점이 아니라 '죄를 지을 수 있는 의인'으로서의 정체성을 가져야 한다는 것이다. 그렇다면 의인의 믿음이란 무엇을 의미하는가?

의인은 과거 옛사람의 믿음에서 벗어나 새사람의 믿음으로 자신의 믿음을 변화시켜야 한다(롬 1:17). 단순히 "내가 주의 말씀을 믿기만 하면 주님께서 해주신다"라는 사고방식(예수 그리스도를 믿지만, 여전히 그분 밖에 있는 죄인의 관점)을 버리고, 예수 그리스도 안에서 새로운 피조물로서 "내 안에서 능력이 나감을 안다"는 새로운 믿음을 가져야 한다(막 5:30). 또한 예수님께서 하나님의 말씀을 이루신 것처럼, 하나님의 자녀 또한 예수님께서 십자가를 지심으로써 이미 2천 년 전에 이루신 약속의 말씀을 오늘 우리의 현실 속에 나타내는 자가 되어야 한다.[15]

셋째, 앞의 두 가지 진리를 알고 있다면 실제 현실에서 일어나는 모든 상황 속에서도 삶의 문제, 즉 내용물에 빠지지 말아야 한다. 이는 마귀의 속임수에서 벗어나는 것이다. 어떤 상황이나 처지, 문제가 발생하더라도 자신의 생각과 감정으로 선과 악, 옳고 그름, 좋고 싫음을 판단해서는 안 된다. 내가 판단하는 순간부터 그 생각과 감정이 나 자신이 된다. "나는 이렇게 생각한다"는 말은 곧 "그 생각이 내가 되었다"는 말과 같다. 그것이 바로 창세기 3장 5절의 "너희가 그것을 먹는 날에는 너희 눈이 밝아져 하나님과 같이 되어 선악을 알 줄 하나님이 아

15 이에 대해서는 3부 12장 <왕족의 정체성 깨우기 : 하나님 자녀의 정체성 회복>에서 다룬 바 있다.

심이니라"라고 한 마귀의 속임수에 넘어가는 것이다. 결국 이는 마귀의 본성인 교만과 자기 의를 따라 하나님과 분리되어, 하나님과 동격이자 심판자가 되어 선악을 판단하게 되는 것이다.

문제의 내용물과 그에 대한 생각과 감정에 빠지지 않는 것이 바로 자기를 부인하는 것이다. 왜냐하면 자신의 생각과 감정은 진리도 아니고 실재하지도 않으며, 힘도 없기 때문이다. '진리가 아니다'라는 것은 그것이 말씀 그 자체에 기초한 것이 아니라, 말씀에 대한 자신의 판단에 기초한 것이기 때문이다. '실재하지 않는다'라는 의미는 일어난 모든 일은 단지 이미 일어난 사실에 대해 자신의 생각으로 해석한 것이며, 판단 없이 있는 그대로 본 것이 아니라 자신이 만든 가상 현실일 뿐이라는 뜻이다. '힘도 없다'는 것은 어떤 대상에 대한 자신의 생각과 감정이 그 대상에 힘을 실어주는 것이지, 그 대상 자체에 힘이 있다는 것이 아니라는 의미다.[16]

넷째, 이상 세 가지 진리를 깨달았다면 이제는 '내가 생각을 붙든다'(내가 믿는다)는 수준을 넘어 새로운 믿음을 가져야 한다. 예수 그리스도 밖에서 죄인의 관점(거짓자아)으로, 말씀에 대한 나의 생각(믿음)으로 살아간다면, 우리는 마귀와 그 졸개들과의 싸움에서 백전백패할 수밖에 없다. 패배의 원인은 단순히 생각의 내용물에 빠지는 데 있는 것이 아니다. 한 걸음 더 나아가 '내가 생각한다'는 사실 자체가 진정한 패배의 원인이라는 사실을 깨달아야 한다.

하나님의 자녀는 '내가 말씀을 믿으면 하나님께서 이루어주신다'는 구약적 사고방식에서 벗어나야 한다. 그것은 지금의 나를 여전히 부족

16 이에 대해서는 2부 5장 〈나와 세상에 대한 새로운 이해〉에서 살펴보았다.

하고 온전하지 않은 존재라고 전제하는 것이다. 이제는 우리의 혼이 더 이상 자신의 생각과 감정에 묶이지 않고, 하나님의 영 안에 거함으로써, 예수님께서 이미 이루신 말씀을 나타내는 자가 되어야 한다. 이것이 바로 영으로써 몸의 행실을 죽이는 것이며, 하나님으로부터 나서 예수 그리스도 안에서 주의 지혜와 의로움과 거룩함과 구원함을 이루는 삶이다.

거듭나는 순간부터 우리는 하나님의 의에 연결되어, 우리 안에 끊임없이 하나님의 생명과 축복이 흐르고 있다. 따라서 우리는 부족함이 없고 온전하며 거룩한 존재가 된 것이다. 그럼에도 불구하고 현실적으로는 가난, 고통, 질병, 약함 등이 여전히 나타난다. 그 이유는 하나님의 생명과 축복이 우리 몸에 흐르지 못하기 때문이다. 이는 우리가 여전히 죄인의 관점에서 말씀을 생각하고, 구약적 사고방식으로 신앙생활을 하고 있기 때문이다.

우리는 예수 그리스도 안에서 이미 포도나무에 접붙임을 받은 가지이며, 그분이 이루신 말씀을 현실에 나타내는 존재다(요 15:4-5). 포도나무의 가지는 스스로 열매를 맺으려 하거나 포도나무를 위해 무언가 하려고 하지 않는다. 단지 포도나무에 붙어 있기만 하면 수액이 흘러 열매를 맺는다. 하나님의 생명과 축복이 우리의 몸을 통해 흐르지 않는 이유는 여전히 거짓자아(타락한 혼)가 주체가 되어 자기 생각과 감정으로 신앙생활을 하기 때문이다. 우리는 '주를 의지하여 무엇인가를 받아내는 삶'이 아니라, '이미 내 안에 계신 주님께서 일하시는 삶'을 살아야 한다. 이것이 바로 은혜이며 진리이고 복음의 본질이다.

차원적인 영적 전쟁 이해하기

옛 믿음이든 새 믿음이든, 다시 말해 죄인의 믿음이든 의인의 믿음이든, 믿음은 결국 생각에서 나온다. 어떤 생각을 지속적으로 붙드는 것이 믿음이다. 그러므로 우리가 무엇을 붙드느냐에 따라 그것이 옛 믿음이 될 수도 있고 새 믿음이 될 수도 있다.

우리가 하나님나라에 사는 하나님의 자녀라면, 더 이상 나타난 죄의 열매에 대해서 생각하지 말고 의의 근원이신 예수 그리스도로부터 출발해야 한다. 그분이 이미 이루신 말씀을 붙들고 생각해야 한다.

> **골 3:1-3** 그러므로 너희가 그리스도와 함께 다시 살리심을 받았으면 위의 것을 찾으라 거기는 그리스도께서 하나님 우편에 앉아 계시느니라 위의 것을 생각하고 땅의 것을 생각하지 말라 이는 너희가 죽었고 너희 생명이 그리스도와 함께 하나님 안에 감추어졌음이라

이 말씀은 두 가지 중요한 진리를 보여준다. 첫째, "위의 것을 찾으라"는 것이고, 둘째, "땅의 것이 아니라 위의 것을 생각하라"는 것이다.

(1) "너희가 그리스도와 함께 다시 살리심을 받았으면 위의 것을 찾으라"

여기서 "찾으라"로 번역된 헬라어 '제테이테'는 "찾다", "구하다", "추구하다"를 의미한다. 이는 "그의 나라와 그의 의를 구하라"(마 6:33)는 말씀에도 사용되었다. 그렇다면 '위'에는 누가 계시는가? 예수 그리스도께서 계신다. "거기는 그리스도께서 하나님 우편에 앉아 계시느니라"(골 3:1). 이 말씀은 무엇을 의미하는가? 이제는 거짓자아에서 벗어나 그리스도 안에 거하라는 것이다.

엡 2:6 또 함께 일으키사 그리스도 예수 안에서 함께 하늘에 앉히시니

위의 것을 찾아야 하는 이유는 우리의 몸은 여전히 이 땅에 있지만, 거듭날 때부터 우리의 존재는 하나님으로부터 나서 예수 그리스도 안에 있는 자가 되었기 때문이다.

(2) "위의 것을 생각하고 땅의 것을 생각하지 말라"

여기서 "생각하라"의 헬라어 원형 '프로네오'는 우리의 사고 행위를 넘어 마음의 방향성과 태도, 곧 가치관과 우선순위의 설정을 뜻한다. 우리가 예수 그리스도 안에 거한다면 이제는 위의 것을 생각하고 땅의 것을 생각하지 말아야 한다. 그렇다면 지금 우리의 위치는 어디인가? 앞 절에 따르면 우리의 존재는 이 땅에 속한 자가 아니라 하늘에 속한 자다. 죄인이 아니라 의인이 된 것이다.

죄인이 보는 '위의 것'과 '땅의 것', 의인이 보는 '위의 것'과 '땅의 것'은 전혀 다르다. 차원적으로 볼 때 의인은 삼층천에서 이층천(보이지 않는 비물질세계)에 실상을 만들기 위해, 영이요 생명이신 말씀대로 이미 이루어진 것을 풀어놓는다. 반면 죄인은 일층천(이 땅)에서 자신의 믿음체계에 기초한 기대와 소망을 이층천에 투사하여 풀어놓는다.

구원을 얻었으나 여전히 자신을 죄인으로 여기는 자는 현실에 붙들린 채 주님을 생각하며 주님께 의지하고자 한다. 그러나 이것은 위의 것을 생각하지 않고 땅의 것을 생각하는 방식이다. "주여, 도와주소서!"라는 외침처럼, 자신의 믿음으로 하나님으로부터 무언가를 얻어내고자 하는 믿음이다.

그렇지만 구원을 얻었고 자신이 의인이며, 골로새서 3장 3절의 말씀

처럼 "자신이 죽었고 자신의 생명이 그리스도와 함께 하나님 안에 감추어져 있는 것을 아는 자" - 하나님으로부터 나서 예수 그리스도 안에 있는 자, 하나님 우편에 계신 예수 그리스도 안에 있는 자 - 는 주님께서 이미 이루신 말씀대로 실상을 만드는 믿음을 갖게 된다.

의인은 "나라가 임하시오며 뜻이 하늘에서 이루어진 것같이 땅에서도 이루어지이다"(마 6:10)라는 진리를 알고 실행하는 자다. 그는 차원적인 삶을 사는 자로서, 그리스도 안에서 보이지 않는 세계에 이미 이루어진 것을 생각함으로써, 보이는 세계에 그 생각에 따른 실상이 실체로 나타나는 것을 경험한다.

그러나 현실을 보면, 하나님의 자녀인 우리는 여전히 거짓자아로 땅의 것을 생각하며 살아가거나, 겉으로는 땅의 것을 생각하지 않는다고 말하지만 여전히 은혜로 구원받은 죄인처럼 주님만을 바라보는 신앙생활에 머물러 있다. 하지만 우리는 세상에 대해 생각하지 말아야 한다. 예수 그리스도를 단지 바라보기만 해서도 안 된다. 자신이 주체가 되어 예수 그리스도를 의지하는 삶을 버리고, 예수 그리스도 안에서 하나님의 의를 나타내야 한다. 2천 년 전에 예수님께서 인자로 오셔서 하나님을 나타내신 것처럼, 우리도 예수 그리스도 안에서 그분처럼 행하며 하나님을 나타내야 한다.

엡 4:27 마귀에게 틈을 주지 말라

빌 2:5 너희 안에 이 마음을 품으라 곧 그리스도 예수의 마음이니

요일 2:6 그의 안에 산다고 하는 자는 그가 행하시는 대로 자기도 행할지니라

승리를 위한 핵심 원리 정리

우리는 종종 유혹이나 시험의 내용에 관심을 두고 어떻게 대처해야 하는지를 배우려 한다. 그러나 잘 생각해보라. 아담과 하와가 하나님의 말씀을 몰랐기 때문에 마귀의 통치 안으로 들어간 것이 아니다. 그들은 하나님의 영 안에서 하나님의 말씀을 말씀대로 말하지 않았기 때문에 시험에 넘어갔다.

우리는 흔히 말씀 안에서 답을 찾아야 한다고 말한다. 물론 맞는 말이다. 하지만 거짓자아로 말씀을 안다고 해서 마귀의 시험을 이길 수 있는 것은 아니다. 오히려 말씀을 '아는 자'일수록 시험과 유혹에 더 쉽게 빠지고, 더욱 깊은 무력감을 느낀다.

이 진리를 매일의 삶에 적용해보자. 마귀는 날마다 문제를 만들어 우리 마음에 집어넣는다. 만약 자신이 누구인지를 알지 못한다면 - 우리의 혼이 하나님의 영 안에 거하는 것을 알지 못하고 자신의 생각과 감정을 자신과 동일시하는 거짓자아로 살아간다면 - 우리는 그 상황과 처지의 내용물에 사로잡히게 된다. 그 결과 문제를 해결하기 위해 하나님의 말씀을 인용하고 그 말씀대로 기도한다 해도, 결국 하나님으로부터 아무것도 얻을 수 없다.

어떤 문제로 인해 두려움이 밀려올 때 우리는 흔히 이렇게 기도한다. "주님, 이 문제 때문에 두렵습니다. 도와주세요. 주님께서 '두려워하지 말라. 내가 너와 함께한다'고 말씀하지 않으셨습니까? 제발 도와주세요. 어떻게 해야 할지 모르겠습니다." 많은 사람들이 하나님과 이렇게 교제한다. 그러나 이런 방식으로는 하나님께서 도우려고 하셔도 도우실 수 없다. 왜냐하면 우리가 스스로 마귀의 통치를 선택했기 때문이다. 이미 마귀의 통치 아래 들어간 다음 하나님의 통치를 구하는 것은 모순 중의 모순이다.

생각과 감정은 얼마든지 마음속에 생길 수 있다. 그러나 그것이 내가 되는 것은 아니다. 혼이 하나님의 영 안에 거할 때, 우리는 과거의 생각과 감정이 아니라, 영으로부터 나오는 말씀이나 심중에 기록된 말씀을 선택하게 된다. 그럴 때 말씀은 단순한 지식과 정보가 아닌 능력이 되고, 우리의 몸은 하나님을 실제로 경험하는 통로가 된다. 부정적인 감정과 생각은 진리도 아니고 실재도 아니며 아무 힘도 없다. 그것을 붙들지도 말고 말하지도 말라. 먼저 그리스도 안으로 들어가라. 그리고 심중에 기록된 말씀대로 생각하고 느끼고 말하고 행동하라.

(a) 사탄의 한계를 이해하라

□ 사탄은 의인에게 무단침입할 수 없다.

□ 오직 우리의 동의와 허락을 통해서만 영향을 미칠 수 있다.

□ 사탄의 유일한 무기는 거짓말과 속임수뿐이다.

(b) 우리의 참된 정체성을 알라

□ 우리는 '은혜로 구원받은 죄인'이 아니라 '죄를 지을 수 있는 의인'이다.

□ 하나님으로부터 나서 예수 그리스도 안에 있는 자다.

□ 예수님께서 이미 우리 영혼몸 전부를 법적으로 완전히 구원하셨다.

(c) 마귀가 속임수를 사용하는 패턴을 파악하라

□ 항상 '나'에게 초점을 맞추게 한다.

□ 하나님의 말씀에 대한 '내 생각'을 말하게 한다.

□ 하나님을 나타내는 자에서 하나님을 바라보는 자로 변질시킨다.

□ 자신이 누구인지, 무엇을 소유했는지, 어떤 삶을 살아야 하는지 모르게 한다.

(d) 예수님의 승리 방법을 적용하라

□ 상황과 처지에 관계없이 하나님의 말씀대로 생각하고 말하라.
□ 말씀에 대한 내 생각이 아니라 말씀 자체를 말하라.
□ 자신의 정체성과 사명을 명확히 알고 행하라.
□ 거짓자아가 아닌 그리스도 안에서 반응하라.

(e) 차원적 믿음으로 살아가라

□ '내가 믿으면 하나님이 해주신다'는 구약적 사고에서 벗어나라.
□ '예수님께서 이미 이루신 것을 현실에 나타내는 자'로 살아라.
□ 위의 것을 생각하여 보이지 않는 세계의 실상을 보이는 세계에 나타내라.
□ 하나님의 영광의 통로가 되어 하나님의 생명과 축복이 흐르게 하라.

이것이 바로 내 안에서 일어나는 영적 전쟁에서 승리하는 비밀이며, 마귀의 일을 멸하고 하나님의 영광을 이 땅에 드러내는 길이다.

영적 전쟁의 본질

우리는 오랫동안 개혁주의 전통 속에서 복음을 이해해왔다. 즉, "인간은 죄로 인해 타락하였으나 예수님께서 십자가에서 우리를 대신해 죽으셨다는 사실을 믿으면 죄 사함을 받고 구원을 얻는다"는 방식으로 복음을 받아들였다. 이러한 이해는 복음의 중요한 진리를 담고 있으나, 타락한 인간의 구속 의도와 창조목적의 점진적 실현의 관점에서는 부분적인 것에 불과하다.

하나님의 창조와 창조목적의 완성을 바라볼 때, 하나님께서 우리를 자녀로 삼으신 것은 단지 죄 사함을 받고 구원을 얻기 위함이 아니다. 우리는 그 구원을 통해 하나님의 창조목적을 이루어가도록 부름받았으며, 그 목적을 이루기 위해 신앙생활을 하는 것이다. 하나님의 영이 우리 안에 임하심으로 우리는 새 사람이 되었다. 그러나 여전히 이 세상은 세상 신의 통치 아래 있고, 우리는 날마다 믿음의 선한 싸움을 해야 한다. 그렇다면 이 영적 전쟁을 어떻게 이해해야 하는가?

대부분의 사람들은 영적 전쟁을 악한 존재와 싸우는 일로 생각한다. 그러나 우리가 겪고 있는 수많은 일들(상황, 환경, 대상, 질병 등)의 배후에는 보이지 않는 존재들의 직간접적인 영향이 있음을 알아야 한다. 그래서 사도 바울은 이렇게 말한다. "우리의 씨름은 혈과 육을 상대하는 것이 아니요 통치자들과 권세들과 이 어둠의 세상 주관자들과 하늘에 있는 악의 영들을 상대함이라"(엡 6:12).

또한 많은 이들이 '영적 전쟁'을 "내가 이 악한 존재(또는 문제들)와 싸워서 반드시 승리해야 한다"는 개념으로 이해한다. 그리고 이 승리를 위해서는 하나님의 도우심과 말씀, 성령의 능력을 힘입어야 한다고 믿는다. 즉, 여러 가지 어려운 상황에 처했거나 귀신의 눌림 가운데 있을 때, 하나님의 도우심을 받아 내가 주의 말씀과 예수 그리스도의 이름으로 그것들을 물리치고 승리하는 것이 영적 전쟁이라고 여기는 것이다.

이처럼 많은 이들이 영적 전쟁을 '악한 존재와의 싸움'으로 이해하기 때문에 실제로 드러나는 영적 전쟁의 양상도 그와 같은 인식 안에서 이루어진다. 하나님의 자녀임에도 불구하고 자유의지를 가진 혼이 마귀의 유혹과 시험에 동의하거나 자신의 욕심에 사로잡힘으로써 하나님의 보호막이 사라진 결과 - 생득권으로 주어진 하나님의 사랑과 생명이 흐르지 않게 된 상태 - 에서 비롯된 문제와 고통, 그리고 고난으로부터 벗어나는 것을 영적 전쟁이라 여기는 것이다. 물론 이것도 영적 전쟁이지만, 이는 임상의학적 영적 전쟁, 즉 이미 문제가 드러난 뒤 그것을 치유하려는 방식의 전쟁이다.

그러나 영적 전쟁의 본질은 마귀와 싸워 이기는 데 있지 않다. 그 본질은 하나님의 통치를 받는 데 있다(골 1:13). 처음부터 하나님의 통치를 받는다면 어떤 문제나 더럽고 악한 것도 내 삶에 틈타지 못한다(요삼 1:2 ; 엡 4:27). 그 결과로 은혜와 감사와 호의가 넘치는 삶을 살게 된다. 이것이 바로 진정한 영적 전쟁이며, 예방의학적 영적 전쟁이라고 말할 수 있다.

고후 2:14 항상 우리를 그리스도 안에서 이기게 하시고 우리로 말미암아 각처에서 그리스도를 아는 냄새를 나타내시는 하나님께 감사하노라

고전 15:57 우리 주 예수 그리스도로 말미암아 우리에게 승리를 주시는 하나님께 감사하노니

(1) 주기도문을 통해 깨닫는 영적 전쟁

매일의 삶에서 영적 전쟁에 승리하기 위해서는 먼저 성경이 말하는 참된 영적 전쟁의 실제가 무엇인지 배워야 한다. 예수님께서 가르쳐주신 주기도문은 영적 전쟁의 본질과 실제를 가장 정확히 보여준다. 주기도문의 전반부는 영적 전쟁의 본질을, 후반부는 그 영적 전쟁을 어떻게

감당해야 하는지를 말하고 있다.

우리가 기억해야 하는 것은 하나님의 통치 안에서 그분의 영광을 나타내는 것이 마귀의 일을 멸하는 것이며, 그것이 바로 영적 전쟁이라는 사실이다. 주기도문의 전반부는 "뜻이 하늘에서 이루어진 것같이 땅에서도 이루어지이다"(마 6:10)라는 말씀처럼, 하나님의 통치가 임하여 그 뜻이 이 땅에 실현되도록 하는 것이 곧 영적 전쟁임을 보여준다.

그런데 마귀는 하늘(보이지 않는 세계)에서 더럽고 악하고 추한 생각들을 붙들고 있으며, 타락한 인간들의 상상과 믿음을 통해 그에 상응하는 것들을 이 땅(보이는 세계)에 만들어낸다. 그러나 하나님의 통치가 임하면, 자녀들을 통하여 먼저 보이지 않는 세계에 하나님의 뜻이 임하게 되고, 그 결과로 보이는 세계에 하나님의 뜻의 실체가 드러나게 된다.

주기도문의 후반부는 하나님의 뜻을 이 땅에 나타내기 위해 우리가 어떻게 준비해야 하는지를 보여준다. 무엇보다 지금의 현실에 대한 우리의 생각보다 진리의 말씀을 아는 것이 중요하다. 하나님의 자녀는 그분의 말씀을 이 땅에 이루는 존재이기 때문이다. 그리고 그 말씀이 자녀들을 통해 나타나기 위해서는 우리의 몸이 하나님의 영광의 통로가 되어야 한다.

이를 위해서는 늘 용서와 회개가 필요하다(마 6:12). 이 부분에 대해서는 이미 앞서 언급했다.[17] 주기도문에서 가장 놀라운 대목은 마태복음 6장 13절 말씀이다. "우리를 시험에 들게 하지 마시옵고 다만 악에서 구하시옵소서(나라와 권세와 영광이 아버지께 영원히 있사옵나이다 아멘)." 이 말씀은 승리에 대한 적극적인 표현이라기보다 다소 수

---

17 '용서와 회개'는 3부 14장 〈영광의 통로 열기 : 용서와 회개의 능력 체험하기〉에서 자세히 다루었다.

세적이고 방어적인 기도로 들린다. 루터와 칼빈은 “우리를 시험에 들게 하지 마시옵고”를 시험 자체를 피하는 것이 아니라 시험 중에 보호해 달라는 기도로 이해했다. 또한 대부분의 현대 주석가들은 “시험에 빠뜨리지 마소서” 또는 “시험에 굴복하지 않게 하소서”로 해석한다. 그렇다면 왜 예수님은 “원수를 짓밟아 승리하게 하옵소서”가 아니라, 이렇게 수동적인 표현으로 기도하게 하셨을까? 여기에 바로 킹덤빌더의 영적 전쟁의 핵심이 있다.

(a) “우리를 시험에 들게 하지 마시옵고”의 의미

성경에서 “시험”으로 번역된 헬라어 ‘페이라스모스’는 두 가지의 특징적인 의미를 지닌다. 첫째는 시련(trial)으로, 외부로부터 오는 역경과 고난을 가리키며 믿음을 연단하기 위한 시험이다. 둘째는 유혹(temptation)으로, 죄로 연결되는 내적인 유혹이나 악한 충동이다. 야고보서 1장 2절의 “너희가 여러 가지 시험을 당하거든”에서의 ‘시험’도 외부로부터 야기되는 ‘시련’(trial)을 의미한다.

우리는 너무 오랫동안 주기도문을 죄인의 관점으로 생각해왔다. 그러나 의인의 관점, 곧 킹덤빌더의 마음으로 이 구절을 바라본다면, “우리를 시험에 들게 하지 마시옵고”라는 말씀은 외부로부터 시험(유혹)이 올 때 그 안으로 말려들지 않게 해달라는 뜻임을 알 수 있다. 즉, 어떤 문제들(상황, 사건, 대상, 악한 영 등에 따른 고난과 고통)이 있다 할지라도 그것에 대한 생각과 감정을 나와 동일시함으로써, 그것을 내가 어떻게 해야 한다는 식으로 여기지 말아야 한다는 것이다. 그래야 “다만 악에서 구하시옵소서”라는 말씀이 이루어지게 된다. 만약 그것들을 ‘나의’, ‘문제’로 여긴다면, 그때부터는 마귀가 승리할 빌미를 주게 된다.

이것을 증명할 수 있는 것이 "들게 하지 마시옵고"에 해당하는 헬라어 '에이스페로'이다. 이 단어는 '에이스'(~안으로, ~속으로)와 '페로'(나르다, 가져가다)로 구성되어 있다. 영어로는 "to bring in", "lead in", "to bring into", "to lead into", "to carry into" 등으로 번역된다. 이는 단순히 "시험을 당하지 않게 해달라"는 것이 아니라 "시험을 안으로 끌어들이지 말게 해달라"는 의미를 담고 있다.

따라서 예수님께서 가르쳐주신 이 말씀은 시험 자체가 없다거나 시험 상황 자체를 피하게 해달라거나 단순히 시험에서 보호해달라는 기도가 아니다. 오히려 시험을 나와 동일시해서 내가 해결해야 할 문제로 보지 않게 해달라는 기도다.

약 1:14-15 오직 각 사람이 시험을 받는 것은 자기 욕심에 끌려 미혹됨이니 욕심이 잉태한즉 죄를 낳고 죄가 장성한즉 사망을 낳느니라

이 말씀도 시험 자체보다, 시험이 왔을 때 우리가 어떤 반응과 태도를 취하는지가 더 중요하다는 것을 말한다. 우리가 시험을 내 것이라고 받아들이는 순간, 악한 영이 우리에게 영향을 미치는 길을 스스로 열어주게 된다. 그러나 그 시험에 대한 생각과 감정을 받아들이지 않는다면 악한 영은 결코 우리에게 영향을 미칠 수 없다.

이는 "마귀에게 틈을 주지 말라"(엡 4:27)는 말씀과도 연결된다. 이 말씀을 올바로 이해하기 위해서는 다음의 구절들을 함께 살펴보아야 한다.

약 4:7 그런즉 너희는 하나님께 복종할지어다 마귀를 대적하라 그리하면 너

희를 피하리라

벧전 5:7-9 너희 염려를 다 주께 맡기라 이는 그가 너희를 돌보심이라 근신하라 깨어라 너희 대적 마귀가 우는 사자 같이 두루 다니며 삼킬 자를 찾나니 너희는 믿음을 굳건하게 하여 그를 대적하라 이는 세상에 있는 너희 형제들도 동일한 고난을 당하는 줄을 앎이라

이 말씀들은 시험이 왔을 때 우리가 어떻게 반응해야 하는지를 권면하는가? 그 시험을 내 것으로 받아들이지 말고, 먼저 그리스도 안에서 모든 염려를 다 주께 맡기며 마귀와 악한 영을 대적하라고 말씀하신다. 그러므로 우리가 시험에 들지 않기 위해서는(그 시험을 나와 동일시하지 않기 위해서는), 다음 세 가지를 기억해야 한다.

첫째, 자신의 정체성을 알아야 한다. 단지 예수 그리스도를 믿는 자가 아니라, 고린도전서 1장 30절의 말씀처럼 "너희는 하나님으로부터 나서 그리스도 예수 안에 있고, 예수는 하나님으로부터 나와서 우리에게 지혜와 의로움과 거룩함과 구원함이 되셨으니"라는 사실을 알고 체험해야 한다. 우리는 예수 그리스도 안에서 태생과 국적, 신분이 새롭게 되었다. 또한 주어진 생득권 - 신성(벧후 1:3-4), 원복(엡 1:3) - 을 소유한 자로서 하나님께서 주신 권세와 능력을 가지고 있다(막 16:17-19 ; 눅 10:19).

둘째, 근신하고 깨어 있어야 한다. 그럼에도 불구하고 베드로전서 5장 8절은 "근신하라 깨어라 너희 대적 마귀가 우는 사자 같이 두루 다니며 삼킬 자를 찾나니"라고 말한다. 여기서 '근신하라'는 환경이나 감정, 유혹에 휩쓸리지 말고 자신의 마음을 통제하라는 뜻이고, '깨어라'

는 단순히 눈을 뜬 상태가 아니라 적극적으로 경계하며 주변 상황에 민감하게 반응하라는 뜻이다. 또한 골로새서 2장 8절은 "누가 철학과 헛된 속임수로 너희를 사로잡을까 주의하라 이것은 사람의 전통과 세상의 초등학문을 따름이요 그리스도를 따름이 아니니라"라고 경고한다. 이때 "세상의 초등학문"은 영적 세력들이나 사회가 건설되는 기본 원리와 신념들을 가리킨다.

셋째, 먼저 인내로써 그리스도 안에 거해야 한다. 이에 대해 야고보서 1장 2-4절은 이렇게 말한다. "내 형제들아 너희가 여러 가지 시험을 당하거든 온전히 기쁘게 여기라 이는 너희 믿음의 시련이 인내를 만들어내는 줄 너희가 앎이라 인내를 온전히 이루라 이는 너희로 온전하고 구비하여 조금도 부족함이 없게 하려 함이라." 이 말씀은 우리의 혼이 외부에서 들어오는 생각과 감정을 붙들지 말고, 믿음의 시련 가운데 그리스도 안에서 굳건히 머물러야(인내해야, stand firm) 함을 의미한다.

(b) "다만 악에서 구하시옵소서"

이 말씀은 단순히 악으로부터 보호를 구하는 수동적인 요청이 아니다. 오히려 의인의 관점에서 보면, 마귀의 통치에서 벗어나 하나님의 통치 아래서 참된 자유를 누리게 해달라는 기도다.

"다만"에 해당하는 헬라어 '알라'는 강한 대조를 나타내는 접속사다. 곧 "우리를 시험에 들게 하지 마옵시고"(시험을 내 것으로 받아들이지 않음)와 "그러나 오히려 악에서 구하시옵소서"(악의 작동권에서 벗어남)를 대비시킨다. 따라서 '다만'은 "그러나 오히려/반대로"로 이해하는 것이 문맥에 더 맞는 해석이다.

"악에서 구하시옵소서" 여기서 '악'은 악의 세력 전체(죄, 유혹, 세상, 사망 권세, 악한 영 등)를 지칭한다. "구하다"에 해당하는 헬라어 '뤼오마이'는 "끌어내다", "구출하다", "해방시키다", "건져내다"라는 뜻을 가진다. 이 단어는 부정과거 중간태 명령법 2인칭 단수형으로 쓰였는데, 이는 단순한 보호 요청이 아닌 적극적인 구출과 해방을 의미한다. 즉, 악한 자와의 연결을 끊어(분리·이탈) 그의 영향으로부터 자유하게 하고, 하나님의 통치 아래 보존되게 해달라는 간구다.

이 말씀의 초점은 정면 대결이 아니라 지배권의 이전이다. 다시 말해 악과 씨름하여 이기게 해달라는 것이 아니라, 악의 영역과 연결고리를 맺지 않도록 이미 주어진 하나님의 통치 안에서 보존을 구하는 것이다.

성경은 이러한 지배권의 전환을 이렇게 증언한다. "그가 우리를 흑암의 권세에서 건져내사 그의 사랑의 아들의 나라로 옮기셨으니"(골 1:13). 이미 일어난 완료적 해방이다. 우리가 누구인지, 어디에 있는지를 기억하라. 하나님은 그리스도 안에 있는 우리에게 마귀를 통치할 수 있는 권세와 능력을 주셨다. 그러나 이것은 악을 "정면으로 상대하여 승리하라"는 전투 명령이 아니라, 하나님의 통치 아래 머물러 어둠의 작동을 무력화하라는 부르심이다(약 4:7). 그것은 우리가 주의 말씀대로 믿고 심고 선포할 때 하나님의 권능이 나타나도록 하는 것이다.

따라서 "다만 악에서 구하시옵소서"는 소극적 보호가 아니라 관계적 분리와 지배권의 보존을 구한다. '시험을 안으로 끌어들이지 않고'(동일시하지 않음), 그리스도 안에 머묾으로 악의 작동권에서 벗어나 하나님의 권세와 능력이 악에게 역사하도록 하는 것이다. 여기서도 승리는 '쫓아냄의 기술'이 아니라, 하나님의 통치가 내 안에 임하도록 하는 것이다.

(c) 영적 전쟁의 핵심

결국 "시험에 들지 말게 하옵시고 다만 악에서 구하옵소서"는 내 앞에 나타난 일들(사건, 상황, 질병, 대상, 악한 영 등)을 '내가 해결해야 할 문제'로 보지 않는 것이다. 다시 말해 내 앞에 어떤 일도 일어나지 않았다고 부정하라는 것이 아니라, 나타난 일들을 내가 싸워서 이겨야 할 문제로 보지 말라는 것이다. 마귀는 우리를 도둑질하기 위해 항상 어떤 일들을 문제로 만들어낸다. 그리고 그 문제를 해결해야 정상이 되고, 행복해지고, 승리할 수 있다고 믿게 만든다. 그것은 반대로 그 일들이 문제가 되는 순간부터 염려, 걱정, 근심, 불안, 두려움이 들어오게 된다는 것이다.

마귀는 우리로 하여금 항상 어떤 일에 대한 자신의 방식대로의 생각과 감정을 자신과 동일시하는 거짓자아로 살아가도록 한다. 따라서 진짜 문제는 우리 스스로 과거의 경험과 지식에 기초한 생각과 감정으로 어떤 일을 자신이 해결해야 할 문제로 만드는 것이다.

그러므로 "내가 이 문제를 해결해야 해"라는 사고방식에 묶이지 않도록 해야 한다. 그렇게 하기 위해서 가장 중요한 것은 문제 해결보다도 그것을 생각하는 자유의지를 가진 혼이 그리스도 안에 거하는 것이 최우선이다. 그것이 바로 예수님께서 말씀하신 자기를 부인하고 자기 십자가를 지라는 것이다(마 16:24). 마귀는 늘 다양한 일들을 주어 내가 그것을 문제로 삼고, 그 문제를 해결하도록 하기를 원한다. 그것이 바로 하나님의 자녀가 되었음에도 불구하고 자신이 누구인지 모르고 거짓자아로 살아가는 구원받은 죄인의 속성이다. 마귀는 그리스도인들로 하여금 그 문제를 예수님의 도움을 받아서 해결하게 하도록 유도한다.

그러나 주님이 말씀하시는 것은 이것이다. "그 문제가 없다는 것이 아니라 그 문제를 자신의 방식대로 생각하는 것은 실제도 아니고, 진리도 아니며, 아무런 힘도 없다는 것을 알아야 한다. 너의 혼이 그 문제(생각과 감정)에 묶이지 말고, 너의 혼이 먼저 내 안으로 들어오라." 이것이 바로 자기를 부인하고 자기 십자가를 지라는 뜻이다.

우리의 혼이 그리스도 안으로 들어올 때 비로소 하나님께서 우리를 통해 그 일에 개입하실 수 있다. 따라서 "내가 이 문제와 싸워서 승리하겠다"라고 믿는 것이 바로 시험에 드는 것이다. 그리스도 안으로 들어오게 되면(거짓자아가 죽으면) 내 경험과 지식에 기초한 생각과 판단이 사라진다. 일어난 일이 무엇이든, 마귀는 그에 대한 생각과 판단을 가지고 우리를 묶으려 한다. '너 이거 해결하지 않으면 큰일날 거야', '심각한 타격을 입게 될 거야', '모든 것이 무너질 거야' 등 마귀는 이렇게 끊임없이 참소하고 거짓말한다. 처음에는 유혹하고, 그 유혹이 통하지 않으면 시험한다. 그러나 거기에 묶이지 말라. 당신이 일어난 일들을 문제로 삼는 순간, 당신은 이미 그리스도 밖에 있는 것이다.

(2) 존재의 회복과 의인의 믿음

복음의 시작은 어떤 행위가 아니라 존재의 회복이다. 타락 이후 인간은 하나님의 형상으로 지음 받은 본래의 정체성을 잃고, 자기중심적 자아, 곧 거짓자아로 살아왔다(창 3:5). 인간은 스스로 하나님과 같이 되려는 욕망 속에서 하나님을 떠났고, 그 결과로 하나님과의 생명적 관계가 끊어지고, 기능하지 못하는 영만 남게 되었다. 그때부터 혼이 주체가 되어 자신을 스스로 지키고 증명해야 하는 생존의식적 삶으로 떨어졌다. 이것이 바로 거짓자아의 뿌리이며, 모든 영적 전쟁의 패배의 시작점이다.

그러나 복음은 잃어버린 인간의 정체성을 회복시키는 하나님의 능력이다. 복음 안에서 우리는 단순히 용서받은 죄인이 아니라, 그리스도 안에서 새로운 피조물이 되었다. "누구든지 그리스도 안에 있으면 새로운 피조물이라 이전 것은 지나갔으니 보라 새 것이 되었도다"(고후 5:17). 이 말씀은 인간의 행위가 변한 것이 아니라 존재 자체가 새로워졌음을 선포한다. 더 이상 우리는 죄의 본성에 속한 존재가 아니라, 하나님의 생명에 참여한 자로서 하나님의 자녀가 되었다(요 1:12).

예수님은 "자기를 부인하고 자기 십자가를 지라"고 말씀하셨다(막 8:34). 이 말씀은 자아의 소멸이 아니라, 자유의지를 가진 혼이 그리스도 안에 거하는 새 정체성에 대한 선언이다. "이제는 내가 사는 것이 아니요 오직 내 안에 그리스도께서 사시는 것이라"(갈 2:20). 자아정체성이 '거짓자아인 나'에서 '그리스도 안에 있는 나'로 옮겨질 때, 우리는 비로소 참된 자유를 누리게 된다.

이 정체성의 확립이 곧 은혜의 삶의 출발점이다. 자아의 정체성이 새롭게 규정되면 삶의 근거 또한 달라진다. 의인은 늘 거짓자아의 믿음에서 의인의 믿음으로 나아가야 하며, 그 믿음으로 살아야 한다(롬 1:17). 거짓자아의 믿음은 죄인의 믿음이며, 무엇인가 없거나 부족한 것을 구할 때 주님께서 주신다는 믿음이다. 반대로 의인의 믿음은 하나님께서 이미 이루신 것을 이 땅에 나타내는 믿음이며, 바로 예수 그리스도 안에 있는 믿음이다(막 11:22 ; 딤후 1:13, 3:15).

따라서 의인의 믿음은 자신의 행위를 근거로 삼지 않고, 그리스도 안에서 주어진 은혜를 근거로 삼는 믿음이다. 자기를 포기하고 가지는 믿음은 하나님의 은혜를 받아들이는 수동적[18] 통로이면서 동시에 하나님의 뜻에 자신을 내어드리는 능동적 의탁이다. '믿음으로 산다'는 것은 내 힘으로 사는 삶을 멈추고, 하나님께서 자신의 삶에 개입하시는 은혜의 통치 아래 살아가는 삶이다.

의인은 자신의 의가 아닌 하나님의 의로 살며, 자신의 힘이 아닌 하나님의 행하심(헬, 에네르게오 : 에너지, 빌 2:13)으로 살아간다. 은혜의 삶은 성령으로 시작하여(갈 3:3), 성령으로 걸어가는 여정(갈 5:25)이다. 그 안에서 자녀는 모든 일에 감사하며(살전 5:18), 하나님의 은혜의 통치 안에서 생명으로 왕 노릇하게 된다(롬 5:17).

(3) 영적 전쟁 시 일어나는 내면의 메커니즘

그렇다면 실제로 문제 상황이 닥쳤을 때, 거짓자아가 벌이는 전쟁과 킹덤빌더가 행하는 전쟁은 어떻게 다른가? 두 가지 방식을 구체적으로 비교해보면, 왜 한쪽은 백전백패하고 다른 한쪽은 백전백승하는지 분명히 알 수 있다. 예를 들어 우리가 어떤 문제를 반드시 해결해야 하는 상황이라고 가정해보자. 그럴 때 "나는 이 문제와 싸워서 반드시 승리하겠다", "이 문제를 극복해야 한다"라는 각오로 다른 사람에게 중보기도도 부탁한다.

그러나 조금만 더 깊이 생각해보면, 내가 어떤 문제를 싸워서 이겨야 할 대상으로 여기는 순간, 그 대상을 떠올릴 때마다 그 생각이 내 심중에 심기게 된다. 한 예로 로마서 2장 1절 "그러므로 남을 판단하는 사람아, …남을 판단하는 것으로 네가 너를 정죄함이니 판단하는 네가

18 여기서 '수동'은 무기력이 아니라 신적 주체성에 대한 적극적 의탁이다. 의인의 믿음은 능동적 순복이다.

같은 일을 행함이니라.” 이 말씀이 의미하는 바는 무엇인가? 우리가 누군가를 비판할 때 “나는 그 사람에 대해 말하는 것일 뿐, 내 이야기가 아니다. 내가 말하는 것은 그 사람의 잘못된 점이다”라고 생각하지만, 사실은 스스로를 속이고 있는 것이다. 인간의 뇌는 자신의 말을 이해하기 위해 먼저 그 실상을 그리게 되어 있다. 결국 우리 심중에 심는 것은 문제의 해결이 아니라 바로 그 문제 자체다.

예를 들어, “빨간 사과를 그리지 마세요”라는 말을 들으면, 당신의 뇌는 그것을 이해하기 위해 먼저 마음에 빨간 사과를 그린다. “나는 이 암과 싸워서 반드시 건강을 되찾겠다”고 결심한다고 해보자. 그렇게 생각할수록 심중에는 ‘암’에 대한 이미지가 더 깊이 새겨진다. 이처럼 영적 전쟁의 대상을 정하고 그것과 싸워서 이기겠다고 결단하는 순간, 이미 그 대상을 자신의 심중에 심고 있는 것이다. 인간은 자신이 심은 대로 거두는 삶을 살게 된다(갈 6:7).

싸워야 할 대상을 만들면 그 대상은 나에 대해 힘을 갖게 된다. 내가 문제로 삼지 않으면 아무것도 문제가 되지 않지만, ‘싸워서 이기겠다’고 여기는 순간 이미 그 대상에게 힘을 준 것이다. 이렇게 거짓자아로 살아가는 모든 인간은 자신의 경험과 지식에 기초한 생각과 감정을 세상에 투사하고, 투사한 대로 세상을 인식한다.

예를 들어 어린아이는 커다란 개를 보고도 아무렇지 않게 다가간다. 그러나 과거에 개에게 물린 경험이 있는 사람은 개만 봐도 두려움을 느낀다. 왜냐하면 자신의 과거 경험과 지식에 기초한 생각을 세상에 투사하고, 투사한 대로 인식하기 때문이다. 내가 어떤 대상에 대해 두려움을 느끼는 순간(투사), 그 대상은 두려움이라는 힘을 나에게 준다(인식). 따라서 무언가를 ‘싸워서 이겨야 할 대상’이라고 여기는 바로 그 순간, 그 대상은 어떤 형태로든 나에게 영향력을 행사한다. 이것이 바로 우리가 어떤 일을 문제로 삼을 때, 염려와 걱정, 근심과 두려움이 생기는 이유다.

그렇게 되면 이 전쟁은 결국 '마귀가 주도권을 쥔 나의 전쟁'이 된다. 입으로는 "하나님을 의지합니다"라고 고백하지만, 실제로는 자신이 문제를 짊어지고 마귀에게 이끌려 가는 싸움을 하고 있는 것이다. "하나님, 제가 열심히 기도할 테니 도와주십시오"라고 말하지만, 그것은 내가 죽고 하나님이 나를 통해 개입하시는 싸움이 아니라 내 싸움에 하나님을 끌어들이는 싸움이다. 그러나 킹덤빌더의 영적 전쟁은 나의 싸움이 아니다. 하나님께서 우리를 통해 친히 개입하시는 싸움, 그것이 진짜 영적 전쟁이다.

(a) 거짓자아의 영적 전쟁 - 백전백패의 구조

"내가 문제와 싸워서 이긴다"는 개념으로 영적 전쟁을 이해하는 순간, 이미 패배는 시작된다.

- □ 문제를 내 심중에 심게 된다.
- □ 사람은 자신이 심은 대로 거두게 된다.
- □ 그 문제(대상)가 힘을 얻어 나를 공격하게 된다.
- □ 마귀에 사로잡힌 채 주님의 도우심을 구하게 된다.
- □ 결국 승리할 수 없게 된다.

(b) 킹덤빌더의 영적 전쟁 - 하나님의 통치를 받는 전쟁

그렇다면 킹덤빌더는 어떻게 영적 전쟁을 치러야 하는가? 그 싸움은 거짓자아의 방식과 전혀 다르며, 오직 그리스도 안에서 하나님의 통치를 배우고 따르는 훈련이다.

① 킹덤빌더는 문제를 자신과 동일시하지 않는다

자유의지를 가진 혼은 일어난 일들을 '내가 해결해야 할 문제'로 여기지 않는다. 즉, '이것은 문제다', '내가 이 문제와 싸워서 이겨야 한다'는 생각에서 벗어나는 것이다. 이것이 바로 "시험에 들지 말게 하옵시고"의 의미다. 즉, 외부에서 오는 시험을 내적으로 받아들이거나 동일시하지 않는 것이다.

② 자신이 그리스도 안에 있는지 확인한다

문제를 해결해야 한다는 생각에 앞서, 먼저 지금 자유의지를 가진 내 혼이 그리스도 안에 있는지 밖에 있는지를 점검한다. 내가 해결해야 한다고 생각한다면 내 혼이 그 문제와 자신을 동일시하여 거짓자아로 그 문제를 해결하고자 하는 것이며, 그리스도 밖에 있는 상태이다. 따라서 영적 전쟁의 승리를 위한 첫 단추는 문제 해결에 대한 생각이 아니라, 자신의 혼이 먼저 그리스도 안으로 들어오는 것이다. 이것이 바로 자기를 부인하고 자기 십자가를 지는 것이다.

③ 대상에 대한 생각과 감정을 주님께 드린다

지금 싸워야 할 대상에 대한 생각과 감정을 주님께 내어드린다. 왜냐하면 주님께서는 우리의 죄와 죄악(사 53:6), 약함과 질병을 가져가시고 짊어지시기 위해서 우리 안에 계시기 때문이다(마 8:17). 그렇게 할 때 그 대상에 대한 자신의 생각과 감정들이 자신의 심중에 심기지 않으며, 그것들이 아무런 권세를 미치지 못하게 된다.

④ 그리스도 안에서 문제를 있는 그대로 본다

그리스도 안에 들어오면 내 생각과 판단이 사라지고, 문제를 있는 그대로 볼 수 있게 된다. 왜냐하면 거짓자아가 죽기 때문이다. 이것은 문제를 무시하거나 회피하는 것이 아니라, 문제에 대한 부정적 감정과 집착에서 벗어나 하나님의 관점으로 있는 그대로 바라보는 것이다. 거짓자아가 어떤 일에 대해서 옳고 그름, 좋고 싫음으로 판단하지 않으면 그것 자체로 있는 그대로 온전한 것이 되는 것이다.

주님이 말씀하시는 것은 이것이다. "네가 문제로 여기는 그 문제는 실제도 아니고, 진리도 아니며, 아무런 힘도 없다. 그것은 단지 너의 생각과 감정일 뿐이다. 따라서 너의 혼이 그 문제를 붙들고 자신이라고 여기지 말고, 내 안으로 들어오라." 이렇게 할 때 비로소 하나님께서 성령과 말씀으로 개입하시는 길이 열린다. 그렇다면 그 전쟁은 더 이상 나의 전쟁이 될 수 없다. 이 전쟁은 주님의 전쟁, 주님이 직접 개입하시는 이미 승리한 전쟁이다(요일 4:4).

⑤ 의인의 믿음으로 기도한다

의인의 믿음과 기도는 문제의 해결을 구하는 기도가 아니라, 이미 그 문제가 해결된 사실에 근거한 믿음과 기도다. 이것이 바로 은혜로 구원받은 죄인의 믿음과, 죄를 지을 수 있는 의인의 믿음의 차이다.

죄인의 기도와 믿음은, 가지가 포도나무에서 떨어진 채 열매를 맺기 위해 포도나무로부터 원하는 것을 구하는 기도와 믿음이다. 반면 의인의 믿음은 가지인 자신이 포도나무에 접붙임을 받아, 그 수액을 자신(가지)을 통해서 흘려보냄으로써 주님께서 약속하신 열매가 맺히도록 하는 믿음이다(요 15:4-5,7).

거짓자아로 살아가는 죄인의 믿음은 이렇게 기도한다. "하나님, 이 문제를 해결해주세요, "이 병을 고쳐주세요." 반면 의인은 이미 이루어진 일 - 보이지 않는 세계에서 말씀으로 완성된 것 - 을 보이는 세계에 나타내는 믿음으로 기도한다.

이것이 바로 "나라가 임하시오며 뜻이 하늘에서 이루어진 것같이 땅에서도 이루어지이다"(마 6:10)의 의미다. 하나님의 통치가 임하면 먼저 보이지 않는 세계에 하나님의 뜻이 임하고, 그 결과로 보이는 세계에 하나님의 실체가 나타난다. 그래서 우리는 "그러므로 내가 너희에게 말하노니 무엇이든지 기도하고 구하는 것은 받은 줄로 믿으라 그리하면 너희에게 그대로 되리라"(막 11:24)라는 말씀대로 기도하는 것이다.

(4) 은혜의 실체로 드러나는 승리의 삶

의인은 스스로 싸워서 이기려고 하지 않는다. 영적 전쟁은 그리스도의 승리가 나를 통해 드러나는 과정이다. 로마서 1장 17절은 "복음에는 하나님의 의가 나타나서 믿음으로 믿음에 이르게 하나니"라고 말한다. 이는 단순히 믿음을 더 크게 만들어간다는 뜻이 아니라, '옛 믿음'에서 '새로운 믿음'으로의 전환을 의미한다. 다시 말해, 내가 이루고자 하는 거짓자아의 믿음에서 내 안에 계신 그리스도께서 이루시도록 하는 믿음으로 옮겨가는 것이다.

이 새로운 믿음은 의인만이 누리는 은혜다. 그리스도 안에서 하나님의 말씀대로 이루어진 것을 심중에 심는 것이며, 그 결과로 자연스럽게 그 실상에 따른 실체가 나타나는 은혜이다. "또한 그로 말미암아 우리가 믿음으로 서 있는 이 은혜에 들어감을 얻었으며…"(롬 5:2). 여기서 '은혜에 들어간다'는 것은 단지 도움을 받는 상태가 아니라, 실제로 하나님의 통치가 임하여 우리의 혼이 성령의 인도하심을 받는 상태를 뜻한다.

내 혼이 몸의 종노릇을 멈출 때 주님의 의가 나를 통해 드러난다. 그러므로 참된 믿음은 하나님께 자신(거짓자아)을 내어드림이며, 은혜는 하나님께서 친히 행하시는 것을 경험하는 것이다. 문제를 해결하려는 자는 여전히 자신이 주체이지만, 은혜 안에 들어가는 자는 하나님께서 주체가 되신다. 그럴 때 그 전쟁은 주님께서 행하시는 전쟁이 된다. 킹덤빌더는 항상 받은 은혜에 감사의 제사를 드리는 자다.

히 13:15 그러므로 우리는 예수로 말미암아 항상 찬송의 제사를 하나님께 드리자 이는 그 이름을 증언하는 입술의 열매니라

감사는 단순한 감정 표현이 아니라, 심중에 은혜를 심고 새김으로 주님께 영광을 올려드리는 것이다.

롬 11:36 이는 만물이 주에게서 나오고 주로 말미암고 주에게로 돌아감이라 그에게 영광이 세세에 있을지어다 아멘

은혜에 감사할수록 더 큰 은혜를 누리게 된다. 감사와 은혜가 우리의 심중에 심겨질수록, 그에 해당하는 주위의 에너지가 동조하고 공명한다. 곧 주의 말씀대로 이루어진 일들이 내 삶의 주위에서 일어나는 것이다. 그것이 바로 '호의'(favor)다. 호의는 인간적 호감을 넘어, 감사

와 은혜가 외적으로 확장되어 나타나는 하나님나라의 반응이다. 하나님께서 베푸신 은혜가 감사로 환류될 때, 그 은혜와 감사는 공간과 사람과 사건 속에 동조 현상을 일으킨다. 그래서 의인은 은혜를 심으며 감사로 올려드리고, 감사는 더 큰 은혜를 낳으며, 그것이 외적인 호의로 열매 맺고, 호의는 새로운 은혜와 감사를 만들어내는 생명적 순환을 경험하게 된다. 이 은혜, 감사, 호의의 흐름 안에서 영적 전쟁은 임상의학적이 아니라, 하나님의 통치가 지속되는 예방의학적 전쟁으로 전환된다.

결론적으로 영적 전쟁의 승패는 누가 싸우는가가 아니라 누가 통치하는가에 달려 있다. 거짓자아가 주체일 때는 백전백패지만, 하나님이 주체가 되실 때는 백전백승이다. 킹덤빌더의 싸움은 마귀와의 전쟁이 아니라 통치의 현현이며, 하나님의 은혜가 실제로 나타나는 것이다. 그러므로 우리는 날마다 고백한다. "주님, 당신의 뜻이 하늘에서 이루어진 것같이 나를 통하여 내 삶의 현장에서 이루어지이다." 이 고백이야말로 하나님나라의 통치를 받는 의인의 믿음이며, 그 믿음이야말로 은혜의 실체로 드러나는 승리의 삶의 시작이다. 통치가 선행될 때 전쟁은 소멸하고, 은혜는 증폭되며, 감사는 공명하고, 호의는 통치를 확증한다.

묵상과 나눔

1. 차원적 믿음의 실천 : 지금 직면한 문제 하나를 떠올려보세요. 그것을 '땅의 것을 생각하는 관점'이 아닌 '위의 것을 생각하는 관점'으로 바라본다면, 무엇이 달라질 수 있을까요? 구체적인 사례를 들어 묵상해보세요.

2. 영적 전쟁의 승리 적용 : 본문에서 제시한 다섯 가지 영적 전쟁의 승리 원리 가운데, 당신에게 가장 도전이 되는 원리는 무엇인가요? '내가 믿으면 하나님께서 해주신다'는 구약적 사고방식에서 벗어나, '예수님께서 이미 이루신 것을 현실에 나타내는 자'로 살아가기 위해 이번 한 주 어떤 구체적인 실천을 해볼 수 있을지 생각해보고 적용해보세요.

3. 거짓자아의 영적 전쟁과 킹덤빌더의 영적 전쟁 : 어떤 사건이나 대상을 '싸워서 이겨야 하는 문제'나 '반드시 해결해야 하는 문제'로 여겨왔나요? 그 싸움이 오히려 심중에 문제를 심고 나에게 부정적인 힘을 미치는 일이었다는 것을 깨달았을 때 어떤 변화가 있었나요? 이제 그 싸움을 멈추고 그 상황을 하나님의 통치를 경험하는 기회의 자리로 본다면 무엇이 달라질 수 있을까요?

4. 은혜와 감사와 호의 : 하나님의 은혜를 생각하고 감사해야 할 세 가지 일을 구체적으로 떠올리고 기록해보세요. 하나님의 호의를 경험하고자 한다면 지금 내 심중에 어떤 믿음의 생각을 가져야 할까요?

일상에서의 영적 승리

: 예방의학적 영적 전쟁의 실제

PART

5

5부에서는 지금까지 살펴본 모든 것들이 일상에서 어떻게 실제로 적용되는지 살펴보고, 아침에 눈 뜨는 순간부터 잠들기까지 매 순간 킹덤빌더의 삶이 되는 구체적인 비결들을 조망한다. 싸움은 바깥에 있지 않다. 지금 이 순간, 내 생각과 감정, 믿음체계 안에서 벌어지고 있는 전쟁에 대응할 때 승리를 실현하게 된다.

Focus First

- 많은 그리스도인들이 죄를 지으면 하나님께 나아갈 자격이 없다고 생각하며 스스로를 정죄한다. 하지만 우리는 예수 그리스도의 피를 힘입어 언제든 담대히 은혜의 보좌 앞에 나아갈 수 있는 의인이다. 죄를 짓지 않는 완벽한 사람이 아니라 죄를 지을 수 있지만 여전히 하나님의 자녀인 존재, 바로 이것이 우리의 진짜 정체성이다.

- 아침에 눈 뜨자마자 "나는 너무 행복해!"라고 선포하라. 컨디션이나 상황이 어떻든 상관없다. 행복해지기 위해 일하지 말고 행복하기 때문에 일하라. 성공해서 행복한 것이 아니라 행복하기 때문에 성공하는 것이다. 당신 안에는 이미 하나님의 신성과 원복이 생득권으로 주어져 있다.

- 비판과 판단을 멈추면 마귀의 가장 큰 무기가 무력화된다. 당신이 다른 사람을 판단할 때마다 사실은 자신을 정죄하고 있다는 것을 아는가? 그 비판적인 생각과 감정은 상대의 것이 아니라 바로 당신 자신의 심중에 심기고 있는 것이다.

- “왜 나에게?”가 아니라 “왜 나를 위해?”로 문제를 바라보라. 문제가 생겼을 때 답을 찾으려고 과거를 뒤지며 분석하지 말라. 그것은 과거의 상처에 당신을 묶어두는 일이다. 대신 “하나님께서 이 일에 대해서 이미 이루신 것이 무엇인가?”의 관점으로 전환하라. 당신은 온도계가 아니라 온도 조절기로 살도록 부름받았다.

- 하나님의 통치 안에 거하면 어둠은 자연히 물러가지만, 그래도 자리잡고 있는 악한 영이 있다면 예수 그리스도의 이름의 권세와 그 피의 능력으로 담대히 내쫓아야 한다. 이는 두려움으로 싸우는 행위가 아니라, 이미 승리하신 그리스도의 통치를 현실에 선포하는 믿음의 순종이다. 그 이름이 선포될 때 성령께서 역사하시며 묶임은 끊어지고, 하나님나라가 그 자리에서 실제로 드러난다.

- 혼자 싸우려는 고립의 함정에서 벗어나라. 마귀의 핵심 전략은 “분리하여 정복하라”이고, 하나님의 전략은 “연합하여 승리하라”이다. 당신에게는 함께 싸우고 이기는 영적 공동체가 필요하다. 말씀 중심, 진정한 교제, 기도와 예배, 실제적 나눔, 영적 전쟁이라는 다섯 가지 DNA를 가진 킹덤 공동체 안에 거하라.

chapter **20**

새로운 믿음을 가져라

오직 믿음으로 하나님의 자녀로 돌아가라

우리는 죄를 지으면 하나님 앞에 나아갈 수 없다고 생각한다. 하나님께서 기뻐하시지 않는 일을 했다고 여기기 때문이다. 그래서 먼저 회개하여 자신을 정결케 하고, 더 나아가 하나님께서 기뻐하시는 선한 일을 행한 후에야 비로소 아버지 앞에 나아갈 수 있다고 생각한다. 그러나 이러한 믿음은 죄인의 관점에서 비롯된 것이다.

> 히 4:16 그러므로 우리는 긍휼하심을 받고 때를 따라 돕는 은혜를 얻기 위하여 은혜의 보좌 앞에 담대히 나아갈 것이니라

우리가 중생함으로 구원을 얻었다면 우리는 이미 하나님의 자녀다. 그러나 육체를 지닌 채 살아가는 이상, 우리는 날마다 죄를 지을 수밖에 없다. 그렇기 때문에 자신의 의가 아니라 예수 그리스도의 피를 힘입어 하나님 앞으로 다시 나아갈 줄 알아야 한다.

히 10:19 그러므로 형제들아 우리가 예수의 피를 힘입어 (지)성소에 들어갈 담력을 얻었나니

우리는 그리스도 안에서 육체가 지은 죄를 사함받아야 한다. 온전한 삶을 살기 위해서는 주의 말씀을 믿고 심중에 심어야 한다. 의인은 자신의 의가 아니라 오직 믿음으로 사는 것이다(롬 1:17). 거듭난 하나님의 자녀는 말씀을 듣고 지키고 행함으로 사는 것이 아니라, 새 언약의 말씀을 심중에 심음으로써 주의 뜻을 나타내는 삶을 살아야 한다. 그러므로 우리가 죄를 지었을 때는 마귀의 거짓말과 참소에 속지 말고, 죄를 지었음에도 불구하고 오직 예수 그리스도의 피를 힘입어 담대히 하나님 앞으로 나아갈 줄 알아야 한다. 죄를 지었음에도 여전히 하나님의 자녀임을 아는 것, 곧 죄를 지을 수 있는 의인이라는 사실을 아는 것, 이것이 바로 능력이다.

앞서 언급한 것처럼 예수님이 포도나무이고 우리가 가지라면, 포도나무에 붙어 있던 가지가 포도나무에서 떨어졌다 하더라도 그 끝은 예수 그리스도의 보혈로 정결케 된 상태이다. 그러므로 우리는 포도나무이신 예수님께 다시 접붙임을 받아야 하며, 그 안에서 가지에 열매가 맺히도록 해야 한다.

정죄에서 벗어나 자유함을 누려라

예수 그리스도를 믿고 하나님을 사랑하는 사람들은 말씀대로 온전한 삶을 살고자 하는 간절한 갈망을 품는다. 그러나 아이러니하게도 그렇게 애쓸수록 오히려 더 많은 죄를 짓는 자신을 발견하게 된다. 전

에는 보이지 않던 죄들이 더 선명히 드러나고, 그럴수록 죄를 짓지 않기 위해 더 열심히 기도하고 말씀을 읽고 봉사에 힘쓴다. 그러나 안타깝게도 아무리 노력해도 자신 안에서 죄가 사라지지 않는다는 사실을 더 깊이 깨닫게 된다.

결국 말씀대로 살고자 하는 사람에게 가장 고통스러운 일은 더 자주, 더 깊이 자신을 판단하고 정죄하게 된다는 것이다. 말씀대로 살기 위해 애쓸수록 오히려 그렇게 살지 못하는 자신의 모습을 더 선명하게 보게 된다. 그래서 때로는 머리를 벽에 박고 싶을 만큼, 심지어 자신을 죽이고 싶을 만큼 괴로워지기도 한다. 왜 이런 일이 일어나는가? 그것은 하나님의 의가 나타나는 복음의 핵심인 은혜의 비밀을 알지 못하기 때문이다. 이것이 바로 사도 바울이 경험했던 내적 갈등이었다.

롬 7:19 내가 원하는 바 선은 행하지 아니하고 도리어 원하지 아니하는 바 악을 행하는도다

롬 7:23-24 내 지체 속에서 한 다른 법이 내 마음의 법과 싸워 내 지체 속에 있는 죄의 법으로 나를 사로잡는 것을 보는도다 오호라 나는 곤고한 사람이로다 이 사망의 몸에서 누가 나를 건져내랴

복음의 핵심은 거짓자아로 자신의 행위를 판단하고 정죄하는 데 있지 않고, 그 행위를 판단하고 있는 자신(거짓자아)이 죽는 데 있다. 그러므로 거짓자아를 죽이기 위해서는 어떤 행위를 판단하는 것을 멈추고, 그 모습을 있는 그대로 직면하고 그것을 허용할 줄 알아야 한다.

그러나 이 말을 들은 많은 사람들은 이렇게 질문할 것이다. "그것을

있는 그대로 두고 심지어 허용한다면 어떻게 되겠는가? 더 나쁜 일과 쾌락에 빠지게 되지 않겠는가?" 하지만 그것은 여전히 거짓자아가 죽지 않는 상태에서 추측으로 만들어낸 생각일 뿐이다.

> 롬 6:1-2 그런즉 우리가 무슨 말을 하리요 은혜를 더하게 하려고 죄에 거하겠느냐 그럴 수 없느니라 죄에 대하여 죽은 우리가 어찌 그 가운데 더 살리요

> 롬 8:1-2 그러므로 이제 그리스도 예수 안에 있는 자에게는 결코 정죄함이 없나니 이는 그리스도 예수 안에 있는 생명의 성령의 법이 죄와 사망의 법에서 너를 해방하였음이라

스스로 자신의 행위를 판단하지 않을 때 실제 내면에서 일어나는 일은, 혼이 더 이상 자신의 생각과 감정을 자신이라고 붙들지 않음으로 거짓자아가 사라지게 되는 것이다. 바로 그때부터 성령과 말씀이 우리의 심중에 역사하실 수 있는 길이 열린다. 이것이 복음의 핵심이다. 예수 그리스도 안에서 주어지는 복음에는 하나님의 의가 나타난다.

따라서 우리는 언제나 예수 그리스도 안에 있어야 함을 의식해야 하며, 그럴 때 하나님께서 우리의 몸을 통치하실 수 있다는 사실을 알아야 한다. 매일의 삶 속에서 육체가 짓는 죄된 행동을 스스로 바꾸려고 하지 말고, 그 죄를 정죄하고 판단하는 거짓자아가 죽어가는 것을 경험해야 한다. 다시 말해, 스스로 올바르게 살기 위해 애쓰는 대신 그리스도 안에서 그 행위와 그에 따른 생각과 감정을 있는 그대로 바라볼 수 있어야 한다. 그것이 능력이다. 모든 것을 판단하는 내가 죽

을 때 하나님께서 비로소 통치하시며, 죄는 사라지고 하나님의 의가 나타난다.

불확실성 속에서도 믿음으로 행하는 담대함을 가져라

우리는 어떤 일을 하려면 먼저 머릿속에 계획을 세워야 하고, 그래야만 그 일이 자신이 기대한 대로 이루어질 것이라고 믿는다. 그렇지 않으면 어떤 일도 시작할 수 없고 시작해서도 안 된다고 생각한다. 이것이 겉으로는 합리적으로 보인다. 하지만 그것은 결국 자신이 만든 상상의 이야기를 따라 자신의 지혜와 능력과 의지로 살아가는 방식일 뿐이다. 그 안에는 믿음도, 하나님의 은혜도 개입할 자리가 없다.

잠 16:9 사람이 마음으로 자기의 길을 계획할지라도 그의 걸음을 인도하시는 이는 여호와시니라

우리는 하나님께서 우리 안에 주신 소원을 믿음으로 취해야 한다. 그 소원은 목적이 되며, 그 목적은 내가 이루어가야 할 무언가가 아니라 하나님께서 이루실 일이 된다. 그러므로 주님께서 주신 목적을 갖고 있다면 '언제', '어떻게'라는 조건에 묶이지 말고, 불확실성 속에서도 믿음으로 행하여 은혜를 누리는 삶을 살아야 한다.

빌 2:13 너희 안에서 행하시는 이는 하나님이시니 자기의 기쁘신 뜻을 위하여 너희에게 소원을 두고 행하게 하시나니

예를 들어, 우리가 캄캄한 밤에 자동차를 운전하여 미리 정해둔 목적지로 간다고 생각해보자. 내비게이션에 목적지를 입력해두었지만, 실제로 우리 눈에 보이는 거리는 헤드라이트가 비추는 30~40미터에 불과하다. 그럴 때 우리는 내비게이션의 안내에 따라 "100미터 앞에서 좌회전", "오른쪽 끝 차선으로 이동" 같은 단계별 지시를 따른다. 심지어 밤눈이 어두워 엉뚱한 길로 빠지더라도 내비게이션은 즉시 경로를 재탐색하여 새로운 길을 안내한다. 그 인도를 따라 조금씩 가다보면 스스로도 알지 못하는 사이에 목적지에 도착한다.

이와 같이 하나님께서 우리에게 소원함으로 주신 목적이 있다면, 비록 앞길이 불확실할지라도 믿음으로 나아가야 한다. 그것은 하나님께서 주시는 감동에 순종하며 살아가는 삶이다. 물론 때로는 방향을 잘못 잡아 바르게 가지 못할 때도 있다. 그러나 주님은 그분의 때에 우리를 다시 일으켜 세우시고, 그분이 원하시는 방식으로 그분의 일을 감당할 수 있도록 언제나 말씀하신다. 우리는 매일 불확실한 미래를 향해서 나아가지만, 그분을 신뢰하며 나아갈 때 결국 그분의 은혜로 주신 목적이 이루어진다.

우리 안에 하나님께서 계신다. 그분은 우리를 통해 그분의 일을 행하기를 원하시며, 우리의 믿음과 입술의 선포를 통해 나타나신다.

막 11:23 내가 진실로 너희에게 이르노니 누구든지 이 산더러 들리어 바다에 던져지라 하며 그 말하는 것이 이루어질 줄 믿고 마음에 의심하지 아니하면 그대로 되리라

보통 우리는 보이는 세계에서 자신의 경험과 지식에 기초한 생각으

로 최적의 해답을 찾는 것이 최상의 방법이라고 여긴다. 심지어 기도조차도 단순히 그 길을 가르쳐달라는 요청에 머무를 때가 많다. 그러나 그것은 환경에 수동적으로 반응하는 온도계와 같은 삶이다. 우리는 온도계가 아니라 하나님의 뜻에 따라 환경을 변화시키는 온도 조절기의 삶을 살아야 한다.

우리는 하나님께서 주시는 감동에 따라 계획하고 방법도 구해야 하지만, 모든 것을 내 지혜와 능력 안에서 구상할 필요는 없다. 하나님의 자녀는 그리스도 안에서 보이지 않는 세계에 말씀대로 이루어지는 실상을 만들어 간다. 거짓자아의 관점에서 보면 이것은 항상 불확실성 속에 사는 것과 같다. 그러나 하나님의 자녀는 바로 그 불확실성 속에서 오히려 날마다 주님의 인도하심을 받으며, 믿음으로 은혜를 누리는 삶을 살아야 한다.

롬 1:17 복음에는 하나님의 의가 나타나서 믿음으로 믿음에 이르게 하나니 기록된 바 오직 의인은 믿음으로 말미암아 살리라 함과 같으니라

고후 4:18 우리가 주목하는 것은 보이는 것이 아니요 보이지 않는 것이니 보이는 것은 잠깐이요 보이지 않는 것은 영원함이라

히 11:3 믿음으로 모든 세계가 하나님의 말씀으로 지어진 줄을 우리가 아나니 보이는 것은 나타난 것으로 말미암아 된 것이 아니니라

이는 아무런 계획 없이 살아야 한다는 뜻이 아니다. 다만 자신이 만든 미래의 계획을 이루기 위해 현재를 희생하거나, 자신의 지혜와 방식

대로 미래를 조율하며 살아가는 것이 아니라, 그 계획마저도 온전히 주님께 맡겨 드리고 하나님의 감동에 이끌려 오늘 주님을 나타내는 믿음의 삶을 사는 것이 더 중요하다는 의미다. 따라서 우리가 하나님과의 관계가 깊어질수록 그분의 때에 그분이 시키시는 일만 하게 된다.

묵상과 나눔

1. 새로운 믿음과 정체성 : 복음은 우리가 '죄를 지었음에도 불구하고 하나님의 자녀임을 아는 것'이 곧 능력이라고 말합니다. 죄를 지은 후 하나님께 나아가기 어렵게 느껴졌던 경험이 있다면 함께 나누어보세요. 이제 '죄를 지을 수 있는 의인'이라는 정체성을 붙들고, 같은 상황 속에서 어떻게 다르게 반응할 수 있을지 생각해보세요.

2. 거짓자아와 정죄로부터의 자유 : 말씀대로 살기 위해 애쓸수록 오히려 그렇게 살지 못하는 자신을 더 선명하게 보게 된 경험이 있나요? 복음의 핵심은 거짓자아로 자신의 행위를 판단하고 정죄하는 것이 아니라, 그 행위를 판단하고 있는 거짓자아가 죽는 데 있습니다. 이 진리를 깨달았을 때, 나와 다른 사람의 어떤 모습을 있는 그대로 바라보고 허용하게 되었나요?

3. 불확실성 속에서 믿음의 여정 : 비록 앞이 보이지 않지만 하나님의 인도하심을 믿고 한 걸음 내디딜 영역이 있다면 무엇인가요? 상황의 변화에 수동적으로 반응하는 '온도계'가 아니라, 하나님의 뜻에 따라 환경을 바꾸는 '온도 조절기'로 살아간다는 것은 어떤 구체적인 실천으로 이어질 수 있을까요?

chapter 21

매일의 삶을 새롭게 시작하라

매일 아침 영으로써 몸의 행실을 죽여라(새로운 존재)

우리는 매일을 새롭게 시작해야 한다. 그러나 아침에 눈을 뜨는 순간 돈, 사람, 질병, 미래와 같은 것들이 곧바로 밀려들기 시작한다. 잠을 설쳐 피곤을 느낄 수도 있고, 출근해서 해야 할 일들을 떠올리며 짜증이 밀려올 수도 있다. 이 모든 것이 당신의 생각과 감정을 통해 들어온다. 그러나 당신의 생각과 감정에 당신의 존재를 팔아넘기지 말라. 오히려 그리스도 안에서 당신의 존재가 당신의 생각과 감정과 몸을 다스리게 하라.

요삼 1:2 사랑하는 자여 네 영혼(헬, 프쉬케 : 혼)이 잘됨 같이 네가 범사에 잘되고 강건하기를 내가 간구하노라

첫 단추를 잘 끼워야 한다. 아침에 눈을 뜨자마자 외부 환경과 자신의 생각, 몸의 느낌과 감정에 자신을 내던지며 하루를 시작하지 말라. 그리스도 안에서 말씀대로 생각하지 않으면 우리는 어느새 세상의 생

각대로 살게 된다. 세상나라가 아닌 하나님나라에서 눈을 뜨는 킹덤 빌더라면, 우리는 눈을 뜨자마자 처지나 상태와 상관없이 이렇게 고백해야 한다.

"나는 너무 행복해! 모든 것이 온전해!"

특히 잠을 설쳤거나 컨디션이 좋지 않을수록 더욱 선포하라.

"새로운 힘이 솟아납니다. 내 안에 주님의 생명이 충만합니다!"

그러면 어떤 이는 "있는 그대로 생각하고 느끼는 것이 잘못인가?"라고 물을지도 모른다. 그러나 지금 당신 안에 있는 생각과 감정은, 첫째, 거짓자아의 생각과 감정이다. 둘째, 단지 현실에 대한 이야기일 뿐이다. 셋째, 그 대부분은 외부 환경과 세상 신이 만들어낸 일들에 대한 반응일 뿐이다.

롬 8:13 너희가 육신대로 살면 반드시 죽을 것이로되 영으로써 몸의 행실을 죽이면 살리니

이처럼 우리는 하나님으로부터 나서 예수 그리스도 안에 있는 자로서 온전한 생명의 말씀으로 자신의 생각, 감정, 신체를 통치하며, 그 결과 영으로써 몸의 행실을 죽이는 삶을 살아야 한다.

이것을 매일 실천해보라. 아침에 눈을 뜨자마자 지금의 상황이 어떠하든 - 어려운 일이 있든, 힘든 일이 있든, 고통이나 실패가 있더라도 - 먼저 입을 열어야 한다.

"난 너무너무 행복해! 무엇 하나 부족한 게 없어! 나는 모든 게 다 좋아!"

이는 현실을 보이는 그대로 말하는 것이 아니라 하나님나라에서 이

미 이루어진 것을 보이지 않는 세계에 풀어놓는 것이다. 그렇게 함으로써 당신이 한 말을 당신의 귀로 듣고 그것을 심중에 심어야 한다. 왜냐하면 믿음은 들음에서 나며 들음은 그리스도의 말씀으로 말미암기 때문이다(롬 10:17). 하나님께서 우리 안에 계신다. 그분은 우리 안에 생명과 신성과 원복을 생득권으로 주셨다. 그런데 이토록 놀라운 존재를 삶의 수단이자 통로에 불과한 생각과 감정, 신체에 내던지며 살 수 있다는 말인가? 이제는 더 이상 그렇게 살지 말자. 매일 아침 영으로써 몸의 행실을 죽이자.

"시간의 아침은 세상으로부터 오지만 심중(heart)의 아침은 하나님 나라로부터 온다. 시간의 아침을 생각으로 밝히기 전에 심중의 아침을 생명의 말씀으로 밝히자."

> **시 143:8** 아침에 나로 하여금 주의 인자한 말씀을 듣게 하소서 내가 주를 의뢰함이니이다 내가 다닐 길을 알게 하소서 내가 내 영혼(히, 네페쉬 : 혼)을 주께 드림이니이다

> **시 90:14** 아침에 주의 인자하심이 우리를 만족하게 하사 우리를 일생 동안 즐겁고 기쁘게 하소서

아름다운 날은 그리스도 안에 있는 내 혼으로부터 시작된다. '나는 지금 전혀 행복하지 않고 모든 것이 어그러져 있는데 어떻게 그렇게 말할 수 있는가?'라고 생각할 수 있다. 그러나 현실이 그렇지 못하기 때문에 더욱 그렇게 말해야 한다. 그것이 바로 하나님의 자녀만이 가질 수 있는 특권이며 능력이다.

롬 10:10 사람이 마음으로 믿어 의에 이르고 입으로 시인하여 구원에 이르느니라

매일은 단지 또 하나의 날이 아니다. 그날은 우리를 통해 하나님을 나타낼 수 있는 또 하나의 기회다. 우리에게는 매일이 행복이고 매일이 축복이다. 주께 감사하라.

행복하기 때문에 일하라

스스로 인식하지 못하지만 대부분의 사람들은 늘 행복과 자유를 추구하며 살아간다. 우리는 열심히 일해야 성공할 수 있고, 성공해야 행복할 수 있다고 믿는다. 이러한 삶의 방식은 그리스도인이라 해도 예외가 아니다.

우리는 스스로 늘 불안하고 온전치 못하다고 느끼기 때문에 무언가 좋은 것을 생각하고 느끼고 행해야 한다고 믿는다. 그래야 거짓자아가 자신의 정체성을 확인하고 유지할 수 있기 때문이다. 가만히 있는 것을 죄악시하며, “no pain no gain”, 즉 고통 없이는 아무것도 얻어낼 수 없다고 여긴다. 그러나 우리가 하나님의 자녀라면 이것이 얼마나 잘못된 생각인지를 깨닫고, 그리스도 안에서 마음을 새롭게 해야 한다.

롬 12:2 너희는 이 세대를 본받지 말고 오직 마음을 새롭게 함으로 변화를 받아 하나님의 선하시고 기뻐하시고 온전하신 뜻이 무엇인지 분별하도록 하라

우리는 행복하기 위해 일하고 노력하는 것이 아니라, 행복하기 때문에 일하고 노력한다. 예수 그리스도 안에서 하나님의 자녀가 된 우리는 신성과 원복을 가진 존재임을 알고 누려야 한다. 신성은 신의 성품을 말하며, 원복은 하나님께서 처음부터 주신 복이다. 이것은 거듭날 때부터 이미 은혜로 주어진 것으로 우리가 누려야 할 생득권이다.

엡 1:3 찬송하리로다 하나님 곧 우리 주 예수 그리스도의 아버지께서 그리스도 안에서 하늘에 속한 모든 신령한 복을 우리에게 주시되

벧후 1:3-4 그의 신기한 능력으로 생명과 경건에 속한 모든 것을 우리에게 주셨으니 이는 자기의 영광과 덕으로써 우리를 부르신 이를 앎으로 말미암음이라 이로써 그 보배롭고 지극히 큰 약속을 우리에게 주사 이 약속으로 말미암아 너희가 정욕 때문에 세상에서 썩어질 것을 피하여 신성한 성품에 참여하는 자가 되게 하려 하셨느니라

신성과 원복에는 행복, 자유, 평강, 기쁨이 모두 다 포함되어 있다. 내 존재 자체가 그분의 행복이며 자유이고 기쁨이다. 그러므로 더 이상 행복하기 위해, 자유롭기 위해, 기쁘기 위해 무언가를 더 추구할 필요가 없다. 진정한 행복과 자유와 기쁨은 외부로부터 주어지는 것이 아니라 우리 안에 계신 하나님으로부터 주어지는 것이기 때문이다.

언제부터 그렇게 되었는가? 그리고 어떻게 그것들을 누릴 수 있는가? 그것은 우리가 거듭날 때부터 이미 주어진 것이며, 하나님으로부터 나서 예수 그리스도 안에 있을 때 언제나 누릴 수 있다. 누가복음 15장의 아버지 집으로 돌아온 둘째 아들과 첫째 아들의 이야기를 다시 생각해보자.

눅 15:22-23 아버지는 종들에게 이르되 제일 좋은 옷을 내어다가 입히고 손에 가락지를 끼우고 발에 신을 신기라 그리고 살진 송아지를 끌어다가 잡으라 우리가 먹고 즐기자

눅 15:31 아버지가 이르되 얘 너는 항상 나와 함께 있으니 내 것이 다 네 것이로되

우리는 행복하기 때문에 일하고 관계하며 시간을 보내는 것이다. 행복하기 때문에 열심히 일할 수 있고, 열심히 일하기 때문에 성공을 누리는 것이다. '일 → 성공 → 행복'의 순서를 '행복 → 일 → 성공'의 순서로 바꾸어야 한다. 성공이란 남보다 뛰어난 업적을 이루거나 내가 목적한 바를 성취하는 것을 뜻하지 않는다. 하나님나라 복음의 관점에서 볼 때 진정한 성공은 하나님께서 주신 소명과 그에 따른 은사들을 발견하고, 그것을 삶을 통해서 온전히 나타내는 것이다.

꽃을 보라. 씨 안에 그 꽃의 모든 형질이 이미 유전자로 들어 있다. 그 씨가 땅에 심겨져 환경에 굴하지 않고, 본래 내재된 형질대로 활짝 피어날 때 그 꽃은 성공한 것이다.

벧전 1:23 너희가 거듭난 것은 썩어질 씨로 된 것이 아니요 썩지 아니할 씨로 된 것이니 살아 있고 항상 있는 하나님의 말씀으로 되었느니라

요일 3:9 하나님께로부터 난 자마다 죄를 짓지 아니하나니 이는 하나님의 씨가 그의 속에 거함이요 그도 범죄하지 못하는 것은 하나님께로부터 났음이라

이제 생각을 바꿔보라. 하나님의 모든 것이 이미 내 안에 있다. 지금 우리는 크든 작든 지금 이 순간 여기에서 하나님을 나타내고 있다. 그 의식을 가지고 생각하고 일하고 말하고 관계를 맺어보라. 그럴 때 하나님의 지혜와 능력이 우리를 통해 나타난다. 우리 삶의 시작점은 지금의 현실이나 외부 환경이 될 수 없다. 오직 하나님으로부터 나서 그리스도 예수 안에서부터 시작되어야 한다(고전 1:30). 그러므로 우리는 괴로움과 고통으로부터 출발할 수 없다. 삶은 언제나 은혜와 진리에서 시작되어야 한다.

행복하기 때문에 열심히 일하라. 그럴 때 참된 성공이 따라온다. 우리의 목숨이 끝날 때 과연 우리는 무엇을 가져갈 수 있는가? 돈, 명예, 업적, 인맥인가? 그것으로 당신의 삶이 평가될 수 있는가? 그렇다면 누가 당신을 평가하는가? 우리는 자신의 영광을 짊어지고 가야 한다. 그것은 내가 주님을 위해서 무엇인가를 해냈다는 업적이 아니라, 하나님께서 나를 통해 그분의 영광을 나타내신 삶이다. 바로 이것이 우리가 가져가야 할 영광이자 성공이다.

딤전 6:7 우리가 세상에 아무것도 가지고 온 것이 없으매 또한 아무것도 가지고 가지 못하리니

시 49:17 그가 죽으매 가져가는 것이 없고 그의 영광이 그를 따라 내려가지 못함이로다

계 21:24 만국이 그 빛 가운데로 다니고 땅의 왕들이 자기 영광을 가지고 그리로 들어가리라

후회하지 말고 선택한 것이 온전하게 되도록 하라(새로운 믿음)

우리의 인생은 수많은 갈림길로 이루어져 있다. 아침에 눈을 뜨는 순간부터 잠자리에 들기까지 우리는 끊임없이 선택의 순간을 맞이한다. 어떤 옷을 입을지, 어떤 음식을 먹을지 같은 사소한 결정에서부터, 어떤 직업을 가질지, 누구와 인생을 함께할지 같은 중대한 결정까지, 우리의 삶은 선택의 연속이다.

그러나 많은 사람들은 이 선택의 과정에서 큰 스트레스를 경험한다. '이것이 정말 최선의 선택일까?', '다른 선택을 했다면 어땠을까?' 이런 의문이 끊임없이 머릿속을 맴돈다. 결정 이후에도 선택하지 않은 길에 대한 미련과 후회가 우리를 괴롭힌다. 이처럼 '선택장애'와 '결정 후 후회'는 현대인들의 보편적인 고민이 되었다.

더욱 심각한 것은 선택의 스트레스와 후회가 단순한 일시적 감정을 넘어 우리 삶의 질과 행복에 지속적으로 영향을 미친다는 점이다. 결정 과정에서의 불안과 결정 이후의 후회는 현재의 순간을 온전히 누리지 못하게 만들고, 앞으로의 선택에도 부정적인 영향을 끼친다.

(1) 그리스도인의 선택과 기도에 대한 성찰

우리는 그리스도인으로서 올바른 선택을 위해 열심히 기도한다. 그러나 실제로 기도를 통해 하나님으로부터 명확한 인도하심을 받는 경우는 매우 드물다. 그 원인을 살펴보면 다음과 같다.

(a) 자기중심적 확증 추구

인간의 본성은 자신의 욕망을 중심으로 판단하고 결정하려는 경향이 있다. 우리는 종종 이미 마음속으로 결정을 내린 뒤, 그 결정에 대한 하나님의 확증을 구하는 기도를 드린다. 그러나 이것은 진정한 의미의 기도가 아니라 자신의 결정을 정당화하려는 종교적 시도에 불과하다.

(b) 두려움에 기반한 기도

우리의 기도는 하나님을 향한 신뢰와 사랑보다는 실패와 고통에 대한 두려움에서 비롯된다. 잘못된 선택의 부정적 결과를 피하기 위해 기도하지만, 정작 하나님의 뜻과 하나님나라 확장을 위한 기도는 상대적으로 소홀하다. 이러한 두려움은 영적 분별력을 흐리게 만든다.

(c) 이성적 계산과 영적 분별의 혼동

우리는 하나님의 영적 인도하심을 구한다고 하면서도 종종 이성적 계산과 현실적 상황 분석만으로 결정을 내린다. 그리고 그것을 마치 기도의 응답인 양 착각한다. 물론 하나님께서는 우리의 이성도 사용하신다. 하지만 단순한 이성적 판단이 하나님의 뜻과 항상 일치하는 것은 아니다.

그리스도인의 선택은 단순한 결정이 아니라 하나님의 주권과 인간의 책임이 만나는 지점이며 신앙의 실천적 표현이다. 하나님의 주권과 인간의 책임은 서로 모순되는 것이 아니라 신비롭게 공존한다. 잠언 16장 9절은 "사람이 마음으로 자기의 길을 계획할지라도 그의 걸음을 인도하시는 이는 여호와시니라"라고 말한다. 이처럼 우리의 선택은 하나님의 주권 아래 있으면서 동시에 우리의 책임이다. 이 긴장감은 해결해야 할 논리적 모순이 아니라 믿음으로 받아들여야 할 신비이다.

성경은 "의인은 믿음으로 말미암아 살리라"라고 가르친다(합 2:4 ; 롬 1:17). 그리스도인의 선택은 미래에 대한 완전한 확신이 아니라 불확실성 속에서도 하나님을 신뢰하는 믿음의 행위다. 히브리서 11장에 등장하는 믿음의 선조들은 모두 불확실한 상황 가운데서 믿음으로 결정하고 행동했다. 아브라함은 가야 할 곳을 알지 못한 채 믿음으로 떠났고(히 11:8), 모세는 보이지 않는 하나님을 보는 것같이 믿음으로 행동했다(히 11:27).

초대교회는 중요한 결정을 개인의 판단에 의존하지 않고 공동체적 분별을 통해 내렸다. 사도행전 15장에서 볼 수 있듯이, 중대한 신학적 문제를 해결할 때 그들은 함께 모여 성령의 인도하심을 구하며 깊이 토론했다. 이처럼 성경, 전통, 이성, 경험을 통합적으로 고려하는 접근은 결정을 내리는 데 있어 균형 잡힌 지혜를 제공한다.

(2) 하나님의 섭리와 인간의 성장 : 선택 이후의 여정

하나님은 우리의 마음을 아신다. 사무엘상 16장 7절은 "사람은 외모를 보거니와 여호와는 중심을 보느니라"라고 말한다. 우리가 결정을 내릴 때에도 하나님은 우리의 진정한 동기와 믿음의 수준을 알고 계신다. 이 사실은 우리에게 큰 위로가 된다. 우리가 완벽한 결정을 내리지 못하더라도 하나님은 우리의 진정성을 보시고 그에 따라 역사하신다.

성경은 하나님께서 우리 믿음의 수준에 맞게 역사하신다는 사실을 보여준다. 마태복음 9장 29절에서 예수님은 "너희 믿음대로 되라 하시니"라고 말씀하셨다. 이는 하나님께서 우리 믿음의 그릇과 용량에 따라 응답하신다는 것을 의미한다. 믿음이 작더라도 하나님께서는 그 작은 믿음조차 존중하시고 그에 맞게 역사하신다. 우리가 하나님의 뜻을 구하는 진정성을 가지고 결정을 내렸다면, 그 결정이 완벽하지 않더라도 하나님은 그 심중의 생각을 귀하게 여기신다. 그분은 우리의 불완전한 선택조차도 당신의 선하신 계획 안에 포함시킬 수 있는 분이다.

'섭리'란 하나님께서 창조세계와 인간의 역사를 지속적으로 돌보시고 인도하신다는 개념이다. 하나님의 섭리는 모든 피조물이 그분의 목적을 향해 진행하도록 지속적으로 작용하는 하나님의 행위를 의미한다. 잠언 16장 3절은 "너의 행사를 여호와께 맡기라 그리하면 네가 경영하는 것이 이루어지리라"고 한다. 이는 단순히 우리의 계획이 성공한다는 약속이 아니라, 우리의 삶이 하나님의 더 큰 계획 안에서 의미를 찾게 된다는 약속이다. 우리가 어떤 길을 선택하든 하나님은 그 길 위에서 우리를 만나시고 우리를 인도하신다.

로마서 8장 28절 "우리가 알거니와 하나님을 사랑하는 자 곧 그의 뜻대로 부르심을 입은 자들에게는 모든 것이 합력하여 선을 이루느니라"는 말씀은 하나님께서 우리의 모든 선택, 심지어 실수까지 포함하여 그분의 선하신 목적을 이루어가신다는 섭리적 약속이다. 이 약속은 우리로 하여금 선택 앞에서 두려움에 매이지 않고 자유롭게 결정할 수 있는 용기를 준다.

하나님의 섭리는 우리의 영적 성숙을 위한 과정이기도 하다. 우리가 내린 결정의 결과를 통해 배우고 성장하며, 때로는 잘못된 선택을 통해서 더 깊은 교훈도 얻는다. 하나님은 우리의 모든 경험, 심지어 실패조차도 우리를 그리스도의 형상으로 변화시키는 도구로 사용하신다. 결정을 내린 후의 태도는 그 결정만큼이나 중요하다. '책임'은 하나님의 섭리 아래 놓인 현실에 대한 우리의 응답이다. 선택 이후 우리가 감당해야 하는 책임은 다음과 같은 의미를 지닌다.

(a) 언약적 신실함을 믿는다

성경의 언약은 그 약속에 대한 지속적인 충실함을 요구한다. 하나님께서 우리에게 신실하신 것처럼 우리도 자신의 선택에 신실하게 행함으로써 하나님의 형상을 반영한다. 우리가 내린 결정을 충실히 책임질 때 언약의 하나님의 성품을 닮아가게 되는 것이다.

(b) 은혜의 통로로 쓰임받고 있다

하나님은 우리의 결정과 그에 따른 행동을 통해 다른 이들에게 은혜를 흘려보내신다. 이것은 우리의 선택이 단순히 개인적인 차원이 아니라 하나님나라의 확장에 기여하는 것임을 의미한다.

(c) 믿음으로 행하는 것은 성화의 과정이다

우리의 선택과 그 결과는 모두 성화되어 가는 여정의 일부이다. 우리의 잘못된 선택조차도 우리를 그리스도의 형상으로 변화시키는 도구로 사용하실 수 있다. 로마서 8장 29절은 "하나님이 미리 아신 자들을 또한 그 아들의 형상을 본받게 하기 위하여 미리 정하셨으니"라고 말한다. 우리가 내린 모든 결정은 이 목표를 향해 우리를 인도한다.

(d) 선택의 자유와 책임 속에서 성장한다

인생은 너무 복잡하여 과연 어떤 선택이 최선인지 완전히 파악하기 어렵다. 그러나 그리스도인으로서 우리는 두 가지 중요한 진리를 붙잡을 수 있다. 첫째, 우리의 선택은 하나님의 주권 아래 있으면서 동시에 우리의 책임이다. 그리스도인의 자유는 두려움에서 벗어나 하나님을 신뢰하며 자유롭게 결정하는 것이다. 하나님께서는 우리의 진정성과 믿음의 수준을 아시고 그에 맞게 우리를 인도하신다.

둘째, 선택 이후의 태도가 선택의 결과를 크게 좌우한다. 하나님은 우리가 선택한 곳에서 우리를 만나신다. 우리가 자신의 선택에 책임을 다할 때, 하나님께서는 그 선택을 통해 하나님의 뜻을 이루어가신다. 이 과정에서 우리는 영적으로 성숙해지고, 그리스도의 형상을 더 닮아가게 된다.

따라서 더 나은 선택을 찾느라 망설이지 말고, 믿음으로 결정하고 그 선택이 온전히 결실을 맺도록 최선을 다하라. 하나님의 뜻을 구하는 마음으로 내린 결정이라면, 우리의 신실함만큼 하나님도 그 선택 안에서 역사하신다. 이것이 바로 성경이 말하는 "믿음으로 행하고 보는 것으로 행하지 아니하는"(고후 5:7) 삶의 방식이다. 우리가 이 믿음의 여정을 계속할 때, 잘못된 선택의 두려움에서 벗어나 하나님의 섭리 안에서 자유롭고 성숙한 그리스도인으로 자라나게 될 것이다.

(3) 시험을 당할 때 인내로써 온전함을 누려라(하나님의 의)

우리는 살아가면서 어떤 일 또는 다른 사람 때문에 어려움을 겪는다. 세상적인 기준으로는 그런 고난을 참고 견뎌야 한다고 여긴다. 그리고 그것이 불신자들과 구별되는 삶이라고 생각한다. 그러나 우리가 진정으로 거듭나 하나님의 자녀가 되었다면, 이제는 하나님나라의 새로운 삶의 방식을 깨닫고 체험해야 한다. 거짓자아로 참고 견딜 때는 늘 분노 속에서 살 수밖에 없다. 왜냐하면 하나님의 말씀에 기초한 마음의 판단에 따라 의지적으로 그렇게 행동할 수는 있지만, 실제는 심중에 들어 있는 대로 사는 것이 아니기 때문이다.[19]

19 이에 대해서는 2부 7장 〈인간 내면의 역동성에 대한 이해〉에서 자세히 다루었다.

의인인 우리는 본래 사탄의 시험을 당할 수 없는 존재다. 그러나 우리가 그 시험에 동의하고 그것을 허락할 때, 우리의 생각과 감정을 통해서 사탄의 거짓말과 유혹이 우리 안으로 들어오게 된다.

약 1:14-15 오직 각 사람이 시험을 받는 것은 자기 욕심에 끌려 미혹됨이니 욕심이 잉태한즉 죄를 낳고 죄가 장성한즉 사망을 낳느니라

따라서 하나님의 자녀로서 시험을 당할 수 없는 존재임에도 불구하고 현실적으로 시험을 당할 때, 우리는 이전과는 다른 방식으로 거기서 벗어날 줄 알아야 한다.

약 1:2-4 내 형제들아 너희가 여러 가지 시험(trials, temptation)을 당하거든 온전히 기쁘게 여기라 이는 너희 믿음의 시련(헬, 도키미온)이 인내(헬, 휘포모네 : endurance, steadfastness, 굳건함, 견고함)를 만들어내는 줄 너희가 앎이라 인내를 온전히 이루라 이는 너희로 온전하고 구비하여 조금도 부족함이 없게 하려 함이라

이 말씀은 거짓자아로는 도무지 이해하기 어렵다. 시험을 당하면서도 온전히 기쁘게 여기라는 말씀이 비이성적이고 모순적으로 들리기 때문이다. 따라서 이 말씀은 거짓자아의 관점이 아니라 의인의 관점으로 보아야 한다. 시험을 당하는데도 온전히 기쁘게 여길 수 있는 것은, 그 시험을 통해 그리스도 안에 거할 수 있게 되기 때문이다. 그리고 그 결과로 주님의 뜻을 이룰 수 있는 기회를 얻게 된다. 이 진리를 제대로 깨닫기 위해서는 성경이 말하는 '인내'의 참뜻을 알아야 한다.

'믿음의 시련'(헬, 도키미온)은 믿음을 통해 자신을 증명한다는 뜻을 지니고 있다. 성경이 말하는 인내는 흔히 생각하는 것처럼 참고 견디는 것이 아니다. 진정한 인내는 다음 두 가지를 포함한다. 첫째, 시험을 당할 때에도 자신이 누구인지를 알고 시험에 묶이지 않는 것이다. 둘째, 그리스도 안에 거함으로써 어떤 부족함도 없이 자신이 온전케 되는 것이다. 즉 인내란 일어난 일에 사로잡히는 것이 아니라, 오히려 그 일을 통해 예수 그리스도 안에서 온전케 되어 가는 여정이다.[20]

우리는 발생한 일과 사건, 문제를 통해 지금 자신의 혼이 어디에 위치해 있는지를 깨닫게 된다. 그리하여 혼이 본래 있어야 할 자리인 하나님의 영 안에 믿음의 시련을 통해 굳건히 거함으로써 우리 안에 계신 그분의 생명이 몸을 통치하시는 것을 경험할 수 있다. 그때 비로소 우리는 진정한 온전함을 체험하게 된다.

눅 21:19 너희의 인내로 너희 영혼(헬, 프쉬케 : 혼)을 얻으리라(by standing firm, you will win your souls, NLT)

눅 8:15 좋은 땅에 있다는 것은 착하고 좋은 마음(헬, 카르디아 : 심중)으로 말씀을 듣고 지키어 인내로 결실하는 자니라

참된 인내는 거짓자아로 문제에 묶이지 않고, 자신이 누구인지를 알고, 그리스도 안에 굳건히 거하는 것이다.

20 '인내'에 대해서는 앞서 2부 8장 〈세상적 사고와 하나님나라의 사고〉에서도 언급한 바 있다.

히 10:36 너희에게 인내가 필요함은 너희가 하나님의 뜻을 행한 후에 약속하신 것을 받기 위함이라

고후 4:17 우리가 잠시 받는 환난의 경한 것이 지극히 크고 영원한 영광의 중한 것을 우리에게 이루게 함이니

혼이 하나님의 영 안에 거할 때 비로소 그의 나라와 의를 구할 수 있다. 내 혼이 몸의 종노릇에서 벗어나 굳건히 그리스도 안에 거할 때, 주의 말씀대로 이루어진 것을 상상하고 느끼고 선포함으로써 내 안에 계신 주님께서 친히 그의 일을 행하시는 것을 경험하게 된다. 실제로 이러한 삶이 이루어지기 위해서는 먼저 내 혼이 하나님의 영 안에서 인내할 줄 알아야 한다.

한편, 야고보가 시험과 환난에 대해 그 결과에 초점을 두고 말한다면(약 1:2-4), 사도 바울은 그 과정에 초점을 두어 말한다(롬 5:4-5).

롬 5:3-5 다만 이뿐 아니라 우리가 환난 중에도 즐거워하나니 이는 환난은 인내를, 인내는 연단을, 연단은 소망을 이루는 줄 앎이로다 소망이 우리를 부끄럽게 하지 아니함은 우리에게 주신 성령으로 말미암아 하나님의 사랑이 우리 마음에 부은 바 됨이니

다이아몬드가 되기 위해서는 엄청난 압력을 받아야 하고, 포도가 술이 되기 위해서는 짓이겨져야 하며, 올리브에서 기름이 나오려면 눌러 짜내야 하고, 씨앗이 싹을 틔우기 위해서는 어둠 속에 머물러야 한다. 그러므로 지금 당신이 짓이겨지고, 압력을 받고 있으며, 어둠 속에 있

다면 바로 지금이 새로운 당신을 위한 가장 좋은 때다. 기뻐하라. 그리고 믿음의 시련을 통해 인내하라. 온전하고 구비하여 조금도 부족함 없게 될 것이다.

묵상과 나눔

1. 매일 아침의 첫 선포 : 아침에 눈을 뜨자마자 어떤 생각이나 감정이 가장 먼저 떠오르나요? 만약 그날의 상황이나 기분과 상관없이 "나는 너무 행복해! 모든 것이 온전해!"라고 먼저 선포한다면, 나의 하루와 삶은 어떻게 달라질 수 있을까요?

2. 행복은 결과가 아닌 출발 : 평소 무엇을 위해 일하고 있나요? '일해서 성공하고 그래서 행복해지는' 순서가 아니라, '이미 행복하기 때문에 일하는' 관점으로 전환한다면, 직장이나 가정에서 어떤 변화가 일어날 수 있을까요?

3. 선택과 후회 : 최근 내린 중요한 선택 이후, '다른 선택을 했더라면 어땠을까?' 하고 후회한 적이 있나요? 선택 자체보다 그 선택 이후의 태도가 더 중요하다면, 지금 당신이 후회하고 있는 그 결정을 하나님의 인도하심 안에서 어떻게 다시 바라보고 행동으로 이어갈 수 있을까요?

4. 시험과 인내의 진정한 의미 : 현재 겪고 있는 시험이나 어려움은 무엇인가요? 그 상황을 단순히 참고 견디는 것이 아니라 그리스도 안에 굳건히 거하는 기회로 본다면 어떻게 다르게 반응할 수 있을까요?

chapter 22

마귀의 유혹에 걸려들지 말라

판단하거나 비판하지 말라

이미 앞서 여러 차례 언급한 것처럼 사탄은 의인에게 어떤 직접적인 영향력도 행사할 수 없다. 그들이 할 수 있는 것은 유혹과 시험으로 우리의 동의를 얻는 것뿐이다. 자유의지를 가진 우리의 혼이 자신의 생각과 감정을 자신과 동일시하는 거짓자아로 살아갈 때, 사탄이 우리를 도둑질하는 가장 효과적인 방법은 염려하게 하고, 판단하게 하고, 비판하게 만드는 것이다. 그들은 거짓말과 속임수라는 미끼를 던져 우리가 그것들을 붙들도록(동의하거나 허락하도록) 유도한다.

염려는 외부 상황에 대한 우리의 내면적 반응이며, 판단하고 비판하는 것은 외부 대상에 대한 우리의 외면적 반응이다. 이 두 가지는 사탄이 우리를 도둑질하기 위해서 하와 이후 지금까지 가장 빈번히 사용해 온 전략이며, 그 모든 뿌리는 인간이 하나님과 분리되어 독립적 존재로서 스스로 선과 악을 판단하려 한 데서 비롯된다(창 3:5).

그리스도인으로서 우리는 다른 사람을 사랑해야 한다. 이와 마찬가지로 결코 해서는 안 되는 일이 바로 다른 사람과 사건을 판단하고 비판하는 것이다. 왜냐하면 판단과 비판의 행위는 대부분 마귀의 앞잡이 노릇을 하는 것이기 때문이다.

우리는 뉴스 속 정치인을 보며 혀를 찬다. SNS에서 연예인의 사생활에 댓글을 달고, 직장 동료의 실수를 두고 뒤에서 수군거린다. 카페에 앉아 옆 테이블의 대화를 듣고 속으로 판단한다. 아이들의 학교 단체 채팅방에서는 다른 부모의 교육 방식을 비판한다. 심지어 교회 안에서도 다른 성도의 신앙생활을 평가하거나 목회자의 설교 스타일에 대해 이런저런 말을 한다. 가족과 친척에 대해서도 마찬가지다. 그러나 우리가 이처럼 너무나 자연스럽고 당연하게 여기는 일들이 사실은 마귀에게 틈을 주는 것임을 깨닫지 못하고 있다.

(1) 판단과 비판의 본질은 무엇인가?

가만히 생각해보면, 우리의 하루는 크고 작은 판단과 비판으로 가득하다. 때로는 큰 소리로, 때로는 마음속으로, 때로는 가까운 사람들과의 대화 속에서 우리는 마치 다른 사람을 평가하고 판단하는 것이 우리의 권리인 양 자연스럽게 행한다. '저 사람은 왜 저러지?', '나 같으면 안 그랬을 텐데', '요즘 젊은 사람들은…', '요즘 어른들은…' 이런 말들이 우리의 입술과 마음에서 얼마나 자주 흘러나오는가.

우리는 마치 자신이 완벽한 판사라도 된 듯이 살아간다. 자신은 온전하고 다른 사람과 같지 않다고 여기는 것이다. 그러나 과연 그러한가? 이렇게 다른 사람을 판단하는 것은 자신이 하나님의 자리에 앉아 선악을 판단하는 것이다. 이것은 바로 마귀가 하와를 속였을 때와 같은 모습이다. 자신만 옳고 다른 사람은 잘못되었다고 여기는 태도는 성경이 말하듯 하나님께서 주신 율법을 비방하고 판단하는 것과 같다.

약 4:11 형제들아 서로 비방하지 말라 형제를 비방하는 자나 형제를 판단하는 자는 곧 율법을 비방하고 율법을 판단하는 것이라 네가 만일 율법을 판단하면 율법의 준행자가 아니요 재판관이로다

그렇다면 판단하는 우리 자신은 어떤가? 남을 향해 던진 날카로운 시선을 자신에게 돌릴 때는 얼마나 쉽게 관대해지는가? 남의 작은 실수는 크게 보이고, 내 큰 허물은 작게 여긴다. 남의 동기는 의심하면서 내 동기는 순수하다고 합리화한다. 비판과 판단이 일상이 되어버린 삶, 그것이 너무나 자연스러워 문제로 인식하지 못한 채 살아가는 것이 우리의 현실이다. 따라서 우리는 다른 사람을 판단하기 전에 먼저 자기 자신을 돌아볼 줄 알아야 한다.

마 7:3-5 어찌하여 형제의 눈 속에 있는 티는 보고 네 눈 속에 있는 들보는 깨닫지 못하느냐 보라 네 눈 속에 들보가 있는데 어찌하여 형제에게 말하기를 나로 네 눈 속에 있는 티를 빼게 하라 하겠느냐 외식하는 자여 먼저 네 눈 속에서 들보를 빼어라 그 후에야 밝히 보고 형제의 눈 속에서 티를 빼리라

(2) 판단과 비판의 열매는 무엇인가?

판단하고 비판하는 것에 대해서 우리가 반드시 알아야 할 진리가 있다. 우리는 무심코 다른 사람을 비판하지만 그것은 결국 자기를 정죄하는 일이다. 다른 사람을 향해 품는 비판적인 생각과 감정은 사실 내 안에 심기고 있다. 우리는 판단과 비판이 다른 사람을 향한 것이기 때문에 그에 따른 생각과 감정도 당연히 그 사람의 것이라고 여긴다. 그러나 그것은 그 사람의 것이 아니라 나 자신의 것이다. 우리가 그것을

어디에 심고 있는가? 바로 자신의 심중에, 자신이 직접 심고 있는 것이다. 그럼에도 불구하고 우리는 그 모든 것을 우리가 판단하고 비판하는 그 대상에 심는 것이라고 착각한다.

갈 6:7 스스로 속이지 말라 하나님은 업신여김을 받지 아니하시나니 사람이 무엇으로 심든지 그대로 거두리라

롬 2:1 그러므로 남을 판단하는 사람아, 누구를 막론하고 네가 핑계하지 못할 것은 남을 판단하는 것으로 네가 너를 정죄함이니 판단하는 네가 같은 일을 행함이니라

판단하고 비판하기 좋아하는 사람은 그 습관이 점점 더 깊어진다. 왜냐하면 그는 그것을 양식처럼 먹고 살기 때문이다.

롬 6:16 너희 자신을 종으로 내주어 누구에게 순종하든지 그 순종함을 받는 자의 종이 되는 줄을 너희가 알지 못하느냐 혹은 죄의 종으로 사망에 이르고 혹은 순종의 종으로 의에 이르느니라

(3) 판단의 메커니즘은 무엇인가?

우리가 다른 사람을 판단하고 비판할 때 우리는 마치 자신에게는 그런 면이 없거나 자신은 그렇게 하지 않는다고 여긴다. 그러나 실제로는 그렇지 않다. 누군가 이유 없이 미워지거나 불편하게 느껴지거나 별다른 이유 없이 그를 판단하고 비판하게 되는 것은 내 안에 동일한 문제가 존재한다는 증거다. 즉, 자기 내면에도 그와 관련된 상처와 쓴

뿌리가 남아 있는 것이다.

우리 안에는 여전히 육체의 일이 남아 있다. 왜냐하면 과거에 우리는 마귀의 자식으로서 세상의 영적 존재들과 풍조, 유전, 잘못된 전통과 습관 속에서 살았기 때문이다.

갈 5:19-21 육체의 일은 분명하니 곧 음행과 더러운 것과 호색과 우상 숭배와 주술과 원수 맺는 것과 분쟁과 시기와 분냄과 당 짓는 것과 분열함과 이단과 투기와 술 취함과 방탕함과 또 그와 같은 것들이라 전에 너희에게 경계한 것 같이 경계하노니 이런 일을 하는 자들은 하나님의 나라를 유업으로 받지 못할 것이요

우리가 어떤 사람을 판단하고 비판할 때는, 먼저 그를 떠올리고 그에 대한 정보를 생각한다. 그 순간 우리의 뇌는 기억 속에서 유사한 정보를 찾아내어 비교하고 분석한다. 바로 그때 우리 안에 있는 동일한 문제들이 떠오르게 된다. 그리고 그 문제들을 의식하는 순간, 수치심, 두려움, 절망감과 같은 부정적인 감정이 자동적으로 일어난다. 우리는 이러한 감정을 직면하기를 원치 않기 때문에, 그것을 회피하는 방법으로 다른 사람에게 전가하며 자신의 판단과 비판을 정당화하려 한다. '나는 그렇지 않지만, 저 사람은 그렇다'고 스스로 믿으면서 말이다.

롬 2:1 그러므로 남을 판단하는 사람아, 누구를 막론하고 네가 핑계하지 못할 것은 남을 판단하는 것으로 네가 너를 정죄함이니 판단하는 네가 같은 일을 행함이니라

결국 다른 사람을 판단하고 비판하는 것은 자기 것을 다른 사람에게 전가함과 동시에 자기를 정죄하는 것과 같다. 그 결과 심은 대로 거두게 되는 것이다(갈 6:7). 결국 자신도 그 사람과 같은 일을 행하게 된다.

남을 판단하고 비판한 뒤에 오히려 마음이 불편한 이유는, 전가는 했으나 자기 내면에 있던 과거의 생각과 감정을 스스로 다시 들추어냈기 때문이다.

(4) 판단과 비판의 열매는 무엇인가?

우리가 누군가를 판단하고 비판할 때, 결국 그 당사자도 그것을 알게 된다. 그러면 세상의 법칙에 따라 상대방도 내가 비판한 내용을 다시 내게 전가한다. 마귀는 이 과정을 통해 하나님과 우리, 그리고 하나님의 자녀들 사이의 관계를 이간질한다. 갈라디아서 5장 19-21절의 '육체의 일' 가운데 가장 많이 반복되는 것은 바로 분리에 관한 것이다. 원수 맺는 것과 분쟁, 시기와 분냄, 당 짓는 것과 분열이 그 대표적 예다.

> **마 7:1-2** 비판을 받지 아니하려거든 비판하지 말라 너희가 비판하는 그 비판으로 너희가 비판을 받을 것이요 너희가 헤아리는 그 헤아림으로 너희가 헤아림을 받을 것이니라

하나님께서는 우리가 예수 그리스도 안에서 하나가 되기를 원하신다. 마귀는 우리가 어떤 내용물에 사로잡혀 스스로 재판관이 되어 서로 나뉘기를 원한다. 그러나 하나님께서는 그 내용물에서 벗어나 그것을 판단하는 혼이 하나님 안에서 하나가 되기를 원하신다.

요 17:23 곧 내가 그들 안에 있고 아버지께서 내 안에 계시어 그들로 온전함을 이루어 하나가 되게 하려 함은 아버지께서 나를 보내신 것과 또 나를 사랑하심 같이 그들도 사랑하신 것을 세상으로 알게 하려 함이로소이다

복음의 본질은 선악을 판단하는 것이 아니다. 선악을 판단하던 타락한 혼이 하나님의 사랑 안에 거함으로써, 삼위일체 하나님께서 하나이신 것처럼 우리도 예수 그리스도 안에서 하나가 되는 데 있다. 그 모든 근원은 하나님의 사랑이다. 지금 우리가 세상에 보여주고 있는 것이 하나님의 사랑인가, 아니면 옳고 그름에 대한 판단인가?

(5) 험담의 영이 돌지 않게 하라

우리가 깨어 경계하고 가장 조심해야 할 것 중 하나는 험담의 영이 들어와 모임과 단체, 교회를 무너뜨리지 않도록 하는 것이다. 이 모든 시작은 옳고 그름을 판단하는 데서 비롯된다. 그러나 옳고 그름은 표면적인 이유일 뿐, 실제로 그것은 사람 안에 있는 마귀의 본성(교만과 자기 의) 때문이다. 다시 창세기 3장 5절에서 마귀가 한 말을 떠올려보라. 옳고 그름의 문제는 결국 판단과 비판으로 나타난다.

판단과 비판은 자연스럽게 험담(backbiting, evil speaking, gossip)으로 확대된다. 험담이란 당사자가 없는 곳에서 그 사람을 나쁘게 말하는 것이다. 그러나 사람들은 다른 이를 험담하면서도 그것을 험담이라고 여기지 않는다. 왜냐하면 험담의 대부분은 옳고 그름이라는 명분으로 포장되기 때문이다.

가정이나 단체 등 모든 공동체의 분열은 '옳고 그름'에서 시작된다. 그것은 판단과 비판으로 드러나고 험담으로 확대된다. 그때 험담의 영

이 소속된 모든 사람들을 사로잡는다. 결국 공동체는 파괴되고 무너질 수밖에 없다.

잠 16:28 패역한 자는 다툼을 일으키고 말쟁이는 친한 벗을 이간하느니라

약 3:5-6 이와 같이 혀도 작은 지체로되 큰 것을 자랑하도다 보라 얼마나 작은 불이 얼마나 많은 나무를 태우는가 혀는 곧 불이요 불의의 세계라 혀는 우리 지체 중에서 온 몸을 더럽히고 삶의 수레바퀴를 불사르나니 그 사르는 것이 지옥 불에서 나느니라

험담의 영이 돌기 시작하면 아무리 진실을 말해도 그것은 온전히 전달되지 않는다. 구성원 간의 기본적인 신뢰가 무너지고, 그 자리에 의심과 불신이 자리잡게 되며, 사람들은 부정적인 정보에 더 민감하게 반응한다.

잠 17:4 악을 행하는 자는 사악한 입술이 하는 말을 잘 듣고 거짓말을 하는 자는 악한 혀가 하는 말에 귀를 기울이느니라

그렇게 되면 자신들의 생각에 동조하는 사람들끼리 세력을 형성하게 되고, 그들은 자연스럽게 분열, 분쟁, 분당의 영의 통치를 받게 된다. 결국 험담의 영이 공동체를 장악하고, 그들이 성공하면 더 높은 분열의 영이 들어와 서로 싸우게 만들어 하나님의 통치가 아닌 자신의 왕국을 세운다. 과거에 다니던 교회나 지금 출석하는 교회, 혹은 다른 교회에서 겪었던 어려움을 떠올려보라. 이런 일들이 어떻게 시작되고 진행되

는지 분명히 인식할 수 있을 것이다.

그렇다면 험담의 영을 어떻게 잠재울 수 있는가? 그것은 의로운 한 사람으로부터 시작된다. 어떤 판단과 비판에도 동의하지 않고 그것을 다른 사람에게 전하지 않는 사람이다. 단 한 명의 의로운 사람이 이 '험담의 사슬'을 끊고 공동체를 살릴 수 있다.

잠 17:9 허물을 덮어 주는 자는 사랑을 구하는 자요 그것을 거듭 말하는 자는 친한 벗을 이간하는 자니라

잠 26:20 나무가 다하면 불이 꺼지고 말쟁이가 없어지면 다툼이 쉬느니라

엡 4:27 마귀에게 틈을 주지 말라

엡 4:29 무릇 더러운 말은 너희 입 밖에도 내지 말고 오직 덕을 세우는 데 소용되는 대로 선한 말을 하여 듣는 자들에게 은혜를 끼치게 하라

(6) 그렇다면 어떤 경우에도 비판하지 말아야 하는가?

누군가는 이렇게 반문할 수 있다. "잘못되어 문제가 생기는데도 보고만 있으라는 말인가?" 이것은 어떤 경우에도 비판하지 말라는 뜻이 아니다. 그러나 다른 사람이나 대상을 바르게 비판하기 위해서는 적어도 다음 네 가지 원칙을 지켜야 한다.

첫째, 다른 사람의 삶을 비판하기 전에 먼저 자신을 돌아볼줄 알아야 한다. 내 안에도 동일한 문제가 있음을 인식하고 그것을 먼저 빼내야 한다. 그리고 기도하면서 기다릴 줄도 알아야 한다. 우리는 모두

그리스도 안에 거하고 있기 때문이다. 시간이 지나면 성령과 말씀이 자연스럽게 우리 모두를 변화시키신다. 많은 경우 시간이 흐르면서 상대방에 대한 판단도, 내 안의 판단도 함께 사라지는 것을 경험하게 된다. 왜냐하면 그 사람도 변하지만 나도 변해가기 때문이다.

둘째, 판단과 비판은 공개적으로 해서는 안 되며 반드시 당사자와 해야 한다.

> **마 18:15-17** 네 형제가 죄를 범하거든 가서 너와 그 사람과만 상대하여 권고하라 만일 들으면 네가 네 형제를 얻은 것이요 만일 듣지 않거든 한두 사람을 데리고 가서 두세 증인의 입으로 말마다 확증하게 하라 만일 그들의 말도 듣지 않거든 교회에 말하고 교회의 말도 듣지 않거든 이방인과 세리와 같이 여기라

셋째, 일어난 일에 대해서만 판단하고 비판해야 한다. 현실적으로 그리스도인들 역시 온전하지 않다. 여전히 죄와 죄악들을 가지고 실수를 하며 성숙해지는 여정 가운데 있기 때문이다. 결코 절대적으로 온전한 자는 없다. 우리는 삶을 통해 하나님을 점점 더 나타내고 있을 뿐이다. 여기서 우리가 가장 조심해야 할 것은 행위(doing)와 존재(being)를 구별하지 않고 사람 자체를 판단하고 비판하는 것이다. 이는 부모와 자식 사이에서 흔히 일어난다.

예를 들면 "왜 일을 그렇게 했어? 너는 그 일에 대해서 벌을 받아야 해"라는 말은 행위에 대한 판단과 비판이므로 당사자도 받아들일 수 있다. 그러나 여기에 "너라는 인간은 왜 그래?"라는 말이 더해진다면, 그것은 그 사람의 존재 자체를 비판하는 것이 된다. 그 순간 당사자는

심한 수치심과 모욕감, 절망과 분노를 느끼게 되며, 그 결과 아무리 좋은 권면도 결코 받아들일 수 없게 된다.

넷째, 판단과 비판은 반드시 사랑의 마음으로 이루어져야 한다. 만약 사랑이 없다면 아무리 옳은 일이고 대의를 위한 일이라고 해도 일단 멈춰야 한다. 사랑 없이 판단하고 비판하면 자신도 모르는 사이에 마귀의 앞잡이가 되기 때문이다. 그런데 실제로는 대부분 사랑보다 분노가 더 클 때 판단하고 비판하는 경우가 많다. 바로 이때 우리는 성령의 인도하심을 받아 자기를 부인하고 자기 십자가를 지는 법을 배워야 한다.

갈 6:1 형제들아 사람이 만일 무슨 범죄한 일이 드러나거든 신령한 너희는 온유한 심령으로 그러한 자를 바로잡고 너 자신을 살펴보아 너도 시험을 받을까 두려워하라

고전 13:3 내가 내게 있는 모든 것으로 구제하고 또 내 몸을 불사르게 내줄지라도 사랑이 없으면 내게 아무 유익이 없느니라

옳고 그름보다 더 중요한 것은 예수님께서 주신 새 계명이다.

요 13:34 새 계명을 너희에게 주노니 서로 사랑하라 내가 너희를 사랑한 것 같이 너희도 서로 사랑하라

일반적인 단체나 모임과 달리 교회의 머리는 예수 그리스도이시며, 교회는 그리스도의 몸이다. 몸은 각 지체의 옳고 그름을 따지기 위해

존재하는 것이 아니라, 하나됨을 이루기 위해서 존재한다. '내용물'에 초점을 두고 판단하는 자는 거짓자아이며 죄인이다. 반면에 '그 내용물을 생각하는 자'에 초점을 두고 판단하는 자는 그리스도 안에 있는 의인이다. 거짓자아는 분열을 일으키지만 의인은 하나됨을 소중히 여긴다.

요 17:21 아버지여, 아버지께서 내 안에, 내가 아버지 안에 있는 것 같이 그들도 다 하나가 되어 우리 안에 있게 하사 세상으로 아버지께서 나를 보내신 것을 믿게 하옵소서

우리는 지금까지 너무나 자연스럽게 습관처럼 판단하고 비판하며 살아왔다. 그래서 그것이 마귀가 우리를 도둑질하고 죽이는 무기라는 사실을 깊이 생각하지 못했다. 그러나 이제 우리는 영적 전쟁에서 승리하기 위해서 그리스도 안에서 판단과 비판을 새롭게 배워야 한다. 판단과 비판의 생각이 들어올 때마다 그것을 주님께 올려드리자.

요 8:26 내가 너희에게 대하여 말하고 판단할 것이 많으나 나를 보내신 이가 참되시매 내가 그에게 들은 그것을 세상에 말하노라 하시되

고후 10:5 하나님 아는 것을 대적하여 높아진 것을 다 무너뜨리고 모든 생각을 사로잡아 그리스도에게 복종하게 하니

모든 염려를 주께 맡겨라

현대인은 염려의 홍수 속에 살고 있다고 해도 과언이 아니다. 아침에 눈을 뜨는 순간부터 밤에 잠자리에 들기까지 우리는 끊임없는 걱정과 근심, 불안과 두려움의 파도에 휩쓸린다. '염려'는 이 모든 부정적 감정을 포괄하는 단어다. 수많은 염려는 단순히 머릿속을 스치는 생각에 그치지 않고, 우리의 어깨를 짓누르는 무거운 짐이 되어 영혼의 활력과 마음의 평안을 앗아간다. 예수님께서 "수고하고 무거운 짐 진 자들아 다 내게로 오라"(마 11:28)고 초청하실 때, 그 무거운 짐의 가장 큰 부분이 바로 이 염려다.

현대 사회는 물질적으로는 풍요하지만 마음의 평안은 점점 더 희소해지고 있다. 스마트폰을 통해 실시간으로 쏟아지는 재난과 위기의 뉴스, SNS를 통해 끊임없이 비교되는 타인의 삶, 예측 불가능한 미래는 우리의 염려를 더욱 증폭시킨다. 마치 고대 이스라엘 백성이 애굽의 노예로 벽돌을 만들기 위해 스스로 짚을 구해야 했던 것처럼(출 5:7-8), 현대인들은 더 많은 염려의 재료를 찾아 수고를 더하며 무거운 짐을 스스로 자기 어깨에 짊어지고 있다.

(1) 사탄의 시험과 염려

염려는 단지 심리적 현상으로만 설명될 수 없는 문제다. 그것은 우리의 영적 시야를 흐리게 하고, 하나님과의 관계를 방해하며, 마귀에게 틈을 주는 영적인 문제다. 사탄은 지금도 우는 사자처럼 두루 다니며 삼킬 자를 찾는다. 그러나 그는 의인인 우리의 허락이 없이는 마음대로 침입하여 역사할 수 없다. 사탄은 거짓말쟁이요 유혹하는 자이며 속이는 자로서, 자신의 시험을 받아들일 자들을 찾아 삼키려 한다.

벧전 5:8-9 근신하라 깨어라 너희 대적 마귀가 우는 사자 같이 두루 다니며 삼킬 자를 찾나니 너희는 믿음을 굳건하게 하여 그를 대적하라 이는 세상에 있는 너희 형제들도 동일한 고난을 당하는 줄을 앎이라

그렇다면 사탄이 삼키고자 하는 자는 누구인가? 놀랍게도 사탄은 불신자들에게는 아무 관심이 없다. 그들은 이미 마귀의 통치 아래 살고 있기 때문이다. 사탄이 노리는 대상은 의인이 되었음에도 자신이 누구인지, 무엇을 소유하고 있는지, 어떻게 살아야 하는지 모르는 신자들이다. '나는 여전히 죄인이고, 잘못을 저지를 수밖에 없는 존재이고, 질병에 걸릴 수밖에 없는 존재야'라고 믿고 있는 자들, 사탄은 그들을 끊임없이 시험하고 유혹한다.

따라서 사탄이 가장 쉽게 통치할 수 있는 사람은 염려와 걱정, 근심과 불안, 두려움에 사로잡힌 자들이다. 모든 염려는 자신이 누구인지, 가진 것이 무엇인지를 모르는 자에게 임한다. 이런 부정적인 생각과 감정을 선택하고 붙드는 순간, 사탄은 자연스럽게 우리를 도둑질한다. 요한복음 10장 10절을 다시 묵상해보라.

요 10:10 도둑이 오는 것은 도둑질하고 죽이고 멸망시키려는 것뿐이요 내가 온 것은 양으로 생명을 얻게 하고 더 풍성히 얻게 하려는 것이라

도둑질에는 두 가지 전제가 있다. 첫째, 몰래 행해진다는 것이고, 둘째, 없는 것이 아니라 이미 있는 것을 훔쳐간다는 것이다. 우리 안에는 이미 신성과 원복이 있다. 그러나 우리가 그것을 깨닫지 못할 때, 마귀는 염려를 주고 우리 안에 있는 것을 훔쳐간다.

(2) 베드로전서 5장 7절의 올바른 해석

염려의 홍수 속에 사는 우리에게 베드로전서 5장 7절 "너희 염려를 다 주께 맡기라 이는 그가 너희를 돌보심이라"라는 말씀은 구원의 방주와 같은 진리를 제시한다. 이 말씀 안에는 우리가 예수 그리스도 안에서 늘 승리하며 살아갈 수 있는 비밀이 담겨 있다.

"염려를" : 헬라어 원문의 염려, '메림나'는 단순한 걱정이나 근심이 아닌 마음을 여러 방향으로 찢어놓는 분열된 관심을 뜻한다. 염려는 그리스도 안에서 새로운 피조물인 우리의 시선을 하나님에게서 떼어내어, 문제와 상황에 집중하도록 만든다.

이것이 바로 예수님께서 하나님나라 복음을 선포하시면서 여섯 번이나 "염려하지 말라"(마 6:25-34)고 반복해서 강조하신 이유다. "그의 나라와 그의 의를 구하라"(마 6:33)라는 복음의 핵심 메시지에 도달하기까지 예수님은 먼저 우리의 시선을 사로잡는 염려의 사슬을 끊으려 하셨다. 하나님나라의 기쁨과 자유를 경험하려면 무엇보다도 염려라는 무거운 짐을 내려놓아야 하기 때문이다.

- □ "목숨을 위하여… 몸을 위하여… 염려하지 말라"(마 6:25)
- □ "너희 중에 누가 염려함으로 그 키를 한 자라도 더할 수 있겠느냐"(마 6:27)
- □ "또 너희가 어찌 의복을 위하여 염려하느냐"(마 6:28)
- □ "그러므로 염려하여 이르기를… 하지 말라"(마 6:31)
- □ "그러므로 내일 일을 위하여 염려하지 말라"(마 6:34)
- □ "내일 일은 내일이 염려할 것이요 한 날의 괴로움은 그 날로 족하니

라"(마 6:34)

이처럼 염려에 대해 반복적으로 강조하신 것은 그것이 우리의 신앙생활에 얼마나 심각한 장애물이 되는지를 보여주는 반증이다.

"이는 그가 너희를 돌보심이라" : '돌보심'에 해당하는 헬라어는 '멜로'다. 여기서는 3인칭 단수 현재형 직설법으로 사용되었는데, 그 문법적 특징은 하나님의 돌보심에 대한 세 가지 중요한 신학적 의미를 내포한다.

(a) 시간적 제한이 없는 계속적 상태

하나님의 돌보심은 과거, 현재, 미래를 관통하며 변함이 없다. 시편 기자가 "이스라엘을 지키시는 이는 졸지도 아니하시고 주무시지도 아니하시리로다"(시 121:4)라고 고백한 것처럼 하나님의 돌보심은 결코 중단되지 않는다.

(b) 본질적이고 변하지 않는 속성

하나님의 돌보심은 그분의 성품에 내재된 지속적 배려다. 빛을 발하는 것이 태양의 본질인 것처럼 하나님의 돌보심은 하나님의 존재적 속성에서 흘러나온다.

(c) 외부 조건에 의존하지 않는 절대적 사실

하나님께서는 우리의 상황, 감정, 신앙 상태와 관계없이 항상 우리를 돌보신다. 바울이 "내가 확신하노니 사망이나 생명이나… 다른 어떤 피조물이라도 우리를 우리 주 그리스도 예수 안에 있는 하나님의 사랑에서 끊을 수 없으리라"(롬 8:38-39)라고 선언한 것처럼 하나님의 돌보심은 절대적이다.

여기서 우리는 중요한 진리를 깨닫게 된다. 일반적으로 사람들은 "내가 염려를 맡기면 그때부터 하나님이 돌보실 것이다"라고 생각한다. 그러나 이것은 성경적 논리에 맞지 않는다. 하나님께서는 창세로부터 언제나 우리를 돌보고 계신다. 다만 자유의지를 가진 인간이 죄를 짓고 타락한 이후, 타락한 혼이 마귀가 주는 염려에 동의하고 그것을 허용했기 때문에 그 돌보심이 우리에게 미치지 못하게 된 것이다. 하지만 우리가 거듭난 순간부터 그분께서는 다시 언제나 우리를 돌보고 계신다. 베드로도 "하나님은 이미 너희를 돌보고 계신다. 그러므로 너희는 염려를 맡기라"고 권면한다. 하나님의 돌보심은 우리의 행동(염려를 맡김)에 대한 반응이 아니다. 오히려 우리의 행동이 하나님의 변함없는 돌보심에 대한 응답이다.

예수님도 동일한 논리로 말씀하셨다. "공중의 새를 보라… 너희 하늘 아버지께서 기르시나니 너희는 이것들보다 귀하지 아니하냐"(마 6:26), "오늘 있다가 내일 아궁이에 던져지는 들풀도 하나님이 이렇게 입히시거든 하물며 너희일까보냐"(마 6:30). 하나님의 변함없는 돌보심이 이미 먼저 있다. 우리는 이 사실에 기초하여 염려하지 말아야 한다.

"다 주께 맡기라" : '맡기라'에 해당하는 헬라어는 '에피립토'로 "던지다" 또는 "내려놓다"라는 뜻이다. 이는 수동적인 태도가 아니라 적극적이고 의도적이며 능동적인 행위를 가리킨다. 우리가 염려를 맡겨야 하는 이유는, 우리 안에 계신 예수님께서 그것을 친히 가져가시고 짊어지시기 때문이다.

사 53:4 그는 실로 우리의 질고를 지고 우리의 슬픔을 당하였거늘 우리는 생각하기를 그는 징벌을 받아 하나님께 맞으며 고난을 당한다 하였노라

사 53:6 우리는 다 양 같아서 그릇 행하여 각기 제 길로 갔거늘 여호와께서는 우리 모두의 죄악을 그에게 담당시키셨도다

이 말씀을 통해 우리는 깨닫게 된다. 그리스도께서는 단지 우리의 죄와 죄악(sin, 도덕적, 영적 범죄)만이 아니라, 연약함(infirmities, 인간의 본질적 약함), 질병(sicknesses, 육체적 고통), 염려(anxieties, 정신적, 감정적 부담)까지 모두 짊어지셨다. 무엇보다 이 일은 2천 년 전에 이미 완성되었다. 따라서 우리는 본질적으로 염려할 수 없는 존재다. 왜냐하면 하나님께서 이미, 그리고 지금 이 순간에도 우리를 돌보고 계시기 때문이다.

그리스도 예수의 마음을 품고(빌 2:5) 그가 행하시는 대로 행하는(요일 2:6) 삶은 염려가 아닌 신뢰의 삶이다. 하나님의 돌보심은 이미 존재하는 현실이며 변함없는 실재다. 따라서 사탄이 어떤 상황이나 사건, 사람을 통해 염려, 걱정, 근심, 두려움을 주려 할지라고 결코 그것에 동의해서는 안 된다. 그것은 사탄이 던지는 미끼일 뿐이기 때문이다.

골 2:8-10 누가 철학과 헛된 속임수로 너희를 사로잡을까 주의하라 이것은 사람의 전통과 세상의 초등학문(세상을 통치하는 영적 세력들)을 따름이요 그리

스도를 따름이 아니니라 …그는 모든 통치자와 권세의 머리시라

골로새서 2장 8-10절은 이러한 영적 전쟁의 본질을 분명히 가르쳐준다. 그럼에도 불구하고 현실에서 거짓자아로 염려를 붙들었다면, 성령님의 도우심으로 즉시 깨어나 그 염려를 주님께 맡겨야 한다. 이는 염려를 붙들었을 때의 실천적 지침이다. 그럴 때 우리는 이 말씀을 실제로 경험하게 된다.

빌 4:6-7 아무것도 염려하지 말고 다만 모든 일에 기도와 간구로, 너희 구할 것을 감사함으로 하나님께 아뢰라 그리하면 모든 지각에 뛰어난 하나님의 평강이 그리스도 예수 안에서 너희 마음과 생각을 지키시리라

여기서 "모든 지각에 뛰어난 하나님의 평강"(헬, 에이레네 : 평안, 화평)은 인간의 이성적 지각을 넘어서는 것으로 하나님의 본성을 나타낸다. 이것은 타락 이전에 하나님께서 인간에게 주셨던 온전한 상태를 가리키며, 환경에 의해 주어지는 외적 평강이 아니라 내적으로 주어진 하나님의 평강이다.

염려를 맡기지 않으면 그 염려가 우리를 죽일 것이다. 염려는 단순한 감정적 상태가 아니라 영적 전쟁의 핵심 전장(戰場)이다. 염려는 사탄에게 삶의 문을 열어주는 것과 같다. 잠언 10장 24절은 "악인에게는 그의 두려워하는 것이 임하거니와 의인은 그 원하는 것이 이루어지느니라"라고 말씀하며, 염려와 두려움이 악한 결과를 불러올 수 있음을 경고한다. 염려하는 순간, 우리는 하나님을 우리 삶의 보좌에서 밀어내고, 스스로가 삶을 책임지는 자리에 앉게 되고, 하나님이 아닌 세상의

문제에 시선이 고정된다.

복음은 우리에게 무엇을 말하는가? 바로 사탄의 속임에 속지 말라고 명한다. 하나님께서 이미 우리를 돌보고 계시므로 우리는 마귀의 어떤 속임에도 동의하지 않아야 하며, 그가 우리에게 어떠한 영향도 미칠 수 없다는 것을 알고 믿는 것이 복음이다. 그러나 안타까운 현실은 많은 그리스도인들이 여전히 거짓자아가 주체가 되어 염려에 동의하고, 그 염려가 자신을 도둑질하도록 내버려두면서 주님께 그것을 없애달라고 기도한다는 것이다. 하지만 그것은 불가능하다. 왜냐하면 자유의지를 가진 혼이 염려를 자기 것으로 여겨 스스로 붙들고 있기 때문이다. 따라서 우리는 이 말씀대로 살아야 한다.

벧전 5:7 너희 염려를 다 주께 맡기라 이는 그가 너희를 돌보심이라

묵상과 나눔

1. 판단과 비판 : 일상 속에서 얼마나 자주 다른 사람을 판단하거나 비판하고 있나요? 특히 가족, 동료, 교회 성도들에 대해 품었던 비판적인 생각들을 돌아볼 때, 그것이 나 자신의 내면에 있는 어떤 문제를 반영하고 있었는지 성찰해 보세요.

2. 험담의 사슬 끊기 : 본문은 '험담의 영'이 가정, 직장, 교회 공동체를 파괴할 수 있다고 경고합니다. 나는 그 험담의 사슬을 끊는 '의로운 한 사람'으로 살아가고 있나요? 혹시 그 사슬의 고리가 되고 있지는 않은지 돌아보며, 관계 속에서 내가 어떻게 반응해왔는지 함께 나누어보세요.

3. 염려를 드리는 실천 : 베드로전서 5장 7절은 “너희 염려를 다 주께 맡기라” 고 권면합니다. 지금 당장 주님께 맡겨야 할 염려는 무엇인가요? 그것을 붙들고 있는 이유는 무엇이며, 그것을 주님께 드리기 위해 어떤 능동적인 결단과 실천이 필요할까요?

4. 하나님의 영원한 돌보심 : 하나님께서는 우리가 염려를 맡기기도 전에 이미 우리를 돌보고 계십니다. 이 사실을 인식할 때, 당신의 일상적인 스트레스와 불안에 대한 태도가 어떻게 달라질 수 있을까요? 그 은혜의 관점 안에서 당신이 누릴 수 있는 자유와 평강은 과연 어떤 모습일지 함께 묵상해보세요.

chapter 23

문제 해결을 새롭게 하라

문제의 답을 얻으려고 하지 말라

우리는 고통이나 슬픔, 실패를 겪을 때마다 자기 삶을 되돌아보며 답을 찾으려고 한다. 왜 그럴까? 한편으로 무엇 때문에 그렇게 될 수밖에 없었는지 이유를 알고 싶기 때문이고, 다른 한편으로는 그 답을 얻어야만 다음에는 그렇게 살지 않겠다고 다짐하여 변화할 수 있다고 믿기 때문이다.

그러나 답을 찾으려는 근본적인 이유는 자기를 합리화하려는 시도에 있다. 그래서 답을 얻지 못하면 불안해지고, 자신의 존재가 온전하지 않게 느껴진다. 하지만 답을 얻으려는 과정은 이미 지난 일들을 다시 끄집어내어 점검하고 조사하는 것일 수밖에 없고, 그것은 결국 과거의 자신에게 묶이는 결과를 낳는다.

이런 방법으로 답을 구하는 것은 결코 바람직하지 않다. 설령 어떤 답을 발견했다 하더라도, 그때는 이미 우리 앞에 또 다른 인생의 문제가 당면해 있을 것이다. 이렇게 살다보면 우리는 평생 답을 추구하다가 생을 마칠 수밖에 없다. 우리가 하나님의 자녀라면 답을 구하기보다 하나님과 생명적으로 연결되어 그분을 신뢰하는 것이 훨씬 더 소중하다는 사실을 깨달아야 한다.

문제가 나를 고통스럽게 한다고 여기지 말라. 그것은 단지 육신의 생각일 뿐이다. 문제는 내가 현실에 안주하며 더 이상 나아가지 않으려 할 때 하나님께서 허용하신 것이다. 하나님은 그 문제를 통해 우리가 길이요 진리요 생명이신 예수 그리스도 안으로 들어가게 하시고, 이미 우리 안에 주신 생명과 축복을 우리가 실제로 경험하기를 원하신다. 세탁기에 빨래를 담아 이리저리 돌리고 짜내면 세탁이 된 빨래는 세탁기에 넣기 전보다 더 깨끗하고 보송보송해진다.

똑똑한 사람은 세상을 바꾸려 하지만, 지혜로운 사람은 자신을 바꾸어 나간다. 사실 우리가 할 수 있는 유일한 일, 그리고 가장 가치 있는 일은 자기 자신을 변화시키는 것이다. 하나님께서도 문제를 해결하는 지혜보다 우리를 변화시키는 지혜를 훨씬 더 풍성하게 주신다. 그런데 우리는 그것을 알지 못하고 늘 답을 달라고 떼쓰곤 한다.

문제는 하나님의 영광을 드러내는 수단이다. 어려운 일이 없다면 내 안에 있는 지혜를 어떻게 나타낼 수 있겠는가? 싫은 사람이 없다면 내 안에 있는 하나님의 사랑이 어떻게 드러날 수 있겠는가? 힘들고 고통스러운 일이 없다면 내 안에 있는 하나님의 능력이 어떻게 나타날 수 있겠는가?

우리는 인생을 통해 각자의 책을 써 내려간다. 이 책은 세상에서 단 하나뿐인 하나님의 빛나는 걸작품이다. 책의 첫 페이지는 탄생이고, 마지막 페이지는 죽음이다. 나머지는 모두 빈 페이지다. 우리는 매일 새로운 페이지를 쓰고, 매달 새로운 장을 완성하고, 매년 새로운 시리즈를 출간한다. 그렇다면 이 방대한 빈 페이지들을 무엇으로 채울 것인가? 감사, 사랑, 기쁨, 평강으로 채우라.

이 책은 세상에 대한 이야기도, 나 자신에 대한 이야기도 아니다. 이 책은 나를 통해 하나님께서 행하신 그분의 이야기로 채워진다. 우리가 이 땅에서의 삶을 마치고 주님 앞에 나아갈 때 가져갈 수 있는 것은 오직 이 책 한 권뿐이다. 하나님께서는 타락한 인간에게 찾아오셔서 우리를 자녀 삼으셨다. 우리의 육체를 날마다 새롭게 하시며, 우리의 삶을 통해 하나님의 뜻을 이루어 가시는 자신의 이야기를 지금도 써 내려가고 계신다.

바다가 썩지 않는 이유는 파도가 있기 때문이다. 산이 아름다운 이유는 골짜기가 있기 때문이다. 음악이 아름다운 것은 선율(melody)이 있기 때문이다. 인생이 아름다운 이유도 부침(浮沈, ups and downs)이 있고, 기쁨과 고통이 함께하기 때문이다. 지금 문제로 인해 고통받고 있다면 인내하고 감사하라. 즐거움이 우리에게 오고 있는 중이다.

애 3:28 혼자 앉아서 잠잠할 것은 주께서 그것을 그에게 메우셨음이라

그리스도 안에서 인내하라. 그럴 때 문제라고 여겼던 것이 사라지거나 그 문제에 대한 답이 찾아오거나, 혹은 주님께서 새 길을 열어주시는 것을 경험하게 될 것이다.

고전 10:13 사람이 감당할 시험밖에는 너희가 당한 것이 없나니 오직 하나님은 미쁘사 너희가 감당하지 못할 시험 당함을 허락하지 아니하시고 시험 당할 즈음에 또한 피할 길을 내사 너희로 능히 감당하게 하시느니라

왜 이런 일이 나를 위해서 일어났는가?

복음의 핵심은 자기 부인과 자기 십자가를 지고 예수를 따르는 것이다. 예수 그리스도께서 행하신 대속의 은혜를 누리고, 그리스도 안에서 주의 뜻을 이루는 것이다. 오늘날 많은 그리스도인들이 거짓자아의 실체를 깨닫고, 어떤 일에 대한 자신의 생각과 감정이 실재도 아니며, 진리에 기초한 것도 아니고, 힘도 없다는 사실을 알게 되었다. 이것은 성령 하나님을 통해 깨닫게 되는 놀라운 은혜다.

그럼에도 불구하고 여전히 자기 부인이 어렵다고 호소하는 성도들이 많다. 왜 그럴까? 그것은 어떤 생각이 진리가 아니라는 것을 머리로는 알면서도, 생각에 따른 몸의 반응인 감정이 제대로 처리되지 않기 때문이다. 어떤 일이 생겼을 때 그 일에 대한 생각이 떠오르면 곧바로 그 생각에 따른 감정이 작동한다. 이때 생각은 깨달음으로 바뀔 수 있지만, 감정은 이미 조건화된 자동화로 인해 지속적인 스트레스 반응을 유발하게 된다. 심리생리학적으로 이것을 '투쟁-도피 반응'이라고 부른다. 즉, 우리의 신체는 부정적인 감정에 반응하여 그것에 맞서거나 아니면 회피하려는 방식으로 즉각 반응하게 되는 것이다.

좀 더 구체적으로 말하자면, 뇌의 시상하부-뇌하수체에서 신경전달물질이 분비되면, 그 신호가 내분비계와 자율신경계를 통해 부신피질과 수질에 전달된다. 그 결과 코티졸, 아드레날린과 같은 스트레스 호르몬이 만들어지고, 이 호르몬들이 전신에 전달되어 뇌와 신체에 다양한 부정적 영향을 미치게 된다.

우리가 부정적인 감정으로 스트레스를 받을 때마다 투쟁-도피 반응을 보이는 것은 매우 자연스러운 일이다. 그것은 첫째, 타락 이후 우리는 하나님과의 분리에 따른 생존 의식, 피해 의식, 결핍 의식, 투쟁 의식을 갖게 되었다. 둘째, 인류는 유사 이래 세상과 환경 속에서 살아남기 위해 끊임없이 투쟁해왔다. 이러한 경험들이 우리의 DNA에 자연스럽게 각인되어 투쟁-도피 반응이 자동으로 작동하게 된 것이다.

그렇다면 이 문제를 어떻게 해결할 수 있을까? 그것은 모든 일을 대하는 마음의 태도를 바꾸는 데 있다. 이 변화는 우리가 하나님의 자녀로서 그리스도 의식을 가질 때 비로소 가능해진다.

우리가 성령 안에서 진정으로 깨닫고 누려야 할 것은,

- 하나님께서 지금 우리 안에 계시며,
- 언제나, 항상, 그리고 지금 이 순간에도 우리를 통해 그의 일을 행하기 원하신다는 것이다.

이와 동시에 우리가 분명히 직면해야 할 현실도 있다.

- 나의 타락한 습성과 마귀는 언제나 이 일을 방해하며,
- 부정적인 문제들은 끊임없이 일어나고 있다는 사실이다.

문제는 우리가 우리 안에 계신 주님의 초자연적인 힘과 지혜를 사용하기보다 스스로 쌓아온 능력과 지혜로 모든 것을 해결하려고 한다는 데 있다. 그렇다면 이제 우리는 어떤 새로운 사고방식을 가져야 할까? 사람들은 대부분 어떤 문제를 만났을 때 '왜 이런 일이 나에게 일어났지?'라고 생각한다. 그러나 이제부터는 하나님께서 나를 통해 하나님의 일을 행하시도록 사고방식을 새롭게 해야 한다. 문제를 처리해야 할 스트레서(stressor, 스트레스 요인)로 받아들이지 말고, "왜 이런 일이 나를 위해서 일어났는가?"라는 관점으로 바라보라.

"왜 이런 일이 나에게"라는 사고방식은 거짓자아인 내가 그 문제를 해결해야 한다는 전제로부터 출발하는 마음의 태도다. 반면 "왜 이런 일이 나를 위해서"라는 사고방식은 우리 안에 계신 하나님께서 그분의 일을 이루시도록 하는 기회가 주어졌다는 전제에 기초한 마음의 태도다. 이것이 거짓자아에서 벗어난 자, 예수 그리스도 안에서 새로운 피조물, 예수 그리스도 안에서 하나님의 의가 된 자의 사고방식이다.

하나님께서 지금 이 일에 개입하시도록 자신을 포기하는 법을 배워가라. 스트레스를 받는 것은 이상한 것이 아니다. 지극히 당연한 반응이다. 그러나 그 스트레스를 붙들거나 그 안에 머무는 것은 잘못된 것이다. 초자연적인 하나님의 권능이 지금 나와 함께하신다는 사실을 늘 기억하라. 그리고 그 권능이 우리를 통해 어떻게 나타나도록 하는지를 성령님께 배우고 훈련하라. 이것이 바로 하나님나라 자녀의 삶이다.

하나님께서는 언제나 우리 안에 계시며 우리를 통해서 그의 일을 행하신다. 지금 당장 하나님의 역사를 경험하지 못하더라도 하나님께서는 최고의 때에 그분께서 정하신 방법으로 우리를 통해 역사하신다. 그러므로 그 진리를 받아들일 때 우리의 생각과 기대를 넘어서는 방식으로 하나님께서 역사하시는 것을 경험하게 될 것이다.

롬 8:28 우리가 알거니와 하나님을 사랑하는 자 곧 그의 뜻대로 부르심을 입은 자들에게는 모든 것이 합력하여 선을 이루느니라

요일 5:14-15 그를 향하여 우리가 가진 바 담대함이 이것이니 그의 뜻대로 무엇을 구하면 들으심이라 우리가 무엇이든지 구하는 바를 들으시는 줄을

안즉 우리가 그에게 구한 그것을 얻은 줄을 또한 아느니라

모든 일에 있어서 내 삶의 공급자는 하나님이시다. 하나님께서 우리에게 그분의 초자연적인 힘을 주셨는데 왜 그것을 사용하지 않는가? 우리가 행해야 하는 것은 자신의 경험과 지식으로 해석하고 판단해서 스스로 결정하고 실행하는 것이 아니다. 우리 안에 계신 하나님의 능력이 나타나도록 그분의 인도함을 받는 것이다. 이것은 내가 노력해서 얻어내는 것이 아니라 자연스러운 이끌림에 따르는 삶이다. 곧 내 안에 계신 주님께서 그분의 일을 행하시도록 나를 맡겨드리는 삶이다. 이는 이성으로 설명할 수 없는 직감이며, "왜?"라는 질문에 답할 수 없는 순종이다.

묵상과 나눔

1. 왜 이런 일이 나에게 vs 왜 이런 일이 나를 위해서 : 지금 당신이 직면한 문제를 바라볼 때 "왜 이런 일이 나에게 일어났지?"라는 질문 대신 "왜 이런 일이 나를 위해서 일어났지?"라고 관점을 바꾸어본다면, 어떤 새로운 의미와 가능성이 보이기 시작하나요? 이 작은 전환이 당신의 스트레스와 두려움에 어떤 영향을 미칠 수 있을까요?

2. 문제를 통한 하나님의 역사하심 : 문제가 생겼을 때 하나님께서 당신을 통해 그분의 일을 이루시도록 온전히 맡겨드린 경험이 있나요? 그때 자신의 능력과 지혜를 넘어선 하나님의 초자연적인 역사를 어떻게 경험했는지, 그리고 그 경험이 당신의 믿음에 어떤 변화를 가져왔는지 나누어보세요.

3. 문제를 대하는 새로운 태도 : 지금 겪고 있는 어려움이 당신을 더 깨끗하고 빛나게 만드는 과정임을 인식한다면, 오늘부터 그 문제를 어떤 새로운 태도로 대할 수 있을까요? 특히 자동적인 '투쟁 – 도피 반응' 대신, 어떤 믿음의 반응을 선택할 수 있을지 구체적으로 생각해보세요.

chapter **24**

악한 영을 내쫓아라

많은 경우 오래된 죄와 잘못된 습관, 질병, 그리고 오랫동안 붙들고 있던 것들 안에 악한 영이 자리를 잡는다. 그리고 그 죄와 죄악들이 더 깊어지도록 우리를 속이고 유혹하며, 결국 우리의 삶이 그것에 기초해 돌아가도록 만든다.

롬 6:16 너희 자신을 종으로 내주어 누구에게 순종하든지 그 순종함을 받는 자의 종이 되는 줄을 너희가 알지 못하느냐 혹은 죄의 종으로 사망에 이르고 혹은 순종의 종으로 의에 이르느니라

손톱 밑에 박힌 가시를 생각해보라. 눈에 잘 띄지 않는 작은 가시일 뿐이지만 삶에는 큰 영향을 미친다. 손가락이 무엇에 스칠 때마다 통증이 느껴진다. 그때 우리가 해야 할 일은 무엇인가? 집게로 가시를 뽑아내야 하는가? 아니면 손가락에 붕대를 감고 어디에도 부딪치지 않도록 조심하며 살아야 하는가?

통증을 느끼면서도 가시를 뽑지 않는 것은 어리석은 일이다. 그러나

실제로 우리는 종종 그렇게 살아간다. 왜냐하면 그 가시를 자신의 일부라고 착각하기 때문이다. 이것이야말로 적과의 동행이자 동침이다. 우리가 가장 먼저 해야 할 일은 그것이 내 것이 아니라는 사실을 아는 것이다. 그다음은 주저없이 그것을 뽑아내는 것이다. 이와 마찬가지로 악한 영이 자리하고 있다면, 예수 그리스도의 보혈과 그 이름의 권세와 능력으로 담대히 내쫓아야 한다.

예수 그리스도의 보혈의 능력을 깨달아라

예수님께서는 중보자로서 당신의 피로 하나님과 우리가 새 언약을 맺도록 하셨다. "이 잔은 내 피로 세우는 새 언약이니 너희를 위하여 붓는 것이라"(눅 22:20). 그리고 그 언약은 우리의 죄를 덮어주는 구약과 비교할 수 없을 만큼 좋은 언약이다. "그러나 이제 그가 더 아름다운 직분을 얻으셨으니 이는 더 좋은 약속으로 세우신 더 좋은 언약의 중보자시라"(히 8:6).

예수님께서는 죄와 사망 가운데 있는 우리를 영 단번에 구속하시기 위해서 자신의 피로 영원한 속죄를 이루시고 지성소에 들어가셨다. "염소와 송아지의 피로 하지 아니하고 오직 자기의 피로 영원한 속죄를 이루사 단번에 성소에 들어가셨느니라"(히 9:12). 그 결과 성소와 지성소 사이의 휘장이 찢어졌고, 예수 그리스도를 믿는 자마다 예수 그리스도의 보혈에 힘입어 하나님의 보좌 앞으로 나아갈 수 있게 되었다. "그러므로 형제들아 우리가 예수의 피를 힘입어 성소에 들어갈 담력을 얻었나니 그 길은 우리를 위하여 휘장 가운데로 열어 놓으신 새로운 살 길이요 휘장은 곧 그의 육체니라"(히 10:19-20).

우리의 삶은 예수 그리스도 안에서 새로운 피조물임에도 불구하고, 현실에서는 늘 거짓자아로 육신의 정욕, 안목의 정욕, 그리고 이생의 자랑으로 살아가게 된다. 그 결과로 우리의 혼은 주님 안에 거하기보다는 자신의 생각과 감정에 묶이고, 고난과 고통 그리고 악한 영의 놀림에 살아가게 된다. 그러나 우리의 존재가 하나님으로부터 나서 예수 그리스도 안에 있는 자녀라는 사실을 알면(고전 1:30), 언제라도 예수 그리스도의 보혈에 의지하여 다시 지성소 안에 들어갈 수 있다.

엡 3:12 우리가 그 안에서 그를 믿음으로 말미암아 담대함과 확신을 가지고 하나님께 나아감을 얻느니라

히 4:16 그러므로 우리는 긍휼하심을 받고 때를 따라 돕는 은혜를 얻기 위하여 은혜의 보좌 앞에 담대히 나아갈 것이니라

예수님의 피에는 능력이 있다. 피를 뿌리는 곳마다 죄 사함이 있고, 생명이 살아나게 된다. 피가 뿌려지는 곳마다 하나님의 생명이 회복되고 죄의 질서를 생명의 질서로 전환시킨다.

히 9:14 하물며 영원하신 성령으로 말미암아 흠 없는 자기를 하나님께 드린 그리스도의 피가 어찌 너희 양심을 죽은 행실에서 깨끗하게 하고 살아 계신 하나님을 섬기게 하지 못하겠느냐

요일 1:7 그가 빛 가운데 계신 것 같이 우리도 빛 가운데 행하면 우리가 서로 사귐이 있고 그 아들 예수의 피가 우리를 모든 죄에서 깨끗하게 하실 것이요

계 12:11 또 우리 형제들이 어린 양의 피와 자기들이 증언하는 말씀으로써 그를 이겼으니 그들은 죽기까지 자기들의 생명을 아끼지 아니하였도다

따라서 우리는 어떤 상황에서나 예수 그리스도의 피를 힘입어 지성소 안에서 우리의 존재와 삶을 시작해야 한다. 구약에서는 대제사장이 늘 바깥뜰, 성소, 지성소 안으로 들어가지만, 하나님의 자녀인 우리는 언제나 예수 그리스도의 보혈을 힘입어 지성소에서 성소로, 바깥뜰로, 그리고 세상으로 나오는 삶을 살아야 한다. 그것이 바로 자녀 된 권세를 가지는 것이다.

예수 그리스도 이름의 권세를 깨달아라

우리가 하나님의 자녀 되는 권세를 가졌다면, 아버지의 뜻을 이 땅에 기쁨으로 이루는 왕적 특권을 누려야 한다. 그것은 바로 마귀의 일을 멸하고 하나님께 영광을 올려드리는 것이다. 이는 시간의 관점이 아닌 차원의 관점에서 하늘에서 이미 이루어진 뜻을 이 땅에서 이루는 것이다.

성경이 말하는 '이름'(헬, 오노마)은 단순한 호칭이 아니라, 존재의 본질과 인격, 그리고 그 안에 담긴 권위와 임재를 뜻한다. 하나님께서 자신의 이름을 두신 곳마다 그분의 통치가 나타났듯(신 12:5), 인자로 오신 예수 그리스도는 공생애 사역 동안에 하나님의 이름으로 그분을 온전하게 나타내셨다(요 5:43).

예수님은 십자가와 부활을 통해 죄와 사망의 권세를 멸하시고, 하늘과 땅의 모든 권세(헬, 엑수시아)를 회복하셨다(마 28:18). 그분은 지

금 하나님 우편에 계시며(골 3:1), 그곳에서 예수 그리스도의 이름으로 행하는 자녀들에게 하나님으로부터 받은 권세와 능력을 위임하셨다. "그러므로 너희가 그리스도와 함께 다시 살리심을 받았으면 위의 것을 찾으라 거기는 그리스도께서 하나님 우편에 앉아 계시느니라"(골 3:1).

예수님께서는 오순절 이후로부터 "내 이름으로 아버지께 구하라"고 말씀하셨다. 이 위임은 단순한 대리권의 위임이 아니라, 그리스도와의 연합에 근거한 통치의 위임이다.

> **요 16:26-27** 그 날에 너희가 내 이름으로 구할 것이요 내가 너희를 위하여 아버지께 구하겠다 하는 말이 아니니 이는 너희가 나를 사랑하고 또 내가 하나님께로부터 온 줄 믿었으므로 아버지께서 친히 너희를 사랑하심이라

그리고 하나님께서는 예수 그리스도의 이름을 통해서 하나님의 뜻을 이루신다고 말씀하셨다.

> **요 16:23-24** 그 날에는 너희가 아무것도 내게 묻지 아니하리라 내가 진실로 진실로 너희에게 이르노니 너희가 무엇이든지 아버지께 구하는 것을 내 이름으로 주시리라 지금까지는 너희가 내 이름으로 아무것도 구하지 아니하였으나 구하라 그리하면 받으리니 너희 기쁨이 충만하리라

우리가 예수 그리스도의 이름을 부를 수 있는 것은 그분의 피로 세워진 언약 위에 서 있기 때문이다. 그 피는 단순히 구원의 표징이 아니라, 하나님의 공의가 완성된 법적 증거다. 하나님께서는 죄를 간과할 수 없는 분이시다. 그러나 예수 그리스도의 피는 죄의 대가를 완전히 지불

함으로써 하나님의 공의를 성취하셨고, 우리는 예수 그리스도 안에서 하나님의 자녀가 되는 합법적 신분을 얻었다(계 1:5-6).

그리스도의 피는 우리의 죄를 덮어주는 것이 아니라 제거하며, 인간을 완전히 새롭게 한다(요 1:29). 그 피가 우리의 양심을 정결케 할 때(히 9:14), 우리의 입술에서 나오는 선포는 더 이상 인간의 말이 아니라 하나님의 법이 된다. 하나님의 공의와 사랑이 피 안에서 만났고, 그 피 위에서 예수 그리스도 이름의 권세가 합법적으로 작동한다.

따라서 피는 언약의 언어이며, 이름은 통치의 언어다. 예수의 피는 하나님의 법정에서 죄와 사망의 권세를 무효화한 언약의 증거이고, 예수의 이름은 그 통치를 실제로 집행하는 왕의 권세다. 우리가 예수의 이름으로 선포할 때 그 말씀이 효력을 가지는 이유는, 그분의 피가 모든 죄와 죄악을 무효화시키고, 마귀의 일을 멸하는 권세와 능력을 나타내는 통로가 열렸기 때문이다.

따라서 우리가 예수 그리스도의 이름으로 아버지께 구할 때 아버지께서는 그 기도를 들으시고, 예수 그리스도를 통하여(예수님의 하늘과 땅의 권세로) 어떤 더럽고 악한 영들도 복종시키고, 주의 말씀대로 이루어지도록 하신다. 이처럼 우리가 '예수의 이름으로'라고 기도하는 것은 주문이 아니라, 그분의 통치 영역 안에서 그분께서 우리를 통하여 그분의 뜻을 이루시도록 하는 것이다.

빌 2:9-10 이러므로 하나님이 그를 지극히 높여 모든 이름 위에 뛰어난 이름을 주사 하늘에 있는 자들과 땅에 있는 자들과 땅 아래에 있는 자들로 모든 무릎을 예수의 이름에 꿇게 하시고

예수 그리스도 안에 있는 믿음을 가져라

하나님께서 약속하신 모든 말씀은 이미 완성된 약속이다. 그러나 법적으로 완성된 것을 현실에서 누리기 위해 필요한 것은 나의 믿음이 아니라 예수 그리스도 안에 있는 믿음이다. 이 믿음은 "내가 말씀을 믿으면 이루어진다"는 자기 확신이 아니라, 예수 그리스도 안에서 그분의 말씀을 이 땅에 이룬다는 믿음이다. 즉 그분의 이름으로 기도할 때 내 안에 계신 그분께서 그의 말씀을 반드시 이루신다는 것을 아는 것이다. 이것은 예수님께서 인자로 오셔서 아버지의 이름으로 아버지의 뜻을 행하셨던 것과 같은 것이다. "나는 내 아버지의 이름으로 왔으매…"(요 5:43), "예수께서 대답하시되 내가 너희에게 말하였으되 믿지 아니하는도다 내가 내 아버지의 이름으로 행하는 일들이 나를 증거하는 것이거늘"(요 10:25).

우리가 예수 그리스도 안에 있고 그분의 말씀이 우리 안에 있을 때, 우리가 예수 그리스도의 이름으로 행하는 기도와 선포는 단순한 요청이 아니라 하나님의 행하심이 된다. "너희가 내 안에 거하고 내 말이 너희 안에 거하면 무엇이든지 원하는 대로 구하라 그리하면 이루리라"(요 15:7).

예수 그리스도 안에서 예수 그리스도의 이름으로 기도할 때 하나님께서 들으시고, 우리 안에 계신 예수 그리스도를 통하여 성령의 능력으로 그분의 말씀을 이 땅에 이루시는 것이다.

귀신과 악한 영을 예수 그리스도의 이름으로 쫓아내라

사도행전에는 사도들과 그 제자들이 귀신과 악한 영을 쫓아낸 장면

이 여러 차례 등장한다는 것을 볼 수 있다. 이것은 예수님께서 믿는 자에게 약속하신 것이었다. “믿는 자들에게는 이런 표적이 따르리니 곧 그들이 내 이름으로 귀신을 쫓아내며…”(막 16:17).

- □ **예루살렘 사역** : “더러운 귀신에게 괴로움 받는 사람을 데리고 와서 다 나음을 얻으니라”(행 5:16).
- □ **빌립의 사마리아 사역** : “많은 사람에게 붙었던 더러운 귀신들이 크게 소리를 지르며 나가고 또 많은 중풍병자와 못 걷는 사람이 나으니”(행 8:7).
- □ **바울의 빌립보 사건** : “이같이 여러 날을 하는지라 바울이 심히 괴로워하여 돌이켜 그 귀신에게 이르되 예수 그리스도의 이름으로 내가 네게 명하노니 그에게서 나오라 하니 귀신이 즉시 나오니라”(행 16:18).
- □ **바울의 에베소 사역** : “하나님이 바울의 손으로 놀라운 능력을 행하게 하시니 …병이 떠나고 악귀도 나가더라”(행 19:11-12).

예수 그리스도의 이름으로 행하는 것은 귀신을 쫓아내는 일뿐 아니라 다른 기적을 일으키는 데도 동일하게 역사한다. 그것은 사도행전 3장 3-9절에 나오는 베드로의 사역을 통해서도 확인할 수 있다. “그가 베드로와 요한이 성전에 들어가려 함을 보고 구걸하거늘 베드로가 요한과 더불어 주목하여 이르되 우리를 보라 하니 … 베드로가 이르되 은과 금은 내게 없거니와 내게 있는 이것을 네게 주노니 나사렛 예수 그리스도의 이름으로 일어나 걸으라 하고 … 모든 백성이 그 걷는 것과 하나님을 찬송함을 보고.”

그렇다면 예수 그리스도의 이름으로 귀신을 쫓아내고 기적을 일으킨 사도들과, 오늘날 같은 이름으로 주의 말씀을 선포하지만 그 일이 제대로 일어나지 않는 사람들 사이에 차이는 무엇인가? 그 이유를 성경은 이렇게 밝힌다.

행 3:16 그 이름을 믿으므로 그 이름이 너희가 보고 아는 이 사람을 성하게 하였나니 예수로 말미암아 난 믿음이 너희 모든 사람 앞에서 이같이 완전히 낫게 하였느니라

첫째, 베드로는 예수 그리스도의 이름을 믿었다. 그는 단순히 이름을 부른 것이 아니라, 그분이 흘리신 보혈로 이루어진 새 언약에 따른 그 이름의 의미와 실체를 알았다. 둘째, 그는 "예수로 말미암아 난 믿음", 곧 "예수 그리스도 안에 있는 믿음"을 가지고 기도했다. 이것은 죄인의 믿음이 아니라 의인의 믿음이다. 자신의 말이 이루어질 줄 믿는 차원이 아니라, 자신이 죽고 그리스도 안에서 그분의 말씀을 말함으로 그리스도께서 친히 행하신다는 것을 아는 믿음이다. 셋째는 자신의 능력이 아니라 예수 그리스도의 이름으로 선포한 것이다.

한편 사도행전 19장을 보면 사도 바울은 에베소에서 예수의 이름으로 놀라운 능력을 나타냈다. 이 놀라운 일들을 본 마술하는 유대인들이나 제사장 스게와의 일곱 아들도 예수 그리스도의 이름으로 그런 일들을 따라 했다.

행 19:13-17 이에 돌아다니며 마술하는 어떤 유대인들이 시험삼아 악귀 들린 자들에게 주 예수의 이름을 불러 말하되 내가 바울이 전파하는 예수를 의지하여 너희에게 명하노라 하더라 유대의 한 제사장 스게와의 일곱 아들

도 이 일을 행하더니 악귀가 대답하여 이르되 내가 예수도 알고 바울도 알거니와 너희는 누구냐 하며 악귀 들린 사람이 그들에게 뛰어올라 눌러 이기니 그들이 상하여 벗은 몸으로 그 집에서 도망하는지라 에베소에 사는 유대인과 헬라인들이 다 이 일을 알고 두려워하며 주 예수의 이름을 높이고

유대 제사장 스게와의 일곱 아들의 경우는 오히려 귀신에게 조롱당하고 수치를 당한 채 도망쳤다. 그렇다면 사도 바울과 스게와의 일곱 아들의 차이는 무엇인가? 예수 그리스도와의 관계에 따른 자신의 정체성과 예수 안에 있는 믿음에 따른 그분의 나타나심이다.

예수의 이름은 단지 호칭이나 추상적 개념이 아니라, 그분의 인격과 통치가 담긴 실체다. 그 이름은 그분과 연합된 자, 즉 예수 그리스도 안에 있는 자만이 사용할 수 있는 하나님의 통치의 권세다. 그러므로 예수의 이름으로 선포할 때 중요한 것은 그 이름을 아는가가 아니라, 그 이름 안에 거하며 그분의 생명에 참여하고 있는가이다.

엡 4:13 우리가 다 하나님의 아들을 믿는 것과 아는 일에 하나가 되어 온전한 사람을 이루어 그리스도의 장성한 분량이 충만한 데까지 이르리니

여기서 '믿는 것과 아는 일에 하나 되는 것'은 교리적 동의의 차원이 아니라, 살아 계신 그리스도와의 실제적 연합을 의미한다. 그분이 내 안에 거하시고 내가 그분 안에 거함으로써 그분이 나의 생명이 되셨음을 체험적으로 아는 것이다. 우리가 그분 안에 거할 때, 그 이름의 권세는 단순한 개념이 아니라 현존하시는 주님의 통치로서 실제로 역사한다.

이때 성령님은 예수님의 사역을 대신하는 조력자가 아니라, 그리스

도와 하나 되어 하나님의 통치를 실현하시는 동일 본질의 하나님이시다. 그분은 삼위 하나님의 사랑과 권능을 이 땅 가운데 드러내며, 모든 생명 안에 하나님의 질서를 새롭게 세우시는 생명의 영이다.

예수께서 말씀하시기를 "하나님을 믿으라 …누구든지 이 산더러 들리어 바다에 던져지라 하며 그 말하는 것이 이루어질 줄 믿고 마음에 의심하지 아니하면 그대로 되리라"(막 11:22-23) 하셨다. 이 믿음은 인간의 결심이나 의지적 확신이 아니라, 예수 그리스도 안에 있는 믿음, 곧 "하나님 안에 있는 믿음"이다. 예수님께서 하나님의 말씀대로 선포할 때 하나님께서 반드시 이루신다는 그분의 믿음을 우리가 예수 그리스도 안에서 풀어놓는 것이다.

"이 산더러 들리어 바다에 던져지라"는 말씀은 불가능한 일을 시도하라는 도전이 아니라, 그리스도 안에 있는 자는 하나님께서 창조하시는 그 믿음에 참여하여 그분의 뜻이 현실 속에서 이루어지게 한다는 선언이다. 그러므로 이제 우리는 두려움 없이 예수 그리스도의 이름으로 말할 줄 알아야 한다. 예수 그리스도 안에서 그분의 이름으로 행하는 믿음의 선포는 하나님의 권능이 역사하도록 여는 통로다. 그 이름이 선포될 때, 성령의 능력이 역사하고 하늘의 질서가 땅 위에 드러난다.

막 11:24 그러므로 내가 너희에게 말하노니 무엇이든지 기도하고 구하는 것은 받은 줄로 믿으라 그리하면 너희에게 그대로 되리라

믿음의 선포는 아직 이루어지지 않은 일을 소망하는 것이 아니라, 이미 완성된 승리를 현실에 선포하는 행위다. 영적 전쟁은 끝나지 않은 싸움을 치르는 것이 아니라, 십자가에서 이미 결정된 승리를 오늘의 현

장에 집행하는 과정이다. 우리가 예수 그리스도의 이름으로 말하고 믿을 때, 그 순간 하늘의 판결이 땅 위에 집행된다. 예수 그리스도 안에 있는 믿음으로 주의 말씀을 선포할 때, 그 말씀은 성령의 능력에 의해서 어둠의 진을 무너뜨리고 묶인 자들을 자유케 한다.

승리는 이미 십자가에서 결정되었다. 그러나 그 승리를 예수 그리스도의 이름으로 날마다 선포하고 적용하는 것이 바로 하나님의 자녀에게 주어진 특권이며 책무다. 그러므로 주저하지 말라. 그 이름이 선포되는 곳마다 어둠이 물러가고 하나님나라의 통치가 세워진다. 예수 그리스도 안에서 예수 그리스도의 이름으로 담대히 선포하며 악한 영을 묶고 꾸짖고 내쫓아라.

묵상과 나눔

1. 예수 그리스도의 이름의 권세 : 예수의 이름은 그분의 통치가 드러나는 생명의 권세입니다. 지금 당신의 삶에 그 이름이 말로만 머무르고 있나요, 아니면 실제 역사하는 능력으로 나타나고 있나요? 그분의 이름 안에 거하기 위해 오늘 새롭게 결단해야 할 것은 무엇입니까?

2. 믿음의 선포와 실천 : 예수의 이름으로 담대히 선포해야 할 영역을 정하고, 말씀대로 이루어진 것을 선포해보세요. 그리고 그 자리에서 드러난 하나님의 은혜와 호의를 감사로 기록해보세요.

chapter 25

함께 싸우고 이기는 공동체 안에 거하라

영적 전쟁에서 패배하는 이유를 알라

매 순간 우리는 보이지 않는 영적 전쟁의 한복판에 있다. 에베소서 6장 12절은 이 사실을 분명히 선언한다. "우리의 씨름은 혈과 육을 상대하는 것이 아니요 통치자들과 권세들과 이 어둠의 세상 주관자들과 하늘에 있는 악의 영들을 상대함이라." 이 전쟁은 단순한 신학적 개념이나 추상적 이론이 아니다. 일상의 모든 영역에서 체감되는 실제적 현실이다.

그런데 많은 그리스도인들이 이 전쟁에서 반복적으로 패배하고 좌절한다. 가장 큰 이유는 홀로 싸우려 하기 때문이다. 영적 전쟁에서 고립은 원수가 사용하는 가장 효과적인 전략 가운데 하나다. 자연계에서도 무리에서 낙오된 약한 개체가 먹잇감이 되듯이 마귀는 신자들을 공동체에서 분리시켜 각개격파로 공격한다.

영적 공격을 받고 있는 많은 그리스도인들에게는 몇 가지 공통된 특징이 있다. 영적 공동체에 정기적으로 참여하지 않고, 자신의 영적 상태를 나눌 수 있는 신뢰할 만한 관계가 결여되어 있으며, 삶을 점검해줄 영적 동반자도 없다. 바로 이런 고립 상태가 마귀가 노리는 가장 취약한 지점이다.

공동체의 신학적 기초를 이해하라

(1) 삼위일체 하나님과 공동체의 기원

하나님나라는 본질적으로 공동체적이다. 삼위일체 하나님 자체가 완전한 연합과 사랑의 공동체이시며, 인간을 창조하신 목적 또한 이 신적 교제에 참여하게 하려는 데 있다(요 17:21-23). 따라서 하나님나라가 실현되는 곳에는 반드시 참된 영적 공동체가 형성된다.

바울은 그리스도의 몸을 "각 마디를 통하여 도움을 받음으로 연결되고 결합되어 …자라게 하며"(엡 4:16)라고 묘사한다. 이는 영적 성장이 결코 개인적인 활동이 아님을 보여준다. 성령의 내주하심은 개인 안에 이루어지지만, 성령의 충만함은 종종 공동체 안에서 더욱 강력하게 경험된다.

사도행전 2장의 오순절 성령 강림이 공동체 가운데 임했듯이, 오늘날에도 성령은 공동체가 하나 된 가운데 특별한 방식으로 역사하신다. 사도행전 4장 31절은 이렇게 기록한다. "빌기를 다하매 모인 곳이 진동하더니 무리가 다 성령이 충만하여 담대히 하나님의 말씀을 전하니라." 이 말씀은 성령께서 공동체적 기도 가운데서도 강하게 역사하시며, 기도와 성령충만 사이에 밀접한 연관이 있음을 시사한다.

(2) 킹덤 에코시스템 : 킹덤빌더의 영적 생태계

교회 내 각종 소그룹 모임은 어떤 명칭으로 불리든 단순한 모임이나 조직이 아니라 하나의 유기체적 영적 공동체다. 우리는 주일에 각 교회에서 영적 공동체로서 활동한다. 그리고 주중에는 서로 다른 교단과 교파에 속한 킹덤빌더들이 각자의 장소와 영역에서 하나님의 통치가 이루어지도록 해야 한다. 이러한 공동체를 '킹덤 에코시스템'(Kingdom Ecosystem)이라 부른다. 그 이유는 이것이 하나님나라의 가치와 원리가 구체적인 관계와 상호작용 속에서 실현되는 생명체적 체계이기 때문이다. 즉 킹덤 에코시스템은 거듭난 하나님의 자녀들이 각자 자신의 삶의 영역에서 그리스도의 생명으로 연결되어, 하나님의 통치를 유기적으로 실현해가는 생명적 공동체다.

고린도전서 12장에서 바울은 "은사는 여러 가지나 성령은 같고… 각 사람에게 성령을 나타내심은 유익하게 하려 하심이라"(고전 12:4-7)라고 말한다. 다양한 은사와 역할이 상호 의존적으로 작용하는 이 킹덤 에코시스템 안에서 개인은 홀로 있을 때보다 더 크게 성장하며 더 강력하게 영적 전쟁에 참여할 수 있다.

이 킹덤 에코시스템은 사도행전 2장 42-47절에 묘사된 초대교회의 모습에서 분명히 확인할 수 있다. 이들은 "사도의 가르침을 받아 서로 교제하고 떡을 떼며 오로지 기도하기를 힘쓰니라… 모든 물건을 서로 통용하고… 날마다 마음을 같이하여 성전에 모이기를 힘쓰고 집에서 떡을 떼며 기쁨과 순전한 마음으로 음식을 먹고" 이런 삶을 살았다. 이는 단지 종교적 활동이 아니라 성령께서 창조하신 새로운 사회 질서였다.

(3) 하나님의 창조목적 : 개별화된 그리스도들의 공동체

영적 전쟁의 궁극적 목적은 단순히 마귀를 대적하는 것이 아니다. 그것은 하나님의 창조목적을 실현하는 것이다. 하나님께서는 그리스도의 형상을 닮은 수많은 아들들의 공동체를 원하신다.

> **롬 8:29** 하나님이 미리 아신 자들을 또한 그 아들의 형상을 본받게 하기 위하여 미리 정하셨으니 이는 그로 많은 형제 중에서 맏아들이 되게 하려 하심이니라

우리는 이 말씀에서 복수형 '자들'을 중요하게 여겨야 한다. 하나님은 고립된 개인이 아니라 사랑의 공동체를 원하신다. 그리스도께서 유일한 아들에서 많은 아들들의 맏아들이 되신 것처럼, 우리는 독생자와 같은 신분을 가진 하나님의 아들딸들이다. 이는 개인적 특권이 아니라 공동체적 사명이다. 따라서 영적 전쟁에서 승리한다는 것은 단지 개인의 문제를 해결하는 것이 아니라, 하나님의 창조목적인 '개별화된 그리스도들의 공동체'를 회복하고 실현하는 것이다.

'개별화된 그리스도들'이라는 표현은 역설적이지만 성경적 진리를 담고 있다. "그리스도께서 너희 안에 계시면"(롬 8:10), "내가 그리스도와 함께 십자가에 못 박혔나니 그런즉 이제는 내가 사는 것이 아니요 오직 내 안에 그리스도께서 사시는 것이라"(갈 2:20). 이 말이 담고 있는 의미는, 모든 신자가 동일하게 그리스도의 형상을 닮아가지만 동시에 각자의 고유성이 살아 있다는 데 있다. 따라서 신자들의 모습은 서로 똑같은 복제품이 아니라 한 그리스도의 영광이 다양한 색채와 향기로 드러나는 다채로운 표현이다. 어떤 지체에게는 그리스도의 긍휼이, 또 어떤 지체에게는 그분의 의로우심이, 또 다른 지체에게는 그분의 지혜가 더 선명히 드러난다. 각자의 삶에서 그리스도의 생명이 여러 모습으

로 빛나며, 동시에 서로 하나 되어 공동체적으로 그리스도의 충만을 이루어간다.

바울은 이를 '그리스도의 몸'의 비유로 설명한다. "몸은 하나인데 많은 지체가 있고 몸의 지체가 많으나 한 몸임과 같이 그리스도도 그러하니라"(고전 12:12). 놀랍게도 바울은 "그리스도의 몸도 그러하니라"가 아니라 "그리스도도 그러하니라"라고 말한다. 이는 교회를 그리스도의 몸이라 부르는 데 그치지 않고, 교회가 머리 되신 그리스도와 연합하여 그분을 충만히 드러내는 공동체임을 뜻한다. 곧 '개별화된 그리스도들'이 함께 모여 한 분 그리스도의 풍성한 충만을 선포하는 것이다.

그러므로 마귀의 핵심 전략은 바로 이 창조목적을 파괴하는 데 있다. 그는 킹덤빌더들을 고립시켜 개별화된 그리스도의 모습을 흐리게 만들고, 공동체를 해체시켜 하나님의 통치가 실현되는 것을 방해한다. 우리로 하여금 자신의 고유한 은사와 부르심을 의심하게 하고, 다른 사람과 비교하며 열등감이나 우월감에 빠뜨린다. 또한 개성을 이기주의와 혼동케 하여 공동체에서 분리시킨다. 이런 공격을 이기려면 각자가 그리스도 안에서의 참된 정체성을 확고히 해야 하며, 동시에 다른 킹덤빌더들과의 연합 안에서 함께 성장해야 한다.

벧후 1:4 이로써 그 보배롭고 지극히 큰 약속을 우리에게 주사 이 약속으로 말미암아 … 신성한 성품에 참여하는 자가 되게 하려 하셨느니라

창조의 궁극적 목적은 그리스도를 머리로 하는 영광스러운 몸의 완성이다. "만물이 다 그로 말미암고 그를 위하여 창조되었고"(골 1:16), "그는 몸인 교회의 머리시라"(골 1:18). 이는 킹덤 에코시스템을 통해 구

체적으로 드러난다. 각각의 킹덤빌더가 자신의 영역에서 그리스도를 증거할 때 전체 공동체는 그리스도의 장성한 분량을 드러내게 된다.

영적 전쟁은 결국 하나님의 창조목적을 회복하는 전쟁이다. 마귀는 개별화된 그리스도들의 공동체가 형성되는 것을 극도로 두려워한다. 왜냐하면 그것이야말로 마귀의 통치를 완전히 무너뜨리고 하나님의 통치를 확립하는 핵심이기 때문이다. 따라서 우리가 소그룹을 통해 함께 싸우고 함께 이길 때, 우리는 단순히 개인적 문제를 해결하는 것이 아니다. 우리는 하나님의 영원한 경륜에 동참하고 있는 것이다.

이 공동체적 완성은 ① 삼위일체를 유비적으로[21] 반영한다. 성부, 성자, 성령의 사랑의 교제가 인간 공동체에 반영된다. ② 동일한 생명으로 상호의존적이다. "눈이 손더러 내가 너를 쓸 데가 없다 하거나 또한 머리가 발더러 내가 너를 쓸 데가 없다 하지 못하리라"(고전 12:21). ③ 성령의 하나 되게 하심으로 완성된다. "아버지여, 아버지께서 내 안에, 내가 아버지 안에 있는 것같이 그들도 다 하나가 되어 우리 안에 있게 하사 세상으로 아버지께서 나를 보내신 것을 믿게 하옵소서"(요 17:21).

요한계시록의 새 예루살렘 환상은 이 창조목적의 최종 완성을 보여준다. "보라 하나님의 장막이 사람들과 함께 있으매 하나님이 그들과 함께 계시리니 그들은 하나님의 백성이 되고 하나님은 친히 그들과 함께 계셔서"(계 21:3). 개별화된 그리스도들이 하나의 거룩한 도시, 신부, 하나님의 처소가 되는 것이다. 이것이 바로 우리가 킹덤 에코시스템 안

---

21 '유비적'(analogia)이라는 표현은 "동일하다"는 뜻이 아니라 본질적으로 다르지만 그 성격과 관계 방식에서 닮아 드러난다는 의미다. 즉, 삼위일체 하나님의 내적 교제(perichoresis)가 교회 공동체 안에서 그대로 반복되는 것은 아니지만, 그 사랑과 연합의 모습이 교회의 삶 속에 비춰지는 것이다.

에서 함께 추구해야 할 궁극적 비전이다. 각자가 그리스도의 생명을 살아내면서도 함께 연합하여 그리스도의 충만한 영광을 나타내는 것. 이를 위해 우리는 영적 전쟁에서 홀로 싸우지 않고 함께 싸우며, 개인의 승리가 아닌 공동체의 승리를 추구한다.

영적 공동체로 싸움에 임하라

성경은 영적 전쟁의 승리가 본질적으로 공동체적 활동임을 분명히 보여준다. 영적 전쟁을 위해 하나님께서 설계하신 최적의 전략은 바로 소그룹이다. 소그룹은 단순히 친교나 성경 공부 모임이 아니라 함께 마귀의 전략을 분별하고, 함께 영적 권위를 행사하며, 함께 승리를 경험하는 전략적 전투 단위다.

(1) 소그룹의 전략적 우위

전략적 군사 연구에 따르면, 소규모 특수부대가 대규모 병력보다 특정 상황에서 더 효과적일 수 있다. 마찬가지로 영적 전쟁에서도 소그룹은 대형 예배 모임이 대신할 수 없는 독특한 기능을 수행하며, 특정 영적 도전에 신속하게 대응할 수 있는 전술적 유연성을 제공한다. 대형 집회가 다양한 영역에 방대한 영향을 미친다면, 소그룹은 특정한 영적 문제를 집중적으로 다룰 수 있다.

또한 소그룹은 구성원들의 삶에서 발생하는 구체적인 영적 공격에 정확히 대응할 수 있는 정밀 타격 능력을 갖추고 있다. 이는 개인화된 영적 전쟁을 위한 전략이다. 소그룹 안에서는 각자의 영적 상태, 유혹, 공격 패턴 등을 상세히 나눌 수 있기 때문에 마귀의 전략을 더 명확히 파악할 수 있는 심층적인 정보 공유가 일어난다. 더 나아가 소그룹은 구성원들의 약점을 보완하고 강점을 결합하여 통합된 영적 방어망을 형성한다.

(2) 초대교회의 전투 모델

초대교회는 본질적으로 소그룹 중심의 영적 전투 공동체였다. 그들은 대부분 20-30명 정도의 인원이 가정에서 모였으며, 이는 서로 간의 친밀한 관계와 즉각적인 영적 지원이 가능한 규모였다. 그들이 함께 식사한 것은 단순한 친교가 아니라 영적 연합과 그리스도의 임재를 경험하는 행위였다. 사도행전에 기록된 것처럼 그들이 함께 모여 기도할 때 영적 돌파와 기적이 일어났다.

바울이 고린도교회에 사탄에게 내어준 자를 어떻게 다룰지를 구체적으로 지시했던 것처럼, 초대교회는 영적 싸움에 즉각적으로 대응했다. 바로 이것이 소그룹 차원에서 이루어지는 영적 권위의 행사였다. 초대교회의 모든 신자들은 소그룹을 형성해 성령의 능력 안에서 함께 싸우고 함께 승리했다. 이것이야말로 오늘날 교회가 반드시 회복해야 할 영적 전투 모델이다.

공동체 안에서 일어나는 영적 시너지를 활용하라

(1) 철이 철을 날카롭게 함 : 상호 연마와 격려

히브리서 10장 24-25절은 "서로 돌아보아 사랑과 선행을 격려하며 모이기를 폐하는 어떤 사람들의 습관과 같이 하지 말고 오직 권하여"

라고 권면한다. 영적 공동체 안에서 우리는 서로 격려하고 책임지는 관계를 형성한다. 영적 성장은 결코 쉬운 과정이 아니다. 특히 마귀의 통치에서 벗어나 하나님의 통치로 들어가는 여정에는 많은 도전과 유혹이 따른다.

혼자서는 쉽게 포기하거나 방향을 잃을 수 있다. 하지만 공동체 안에서는 서로를 지지하고 바로잡아 줄 수 있다. 잠언 27장 17절은 "철이 철을 날카롭게 하는 것같이 사람이 그의 친구의 얼굴을 빛나게 하느니라"라고 말한다. 영적 공동체 안에서 우리는 서로 연마하며 더욱 날카롭고 빛나게 된다. 이것은 우리가 그리스도와 같은 모습으로 성장하기 위해서 꼭 필요한 과정이다.

(2) 함께 보는 눈 : 집단 분별력의 형성

영적 분별력은 개인적 노력만으로는 온전히 훈련되기 어렵다. 고린도전서 12장 10절에 나오는 "영들 분별함"의 은사는 많은 경우 공동체 안에서 작용한다. 다양한 관점과 경험이 공동체를 통해 공유될 때, 우리는 마귀의 속임수를 더 쉽게 분별하고 하나님의 뜻을 더 명확히 깨달을 수 있다.

에베소서 5장 21절은 "그리스도를 경외함으로 피차 복종하라"고 권면한다. 이러한 상호 복종은 각자가 놓치고 있는 것을 깨닫게 하며, 더 균형 잡힌 영적 시각을 훈련하는 데 도움을 준다. 때로는 내가 보지 못하는 것을 다른 지체가 보고, 내 생각이 왜곡되었을 때 다른 지체가 그것을 분별하도록 도와줄 수 있다.

영적 전쟁의 가장 중요한 전선은 우리 내면의 거짓자아와 참자아 사이의 싸움이다. 소그룹은 이 내적 전쟁에서 승리하기 위한 핵심 환경이다. “당신이 가장 방어적으로 행동할 때는 언제인가요?”, “무엇이 당신을 가장 두렵게 하나요?”, “당신이 의식적으로 무언가를 생각하지 않을 때, 내면에서 올라오는 생각과 느낌은 무엇인가요?” 우리는 이런 질문들을 통해 거짓자아의 패턴을 발견할 수 있다.

특히 마귀가 우리를 거짓자아로 끌어들이려 할 때, 공동체는 우리가 그리스도 안에서 참된 정체성을 유지하도록 도와준다. 공동체 안에서 우리는 보이는 세계의 실체에 묶이지 않고 보이지 않는 세계의 실상을 붙들도록 서로를 격려한다.

(3) 한 몸 된 여러 지체 : 은사의 조화와 시너지

고린도전서 12장은 그리스도의 몸에서 각 지체가 가진 은사의 다양성과 상호보완성을 강조한다. “눈이 손더러 내가 너를 쓸 데가 없다 하거나 또한 머리가 발더러 내가 너를 쓸 데가 없다 하지 못하리라”(고전 12:21).

성령께서는 성도에게 각각 다양한 은사를 주셨으며, 이러한 은사들은 공동체 안에서 함께 작용할 때 가장 강력한 영향력을 발휘한다. 어떤 사람은 예언의 은사를, 어떤 사람은 섬김의 은사를, 어떤 사람은 가르침의 은사를 가지고 있다. 다양한 은사들이 조화롭게 작용할 때 공동체 전체의 영적 성장이 가속화된다.

에베소서 4장 11-13절은 “그가 어떤 사람은 사도로, 어떤 사람은 선지자로, 어떤 사람은 복음 전하는 자로, 어떤 사람은 목사와 교사로 삼으셨으니 이는 성도를 온전하게 하여 … 그리스도의 장성한 분량이 충만한 데까지 이르리니”라고 말한다. 이처럼 다양한 직분과 은사는 모두 공동체의 온전함과 성숙을 위한 것이다.

(4) 연합된 군대 : 함께 싸우는 영적 전쟁

영적 전쟁은 결코 혼자 싸우는 전쟁이 아니다. 에베소서 6장에서 바울은 영적 전신갑주를 설명한 후 그 즉시 "모든 기도와 간구를 하되 항상 성령 안에서 기도하고 이를 위하여 깨어 구하기를 항상 힘쓰며 여러 성도를 위하여 구하라"(엡 6:18)라고 권면한다. 이는 영적 전쟁의 공동체적 측면을 강조하는 것이다.

마태복음 18장 18-20절도 공동체의 중요성과 역할을 강조한다. "진실로 너희에게 이르노니 무엇이든지 너희가 땅에서 매면 하늘에서도 매일 것이요 무엇이든지 땅에서 풀면 하늘에서도 풀리리라 진실로 다시 너희에게 이르노니 너희 중에 두 사람이 땅에서 합심하여 무엇이든지 구하면 하늘에 계신 내 아버지께서 그들을 위하여 이루게 하시리라 두 세 사람이 내 이름으로 모인 곳에는 나도 그들 중에 있느니라."

특히 귀신과 악한 영들을 쫓아낼 때 공동체의 역할이 중요하다. 가장 바람직한 축사는 우리가 하나님께 자신을 드림으로써 우리 가운데 하나님의 임재와 영광이 있게 하는 것이다. 공동체가 함께 모여 하나님께 예배하고 순종할 때, 빛이 임함으로 숨어 있던 더러운 악한 영들이 드러나고 쫓겨나게 된다.

심각한 영적 공격이나 속박을 경험하는 구성원을 위한 집중적인 중재도 반드시 필요하다. 훈련된 구성원들이 함께 협력하여 특정한 영적 속박에서 벗어나도록 자유를 위한 사역과 돌봄을 병행할 수 있다.

(5) 천국 문화 맛보기 : 하나님나라의 공동체적 경험

히브리서 11장 1절은 "믿음은 바라는 것들의 실상이요 보이지 않는 것들의 증거니"라고 말한다. 그리스도 안에서 우리는 보이지 않는 세계의 실상을 보고 경험할 수 있다. 이러한 경험은 공동체 안에서 더욱 강화된다.

마태복음 18장 19절의 말씀은 공동체적 합의와 일치가 하늘의 실상을 땅에 실현하는 데 중요한 역할을 한다는 사실을 알려준다. "너희 중에 두 사람이 땅에서 합심하여 무엇이든지 구하면 하늘에 계신 내 아버지께서 그들을 위하여 이루게 하시리라." 사도행전에도 초대교회가 함께 기도했을 때 모인 곳이 진동하고, 무리가 다 성령충만하여 담대히 하나님의 말씀을 전했다고 기록하고 있다(행 4:31). 이는 공동체가 함께 하나님의 임재와 능력을 경험한 대표적인 사건이다.

예수 그리스도 안에서 우리는 더 이상 죄인이 아니라 의인이다. 야고보는 "의인의 간구는 역사하는 힘이 큼이니라"(약 5:16)라고 말했다. 죄인과 의인은 다른 주체로서 다른 믿음을 가지고 기도한다. 전자는 없는 것을 구하지만, 후자는 이미 있는 것을 이루는 선포를 한다.

의인이 합심한다는 것은 동일한 마음으로 보이지 않는 세계에서 말씀대로 이루어진 실상을 믿음으로 본다는 것이다. 여러 사람이 합심할 때 그 믿음에 동조가 일어나고 공명이 발생한다. 그 결과, 혼자 기도할 때보다 실상이 더 빨리 더 명확히 만들어지고, 그것이 우리의 심중에 들어와 육체의 반응(감동)을 일으킨다. 1 플러스 1은 2가 아니라 합심의 정도에 따라 10도 될 수 있고 100도 될 수 있다. 많은 사람들이 한마음으로 동일한 실상을 그리며 기도할 때 엄청난 능력이 나타난다. 정사와 권세, 그리고 어둠의 세상 주관자들을 대적하며 기도할 때는 이런 합심기도가 절대적으로 필요하다.

지속 가능한 킹덤 에코시스템 안에 거하라

영적 전쟁에서의 지속적 승리는 지속적인 시스템의 가동을 통해 이루어진다. 소그룹은 바로 그 시스템을 제공한다. 먼저 예방적 차원에서 영적 공격을 미리 차단하기 위한 공동체적 영적 훈련이 필요하다. 이를 위해 소그룹이 함께 매주 특정 영적 훈련을 함께 실천하고, 모임에서 경험과 통찰을 나누며, 서로의 영적 건강 상태를 점검하는 시간을 가져야 한다.

영적 패배나 실패 후 회복을 위한 소그룹 프로세스도 필요하다. 안전한 환경에서 실패의 경험을 자유롭게 나눌 기회를 제공하고, 판단이나 비난 없이 취약점을 분석해 구체적인 회복 계획을 수립하고, 정기적인 격려와 점검을 제공해야 한다.

이뿐만 아니라 영적 승리의 경험을 강화하고 축하하는 소그룹 문화도 중요하다. 모임마다 지난 주의 영적 승리를 나누는 시간을 마련하고, 중요한 영적 돌파를 기록하며, 주기적으로 과거의 승리를 돌아보며 하나님의 신실하심을 기억해야 한다.

바쁜 현대 생활은 소그룹 참여에 있어 가장 큰 장애물 중 하나다. 이를 극복하기 위해서는 한 시간 반에서 두 시간 이내의[22] 효율적인 모임 운영, 대면과 온라인을 결합한 하이브리드 방식, 구성원들의 일정을 고려한 전략적인 시간 설정, 소그룹 활동을 일상 생활과 통합하는 생활 밀착형 접근법이 필요하다.

---

22 대부분의 연구에서 성인이 집중 가능한 시간의 최대치는 90~120분으로 나타난다. 생체 리듬 연구자 클라이트먼(Nathaniel Kleitman)은 인간이 기상 상태에도 밤의 수면 주기와 유사한 90~120분 주기의 각성 - 휴식 리듬이 존재한다는 것을 밝혀냈다(Sleep and Wakefulness, 1963.).

구분	내용	핵심 의미
(1) 말씀 중심의 삶	말씀을 기준으로 서로 말씀으로 가르치며 권면하고 성장 : 말씀대로 생각하고, 느끼고, 말하고, 행동하는 삶	지식 축적이 아니라 말씀이 우리 안에서 생명으로 역사(행 2:42 ; 골 3:16)
(2) 진정한 교제와 투명성	약점과 실패를 비추는 투명한 교제와 진실한 사귐	거짓자아를 벗고 참된 정체성으로 서로를 세움(요일 1:7)
(3) 기도와 예배의 공동체	합심하여 기도하고 찬양하며 말씀을 함께 묵상	공동체적 기도 속 성령의 임재와 능력 경험(행 2:42 ; 마 18:19-20)
(4) 실제적인 나눔과 섬김	필요를 따라 실제로 돕고 봉사·선교를 함께 실천	자선이 아니라 몸 된 교회의 유기적 연결 표현(행 2:44-45 ; 요일 3:17-18)
(5) 영적 전쟁의 공동체적 수행	서로를 위해 중보하고 권세를 선포하며 함께 대적	개인 한계를 넘어서는 집단적 영적 돌파 추구(엡 6:18)

표3 킹덤 공동체의 5가지 DNA

많은 소그룹이 깊은 영적 전쟁을 수행하지 못하는 이유는 구성원들 사이의 관계가 피상적 수준에 머물기 때문이다. 이를 극복하기 위해서는 리더가 먼저 자신의 취약함을 드러내 공감대를 형성하고, 단계적으로 더 깊은 나눔으로 이끄는 구조화가 필요할 수 있다. 또한 판단 없는 수용과 비밀 보장, 안전한 환경 조성, 하나님과 생명적 관계 안에서 스스로 답을 찾아가게 하는 코칭 질문의 활용 등이 필요하다.

일부 소그룹은 영적 전쟁에 대해 과도하게 강조하거나 아예 무시해 버림으로써 양극단으로 치우치곤 한다. 균형 잡힌 접근을 위해서는 감정이나 경험이 아닌 성경에 기반한 영적 전쟁의 이해가 필요하다. 동시에 모든 문제를 귀신 탓으로 돌리는 과잉 영성주의를 경계해야 하며, 영적 차원을 무시하고 모든 것을 심리적 물리적으로만 설명하는 과소평가도 경계해야 한다. 따라서 영적, 심리적, 관계적, 신체적 측면을 모두 고려하는 통합적 접근이 요구된다.

영적 공동체를 세우라

(1) 소그룹 형성과 활성화

소그룹은 진정한 영적 공동체를 경험하는 핵심 단위다. 예수님께서도 열두 제자와 함께 친밀한 소그룹을 형성하셨다. 소그룹 안에서는, 대규모 모임에서는 얻기 어려운 깊은 관계와 책임, 그리고 지원이 가능하다.

(a) 효과적인 소그룹의 요소

- □ 정기적이고 일관된 만남 (주 1회, 2-3시간)
- □ 말씀 묵상과 실제적 적용에 초점
- □ 진실한 나눔과 중보기도 시간
- □ 서로의 영적 성장과 성숙을 위한 책임감
- □ 적게는 4-6명, 많게는 8-12명의 적정 규모 유지

(b) 소그룹 운영 가이드

- □ 리더 중심이 아닌 그리스도 중심, 성경적 원리에 기초한 교제
- □ 명확한 목적과 기대치 설정

□ 안전하고 비판 없는 환경 조성
□ 모든 구성원의 참여 유도와 자율성 존중
□ 리더십 순환과 은사 발견의 기회 제공
□ 정기적인 평가와 개선
□ 개인의 성장과 하나님과의 직접적인 관계 존중
□ 구성원 간 그리고 다른 공동체와의 투명한 소통

소그룹은 성경 공부 모임이 아니다. 그리스도 안에서의 참된 정체성을 발견하고 살아내는 안전한 영적 환경을 제공하는 곳이다. 이곳에서는 거짓자아를 버리고 혼의 구원을 이루어가는 여정을 구성원들과 함께할 수 있다.

(2) 멘토링과 킹덤빌더 훈련

바울과 디모데, 바나바와 바울, 엘리야와 엘리사의 관계에서 볼 수 있듯이, 영적 멘토링은 성경 전통에 깊이 뿌리내리고 있다. 영적으로 성숙한 신자가 덜 성숙한 신자를 인도하고 양육하는 것은 공동체를 통한 영적 성장의 핵심이다. 바울은 "또 네가 많은 증인 앞에서 내게 들은 바를 충성된 사람들에게 부탁하라 그들이 또 다른 사람들을 가르칠 수 있으리라"(딤후 2:2)라고 권면한다. 이는 세대를 넘어서는 영적 재생산의 원리를 보여준다.

(a) 효과적인 멘토링의 특징

□ 정기적인 일대일 만남 (월 2-4회)
□ 말씀 묵상과 실제적 적용에 초점

- □ 투명한 대화와 상호 책임
- □ 삶의 모든 영역에서 그리스도를 나타내는 목표
- □ 멘티의 은사와 부르심을 발견하는 지원

(b) 다세대 공동체의 중요성

- □ 영적 부모로서의 역할 모델
- □ 세대 간 지혜와 경험의 전수
- □ 영적 상속의 원리 실현
- □ 가족적 공동체 문화 조성

특히 영적 전쟁에서 잘 훈련된 신자가 아직 미숙한 신자에게 마귀의 전략을 식별하고 대적하는 방법을 가르치는 것은 매우 중요하다.

(3) 공동체적 영적 훈련

영적 훈련은 종종 개인적 차원에서만 강조되지만, 실제로 많은 영적 훈련은 공동체 안에서 더욱 효과적으로 이루어질 수 있다. 금식, 기도, 묵상, 예배 등의 영적 훈련을 공동체에서 실천할 때, 하나님의 임재를 더 깊이 경험하고 지속적인 성장을 이룰 수 있다.

느헤미야서 9장에서 이스라엘 백성은 함께 모여 금식하고 기도하며 회개했다. 사도행전 13장에서 안디옥교회 지도자들도 함께 금식하고 기도하는 가운데 성령의 지시를 받았다. 공동체적 영적 훈련의 예는 다음과 같다.

- □ 함께하는 금식과 기도

□ 공동체적 말씀 묵상과 나눔

□ 지역 사회 봉사와 선교 활동

□ 공동체적 찬양과 예배

□ 영적 수련회

이러한 공동체적 영적 훈련은 우리가 마귀의 통치에서 벗어나 하나님의 통치 아래 살아가는 데 필요한 영적 근육을 함께 키우는 방법이다.

(4) 영적 전쟁을 위한 중보기도 모임

진정한 영적 공동체는 함께 모여 서로를 위해, 교회를 위해, 세상을 위해 중보한다. 사도행전 5장 16절에는 "예루살렘 부근의 수많은 사람들도 모여 병든 사람과 더러운 귀신에게 괴로움 받는 사람을 데리고 와서 다 나음을 얻으니라"라고 기록되어 있다. 초대교회는 믿지 않는 자가 귀신 들린 것과 믿는 자 중에서 귀신에게 괴로움을 받는 사람들을 해방시키는 공동체적인 능력을 가지고 있었다. 특히 심각한 영적 압박을 경험하는 사람들을 위한 중보기도는 공동체 안에서 더욱 효과적으로 이루어질 수 있다.

(5) 책임 관계와 상호 점검

갈라디아서 6장 1-2절은 "형제들아 사람이 만일 무슨 범죄한 일이 드러나거든 신령한 너희는 온유한 심령으로 그러한 자를 바로잡고 … 너희가 짐을 서로 지라 그리하여 그리스도의 법을 성취하라"고 권면한다.

책임 관계는 우리가 말씀대로 생각하고 느끼고 말하는 삶을 살도록 돕는 중요한 도구다. 우리는 모두 맹점을 가지고 있으며, 때로는 자신의 거짓자아를 분별하지 못할 수 있다. 그러나 신뢰할 수 있는 영적 파트너들은 우리가 보지 못하는 것을 보고, 우리를 올바른 길로 인도할 수 있다. 효과적인 책임 관계의 요소는 다음과 같다.

□ 정기적인 만남과 솔직한 대화
□ 비판이 아닌 사랑과 성장에 초점
□ 구체적인 영적 목표와 도전 설정
□ 정직하고 투명한 피드백 제공
□ 서로의 약점과 유혹 영역에 대한 이해

이러한 관계는 구성원들로 하여금 그리스도 안에서 참된 정체성을 지키고, 마귀의 속임수에 빠지지 않도록 도움을 준다.

(6) 실패와 회복 훈련

(a) 완벽하지 않은 사람들의 공동체

건강한 영적 공동체는 완벽한 사람들의 모임이 아니다. 오히려 서로의 약함을 인정하고, 실패한 자들을 품으며 함께 걷는 회복의 여정이다. 실패를 다루는 성경적 원리는 다음과 같다.

□ 정죄하지 않는 환경 조성 (요 8:11)
□ 회복을 목표로 한 권면 (갈 6:1)
□ 용서와 화해의 실천 (마 18:21-22)
□ 다시 기회를 주는 문화 (막 16:7)

회복 과정의 단계는 다음과 같다.

- □ 솔직한 고백과 책임 인정
- □ 공동체의 지지와 용서 선언
- □ 실제적인 회복 계획 수립
- □ 지속적인 동행과 격려
- □ 은사와 부르심의 재발견

(b) 갈등 해결과 화해의 과정

공동체에서 갈등은 불가피하다. 중요한 것은 갈등을 건설적으로 해결하는 것이다. 성경적 갈등 해결 단계는 다음과 같다.

- □ 개인적 대화 시도 (마 18:15)
- □ 증인과 함께 대화 (마 18:16)
- □ 공동체에 알리고 도움 요청 (마 18:17)
- □ 회복과 화해를 위한 지속적 노력

건전한 갈등 해결 문화는 다음과 같다.

- □ 사람을 공격하지 않고 이슈에 집중 (Doing과 Being의 구분)
- □ 감정을 인정하되 감정에 의해 지배받지 않음
- □ 상대의 관점을 이해하려 노력
- □ 공동체의 유익보다 하나님의 뜻을 우선시
- □ 완전한 합의가 어려울 때 사랑 안에서 동의하지 않기

(7) 디지털 시대의 공동체 운영 가이드

(a) 온라인과 오프라인의 조화

현대의 영적 공동체는 디지털 기술을 활용한 새로운 연결 방식을 모색해야 한다. 온라인 공동체의 장점은 다음과 같다.

- □ 지리적 제약 극복
- □ 시간적 유연성
- □ 다양한 배경의 사람들과 연결
- □ 자료 공유와 학습의 용이성

온라인 공동체의 한계는 다음과 같다.

- □ 신체적 임재의 약화나 부재
- □ 비언어적 소통의 제한
- □ 피상적 관계의 위험
- □ 기술적 격차 문제

효과적인 하이브리드 모델은 다음과 같다.

- □ 정기적인 오프라인 만남과 온라인 보완
- □ 온라인 기도 모임과 말씀 나눔
- □ 소셜미디어를 통한 일상 나눔과 격려
- □ 앱과 플랫폼을 활용한 공동체 관리

(b) 소셜미디어 시대의 진정한 연결

소셜미디어는 도구일 뿐, 진정한 관계는 여전히 투명성과 진실성에 기반해야 한다. 건전한 온라인 공동체 문화는 다음과 같다.

- □ 오프라인 관계를 강화하는 도구로 활용
- □ 완벽한 모습보다 진실한 모습 공유
- □ 온라인상에서도 서로를 위한 중보기도
- □ 비판적 댓글보다 격려와 지지

공동체를 통한 영적 성장의 궁극적 목표는 단지 개인의 영적 웰빙이나 교회의 성장이 아니다. 그것은 에베소서 4장 13절에서 바울이 말한 것처럼 "우리가 다 하나님의 아들을 믿는 것과 아는 일에 하나가 되어 온전한 사람을 이루어 그리스도의 장성한 분량이 충만한 데까지 이르는 것"이다.

진정한 영적 공동체는 하나님나라의 가시적 표현이자 미래에 완성될 하나님나라의 전조다. 이 공동체 안에서 우리는 성령충만한 삶을 함께 살아가고, 마귀의 통치를 무력화시키며, 하나님의 통치를 이 땅에 실현한다.

(8) 개인적 실천을 위한 점검 목록

- □ 나는 진정한 영적 동반자가 있는가?
- □ 나의 영적 성장에 도움을 주는 공동체에 참여하고 있는가?
- □ 나는 다른 사람의 영적 성장에 기여하고 있는가?
- □ 나의 약점과 실패를 나눌 수 있는 안전한 관계가 있는가?

□ 나는 공동체 안에서 은사를 발견하고 사용하고 있는가?

영적 전쟁에서 소그룹 참여는 선택 사항이 아니라 승리를 위한 필수 요소다. 마귀의 핵심 전략은 '분리하여 정복하라'이며, 하나님의 전략은 '연합하여 승리하라'이다. 마치 특수부대가 위험한 임무를 혼자 수행하지 않고 항상 팀으로 움직이듯, 킹덤빌더들도 함께 싸울 때 가장 강력하다.

이 여정은 결코 쉽지 않으며 많은 도전과 시험이 있을 것이다. 그러나 성경은 우리에게 이렇게 약속한다. "이기는 자는 이것들을 상속으로 받으리라 나는 그의 하나님이 되고 그는 내 아들이 되리라"(계 21:7). 공동체를 통해 우리는 서로 격려하고 지원하며, 함께 이기는 삶을 살아갈 수 있다.

궁극적으로 영적 공동체는 단순한 도구나 방법이 아니다. 그것은 하나님의 사랑 - 생명 - 하나됨이라는 주권의 표현장이며, 창조목적이 실현되는 현장이다. 이 공동체 안에서 자신의 감옥과 집단의 포로수용소라는 한계를 넘어, 하나님나라의 자유와 사랑과 능력 안에서 함께 살아가는 법을 배운다.

전 4:12 한 사람이면 패하겠거니와 두 사람이면 맞설 수 있나니 세 겹 줄은 쉽게 끊어지지 아니하느니라

당신은 지금 선택의 기로에 서 있다. 계속 홀로 싸우며 반복되는 패배를 경험할 것인가, 아니면 하나님께서 설계하신 방식대로 소그룹 안에서 함께 싸우고 함께 승리할 것인가? 마귀는 인간을 고립시키는 데

능숙하다. 가장 쉬운 사냥감은 무리에서 떨어진 양이다.

하나님께 기도하며 함께할 사람들을 보여달라고 구하고, 당신이 직면한 주요 영적 전쟁 영역을 분별하라. 하나님께서는 우리를 혼자 두지 않으셨다. 그분은 우리에게 영적 가족을 주셨고, 킹덤 에코시스템 안에서 함께 자라가며 그분의 영광을 나타내도록 부르셨다. 이제 우리의 몫은 이 부르심에 응답하여, 진정한 공동체를 찾고 만들어가는 것이다.

이제 소그룹을 통한 영적 전쟁의 여정을 시작할 때가 되었다. 함께 싸울 때, 우리는 반드시 승리할 것이다. 고립은 패배를 의미하지만 연합은 승리를 보장한다. 하나님께서 설계하신 이 강력한 전략 안에서 당신은 매일 승리를 경험하게 될 것이다.

묵상과 나눔

1. 개별화된 그리스도 : 내 삶에서 그리스도의 성품(긍휼, 의로움, 지혜 등)이 드러났던 순간은 언제였나요? 소그룹이나 교회 안에서 다른 사람과의 연합을 통해 그리스도의 충만을 경험한 순간이 있었나요? 혹시 고립된 상태가 마귀의 공격에 얼마나 취약한지 직접 경험해보았다면, 그 상황과 깨달음도 나누어보세요.

2. 공동체의 영적 생태계 점검 : 우리 공동체는 킹덤 공동체의 5가지 DNA를 얼마나 건강하게 갖추고 있나요? 그중 어떤 부분이 가장 약하다고 느껴지며, 이를 회복하기 위해 우리가 함께 시도할 수 있는 구체적인 방향은 무엇일까요?

3. 합심기도의 능력 : 당신은 지금 누구와 합심하여 기도하고 있나요? 특별히

공동의 기도를 통해 영적 돌파나 하나님의 역사하심을 경험한 일이 있다면 나누어보세요.

4. 멘토링 : 지금 당신의 영적 상태를 투명하게 나누고 점검받을 수 있는 '영적 파트너'나 '책임 관계'가 있나요? 만약 없다면 어떤 사람과 관계를 맺고 싶나요? 또 그 첫걸음을 어떻게 시작할 수 있을까요?

5. 공동체적 영적 전쟁 참여 : 우리 소그룹 또는 공동체가 함께 감당해야 할 구체적인 영적 전쟁의 이슈가 있다면, 그 싸움에 전략적으로 대응하기 위해 어떤 기도와 말씀, 그리고 실천이 필요할까요? 특히 영적 공격을 받고 있는 구성원이 있다면, 그를 위해 우리가 실제로 합심할 수 있는 중보와 지원은 무엇인지 나누어보세요.

에필로그

이제 진짜 전쟁이 시작됩니다!

당신은 더 이상 이 책을 읽기 시작했을 때의 그 사람이 아닙니다. 당신의 정체성이 바뀌었습니다. 피해자에서 승리자로, 생존자에서 정복자로, 신자에서 킹덤빌더로 거듭났습니다. 이것은 단순히 믿음으로 변화된 것이 아닙니다. 하나님께서 처음부터 당신에게 부여하신 본래의 모습을 회복한 것입니다.

당신의 관점도 완전히 달라졌습니다. 더 이상 문제에 집중하지 않고, 그리스도 안에 거하는 것에 초점을 둡니다. 방어 전략이 아닌 공격 전략을 세웁니다. 개인적 차원이 아닌 우주적 차원에서 모든 일을 해석합니다. 이제 당신에게는 마귀의 속임수를 간파하는 분별력이 있고, 영적 전쟁의 실제적 무기들을 다루는 능력이 있으며, 또한 매일의 삶에서 승리를 경험하는 구체적인 방법을 알고 있습니다.

하지만 진짜 중요한 것은 지금부터입니다. 지식이 경험이 되어야 하고, 이론이 현실이 되어야 합니다. 마치 군사 훈련을 마친 병사가 실제 전장으로 나가는 것처럼, 당신도 이제 실제 삶의 전장으로 나가야 합니다. 앞으로 당신이 직장에서 어려움을 당할 때 당신은 "마귀가 나를 괴롭히는구나"라고 생각하지 않을 것입니다. 대신 "하나님께서 이곳에 그분의 나라를 확장하시려고 나를 보내셨구나"라고 생각할 것입니다. 가정에서 갈등이 생길 때도, 이제는 그저 문제를 해결하려고만 하지 않을 것입니다. 그 상황을 통해 어떻게 하나님나라의 가치를 실현할지 고민할 것입니다. 개인적인 시험과 유혹을 당할 때도, 이제는 피하려고만 하지 않을 것입니다. 그것을 킹덤빌더로서 성장할 기회로 여기고 적극적으로 대응할 것입니다.

무엇보다도 중요한 것은 혼자 싸우지 말라는 것입니다. 이 책을 읽으면서 배운 가장 중요한 교훈 중 하나는 영적 전쟁이 공동체적 싸움이라는 것입니다. 킹덤빌더는 결코 혼자 싸우지 않습니다. 우리는 그리스도의 몸 된 교회라는 거대한 킹덤 에코시스템의 일원으로서 함께 싸우고 함께 승리합니다.

당신 주변에 함께 이 길을 걸어갈 동역자들을 찾으십시오. 함께 기도하고, 함께 배우고, 함께 적용하고, 함께 승리를 나누는 영적 공동체를 만들어가십시오. 가능하다면 이 책의 내용을 함께 나누고 토론할 소그룹을 만들어보십시오. 당신이 배운 것들을 다른 사람들에게 전수하십시오. 가르치는 과정에서 당신 자신도 더욱 깊이 깨닫게 될 것입니다.

이 책의 끝은 킹덤빌더로 세워지는 여정의 끝이 아닙니다. 이것은 시작일 뿐입니다. 앞으로 당신은 계속해서 더 온전한 킹덤빌더로 성장하고 발전할 것입니다. 더 깊은 영적 통찰력을 갖게 될 것이고, 더 강력한 영적 능력을 경험하게 될 것이며, 더 효과적인 영적 전략들을 개발하게 될 것입니다.

때로는 실수할 수도 있고, 때로는 넘어질 수도 있습니다. 하지만 그것 때문에 좌절하지 마십시오. 넘어지는 것이 문제가 아니라 일어나지 않는 것이 문제입니다. 킹덤빌더는 넘어져도 다시 일어납니다. 실수해도 다시 도전합니다. 왜냐하면 우리의 힘이 아니라 예수 그리스도 안에서 성령의 능력으로 싸우기 때문입니다.

매일 아침 일어날 때마다 자신에게 이렇게 선포하십시오. "나는 하나님으로부터 나서 예수 그리스도 안에 있는 킹덤빌더입니다. 오늘도 하나님의 영광을 나타내는 하나님의 하루가 되었습니다." 그리고 하루 동안 당신이 마주하는 모든 상황을 하나님나라의 관점에서 해석하고 대응하십시오.

당신이 킹덤빌더로서 살아가는 모습은 단지 당신만을 위한 것이 아닙니다. 그것은 다음 세대를 위한 유산이 됩니다. 당신의 자녀들, 당신의 제자들, 당신 주변의 모든 사람들이 당신을 통해 킹덤빌더의 삶이 어떤 것인지 보게 될 것입니다. 그들은 당신을 통해 영적 전쟁에서의 승리가 얼마나 실제적이고 구체적인지 경험하게 될 것입니다.

당신이 살아내는 킹덤빌더의 삶 자체가 복음이 됩니다. 당신의 변화된 모습, 당신의 승리하는 삶, 당신의 흔들리지 않는 확신이 주변 사람들에게 강력한 증거가 될 것입니다. 말로 하는 전도보다 삶으로 보여주는 증거가 훨씬 더 강력합니다.

우리가 참여하고 있는 이 우주적 전쟁은 언젠가 완전히 끝날 것입니다. 예수 그리스도께서 다시 오시는 그날, 모든 전투가 멈출 것이고, 모든 적이 완전히 굴복할 것입니다. 그날이 올 때까지 우리는 계속해서 싸우고 계속해서 승리해야 합니다. 그리고 그날이 왔을 때, 우리는 부활의 몸을 입고 주님의 신부로 당당히 설 수 있을 것입니다. "주님, 저는 맡겨주신 소명을 발견하고 이루어 나갔습니다. 킹덤빌더로서 끝까지 믿음의 선한 싸움을 싸웠습니다. 저에게 허락하신 영역에서 주님의 창조목적의 회복과 확장에 충성했습니다." 이런 고백을 할 수 있는 그날을 꿈꾸며 오늘도 전진하십시오.

이제 나가서 싸우십시오. 그리고 승리하십시오. 당신 안에서 시작된 하나님나라가 그리스도의 몸 된 교회를 통해 당신의 삶터에서 확장되기를 간절히 기대합니다.

고전 15:58 그러므로 내 사랑하는 형제들아 견실하며 흔들리지 말고 항상 주의 일에 더욱 힘쓰는 자들이 되라 이는 너희 수고가 주 안에서 헛되지 않은 줄을 앎이라

손기철 박사
보라매공원을 거닐며

영적 전쟁

초판 1쇄 발행 2025년 11월 7일
초판 3쇄 발행 2025년 11월 26일

지은이 손기철

펴낸이 여진구
책임편집 안수경 김도연
편집 이영주 진효지 최현수 구주은 김아진 배예담
책임디자인 마영애 노지현 | 조은혜 정은혜 남은진
마케팅 김상순 강성민
제작 조영석 허병용
마케팅지원 최영배 정나영
경영지원 김혜경 김경희 김영하

303비전성경암송학교 유니게 과정
이슬비전도학교 / 303비전성경암송학교 / 303비전꿈나무장학회

펴낸곳 규장

주소 06770 서울시 서초구 매헌로 16길 20(양재2동) 규장선교센터
전화 02)578-0003 팩스 02)578-7332
이메일 kyujang0691@gmail.com
홈페이지 www.kyujang.com
페이스북 facebook.com/kyujangbook
인스타그램 instagram.com/kyujang_com
카카오스토리 story.kakao.com/kyujangbook
등록번호 1922-2461
since 1978.08.14

책값 뒤표지에 있습니다.
ISBN 979-11-6504-666-8 03230

규 | 장 | 수 | 칙

1. 기도로 기획하고 기도로 제작한다.
2. 오직 그리스도의 성품을 사모하는 독자가 원하고 필요로 하는 책만을 출판한다.
3. 한 활자 한 문장에 온 정성을 쏟는다.
4. 성실과 정확을 생명으로 삼고 일한다.
5. 긍정적이며 적극적인 신앙과 신행일치에의 안내자의 사명을 다한다.
6. 충고와 조언을 항상 감사로 경청한다.
7. 지상목표는 문서선교에 있다.

하나님을 사랑하는 자 곧 그의 뜻대로 부르심을 입은 자들에게는 모든 것이 合力하여 善을 이루느니라(롬 8:28)

ecpa Member of the Evangelical Christian Publishers Association

규장은 문서를 통해 복음전파와 신앙교육에 주력하는 국제적 출판사들의 협의체인 복음주의출판협회(E.C.P.A:Evangelical Christian Publishers Association)의 출판정신에 동참하는 회원(Associate Member)입니다.